高等院校经济与管理核心课
经典系列教材 · 工商管理

企业
运营管理

QIYE YUNYING GUANLI

[第四版]

■ 张林格 许德惠 冯振环 编著 ■

首都经济贸易大学出版社
Capital University of Economics and Business Press
· 北 京 ·

图书在版编目（CIP）数据

企业运营管理/张林格，许德惠，冯振环编著．--4版．--北京：首都经济贸易大学出版社，2018.9

（高等院校经济与管理核心课经典系列教材·工商管理专业）

ISBN 978-7-5638-2244-7

Ⅰ.①企…　Ⅱ.①张…　②许…　③冯…　Ⅲ.①企业管理—教材　Ⅳ.①F270

中国版本图书馆CIP数据核字（2014）第132509号

企业运营管理（第四版）

张林格　许德惠　冯振环　编著

责任编辑　王　猛

封面设计　风得信·阿东 FondesyDesign

出版发行　首都经济贸易大学出版社

地　　址　北京市朝阳区红庙（邮编100026）

电　　话　（010）65976483　65065761　65071505（传真）

E-mail　publish@cueb.edu.cn

网　　址　http://www.sjmcb.com

经　　销　全国新华书店

照　　排　北京砚祥志远激光照排技术有限公司

印　　刷　北京九州迅驰传媒文化有限公司

开　　本　787毫米×1092毫米　1/16

字　　数　650千字

印　　张　27.5

版　　次　2006年8月第1版　2010年11月第2版
2014年8月第3版　**2018年9月第4版**
2023年7月总第11次印刷

书　　号　ISBN 978-7-5638-2244-7

定　　价　48.00元

第四版前言

运营管理是组织(包括工商企业、学校、医院、政府、军队等一切营利性组织和非营利性组织)正常运作的基本职能之一,也是管理类专业的本科生和研究生的核心课程之一。从历史的角度来看,运营管理的思想、方法和技术是由制造业的企业组织发起和发展的。然而随着时间的推移和技术的进步,运营管理已经突破了制造业企业组织的范围而推广到一般组织,其主要原因就是运营管理是关于流程(工作过程)的管理。

从流程管理的视角来看,营利性组织关注的是工作过程的低成本和高质量,而非营利性组织关注的是有限资源在工作过程中的低消耗和合理利用,两类组织关注的焦点同属于效率管理,即在同样资源投入的前提下尽可能扩大工作效果或在同样工作效果的前提下尽可能减少资源的投入。

早期的运营管理的研究领域是针对制造业的企业组织的生产流程而展开的,其主要原因是因为那时只有工厂才采用大量的技术设备和复杂、精确的工作过程,因此早期的运营管理称为工厂管理或生产管理。现代的运营管理虽然仍然涉及生产运营,但随着其他行业技术设备的应用普及以及工作过程的日益复杂化和精确化,运营管理的研究领域早已跨越了生产运营的传统范畴。例如,现代的大型超级市场,不论从经营的商品品种、技术设备还是从工作流程来说,其复杂程度都是过去的零售商店所无法比拟的。现代的大型医院所拥有的高科技医疗设备和复杂的医疗过程与过去相比也发生了翻天覆地的变化。工具和手段的变化引起了工作方式的变化,进而导致了工作过程的变化,因此流程管理是现代组织共同关注的管理问题。值得庆幸的是,运营管理的许多经典方法和技能皆可直接应用于这些领域而几乎无须修改。

随着技术手段和组织管理的进步,即使是生产运营也增添了新涵义和新问题。现代组织的流程管理不仅仅只是组织内部的业务流程管理,还涉及到跨组织的业务流程管理。运营管理的范围也从组织内部延伸到组织外部,涵盖了原材料供应、生产制造和分销配送的整个价值链。因此,运营管理的观点是开放的、动态的,而生产管理的观点是封闭的、静态的。生产管理将组织视为一个封闭系统,其注意力焦点仅仅聚集在产品的生产制造环节。运营管理则将组织视为一个开放系统,关注整个组织的业务流程而不论业务是在组织内部发生的还是在组织外部发生的,即从组织外部获取资源到向组织外部输送供其他组织或个人使用的资源。

本书试图尽可能多地反映这些新观点和新问题。然而作为一本教材,特别是入门级的教材,介绍运营管理的基本思想、方法和技能是主要的。在运营管理所探讨的问题中,有些部分颇具技术性,其综合了工业工程、成本会计、一般管理、数量方法和统计学等专门领域的知识。运营管理的许多活动,皆为大多数企业组织的核心活动。因此,无论学生将来从事哪方面的工作,本书的内容都会对他们的工作有很大的裨益。

感谢读者的厚爱和首都经济贸易大学出版社的大力支持，也感谢天津财经大学冯振环、许德惠、王浩波和张建宇等老师给予的支持和帮助，企业运营管理第四版才得以出版。本次修订保持了全书原有的体系结构，即在组织结构上分为四部分：

第一部分包括第一、第二和第三章，第一章介绍了运营管理的基本概念、制造型企业和服务型企业运营管理的演变；第二章从战略层面上阐述了运营管理的作用以及运营管理的绩效评估。第三章讲解了运用 Excel 求解运营管理问题的基本方法。在本书部分章节中的例题使用了这些方法，练习题中也给出了一些需要运用 Excel 来求解的习题。之所以增加了这一章是因为计算机已经成为现代教育中常见的学习工具，Excel 在企业组织中也得到广泛的应用。如果读者对 Excel 非常熟悉，完全可以将其越过。

第二部分从第四章至第七章，涵盖了企业组织运营的基本流程，即：能力规划→设施选址→过程设计→工作设计。这些知识即适用于新建企业，也适用于老企业的改善；既适合于制造型企业，又可用于服务型企业。

第三部分从第八章至第十章，为运营管理的计划部分。这些计划方法与技术既有适用于单件产品运营的项目计划（第八章），也有适用于多品种产品运营的综合计划（第九章），还有关于运营细节的运营安排计划（第十章）。

第四部分从第十一章至第十五章，为运营管理的专题部分。这些专题既涵盖了运营管理中的库存管理（第十一章）、设备管理（第十三章）、质量管理（第十五章）等不同职能方面，又有针对服务系统规划的排队论（第十四章），同时还反映了企业组织运营管理的现代化（第十二章）。

第四版除了对原有内容欠妥之处进行修订之外，还对部分章节内容做了一些增减。首先在部分章的小结之后，除原有的思考题和计算题外，又增加了选择题和判断题的习题形式。其次，第一章中“运营管理的演进”部分，增加了供应链管理下的绿色生产；第九章中增加了需求和供给调整的方法；第十二章中增加了新型生产方式——大规模定制。最后，删掉了第八章中原有的“项目管理工具 Project”一节的内容；删掉了原来第十六章“计算机辅助运营管理”。

学习运营管理是一件艰苦的事情，也是一件有趣的事情。在企业组织的管理实践中，运营管理职业具有非常高的挑战性。当你运用运营管理的思想、方法或技术为企业组织的工作效率提高而贡献了一份力量时，你会具有一种成就感。我们希望读者阅读本书后会欣赏并喜爱运营管理者这一角色，也希望他们今后的生活变得更加丰富多彩。

目　录

第一章

绪 论

★ 学习要点与要求 ★

有效地利用现有生产性和服务性资源是企业成长的关键，也是企业获得竞争优势的重要前提。运营管理（Operations Management，OM）的对象恰恰是这些资源，它包含了企业对原材料、产品和服务、人力资源、生产设备、基础设施等相关资源的系统性设计与控制，因而也囊括了企业中大多数的工作岗位。本章的目的是探讨运营管理的基本概念及演进过程。读完本章以后，你应能：

1. 定义运营、运营管理和运营管理者。
2. 了解运营管理的演进过程。
3. 描述运营管理在不同组织中的作用和地位。
4. 解释运营管理者怎样将各种优势结合起来满足顾客需求。
5. 了解运营管理者的职业方向和工作类型。

第一节 运营管理的基本概念

一、运营、运营管理和运营管理者

运营管理是根据客户需求生产优质商品或提供良好服务所涉及的一系列业务活动，是企业重要的基本职能之一。会计人员通过对企业存货管理、能力利用和用工标准的了解，可以更精确地收集到成本数据、提供更客观的财务报告；财务经理也可据此判断企业投资方向、预判现金流状况以及更高效地去管理流动资产；营销人员借助运营可以更好地满足客户要求，使质量、成本和交货期都能符合或超过客户预期；人力资源经理通过运营管理能够更好地进行工作设计和更有效地制定激励政策。创建优秀的企业仅仅只有天花乱坠的宣传报告是不够的，在任何情况下，组织（企业仅是组织形式中的一种）如果没有优良的运营（Operations）就不可能在市场经济中生存。对于所有的组织，这都是真理。

运营管理是组织成功或失败的重要影响因素。由于顾客的需求不断地增加，所以运营在企业中所扮演的角色越来越重要。从某种程度上来说，运营对任何组织来说都具有核心意义上的重要性，因为运营将组织所做的和顾客想要的连接在一起，如图 1 - 1 所示。因此，运营就是组织为社会提供商品或服务的过程，这个过程将组织的业务和顾客的需求连接在一起。

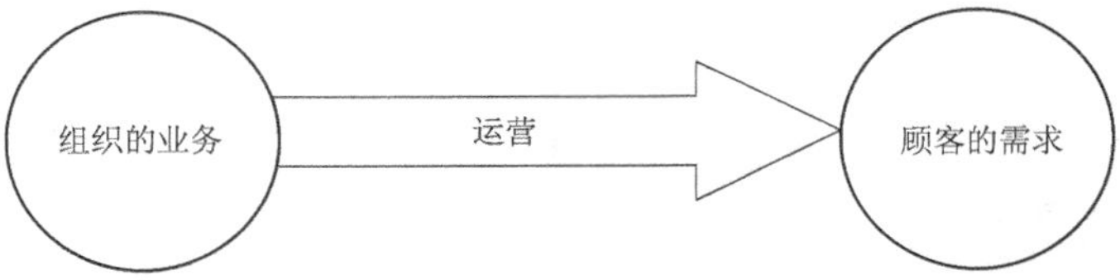

图 1 - 1　运营将组织的业务与顾客的需求连接在一起

每个组织都有其运营职能，不论是否明确地将它叫做运营。传统的观点认为，运营是关注于原材料的获得、产品的转化和把这些产品提供给顾客的过程。另一种观点认为，运营就是企业所做的事。你可以问一家零售店主这样的问题："你通常在干什么？"他会回答说："我在卖货。"卖东西和运营有什么不同么？在这种情况下没有不同，因为销售是将货物的所有权从零售商到购买者转移过程的运营。如果零售商店的销售过程运营得好，顾客就会一次又一次地购买。一个医院治疗它的病人，我们可以认为："那不就是药的作用么？"是的，但你不应只看到那些治疗病人的医生和护士，还有整个组织去支持他们的工作——设备管理、配备人员、备办食物，等等。所有的这些都在运营管理的职能范围之内。因此，认识到运营管理贯穿于一个组织是很重要的。运营以不同的方式发生在整个组织里。因此，运营是将组织的业务活动及其成果与顾客的需求连接在一起的过程。运营既包含有形产品/服务的转换过程，也包含无形产品/服务的转换过程。

在组织内部，运营管理职能部门的职责通常被描述为：生产本组织的产品和服务，并提供给内部或外部的顾客或用户。因此，运营管理是对组织向社会提供产品或服务整个流程的计划、设计、组织和控制。运营管理给我们提供了一个认识运营的途径，那就是它可以帮助我们设计、管理、推进组织的运营在一个有序的氛围之中。运营管理者或者运营经理（Operations Manager）就是设计、管理和改进组织工作过程的人。

二、运营管理过程

运营管理的一个主要方面就是关注流程（Processes）。简单地说，流程就是我们工作的过程。由于流程在运营中起着重要的作用，运营经理会经常运用各种分析方法和技术分析流程。运营管理还可以描述为组织在实践中学习理论的过程，因为运营管理从组织的成功或失败中总结经验教训，并把这些经验教训提供给学生和经理们。学习运营管理可以使我们学会运用一些工具去分析一个独立的组织或是多个组织的运营，并为组织未来的竞争做好准备。虽然大多数经理每天都置身于运营的某些工作之中，但他们中的许多人并没有意识到这一点。

运营管理过程由运营的 4 个“P”构成和联结在一起。这 4 个“P”是：政策（Policies）、实践（Practices）、流程（Processes）和绩效（Performance）。图 1－2 说明了每个 P 的含义，并显示出它们彼此之间的关系。

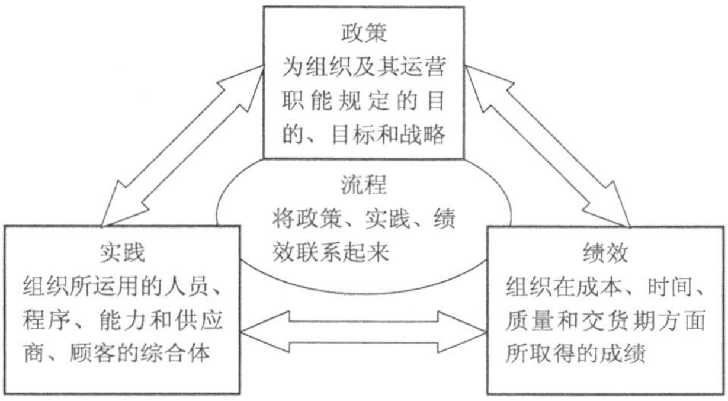

图 1－2　运营管理的 4P

政策阐明了组织的目的、目标和包含运营在内的战略。政策建立在组织所想要做的事和达到的目的基础之上。政策是组织使命的一个重要部分，而战略则关注于组织如何达到目的。政策通过对系统、流程和技术的描述来定义实践，并说明组织在供应商、顾客之间的适当地位。政策如果脱离了适当的实践就不能被实现。

政策还需要绩效的调节。绩效描述了组织在时间、成本、质量和交货期方面所取得的成绩。政策的要求通常与所取得的绩效水平存在一定的差距，运营经理经常需要提出改进措施来缩小差距。

绩效与实践紧密地联系在一起。例如，许多组织企业通过采用新技术或新方法已经改善了它们的运营绩效，包括减少使用面积、降低存货水平和实现更快的周转。这些改善最终都会在财务报表中体现出来。现代组织不断地改变它们的实践去推进它们的绩效，因为商业环境竞争比以往任何时候的都激烈。

政策和实践还决定了采用什么考核方法来衡量绩效。例如，关键绩效指标（Key Performance Indicators，KPIs）中的顾客服务时间、成本、质量等能很好地反映运营职能部门的工作业绩。实践证明，组织明确地将 4 个“P”联结在一起，可以显著地提高运营绩效。

三、运营管理模型

在一个工厂里，产品的原材料和不同的加工阶段是十分明显的；但是，很多服务性运营从投入到“产成品”的转换过程却不是那么显而易见的。尽管如此，服务类组织

（包括银行、医院、社会服务机构和学校）也都是有投入产出过程的。下面我们将比较转换流程的不同以及实现转换流程的不同，并介绍两种运营管理模型。

（一）基本转换模型

运营关注于那些可以使一个组织将一系列的输入（原材料、能源、顾客需求、信息、技术和其他资源）转化为产出的所有活动。这些活动在制造型组织和服务型组织之间是有区别的。图 1－3 显示了一个最基本的投出产出模型。

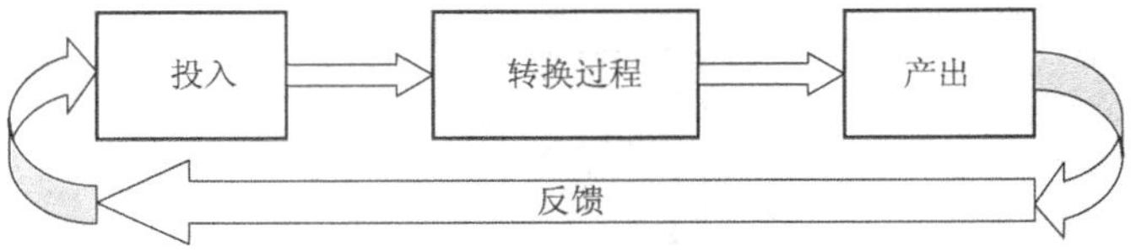

图 1－3　基本转换模型

从图 1－3 中可看出反馈在投入产出过程中的重要作用。反馈可以使运营经理改善产品质量，提高服务水平。反馈可以从外部和内部两个来源得到。内部来源包括考核、评估、不断地改进流程和产品；外部来源包括市场销售渠道和顾客自己的反馈。这个基本模型适用于于制造业，也可以用于服务业和公共事业部门。

一般来说，服务运营会改变信息、人、物品的性质、形状、外观和所有权。表 1－1 列出了一些例子。

表 1－1　服务转换的例子

转换输入	例子	转换实质
信息	制图公司	将设想和大纲变为详细的设计和企划
	会计	财务记录表格里的数据按要求变为需求形式，用于提供计算、指导
人	餐厅	把一个饥饿的人变为吃饱的人
	航空公司	帮助人实现位置的转移
物品	汽车修理维护服务中心	出了故障的汽车需要汽车修理维护服务中心提供的服务而变为运转正常的汽车
	物流公司	将货物从一个地方运送到另一个地方
所有权	批发或零售	货物的所有权转移
	汽车租赁	汽车的使用权暂时从租赁公司转移到租赁者

对于制造型企业来说，转换过程更加明显。原材料被加工后，改变了它们的状态。原材料有很多种形式，不同形式的原材料有不同性质的转换过程，如一个运营流程可能

生产原材料,也可能使用原材料经过一系列转换形成最终的产品。

尽管基本转换模型能够提供对运营实质的基本认识,但现实中的运营管理远比基本转换模型复杂。运营经理的一项很重要的职责就是控制流程,这意味着需要维持运营系统并将其保持在一个合理的状态之中。卓越的运营经理能够设计并不断改进流程,使基本转换模型适应新的需要。由于基本转换模型太简单,不太适合现实的需要,因此在此基础上提出了动态整合模型。它的主要特征是:运营系统所要完成的工作是"变动"的,这些变动因素在运营经理工作时间中的分配比例逐渐增加。

(二)动态整合模型

运营管理者在日常工作中负责管理将不同投入转换为商品或服务的整个过程。这就需要运营管理者将资源、知识和市场机会整合起来。资源包括人力资源、自然资源、组织资源和供应商资源。知识包含组织成员的经验、运营系统、运营流程和信息技术设施。市场机会是顾客需求以及将顾客需求转化为组织可提供的产品或服务。运营管理者对资源、知识和市场机会的整合过程(见图1-4)需要完成3个主要任务:①设计产品或服务,设计可制造或提供产品或服务的流程。②日常运营管理,确保工期完成,解决运营中出现的问题,联络其他职能部门。③不断改进运营流程,通过分析现行工作方式,防止任何阻碍提高绩效的问题出现。

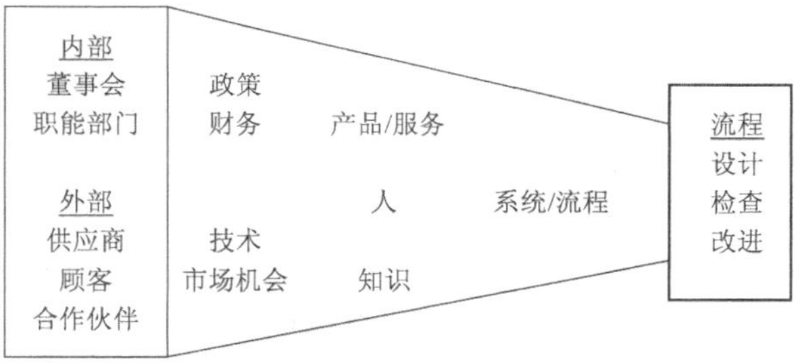

图1-4 动态整合模型

四、运营管理的分类

(一)运营管理的总体特征

运营管理的总体特征是指不论制造型组织还是服务型组织在其运营流程中都存在的特征。从流程的视角来看,运营管理的总体特征可以用两个指标来描述:产量和品种。追求产量是所有组织的共同兴趣,其目的是达到经济学家所说的"规模经济"。高产量的产品如汽车、消费类电子产品、快餐等就是典型的例子。一般而言,在追求高产量的同时很难追求多品种。例如,在确定汽车的品种时,需要设想不同的外形、不同的发动机、不同的颜色等可供顾客选择的项目,但实际上这些可供选择的项目数量很有限。因此,种类繁多仅仅是感觉而不是现实。与此相反,品种多的产品或服务通常都有较低的产量。产量与品种的关系如图1-5所示。

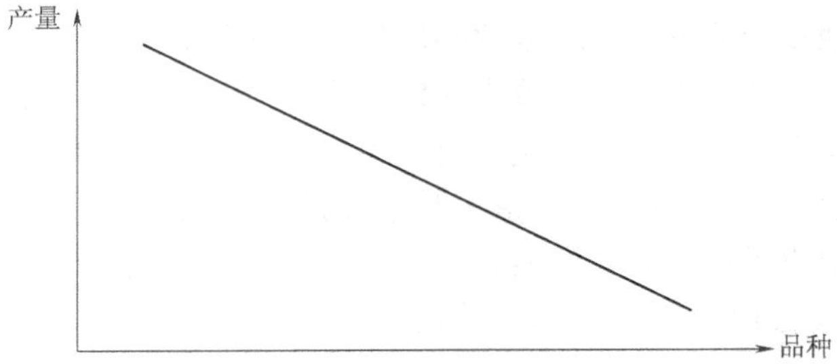

图 1－5　产量与品种的关系

图 1－5 表明，运营主要沿着一条向左倾斜的直线带分布，产量越高的企业，所能提供的品种就越少；而产量较低的企业通常都能提供较多的产品或服务。但是人们看到超市提供了种类繁多的产品，但同时销售总量也很高，这是否改变了这个规律？答案是否定的。尽管存在这种销量和品种同时多的例子，但这里的关键点在于对于所有的顾客来说，超市的服务流程是一样的，是标准化的。每位顾客都得到了同等的对待，而不是对单独个体的零售。因此，从流程的视角来看，品种是很少的，所以这个一般规律依然成立。

此外，还有另外两个衡量组织运营环境性质的尺度。第一个尺度是组织的产品和服务所在市场的竞争激烈程度。从总体上讲，高产量的组织通常都在一个竞争激烈的市场中运营。极端的例子是汽车和电脑的大众市场，这个市场已经进入全球化过度竞争阶段。第二个尺度便是在供应链或是供应网络之中所处的位置。不论这个组织是从事制造还是服务业，都是供应网络或供应链中的一部分。它们可能给终端用户直接提供服务，或者通过它们的产品间接地提供服务。运营管理的分类和总体特征可以分别由表 1－2 和表 1－3 很好地说明。

表 1－2　运营管理的分类

行业	制造业	服务业
产量	高	低
品种	少	多
市场竞争激烈程度	全球过度竞争	稳定细分市场
供应链位置	最终用户供应商	供应链始端

表 1－3　运营管理的总体特征

行业	制造业	服务业
工作性质	有形产品的创造	有形产品或无形产品的创造
产量与品种	高产量－少品种： 高额资本投入，系统化、程序化的工作和流程，低单位成本的转换系统	低产量－多种类： 形式灵活，人和系统做高单位成本高附加值的工作

续表

行业	制造业	服务业
市场竞争激烈程度	过度竞争： 组织寻求任何可能的收入去创造竞争优势或者维持生存	细分市场： 组织优化现有系统实现投资回报最大化
在供应链中的位置	供应最终用户/中间用户： 在顾客需求驱动下整合供应网络去满足他们的需要	与最终用户距离： 流程中介驱动，作为供应网络的一部分

（二）运营管理的分类特征

尽管我们将组织分为纯粹的制造运营与纯粹的服务运营将会使问题简单化，但是在实际生活中，绝大多数组织同时为它们的顾客提供服务和产品，而只有很少的组织可以被称作“纯粹的制造”和“纯粹的服务”。如今的产品都被复杂、精良的服务所围绕，制造型组织正在被转化为服务型制造组织。举例来说，像安装、维护、维修、技术指导这些服务常常和电冰箱、洗衣机之类的家用电器一起提供，像文字处理或空白表格程序之类的软件运用则通常是光盘或磁盘和技术说明指南一起提供给用户。然而，制造与服务可以根据以下特征进行区分：

1. 可触摸性。组织的产出是否可以被触摸到。服务往往是无形的，而制造的产品则是有形的。

2. 可储存性。组织的产出是否可以被保存。服务往往不能被保存，而制造的产品则能够被保存。

3. 可运输性。组织的产出是否可以被移动。制造的产品往往能够从一个地点移动到另一个地点消费，而服务职能在提供服务的地点消费。

4. 可转让性。产品在售出时其所有权会发生转移，而服务则没有所有权转移的问题。

5. 生产和消费的同时性。产品的生产往往先于顾客的消费，而服务则是生产与消费同时发生。

6. 质量可测性。产品的质量通常由产品本身体现且在消费之前可以被衡量，而服务质量则只能在服务过程中感受到，且在消费之前不能被度量。

事实上，大部分企业提供的是有形产品和无形服务的综合体，我们可以通过一些具体的实例按照图 1－6 构造一个从“纯产品”到“纯服务”的连续体。纯产品行业（纯粹实体货物）将越来越趋于同质化，边际利润下降也是必然趋势。为了让自己能够区别于竞争对手，纯产品经营者常常倾向于在有形产品上添加一些额外的服务，即企业将服务嵌入在产品之中。

纯产品	产品核心	服务核心	纯服务
食品加工	家用电器	宾馆	教育培训
化学材料	数据存储器	航空	医疗顾问
书籍出版	汽车	互联网服务商	财务咨询

图 1-6 “产品-服务”连续体

第二节 运营管理的演进

我们在学习和讨论运营管理问题之前,先理解运营管理的历史、现状及其发展,对今后的学习和工作都是非常有益的。

一、制造企业运营管理的演变

(一)从手工生产到批量生产

手工生产是最早的商品和服务的组织形式。18 世纪末以前,农业一直都是世界各国的主导产业,制造业只有手工作坊。流通的商品通常是由手工作坊的工匠们手工定制的,同样的商品没有两件是一模一样的。制造业效率低下,对工匠们手艺的要求很高。大部分行业一开始都是靠手工方式生产的,直到今天不少产业仍然沿袭这种生产方式,尤其是对顾客需要个性化产品和服务的产业来说更是如此,如定制衣服的裁缝店。

工业革命使手工作坊式生产方式发生了根本变化。1765 年,英国人詹姆斯·瓦特(James Watt)发明了蒸汽机,为制造业提供了机械动力,将制造业推进到工厂时代。以前在家庭或者作坊里的生产活动被转移到了工厂里,工厂往往同时雇佣许多人,于是劳动分工开始出现。

劳动分工的思想非常简单,将一件工作分成若干份,由多人完成可以提高劳动效率。虽然古希腊人在实践中运用了劳动分工的思想,但第一个从理论上分析劳动分工的人是亚当·斯密(Adam Smith)。斯密举了个制钉的例子来说明分工的合理性,要知道制钉业在当时是非常重要的产业。在这个例子中,他指出,让每个工人具体负责一道制钉所必要的工序而进行协作,这样比让每个工人从头到尾地制作完整的钉子所得到的产量要大得多。他解释了劳动分工可以提高工作效率的 3 个原因:①工人的技能随着工作经验的增长而增加;②减少了由于变换工作而损失的时间;③专用工具和机器的使用。

从手工生产到批量生产这个过程中,最重要的进步在于美国制造系统(American System of Manufactures, ASM)的发展。ASM 可以被定义为:一套流程中使用专用的机器生产可以互相替换的零部件。零部件互换性的基础是零部件的标准化。

零部件标准化思想起源于武器的制造。1801 年,美国艾利·惠特尼(Eli Whitney)首次将零部件标准化应用于武器的制造。他向托马斯·杰弗逊(Thomas Jefferson)总统介绍了零部件标准化原理,演示了在一堆具有互换性的零部件中任意选择零部件组装成步枪,并当场试射成功(在此之前,每一支步枪都需要用定制的零部件手工制造而成)。尽管惠特尼的步枪售价比其他武器承包商的高,但他凭借零件互换性的优势仍然获得美国政府 10 000 支步枪的合同。

现代制造业的许多特征都与 ASM 有关:其中包括工厂的组织结构、专业化的机器设备、工作流程以及物料运输(如集装箱)、质量管理技术等。

(二)从批量生产到大规模生产

在手工生产转变成批量生产的过程中,伴随着工作方法的分析和发展,出现了后来被称为科学管理的思想体系。由于这一时期的生产组织和管理系统是由弗雷德里克·W. 泰罗(Frederick W. Taylor)提出、发展和完善的,所以这种系统又叫做"泰罗主义"。"泰罗主义"主要包括:计件差别工资制度、工时定额研究以及生产基本原理分析。他不但对监督、管理的组织结构提出了意见,而且对劳动力本身也提出了建议,如劳动力的挑选和按技能高低的分级制度。

现代生产系统有别于老式生产系统最显著的特征是 1914 年福特汽车公司流水装配线的建立。在这之后,一种新型的生产系统登上了历史舞台,由此开始了大规模生产、大批量销售的现代企业运营模式。福特公司对较早期的汽车模型进行了大量的试验,其中试验用的生产技术是为新兴的汽车工业量身定做的。福特公司用于大规模生产单一产品的生产系统具有生产效率高、生产连续性好、生产标准化程度高的特点。在大批量生产的情况下,对产品和机器的严格检查(那时工人没有检查错误的职责),可以使福特公司使用非熟练的工人,甚至是未受过任何训练的工人,从而可以补偿熟练工缺乏的不利因素。福特公司的 T 型车生产系统为大规模生产、大批量销售的运营模式树立了榜样。直到 19 世纪 30 年代,通用汽车公司(General Motors)在阿尔弗雷德·斯隆(Alfred Sloan)的领导下,凭借产品多样化和事业部组织结构,在市场竞争中从福特公司手中接过接力棒,取得了汽车工业营销和生产的主导权。这时,福特公司才摒弃大批量单一产品的模式,转而生产多样化的产品。

当《大不列颠百科全书》(Encyclopedia Britannica)上刊登了一篇关于福特公司的流水装配线的文章之后,"大规模生产(Mass Manufacturing)"这个术语才流行起来。在企业运营史中,亨利·福特(Henry Ford)第一个发现,把产品以便宜的价格卖给大众市场而不是只卖给少数的有钱人所具有的巨大市场潜力。彼得·德鲁克(Peter Drucker)把这种革命性的战略称为,在实现产量最大化的同时使生产成本最小化,从而实现利润的最大化。

(三)超越大规模生产

20 世纪 80 年代,日本经济的飞速发展有很大一部分原因在于其汽车和电子公司的竞争优势。很明显,这些日本公司在设计和生产产品时,大都会使用一些不同的方式和方法，使其产品的质量优势明显。质量差异与一个叫做“全面质量管理”的方法相关。日本企业拥有极少量的库存，部件是在需要的时候才运到，这种方式后来被称为准时化生产方式（Just－In－Time，JIT）。总体上说，这些公司用的是精益制造系统（Lean Manufacturing System）。

产生这些差异的部分原因在于不同竞争者是通过不同的方法来组织生产活动的。大规模生产时代提倡的是专业化，而且公司的组织结构是职能结构。这样的结构形式许多年都运转良好，但是到最后，每一种职能却只关注自己成长和运营的需要，而忽视了与其他职能部门的合作。例如，一个重要品牌软饮料的营销部门决定在夏天热浪袭来时减价促销，但即使灌装厂全天 24 小时工作，取消周六周日的假期，也只能勉强应付暴涨的需求。当促销引起需求增长时，库存耗尽，收入实际上却在减少。由于在销售旺季出现了断货，在零售环节所取得的收入就会减少，而因此受到责备的是运营部门，却不是营销部门。

职能分工忽视了重要的一点，即顾客不是为某一种职能或者几种职能而购买商品，他们购买的是整个流程的产出。流程通常是职能的综合体，而不是仅仅基于某一种职能。例如，产品的质量不仅取决于车间的工人，也取决于产品的设计、销售、配送和营销。要满足消费者的需求，不同职能需要在流程中重新整合，才能将顾客想要购买的产品送到他们手中。在运营过程中，随着越来越多的中间产品和服务都由其他厂商生产（或者说叫做外包），将供应商也整合进来就显得越来越迫切了。从某种意义上来说，顾客也是流程的一部分，因为在许多服务企业的运营管理过程中，工作的目的就是要把顾客有效地“整合”进来。

（四）供应链管理下的绿色生产

随着企业部门间的交叉增加，联系增强，企业内部职能部门间的整合也就逐步成形了。随着 21 世纪全球化竞争时代来临，企业间竞争加剧。为了成功把握市场，企业上下游合作伙伴之间也展开了密切的合作，形成长期的战略合作伙伴关系，互相共享信息，整合资源，供应链管理的思想顺势而生，就像德鲁克所言：“21 世纪，不是企业与企业之间的竞争，而是供应链与供应链之间的竞争。”

21 世纪还有另外一个显著的特征，那就是环境污染。在物质生活不断丰富的同时，人们的生存环境却日益恶化，环境污染、资源破坏等现象频现。人们开始呼吁重视企业社会责任（Corporate Social Responsibility），这时的企业不再单单是盈利的组织，他们首先要成为遵纪守法的公民，要对环境、消费者以及社会负责。企业开始实施低碳运营，也就是采用低能耗、低污染、低排放为基础的经济模式。同时，企业从供应链的角度强调供应链上各企业要注重原材料资源低损耗、生产过程低废物排放量以及产品高回收率，基于可持续发展的初衷，企业纷纷开始进行绿色生产。

二、服务企业运营管理的演变

（一）标准化服务

1913 年 4 月 1 日，第一条装配流水线在美国密歇根亨利·福特的高地公园投入使用，流水线使标准化生产和节拍式运行成为高效的代名词，大规模生产的标准化商品开始充斥市场。效率提升使得工厂对工人的需求数量越来越低，这一有效的工作方法逐渐被引入到服务企业之中。不少服务企业开始力求将服务岗位标准化、服务流程工艺化。当前，服务领域的标准化是力求借鉴制造企业的标准化的方法和工具，进而实现服务业的规模经济。

1. 流程标准化。流程标准化强调服务的系统性，这种手段和方法充分借鉴了流水线的基本思维，即将服务工作进行详细分解和分工，从提高服务效率和可靠性上来寻求最优流程进而标准化，这种标准化流程实际扩充了企业自身的服务能力，在流程可靠性上也有了保证。

2. 服务标准化。服务通常是在消费者消费的同时才发生，服务的好坏取决于顾客在接受服务的“真实瞬间”（Moment of Truth，MOT），而在 MOT 中，服务接触（Service Encounter）直接影响到客户满意度。服务接触实际上是服务过程中的人际接触（Person – to – person Encounter），这种接触往往决定了客户忠诚度。服务标准化实际上就是解决服务接触的标准化问题，企业需要想方设法在“接触瞬间”提炼出可以标准化的部分。服务企业在这方面的努力主要体现在服装、仪表、语言、态度、行为等方面的标准化上。

（1）服务人员的语言标准化。语言是沟通的媒介，服务中有效沟通至关重要。很多服务企业在语言上对服务人员都有非常严格的规定。譬如，接电话时的语言标准为“您好，我是某某公司某某部门的某某，很高兴为您服务”；客人来了，服务员的语言标准为“欢迎光临”；客人离开时，语言标准为“您慢走，欢迎您再次光临”。

（2）服务人员动作标准化。动作标准化完全源于科学管理思维在服务企业的运用。很多企业为了保证自己服务人员动作标准化，甚至不惜重金对服务人员进行标准化的礼仪培训。对标准动作的研究最典型的是吉尔布雷斯（Gilbreth）夫妇对砌砖动作的研究，把每砌一块砖的 18 个动作减少到只有 5 个，而在特殊情况下只需要 2 个。当然制造企业动作标准化的目的在于符合效率、成本要求，而服务企业的一些动作标准化则是迎合客户的审美要求。例如，酒店前台的服务人员接待时要站立服务，两手交叉在体前或交叉在背后，两脚成 V 字型或与肩同宽，身体正直平稳；顾客光临时向顾客鞠躬或点头问候；引导顾客入座时向顾客指示方向，行进中两眼平视，正对前方，身体保持垂直平稳，无左右摇晃、八字步和罗圈腿，走在客人的右前方或左前方 1.5 ~ 2 步远距离处，身体略微侧向客人，等等。

（3）服务人员态度标准化。服务态度的标准化是一种理想状态，实际操作时难度极大。例如，为了让服务人员的笑容更灿烂，很多企业要求服务人员口含筷子进行笑容练习，以达到最佳微笑效果。这种标准化表面看起来是态度标准化，实际仍然隶属于动作标准化的范畴。因为服务态度涉及服务人员的情感层面，这方面的工作极难做到统一化、标准化。

（二）定制化服务

1. 大规模定制。如果说服务标准化的工厂化思维把所有客户都同质化看待，定制化服务则开始慢慢接近服务的本质。客户对服务的评价常常是因人而异的，个性化的诉求和表达往往是客户接受服务的本质体现。然而出于对成本问题的考虑,服务企业仍然希望在满足个性化要求的基础上尽可能进行标准化。从个性中寻求共性成为服务企业运营中集中考虑的问题,大规模定制化服务也就成为这一阶段的主要运营方式。1970 年,美国未来学家托夫勒(Alvin Toffler)在《未来大冲击》(Future Shock)一书中提出了一种运营设想:以类似于标准化和大规模生产的成本和时间,提供客户特定需求的服务。1987 年,斯塔特·戴维斯(Start Davis)将其界定为“大规模定制”(Mass Customization)。1993 年,约瑟夫·派恩二世(Joseph Pine II)在《大规模定制:企业竞争的新前沿》一书这样描述:“产品多样化和定制化不能以增加成本为代价,而满足个性化定制的大规模生产或服务模式能够给企业带来经济价值和战略优势”,这种模式恰恰是大规模定制。

2. 个性化定制。如果说大规模定制是为了在考虑个性化需求的基础上进行客户的分类,那么个性化定制就不再对客户进行分类了,因为对个性化产品来说每一个客户就是一类。当然,对于企业的服务成本来说自然很高,如果客户愿意为个性化提供补偿,那么企业的个性化定制自然也就成为服务运营中的重要方式。由于互联网的普及和移动互联的应用,消费者的行为逐渐从不可记录转变为可以留下痕迹,这些痕迹成为企业服务客户的重要基础,消费者行为的历史痕迹逐渐形成了巨量资料,这些巨量资料构成了我们所处的时代——大数据(Big Data)时代。大数据具有 4V 特点:数量多(Volume)、速度快(Velocity)、花样多(Variety)、数据准(Veracity)。这种 4V 特点为个性化定制提供了很好的基础,企业需要实施的只是对现有的数据进行有效挖掘与整合,即可构成有效的个性化服务基础。3D 打印机在工业领域的应用,也逐渐让个性化不仅仅体现在服务领域,更体现在制造领域,制造企业的服务化趋势在 3D 打印技术日趋成熟的今天呈现出逐渐加速之势。

(三)个性化体验

在有形产品、无形服务的划分之外,体验(Experience)日益成为一种消费者意欲得到的重要消费内容,当然这也体现了社会经济的进步。体验是除了商品和服务之外的另外一种经济提供物。顾客、商人和经济学家都倾向于把体验归到服务业,与餐饮、零售、汽车修理等服务内容混为一谈。事实上,当消费者购买服务时,他所购买的是一组非物质形态的活动,但如果他购买了体验就是购买了一系列值得记忆和回味的事件(这些事件是消费者自己愿意花时间去经历的)。迪斯尼公司是出售体验的最好典型,2013 年迪斯尼公司的“梦想肖像”(Disney Dream Portraits)活动就是一项邀请明星来扮演迪士尼动画片人物的海报拍摄活动。我们熟悉的明星大卫·贝克汉姆、斯佳丽·琼安森和歌手碧昂斯纷纷变身迪士尼童话里的角色。刚刚转会并搬家到美国的球星贝克汉姆(David Beckham)变成了迪士尼动画片《睡美人》(Sleeping Beauty)中举剑屠龙的王子菲利浦(Prince Phillip),贝克汉姆表示:“我小时候喜欢很多迪士尼的角色,现在这些角色也成为我儿子生活中很大的一部分,就和世界上其他很多孩子一样。我很荣幸也很激动参与到这个项目中。我喜欢去迪士尼(乐园)玩,就像个大孩子。”除了贝克汉姆,25 岁的歌手碧昂斯(Beyonce Knowles)在这组照片中扮演了《爱丽丝漫游奇境》

(Alice in Wonderland)中的“爱丽丝”;年轻影星斯佳丽·琼安森(Scarlett Johansson)扮演了动画片《灰姑娘》中丢失水晶鞋的辛德瑞拉(Cinderella)。迪斯尼让人流连忘返的不是简单的娱乐消遣,而是客户能参与到一系列所展开的故事之中,此时企业的运营需要考虑的是平台提供而非产品或服务的提供了。对于顾客来说,为独特的体验买单是一件非常值得的事。

约瑟夫·派恩和詹姆斯·吉尔摩将经济形态演变和企业提供的基本物质进行了区分,并提供了不同经济形态下企业可供供给的内容和内容的关键属性,如表 1-4 所示。

表 1-4 经济形态区分

经济提供物	产品	商品	服务	体验
经济	农业经济	工业经济	服务经济	体验经济
经济功能	采掘提炼	制造	传递	舞台展示
提供物性质	可替换的	有形的	无形的	难忘的
关键属性	自然的	标准的	定制的	个性化的
供给方法	大批存储	生产后库存	按需求传递	一段时期后披露

服务经济源自工业经济,体验经济则源于服务经济。体验是让客户以个性化方式参与其中的事件,是在特定情境下产生的美好感觉。企业的角色将转为体验的策划者,而不再仅仅提供商品或服务,企业的目标也将转为给顾客留下难忘的愉悦记忆。商品是有形的,服务是无形的,而体验却是难忘的。未来服务企业运营的内容将变为舞台设计与呈现,唯有如此个性化体验才得以彰显。

第三节 运营管理者的职业生涯

一、职业生涯的概念

职业生涯(Career)这一术语有多重含义。在日常生活中,它可以指“职业”、“工作”、或者“所追求的事业”。从专业的角度而言,我们给职业生涯所下的定义是:人的一生所从事的工作、职业活动。职业生涯是人一生中最重要的组成部分,它占据了人生的大部分时间,是人生存和发展的前提条件。广义上看,职业生涯是指从职业能力的获得、职业兴趣的培养、选择职业、就业,直至最后完全退出职业劳动这样一个完整的职业发展过程。狭义的职业生涯是指从踏入社会、从事工作之前的职业训练或职业学习开始直到职业劳动最终结束、离开工作岗位为止。

个人职业生涯开发或个人职业生涯规划关注的是帮助个体明确自己的主要目标以及如何实现,重点全部集中在个人身上。运营管理者就是设计、管理和改进组织工作过程的人。管理的职责是循环往复的。改进是为了应对(或者进一步来说是为了预测)

改变的信号。他们修改原有计划，制定新的计划，设计更好的工作过程以及消除改造浪费的环节，改进那些有附加值的作业过程，倾听顾客的意见，监控过程等。随着对职业以及成功的理解发生变化，个人职业生涯开发规划的价值也得到了重新的认识。职业成功不再是仅仅采用员工收入或在组织中的职位等级就可以评价的，还需要考虑个人的技能是否得到不断的挑战、在所选职业中能否承担更大的责任和拥有更多的自主性。与此同时，人们对工作回报的要求也不仅仅是工资和安全，而是追求内在的职业生涯开发，或称为“精神收益”。

二、运营管理者的职业范围

学习和掌握运营管理的理论和方法将来能从事什么职业呢？或者说能为我们选择职业提供什么帮助呢？每一位学习这一课程的学生都可能关心这个问题。简单地说，运营管理者从事产品或服务转换过程及其辅助过程的管理以及组织运作秩序的管理。无论向社会提供任何产品或服务，为了组织的长期成功，每一个组织都依赖运营管理这一基本活动来创造工作业绩。具体地说，运营管理者在不同的组织中所从事的工作从表面上看有很大的差异，但它们所遵循的理论和方法基本上是一致的。以下是一些运营管理者典型的工作类型和内容：

- 工厂经理（Plant Manager）：监控组织生产产品或提供服务所必需的劳动过程和物质资源（存货、设备、动力和信息）使用过程。
- 医院行政主任（Hospital Administrator）：监控医院中人力资源的使用和财务活动。
- 银行分行行长（Bank Branch Manager）：监控分行各种业务中的财务活动。
- 百货公司经理（Department Store Manager）：监控一家商店的办公室文员和向顾客提供服务的员工的所有工作环节。
- 呼叫中心主任（Calling Center Manager）：监控呼叫中心的办公室文员和向顾客提供服务的员工的所有工作环节。
- 供应链经理（Supply Chain Manager）：与供应商洽谈合同、协调生产过程中的物料流通以及将成品送达客户手中。
- 采购经理（Purchasing Manager）：管理采购活动中的票据往来及其相关的后续工作。
- 业务流程改进分析员（Business Process Improvement Analyst）：运用精益生产理论方法缩短流程节拍并消除业务流程中的各种浪费。
- 质量控制经理（Quality Control Manager）：运用抽样检验和控制图等统计质量控制技术监控业务流程和产品质量。
- 生产率主任（Lean Improvement Manager）：教会组织成员掌握精益生产方式和持续改善流程的方法。
- 项目经理（Project Manager）：在新产品开发、新工艺应用和新设施安装等方面计划和协调员工活动。
- 生产控制分析员（Production Control Analyst）：计划和安排日常生产活动。

● 设施管理(Facilities Manager):使厂房、设施的设计与布局和设备与用具始终在最高效率状态下运作。

如果比较一下财务管理、市场营销和运营管理等岗位新进员工的工作,可以发现不同岗位的工作差异。营销新人的工作实际上关注的是销售产品或管理产品的销售渠道。这些人经常外出,不断致力于将产品推销给潜在客户,他们的收入主要部分取决于完成的销售任务多少。会计师事务所的新进员工的工作常常涉及审计财务交易以确保财务报表的准确性,其他任务往往涉及交易的分析,以便更好地了解与业务有关的成本。

运营管理岗位的新进员工的工作是找出传递公司产品和服务的最好方式。当然,他们的工作与营销人员有一定的关系,但不是在销售方面,而是在物料的购买方面。他们通常会尝试着选择最好的材料和最有效率的操作人员;他们将使用由财务人员提供的数据并运用适宜的方法,找出最佳的做事方法。

三、首席运营官

一个组织中运营管理的最高职位是首席运营官(Chief Operating Officer,COO)。首席运营官与首席执行官和公司总裁共同决定公司的竞争战略。首席运营官的工作思路一层层地渗透到公司的各个方面。首席运营官决定公司的选址和设施的选用,决定从哪个供应商那里采购物料以及如何使用公司的基层员工。一旦首席运营官作出决定,下级运营管理者将实施这一决定。下级运营管理者的工作是发现工作过程中存在的问题,寻找恰当的解决办法,提供最佳的解决方案。

管理供应链、提供售后服务和技术支持是首席运营官最具挑战性的工作。企业之间的竞争越激烈,企业对提高生产率、提高产品质量、降低成本等方面的要求就越高,运营管理方面的就业机会就越多。不论你今后是否会选择运营管理作为就业方向的职业生涯,你所学到的运营管理方面的知识都将会是一笔巨大的财富,因为运营管理的中心思想是提高工作效率、降低成本和改进工作结果。

本章小结

运营是将组织的业务活动及其成果与顾客的需求连接在一起的过程。运营既包含有形产品的转换过程,也包含无形产品的转换过程。运营管理是对组织向社会提供产品或服务整个流程的计划、设计、组织和控制。运营管理者或者运营经理就是设计、管理和改进组织工作过程的人。运营管理过程由运营的政策、实践、流程和绩效联结在一起。生产管理的观点认为系统是封闭的。运营管理的观点认为系统是开放的。运营管理不但涉及组织内部的业务流程管理,而且还涉及跨组织的业务流程管理。职业生涯规划对所有的人都至关重要,但更重要的是为自己的职业生涯准备其所需的知识和技能。运营管理的中心思想是提高工作效率、降低成本和改进工作结果,因此许多组织都需要运营管理者。运营不仅仅是制造企业的专利,服务企业一样需要高效的运营,经济形态从自然经济向体验经济演变的核心在于客户需求从无差异到差异再到个性化的过程，体现的实际是一种客户主导的思维，运营自然也会随之发生变化。

习题①

1. 什么是运营？什么是运营管理？什么是运营管理者？

2. 运营管理有哪些基本要素？它们之间存在什么样的关系？

3. 怎样区分生产管理和运营管理？

4. 怎样区分服务流程和制造流程？

5. 为什么说企业在追求高产量的同时很难追求多品种？

6. 什么样的突破使人类社会的商品生产从手工生产过渡到批量生产？

7. 什么样的突破使人类社会的商品生产从批量生产进入大规模生产的时代？

8. 谁第一个发现把产品以便宜的价格卖给大众市场而不是只卖给少数的有钱人具有巨大市场潜力？其原因何在？

9. 什么是职业生涯？运营管理者的主要工作内容是什么？

10. 什么是体验，经济形态的基本演变过程是怎样的？

11. 对由输入到产出间的这一中间转换过程进行设计、运行和改进的管理是（　　）。

A. 财务管理　　B. 营销管理　　C. 运营管理　　D. 人力资源管理

12. 以下哪个行业所生产的产品是以无形产品为主？（　　）

A. 工业　　B. 农业　　C. 制造业　　D. 服务业

13. *与制造业的产品相比，服务业的产品主要是（　　）。

A. 无形的　　B. 不可见的　　C. 难以形成库存

D. 生产过程与消费过程合二为一　　E. 产品质量主要通过消费进行感知

① 带 * 的选择题为多项选择题，书后“部分练习题参考答案”中会提供相关答案。

第三章

运营战略

★ 学习要点与要求 ★

运营战略是企业战略体系第三层次的职能战略。它将公司层战略、业务层战略和企业的日常运营连接起来。运营战略的目标是为业务单位战略的市场竞争提供运营能力。本章主要介绍运营战略的基本概念、运营战略在企业战略体系中的地位和作用、运营战略的选择,以及运营绩效的评价体系。读完本章以后,你应能:

1. 掌握运营战略的概念与作用。
2. 了解运营战略在企业战略体系中的地位和作用。
3. 了解运营战略的选择和实施过程。
4. 掌握评价运营绩效的基本方法。

第一节　运营战略的概念

一、战略

每一个组织都关心它的产品或服务在市场上的竞争力以及企业长期成长的问题。这些问题都隶属于组织的战略问题。战略是一种将组织的目标、政策和行动结果整合成一个凝聚总体的模式或者计划,它的目的是为企业的生存、赢利、发展指明方向和提供行动方案。因此可以说,战略是为组织制定方向和行动方案的陈述。一个好的战略能够帮助组织很好地汇集资源和配置资源,可以使企业在竞争中扬长避短,从容应对环境的变化和竞争对手行动。

企业战略中两个关键的概念是组织资源和组织状态。组织资源是指组织所具有的一系列资产和能力,包括职能强项、技术水平、产品开发和运营过程能力、市场份额与分销渠道、营销能力等。组织状态是指为获得竞争优势而进行的资源配置的优劣程度。

资源配置是指企业资源和能力的匹配水平和模式，资源配置的优劣将决定企业的能力。

二、战略层次

战略的意义体现在 4 个方面，其一，评估并界定企业的生存基础；其二，建立和维持企业的持续优势；其三，规划并执行实现目标的系列活动；其四，形成并确立资源分配过程的指导原则。

企业的目标是多层次的，不仅有企业的总体目标，还有企业内部不同层次、业务和项目的目标，从而形成一个完整的目标体系。相应地，企业战略也是一个完整的体系，也是多层次的。一般来说，大型多元化经营的企业，其战略可以划分为 3 个层次，即公司层面战略、业务单位战略和职能战略（图 2－1）。

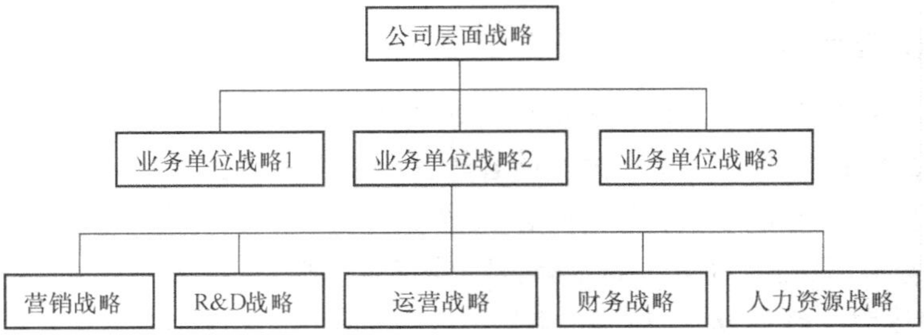

图 2－1　大型多元化企业的战略层次

公司战略（Corporate－level Strategy），又称为公司层次战略、公司层面战略、总体战略或综合战略，是关于企业全局发展、整体性和长期性的战略。公司战略所关注的是选择企业有能力进入且能有效竞争的业务领域（Industry，也称为行业、产业），合理配置现有的资源和能力，使各个业务领域能够相互支持、相互协调，从而使企业的综合效益最大化。因此，寻找新的、成长性好的业务领域，判断现有业务领域的前景，投资、撤资、兼并与收购，整合与重组是公司战略的主要内容。

业务单位战略（Business Unit Strategy），又称为事业部战略、经营战略或竞争战略，是关于企业在一个业务领域（一个行业或产业）或几个相关业务领域中生存、赢利和发展的战略。因此，行业竞争是业务单位战略的主题，竞争战略是业务单位战略的主体。大型多元化经营的企业通常在组织上将具有共同战略因素的若干事业部或子公司组成一个战略业务单位（Strategic Business Unit，SBU），每一个战略业务单位一般都有自己独立的产品和市场，而指导战略业务单位经营活动的就是业务单位战略。业务单位战略所关注的是业务领域的经营环境、竞争态势、竞争能力、市场份额和拥有资源的有效利用，使企业在特定业务领域的经营效益（Effectiveness）最大化。业务单位战略为公司层面战略提供经营效益支持并受公司层面战略的制约。因此，分析经营环境、获得竞争优势、培养竞争能力、获取经济效益是业务单位战略的主要内容。

职能战略（Functional Strategy）是企业战略体系中的第三个层次，又称为职能部门战略，是关于企业内部主要职能部门的短期战略（相对于公司层面战略和业务单位战略的长期而言）。职能战略所关注的是在实施业务单位战略的过程中有效运用经营职能（研发、营销、运营、财务、人力资源等），使企业经营效率（Efficiency）最大化。职能战略为业务单位战略提供经营效率支持并受业务单位战略的制约。因此，获得新的资源和能力（如资金或人力）、最大限度地利用现有资源和能力、提高产出、降低投入、增加收入、协同职能活动、提高工作效率是职能战略的主要内容。

单一业务企业（仅在一个行业经营的企业）通常没有公司层面战略，只包括企业经营战略和职能战略两个层次。

三、运营战略

运营战略（Operations Strategy）是以最有效利用企业主要资源的方式支持战略业务单位获得竞争优势、使企业整体效益最大化的长期规划。运营战略还可以被定义为在价值链上支持竞争战略实现其战略目标的一系列决策。

在市场竞争中，企业获得竞争优势的主要途径有两个：低成本和差异化。运营战略对低成本或差异化的支持体现在以下几个方面：

（一）对成本领先战略的支持

成本领先战略是在一个相对成熟、稳定的市场环境中以比其他竞争对手相对低的价格向顾客提供定位良好的可接受产品或服务的战略。运营战略通过注重工作质量、注重生产率、严格成本控制、高度标准化的运营系统提供对成本领先战略的支持。对于一家制造型企业来说，精益制造系统（Lean Manufacturing System）是它最好的选择。

（二）对差异化战略的支持

差异化战略是在一个顾客特殊需要繁多的市场环境中以持续创新性设计向顾客提供多样化和个性化产品或服务的战略。运营战略通过小批量多品种、定制化、低成本高质量、高度灵活性并具备高水平技艺能力员工的运作系统提供对差异化战略的支持。对于一家制造型企业来说，柔性制造系统（Flexible Manufacturing System）是最好的选择。

（三）对竞争环境变化的快速反应

在竞争环境中，运营职能需要对不可预见的变化作出快速反应。运营战略通过与顾客、供应商协同产品设计、灵活简捷的运营系统提供对环境变化的快速反应支持。对于一家制造型企业来说，敏捷制造系统（Agile Manufacturing System）是最好的选择。

第二节 运营战略的选择

不同的运营系统具有不同的特征，需要不同的技能和管理手段，在成本、质量、消耗时间方面会产生不同的运营绩效。然而,运营系统的基点或目的是一致的,都需要运用恰当的系统生产恰当的产品或服务,并在恰当的时间将恰当的产品或服务送交恰当的顾客。对于企业来说,了解运营系统手段的差异性和目的的一致性是至关重要的。运营战略在假设资源(流程)和目标(市场需要)匹配的前提下,根据理性逻辑的思路提出了3种不同模式的运营战略。

一、产品-流程矩阵

"产品-流程矩阵"(Product - process Matrix)通常用来描述流程结构与批量要求之间的关系。从一般意义上而言,产品的生产流程可以分为5种类型:

(一)项目流程

项目流程由一些专门为特定产品设计的符合客户要求的独立步骤所构成,用以生产那些仅运营一次的产品或服务,这些产品可能永远不会再进行生产。典型的有新产品试制、复杂的外科手术、业务咨询、建筑工程、军队部署、轮船或飞机等定制化产品。

(二)加工车间流程

加工车间流程专注于提供种类繁多的产品及服务,但每一类产品或服务的批量相对于项目流程要大一些。加工车间的例子包括通用的机器车间、大多数服务定向行业、修理工厂或车间、医院等。

(三)批量生产流程

批量生产流程也提供品种繁多的产品或服务,但与加工车间流程不同的是,它们提供每种产品及服务的数量较多,而且具有相似的流程。典型的批量生产流程存在于出版社、航空公司以及大量的手工制造业等。

(四)流水线流程

流水线流程以固定的模式生产大批量的产品,整个流程被分成许多相对简单的操作部分,使用专门的资源(如专用设备和专门人才)完成各自的简单操作。通过组织和整合所有简单操作,使整个流程具有很强的连续性。"简单"和"重复"是每一个具体步骤的基本特征。由于实现了高度标准化,流水线流程非常适合采用自动化设备。典型的流水线流程有汽车生产、快餐和大多数消费品生产。

(五)连续生产流程

连续生产流程与流水线流程相似,两者的不同点在于连续生产流程用于生产那些持续不断的特定产品(如石油、钢铁、化工原料、纸等)而不是独立产品(如汽车、电子产品等)。

为一种特定产品选择恰当的流程对运营系统来说是至关重要的。例如,连续生产流程由于缺乏灵活性,不可能适应定制化、小批量产品的市场;加工车间流程也不可能适应大量销售的消费品市场的需要。理性运营战略认为,对于任何产品或服务的属性或特征,都可以找到最恰当的或者说最优的生产流程。产品-流程矩阵(见图2-2)就是根据这种思路来帮助企业确定运营战略的。

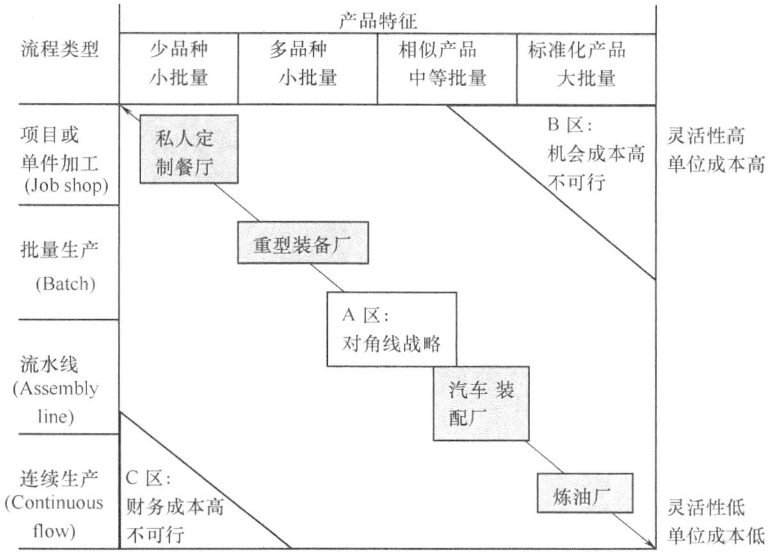

图 2 – 2 产品 – 流程矩阵

图 2 – 2 中的 A 区被称为对角线战略,亦即根据产品特征沿着对角线方向就可选择到最恰当的生产流程。例如,少品种小批量的产品属性选择加工车间流程最为恰当,而大批量销售的消费品则以连续生产流程为最佳。

如果一家企业决定采用加工车间流程来生产大批量的标准化产品会有什么后果?图 2 – 2 中的 B 区表明,它会失去增加市场份额或获得更多利润的显著机会。由于流程缺乏效率,这样的公司将没有能力与那些具有高效率流程的公司竞争。与此相类似,如果一家公司决定采用流水线流程生产小批量定制化的产品(见图 2 – 2 中的 C 区),则会导致在流程、设备和工艺方面的高额投资。

产品 – 流程矩阵可以使企业的运营经理在备选流程中选择恰当流程时根据下列标准评价现有资源和现行状态之间的"战略匹配":

1. 每个备选流程的长期成本和短期成本如何?
2. 每个备选流程在成本、质量、生产周期和产品易获性方面都能提供哪些优势?
3. 每个备选流程在原材料、能源、基础设施、管理技能方面都需要哪些投入?

产品 – 流程矩阵还可以说明怎样形成运营战略。如果一家公司需要为一种需求量持续上升的产品设计生产流程,根据产品 – 流程矩阵可以将现有流程改造为大批量、低成本的流水线流程,进而朝着自动化系统、标准化操作程序、采用复杂设备的方向发展。同样,如果预见到市场需求的个性化趋势增强,那么企业就必须使其战略从注重低成本转向产品的多样化和灵活性。图 2 – 3 说明了这两种转变,表 2 – 1 所示为对角线战略中的两种极端状况的比较。

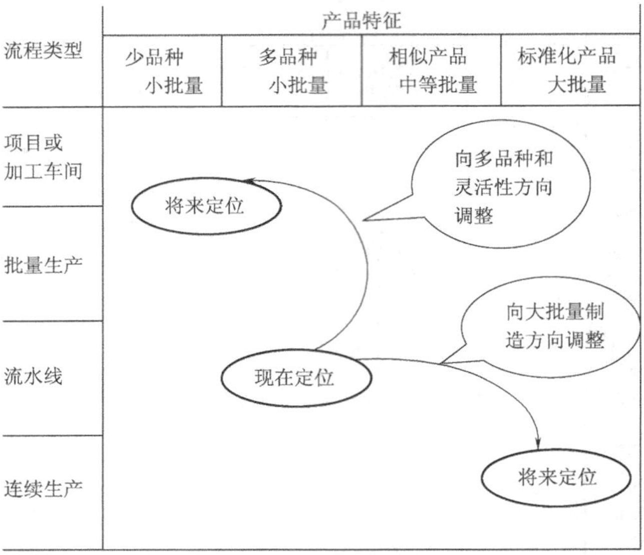

图 2－3　产品－流程矩阵的变化

表 2－1　对角线战略中的两种极端状况的比较

决策类别	决策领域	流程类型	
		加工车间流程	连续生产流程
结构决策	产品	灵活性是其主要优势(改变品种易且经常推出新产品),设计与研发非常重要	产品处于成熟期,只需不断增加附加值
	流程	对多品种的产品而言,没有固定的生产流程,要求掌握多种方法和技术	要求流程的技术和设计可以支持多品种高效率运营
	能力	多品种小批量运作模式以灵活性应对市场需求波动的风险	每次都以高投入增加生产能力
	设施	以不同组合的方式达到同一目的,灵活性可以使其快速转换生产品种	为经济规模而设计,常常为大型的,在组合和转换上灵活性有限
管理决策	质量管理	产品和流程的多样性使质量标准制定和质量控制难度加大	产品和流程的单一性使质量标准制定和质量控制容易进行
	供应链管理	多种多变使在制品存货增大,也使与供应商的协调困难,原材料和成品的运输管理复杂	材料需求确定,能顺利从供应商处得到,可与供应商建立长期关系,成品能按进度时间表运输

续表

决策类别	决策领域	流程类型	
		加工车间流程	连续生产流程
管理决策	进度管理	订单种类、数量和要求繁多,且由通用设备和流程完成,使进度时间难以制定	品种少、需求固定且要求标准化,使进度容易制定
	项目管理	项目管理原则和技术可保证交货期	项目管理原则和技术仅在设备安装和重置时应用

二、服务－流程矩阵

服务－流程矩阵最初根据影响服务流程性质的两个主要维度对服务进行分类,如图2－4所示。

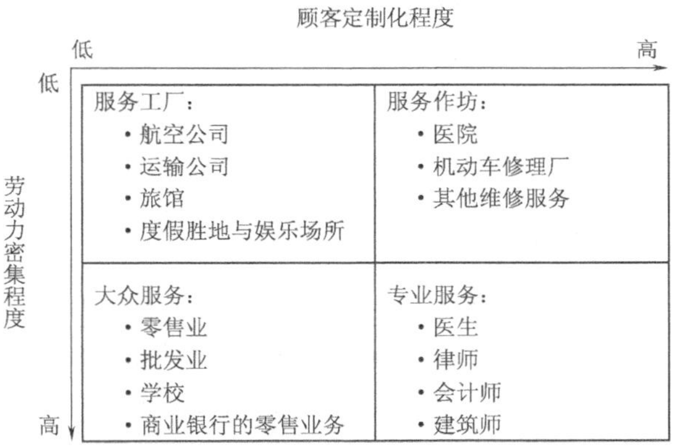

图2－4 服务－流程矩阵

垂直维度劳动力密集程度是指在服务运营系统中劳动力要素投入与资本要素投入的比率。位于图2－4上方的航空公司和医院由于其在服务设施上的投资高于其劳动力的投入,因此被称为资本密集型服务;位于图2－4下方的学校和会计服务由于其劳动力投入高于资本投入因而被称为劳动力密集型服务。

水平维度衡量顾客定制化程度。顾客定制(Customization)是指顾客个性化要求影响企业提供服务的内容和性质的程度。顾客定制化服务的相对概念是服务的标准化。如果服务是标准化而非定制化,例如在麦当劳就餐,吃的都是制成品,则顾客定制程度就低。反之,顾客定制程度就高,例如医生为病人提供的治疗方案,医生必须针对每个病人的具体情况提供不同的医疗服务。

为了反映服务企业的不同性质,服务－流程矩阵的4个象限被赋予了不同的名称。“服务工厂”提供标准化服务,需要较高的资本投入,更像是一家流水线生产厂。“服务作坊”则允许有更多的定制化服务，但它们是在高资本环境下经营的。“大众服务”的顾客在劳动力密集的环境中得到无差别的服务，但那些寻求“专业服务”的顾客则会得到经过特殊训练的专家为其提供的个性化服务。

运营战略的理性逻辑在劳动密集度和顾客定制化的基础上又增加了顾客接触因素。顾客接触是指在运营系统工作时顾客同时存在于系统之中并与服务提供者互动，接触的程度以为顾客服务的时间占运营系统工作总时间的百分比来衡量。接触程度高（服务时间百分比高）的运营系统被称为高接触系统，而接触程度低的运营系统则被称作低接触系统。低接触系统，例如银行的支票处理流程，由于制造业中的许多有关流程的概念和原理同样适用，因此也称为准制造系统（Quasi – manufacturing Systems）。高接触服务系统的设计与管理难于制造系统，表 2 – 2 列出了高接触服务系统与低接触服务系统在设计与管理方面的比较。

表 2 – 2　高接触服务系统与低接触服务系统在设计与管理方面的比较

决策类别	决策领域	顾客接触的影响	
		高接触系统	低接触系统
结构决策	产品	服务必须考虑环境有利于服务员与顾客的互动	服务不需要考虑与顾客互动的无形因素
	能力	服务员数量必须与需求高峰时的顾客数量相匹配，且对需求的短期波动需作出预测	根据平均需求量设计能力水平，预测仅着眼于长期
	设施	布置在靠近顾客的地方	布置在靠近服务员的地方
	流程	流程设计会影响与顾客互动和顾客满意度，须包含顾客生理和心理因素	由于顾客并不直接涉及流程，设计与纯制造系统相似，可以只关注系统效率
管理决策	质量管理	质量衡量与控制难度大，重点在顾客与服务员的互动，行为培训重要	质量标准通过简单的可衡量的属性如准确度和完成情况精确地确定下来
	供应链管理	服务过程及与顾客互动中有形产品流动少，相关性较小	服务过程由存货和配送支持，相关性大
	进度管理	进度着眼于服务的时效性，均衡流程会使生意流失	顾客不涉及流程活动，只关心完成期限，进度可注重流程效率
	项目管理	每个顾客业务都是独特的，因此服务常可作为一项工程来对待	服务大多是重复性的，与项目管理无关

将顾客接触的概念融入服务定制化和劳动力密集程度两个方向，对服务性企业来说有着特殊的战略意义。表 2 – 3 显示了一些服务业的顾客接触程度、服务定制化和劳动力密集程度差别。

表 2－3 部分服务业顾客接触程度、服务定制化和劳动密集度差别

	劳动强度	顾客接触	定制化
1. 公用事业、商品运输	低	低	低
2. 授课、邮政服务	高	低	低
3. 股票经纪、快递服务	低	低	高
4. 维修服务、批发、零售	高	低	高
5. 计算机教学、公共交通	低	高	低
6. 快餐、娱乐	高	高	低
7. 租赁服务、医疗	低	高	高
8. 设计服务、咨询服务	高	高	高

顾客接触程度、服务定制化和劳动强度3方面都低的服务业，其运营系统类似于制造业，其运营战略基于设施、流程技术和供应链的结合。例如，某些连锁快餐店为了获得规模经济，产品制作集中进行，而服务则分散提供，战略重心是效率和质量。随着顾客接触程度的增加，劳动强度将会变成主要影响因素。劳动强度低的服务业，服务设施和流程技术会给顾客带来深刻印象；劳动强度高的服务业，人力资源则成为成功的关键因素。随着定制化程度的提高，能适应顾客要求的产品设计和流程技术变得越来越重要，因此，产品和流程技术就成为顾客定制化服务业的战略焦点。

三、自助服务

自助服务是机器设备、信息技术与顾客需要相结合的产物。提供服务的企业仅投入资本要素，当顾客需要服务时自己操纵机器设备或自己动手来满足自己的需要，服务流程是由顾客自己或由设备自动完成的。自助服务可以降低服务企业的劳动力密集度、消除顾客的紧张感、提高服务的定制化程度。自助服务主要有以下几种类型：

（一）固定顺序型

固定顺序型是按照预定的顺序、条件和位置分别执行连续性特定操作的机器、设备或装置，但不能改变已设置的程序，如自动售货机、自动售报机、自助餐厅旋转流水线服务系统。

（二）变动顺序型

变动顺序型类似于固定顺序型自动机器，但能容易地改变已设置的程序，如自动出纳机、自动汽车清洗机。

（三）智能型

智能型带有像视觉或触觉传感器这样的传感接受装置的机器，它能探测其工作环境或任务的变化并具有自我决策能力，如食品店自助服务付款机、药品自动分发系统等。

（四）全自动化系统

全自动化系统是完成生产产品或提供服务所要求的各种体力和智力任务的电脑机

械系统,如电子转账系统、电子订票系统。

今天的顾客不愿花费太多的时间和忍受不必要的服务等待。零售、银行、航空等行业将战略定位于顾客自助服务可以在减少与顾客接触和降低劳动密集度的同时提高定制化程度。为了缩短顾客在前台的等待时间,某航空公司投入数百万美元建设机场的自助服务设施。该航空公司的自助服务处可以使顾客仅凭一张智能卡就可办理登记、行李检查、打印登机牌、选择或更改座位甚至调换航班。自动化流程使仅有随身携带行李的旅客只需要 30～60 秒,而托运行李的旅客不到两分钟就能完成登机手续,比人员服务平均减少 10～15 分钟。

第三节　运营战略的绩效评估

一、生产率

绩效评估(Performance Evaluation)是评价运营经理工作效果和改进运营系统的前提,而评价运营经理工作绩效的最好的指标就是生产率(Productivity)。

(一)生产率的含义

生产率是产出与投入的比率,可用来衡量运营经理运用资源的效率和效益。可将其视为温度计,用来找出企业运营中产生问题的原因。生产率的计算公式如下:

$$P=\frac{Y}{F(x_1,x_2,\cdots,x_n)} \tag{2-1}$$

式中:P——生产率;

Y——产出;

$x_1,x_2,\cdots,x_n$——投入要素,$F(x_1,x_2,\cdots,x_n)$表示 P 是 $x_1,x_2,\cdots,x_n$ 的函数。

生产率的计算公式仅仅是一个概念公式,在实践中往往通过单一资源生产率、总要素生产率、总生产率和系统生产率来评价组织中的不同层次、不同部门的工作绩效。

(二)单一资源生产率

当生产率函数 $P=F(x_1,x_2,\cdots,x_n)$ 的其他投入要素变量视为常数,而仅考察单一投入要素变量对生产率的影响(可以通过求偏导数的方式,如$\frac{\partial P}{\partial x_1}$)即可得到单一资源生产率。单一资源生产率,也称为偏生产率(Partial Productivity),是指单一投入要素所能创造的产出值。单一资源生产率在实践中常用于纵向比较,例如考察今年与去年某种投入要素生产率的提高程度。单一资源生产率在运营实践中最常见的有以下几种:

1. 劳动生产率。劳动生产率是指运营系统在一定时间内所创造的附加价值(Value Added)与劳动投入的比率,它可用来衡量劳动管理的工作业绩。附加价值是指运营系统在一段时间内所获得的价值增值(附加价值＝产值－成本);劳动投入是指运营系统在一段时间内所投入的劳动要素总量(人数、人工小时或支出的工资和福利费用);

产值是指运营系统在一段时间内的全部产出价值(产值 = 出厂价 × 生产数量)。劳动生产率的计算公式为:

$$劳动生产率 = \frac{附加价值}{劳动投入} \tag{2-2}$$

2. 资本生产率。资本生产率是指在一定时间内投入系统的资本要素与该系统所创造的附加价值的比率。资本投入是指在一定时间内投入生产系统的资金成本(折旧、租金及资金的机会成本)。资本生产率可用来衡量资本要素的利用效率,其计算公式为:

$$资本生产率 = \frac{附加价值}{资本投入} \tag{2-3}$$

3. 材料生产率。材料生产率是指在一定时间内投入系统的材料投入与该系统所创造的附加价值的比率。材料投入是指运营过程中直接材料和间接材料的投入总和(材料的重量或材料的价值)。材料生产率可用来衡量原材料或零部件的利用效率,其计算公式为:

$$材料生产率 = \frac{附加价值}{材料投入} \tag{2-4}$$

4. 能源生产率。能源生产率是指在一定时间内投入系统的能源要素与该系统所创造的附加价值的比率。能源投入是指在一定时间内投入运营系统的能源总量(水、电、油等,实物单位吨、度、立方米金额)。能源生产率可用来衡量能源消耗利用效率,其计算公式为:

$$能源生产率 = \frac{附加价值}{能源投入} \tag{2-5}$$

5. 营销生产率。营销活动虽然与运营管理不属于同一职能部门,但也可以用单一资源生产率的概念来评价其工作绩效。营销生产率是指在一定时间内的营销投入与该系统所创造的销售额的比率。营销投入是指在营销过程中的各种投入,如销售人员的工资与福利、促销费和广告费,其计算公式为:

$$营销生产率 = \frac{销售额(或营业额)}{营销投入} \tag{2-6}$$

(三)总要素生产率

显然,单一生产资源的生产率无法衡量一个运营系统的整体工作绩效,特别是需要在比较两个以上的运营单位的工作绩效时(横向比较),不能判断出孰优孰劣。例如,甲公司的劳动生产率为 100 万元/人年,乙公司的劳动生产率为 40 万元/人年,我们不能简单地推断甲公司的运营绩效高于乙公司,因为甲乙两公司所用的设备自动化程度可能不同(资本要素不同)。乙公司可能需要投入更多的资本要素才能提高劳动生产率,如此一来,该公司的资本生产率却会降低。这是因为,在产出一定的条件下,劳动要素和资本要素具有替代性。换句话说,如果希望获得某一数量的产出(产出值为常数),既可以多用人少用机器,也可以少用人多用机器。如果需要同时考察劳动和资本两种投入要素的运营绩效,可以使用总要素生产率。总要素生产率的计算公式为:

$$总要素生产率 = \frac{附加价值}{劳动投入 + 资本投入} \tag{2-7}$$

(四)总生产率

当需要考察所有投入要素的使用效率时,可以使用总生产率(Total Factor Productivity)。总生产率主要用于衡量运营系统的主管(如运营经理、商店经理、工厂厂长、事业部部长)的工作绩效。总生产率的计算公式为:

$$总生产率 = \frac{附加价值}{劳动投入 + 资本投入 + 材料投入 + 能源投入 + 其他投入} \tag{2-8}$$

(五)系统生产率

当需要考察整个企业的工作效率时,可以使用系统生产率(System Productivity)。系统生产率可用来衡量企业总经理的工作绩效,因此在投入方面还需要加上营销投入,因为总经理也要对销售收入负责。除此之外,企业为求得收入最大化,常有营业外收入,也需要一并计入。系统生产率的计算公式为:

$$系统生产率 = \frac{营业收入 + 营业外收入}{劳动投入 + 资本投入 + 材料投入 + 能源投入 + 营销投入 + 其他投入} \tag{2-9}$$

(六)提高生产率的途径

从生产率的计算公式来看式(2-1),提高生产率的途径有两条:提高产出和降低投入。

增加产出的途径也有两条:增加产出数量和提高产出效率。提高产出效率既可以通过提高产品质量(提高成品率或者说降低不良品率),也可以通过提高产品实现率(产品实现率=销售量/生产量)的方式来实现。

减少投入的途径有:①减少或杜绝浪费;②优选更经济的替代物料或工艺方法,减少料、工消耗;③改进业务流程,如缩短运输路线、消除重复劳动等;④通过管理途径提高生产要素的结合效应(例如使用一条生产线生产多种产品),使总成本下降,即获得范围经济 $C(x_1,x_2,\cdots,x_n) < c_1(x_1,0,\cdots,0) + c_2(0,x_2,0,\cdots,0) + \cdots + c_n(0,\cdots,0,x_n)$。

将提高生产率的途径整理归纳,如图2-5所示。

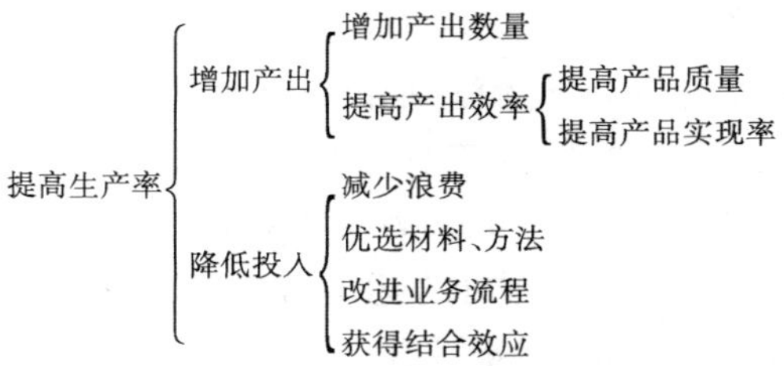

图2-5 提高生产率的途径

(七)运用生产率衡量绩效需要注意的问题

虽然生产率可以用来衡量运营系统乃至整个企业的工作绩效,但在实际应用时可能会遇到以下需要特别注意的问题。

1. 量化的问题。前述公式中,所有投入和产出项均指有形变量而未涉及无形因素。例如,运营经理下班在家里思考问题,员工凝聚力和士气的提高等,均很难量化但却会影响工作效果。

2. 重复计算的问题。前述公式中,所有产出项均使用附加价值而非产值的原因在于避免重复计算。例如,一家企业买进材料的费用为5元,相继经过A、B、C三个部门的加工,这三个部门加工后所产生的价值分别为6元、8元和11元。整个企业创造的产值实际上为11元而非25元(6+8+11=25),如果采用三者相加的方式,即犯了重复计算错误。采用附加价值的方式即可避免此类错误:

$$
\begin{aligned}
\text{整个企业的附加价值} &= \text{A 部门的附加价值} + \text{B 部门的附加价值} + \text{C 部门的附加价值} \\
&= (6-5)+(8-6)+(11-8) \\
&= 1+2+3 \\
&= 6(\text{元})
\end{aligned}
$$

当然也可以采用C部门的产值直接减材料成本而获得。

3. 非有意义副产品价值的计算问题。非有意义副产品,如机械工厂零件加工后的金属屑、食品加工后的残渣等,皆有价值,在理论上应该计入产出部分,但由于价值认定不易常常难以计入产出。

二、成本

成本是衡量运营管理绩效最常用的尺度之一,而且对运营战略的选择能产生很大的影响。例如,生产那些周期长,且样式不常变动的产品,成本一般比生产那些周期较短、样式变动频繁的产品的成本要低。典型的运营成本包括存货、采购、原材料、直接人工、废品等。影响产品或服务成本的两个最主要的因素是利用率(使用资源的方式)和生产率(使用资源的效率)。生产率在前面已经详细讨论过了,在这里我们仅讨论利用率对成本的影响。

利用率(Utilization)是指为了创造产出而使用的投入与为达到可使用状态的投入的比率,它反映出了资源被使用的程度。资源利用率和系统生产率越高,意味着产品或服务的成本越低。然而仅仅考察利用率并不能得出成本一定低的结论,因为资源有可能被用于那些并不创造附加价值的工作。典型的例子之一是直接人工利用率。如果1个工人一天工作8小时,那么10个工人一天的工作时间应该是80小时。然而,10个工人在工作中仅使用了60小时的时间来制造产品,那么直接人工利用率为75%($\frac{60\text{ 小时}}{10\times 8\text{ 小时}}=0.75$)。另一种常见的利用率指标是设备利用率,设备用于创造产出的时间与拥有设备时间的百分比。设备利用率低意味着已投入资本要素的浪费,而且还须支付设备的维护成本。在服务业,设备利用率高可能降低成本,但却降低了对顾客的服务,就如同员工数量不足导致过多顾客等待的现象一样。

三、质量

20世纪后半叶,质量已变成衡量组织工作绩效最重要的标准之一。质量是一个多方面的概念,可以从多个视角来考察工作绩效,但最重要的两个因素是设计质量和一致性质量。

（一）设计质量

产品设计质量是指产品满足顾客需要的程度,即产品是否适合顾客的用途。产品设计质量高意味着产品对顾客的吸引力高、可靠性高、易于制造、易于使用且维修费用低。产品设计质量低意味着制造费用高、使用时间短、使用费用高、顾客满意度低并最终会导致产品的失败。

（二）一致性质量

一致性质量是指流程工作结果与工作对象设计标准保持一定的程度。一致性质量的好坏取决于运营流程的设计质量以及控制工作流程使工作结果符合工作对象设计标准的能力。例如,一台机器也许不能够执行某一种特定的操作,如磨一块金属的表面使其达到一定的光洁度。如果机器具有这种能力,它是否能够使每一次的工作结果都能达到规定的光洁度(即工作结果的一致性)。在服务业,人的行为有很多的不一致,而且对人的行为的控制远比对机器的控制难得多。

生产或者服务过程的质量控制疏忽,会导致较高的成本和较低的生产率,如重做、废品、利用率低导致的产量损失、停工时间、附加测试和时间浪费。一致性质量与产品设计质量相关,也与流程设计质量相关。产品设计质量好而流程设计质量差不可能制造出高质量的产品,产品设计和流程设计质量都好但流程运营质量差,也不可能获得高质量的产品。

一致性质量的常用衡量标准是批次产品的瑕疵数。服务业相似的标准是机会错误数,即顾客每与服务人员接触一次就为服务人员提供了一次服务机会,而在这一次服务机会中服务人员出现了几次错误。联邦快递(FedEx)使用10个不同的参数来衡量服务质量,并使用权重反映每一次错误的相对重要性。例如,丢失包裹比晚送到几分钟更严重。FedEx还使用其他许多具体的指标来衡量一致性质量。这些一般被分类成为两组:属性指标和变量指标。属性指标通常可以通过计数获得;变量指标一般都是一些连续性的尺度(例如时间、长度或者体积)。表2-4给出了一些属性指标和变量指标的例子。

表2-4　FedEx衡量一致性质量的属性指标和变量指标

属性指标	变量指标
正确发票百分比	等待服务时间
包裹丢失数	每周修改文档时间
顾客投诉数	接单装运天数
缺席者百分比	处理差旅费账户时间
每周出错数	每月工程改变费
千行代码错误数	紧急装运费
准时装运百分比	系统崩溃间隔时间

四、时间

时间是竞争优势的最重要的来源之一,也是运营绩效的重要衡量指标之一。制造产品或提供服务的过程时间太长经常会使成本增加。例如,医疗行业注意到病人在医院平均逗留时间与两个因素有关:一是当医院由行政补贴改为向病人收费时提高病床利用率的管理欲望;二是病人在医院逗留时间过长并不意味着能增加医院的收入,反而有可能增加医院的成本。

在运营管理中,时间的度量方式有以下几种:

(一)产品提前期

产品提前期(Product Lead - time)是指从接到订单时起直到将符合顾客要求的成品送达顾客手中的总计时间。对于一个以接单生产(Make - to - order)方式运营的企业,产品提前期包括产品设计、流程设计、材料采购、产品检验、包装和送货的时间之和。对于一个以存货生产(Make - to - stock)方式运营的企业,产品提前期就是从仓库(或者货物存放地点)把产品送达顾客的时间。对服务型企业来说,产品提前期包括所有预处理时间(如医院的手术准备时间)、流程活动时间(如医院的手术时间,包括等待和延迟)和后期服务时间(如病人手术后在医院的住院恢复时间)。产品提前期越短,产品进入市场的速度就越快,企业应对环境变化的灵活性就越大,企业相对于其竞争对手的竞争优势就越强。

(二)产品研发提前期

从产品开始研制到新产品发布的时间称为产品研发提前期(Product Development Lead - time)。它描述了设计 - 生产 - 交货链中的产品研究与开发的特定过程。例如,汽车公司从开始研制到新车上市销售的典型时间在18个月到36个月之间。产品研发提前期也是企业竞争优势的关键因素之一。先于竞争对手在市场上销售新产品的企业能以较高的售价获得超额利润。例如,当摩托罗拉公司先于日本竞争者在市场上推出袖珍型移动电话时,其产品比日本产品的体积小50%而售价是日本产品的两倍。产品研发提前期短的另一个优势是每缩短1个月的研发时间就可节省几百万元的研发费用。产品研发提前期短的第三个优势就是可以缩短销售预测期,可以制定更准确的生产计划和库存计划。

(三)交货提前期

交货提前期(Delivery Lead - time)是指从顾客发出订单开始至顾客收到产品时所需要的时间,它包括产品生产时间和交货运输时间。在仓库存有现货的特殊情况下,交货提前期是指包装和运输的时间。特别地,当销售人员已向顾客承诺交货时间,而流程又发生了变化时,很容易使生产时间偏离计划周期时间和生产提前期,这种情况对于所有运营经理来说都是一种挑战。因此,精确掌握存货数量、在制品数量和销售订单数量信息是提高交货可靠性关键的第一步。此外,还需要建立必要的控制系统,以避免销售部门为获得订单而向顾客承诺过分乐观的交货期。大多数公司为了此一目的都建立了最短交货时间标准。销售部门与运营部门之间的密切协作可为缩短交货提前期提供必要的条件。

本章小结

运营战略是以最有效利用企业主要资源的方式支持战略业务单位获得竞争优势、使企业整体效益最大化的长期规划。企业战略体系包括公司战略、业务单位战略和职能战略3个层次,运营战略处于企业战略体系的第三层次。运营战略所关注的是在实施上一层次战略的过程中有效运用运营职能,使企业运营效率最大化。运营战略为业务单位战略提供经营效率支持并受业务单位战略的制约。

产品－流程矩阵和服务－流程矩阵可以帮助企业选择它们的运营战略。服务型企业还可以选择让顾客自助服务的运营战略。运营战略通过实施战略计划得以实现。

运营战略的绩效可通过生产率、成本、质量和时间标准来进行评估。生产率可用来衡量运营经理运用资源的效率和效益。在实践中往往通过单一资源生产率、总要素生产率、总生产率和系统生产率来评价组织中的不同层次、不同部门的工作绩效。成本也是衡量运营管理绩效最常用的尺度之一,影响产品或服务成本的两个最主要的因素是利用率和生产率。质量是一个多方面的概念,但最重要的两个因素是设计质量和一致性质量。时间也是运营绩效的重要衡量指标之一。时间的度量标准通常有产品提前期、产品研发提前期和交货提前期。

习题①

1. 什么是运营战略?
2. 企业战略体系有几个层次?为什么要划分层次?
3. 运营战略处于企业战略的哪个层次?它在企业战略体系中起什么作用?
4. 衡量运营绩效的指标有哪些?怎样运用这些衡量指标?
5. 提高生产率的途径有哪些?它们之间有什么关系?
6. *一般来说,企业的战略可以划分的层次有(　　)。

A. 公司发展战略　　B. 公司总体战略　　C. 公司营销战略
D. 公司经营战略　　E. 职能级战略

7. 运营战略属于(　　)。

A. 公司级战略　　B. 事业部级战略　　C. 职能级战略　　D. 作业层战略

8. *企业根据自身条件可以确定的竞争重点包括(　　)。

A. 成本　　B. 时间　　C. 空间　　D. 柔性
E. 质量

① 带*的选择题为多项选择题,书后“部分练习题参考答案”中会提供判断题的参考答案。

9. ①当价格是影响需求的主要因素时，就出现了基于成本的竞争。(　　)

10. 当质量成为影响需求的主要因素时，降低成本就没有意义了。(　　)

11. 成本可以无限降低。(　　)

12. 高质量可能导致低成本和差异化。(　　)

13. 高效率不能导致产品差异化。(　　)

14. 某公司有 A、B、C、D 四个事业部，到年末公司需对各事业部一年来的工作绩效作出评价。各事业部的资产、销售额及各种投入如表 2-5 所示。问：哪个事业部的工作最有成效？四个事业部的绩效怎样排序？为什么？

表 2-5　各事业部运营数据　　单位：万元

事业部	A	B	C	D
资产	50	45	25	30
销售额	120	130	140	150
劳动投入	20	15	25	20
材料投入	50	75	90	100
能源投入	5	5	10	10

① 判断题的句后设有括号。

第三章

Excel 2007在企业运营管理中的应用

★ 学习要点与要求 ★

本章阐述电子表格制作软件 Excel 在运营管理中的应用。本章主要介绍 Excel 中各种工具在数据分析、单变量求解和规划求解中的应用和使用方法。在运营过程中运用 Excel 可以使管理更科学、高效,决策更快捷、准确。学习完本章后,你应能:

1. 掌握数据分析工具的使用方法。
2. 掌握单变量求解工具的使用方法。
3. 了解 Excel 中的财务函数。
4. 掌握建立规划求解模型的方法,能够熟练使用规划求解工具解答各种实际问题。
5. 熟悉利用 Excel 解决排队论问题的方法。

第一节 Excel 中的数据分析工具

一、概述

Microsoft Excel 是目前市场上使用最普遍的一种电子表格制作软件,它功能强大、技术先进、使用方便灵活。Excel 除了可以用来制作电子表格、制作图表及打印等,还可以进行数据分析和预测,完成复杂的数据建模及运算。

Excel 为我们提供了数学、财务、统计、工程等 10 个类别共 300 多种功能强大的函数,还提供了模拟运算表、单变量求解、规划求解、数据分析等多种统计分析方法和工具,让我们能进行各种复杂的计算和分析,这些功能使企业运营管理人员能提高分析精度和决策速度,完成解决企业运营管理实际问题的建模和运算过程,使管理人员从繁琐的计算工作中解脱出来,对其具体工作的实施具有很大的帮助。1985 年,微软(Microsoft)公司就在其不太成功的电子表格软件 Multiplan 基础上推出了快捷方便的电子表格制作软件 Excel1.0,到 1987 年初,微软的 Excel 软件在电子表格软件领域坐上了头把交椅。而微软公司的Office办公组件则在 20 世纪 90 年代中期推出了一款为 Windows 95 研发的 32 位办公软件套装,其电子表格软件 Excel 就包含在其中,此时的版本号已经发展到 7.0。其后,随着逐渐纳入更多的分析计算和二次开发功能,Excel 经历了 Excel 97、Excel 2000、Excel 2003、Excel 2007、Excel 2010、Excel 2013 等后继版本,功能愈发完备和强大。

Excel 为我们内置了"数据分析"工具,可以对收集到的各种数据进行分析和预测。使用数据分析工具可以加快计算速度,并可以自动生成图表及计算误差。要使用"数据分析"工具,我们需要在 Excel 中安装分析工具库。

二、"数据分析"工具的安装及使用

"分析工具库"是 Excel 自带的分析工具之中的一个,是专门用于数据统计分析的实用工具。对于 Excel 2003 之前的版本来说,这一功能往往安装在"工具"菜单的"加载宏"命令中,显示为"分析工具库"选项。安装在"工具"菜单的"加载宏"命令中,显示为"分析工具库"选项。具体使用方法为:单击 Excel 菜单栏中的"工具"菜单,选择其中的"加载宏"命令,打开"加载宏"对话框,如图 3-1 所示。

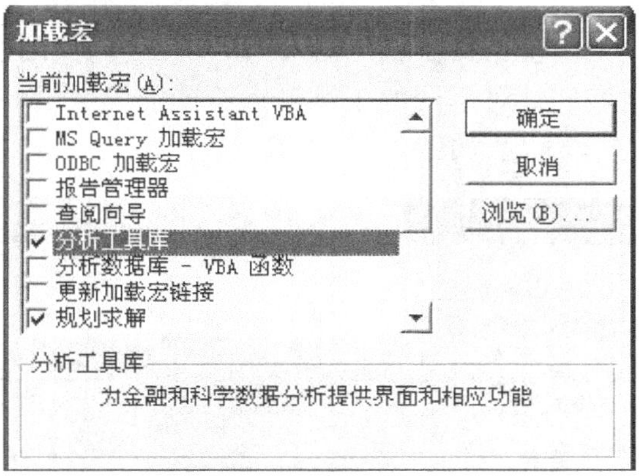

图 3-1 Excel2003 及以前版本的"加载宏"对话框

在"当前加载宏"列表中选定"分析工具库"前面的复选框(出现√表示已被选定),单击"确定"按钮,关闭"加载宏"对话框(此时可能会出现提示,需要在光驱中放入 Office 安装光盘)。安装完成后,可以发现在"工具"菜单中增加了一个"数据分析"命令,以后使用"分析工具库"工具,只需在"工具"菜单中单击"数据分析"命令,即可打开如图 3-2 所示的"数据分析"对话框。

"数据分析"对话框列出了 19 种分析工具,使用各种分析工具的一般步骤如下:

第一步,使用工具之前需要建立数据清单,在清单中输入待计算的数据。

第二步,打开"数据分析"对话框,在"分析工具"列表中选择要使用的工具,选中之

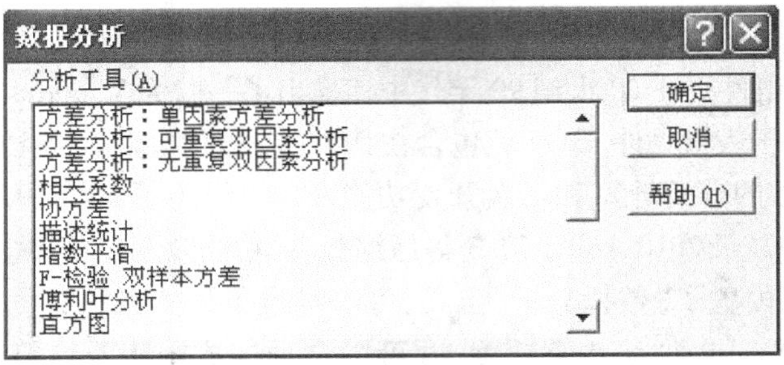

图 3-2　Excel 2003 及以前版本的“数据分析”对话框

后单击“确定”按钮，即可打开相应分析工具的对话框。

第三步，分析工具对话框一般都分为两部分，上面的“输入”部分有“输入区域”框，可以输入工作表中数据清单所在的单元格区域。一般地，在“输入区域”的下面还有一个“标志位于第一行”的选项，当我们在“输入区域”框中输入的数据区域包含数据清单的标题时，可以选中该选项前面的对勾，提示分析工具在进行计算时不计算第一行。对话框下面的“输出选项”部分可供我们对输出的结果进行设置，一般可以选择在当前工作表中输出，并在右面的文本框中输入当前工作表中存放计算结果区域左上角单元格的行列号，还可以选择在新的工作表组中输出或在新的工作簿中输出。

第四步，对于不同的分析工具，除了“输入”和“输出选项”两部分内容，还可能会有其独有的选项，可以让我们针对不同的工具输入不同的参数，例如“回归”工具对话框中含有残差和正态分布等选项，如图 3-3 所示。

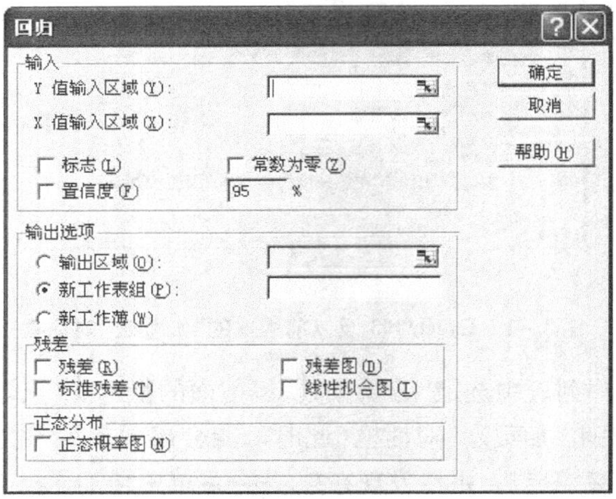

图 3-3　Excel2003 及以前版本的“回归”对话框

第五步，完成上面的操作后回车确认，即可在指定的位置输出计算结果。

而 Excel 2007 之后的版本的界面和操作内容都发生了较大改变。首先要求你的 Excel 软件必须是企业版或专业版。通常，在安装 Excel 的时候，只需要你选择“全部在硬盘中运行”就会使你的 Excel 具有“分析工具库”功能组件,省去了之前版本的加载宏过程。当然如果你的 Excel 没有这个功能,可按照以下步骤进行操作。

- 打开控制面板(在 Windows XP 中,Win 7 的操作应该与此类似),找到 Office。点击“更改”,如图 3－4 所示。

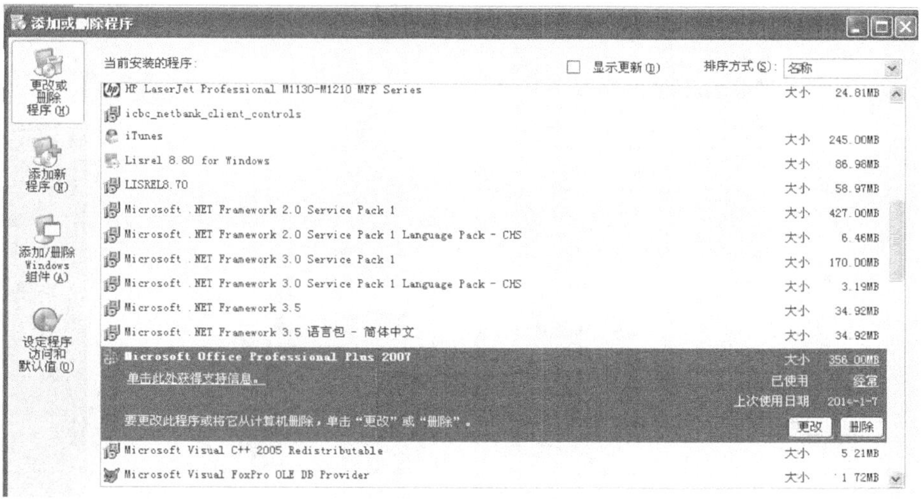

图 3－4 “添加删除程序”对话框

- 选择“添加或删除功能”按钮,点击“继续”,如图 3－5 所示。

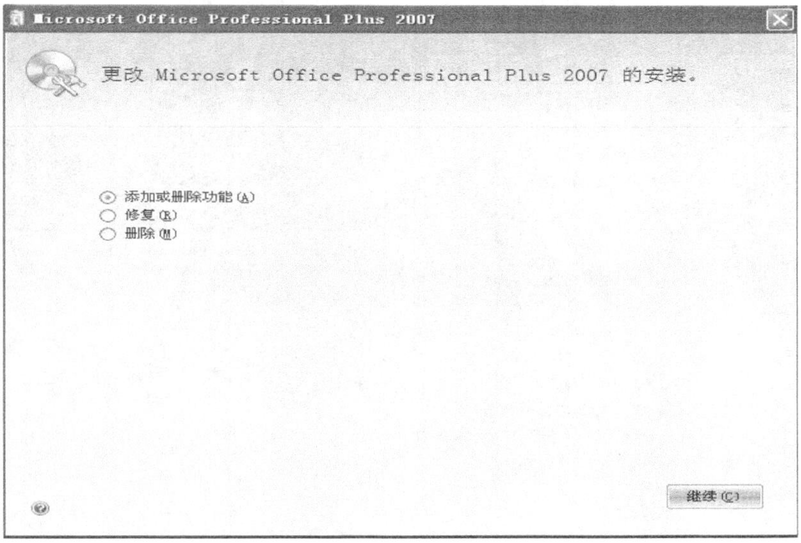

图 3－5 “Office 安装”对话框

- 在随后出现的界面中,点开 Excel 选项,选择“在本机运行全部程序”,如图 3－6

所示。Office 此时会进入安装界面，所以此时你必须插入 Office 的安装盘，或者帮助计算机找到 Office 的源文件。此时的 Excel 就具备“分析工具库”了。

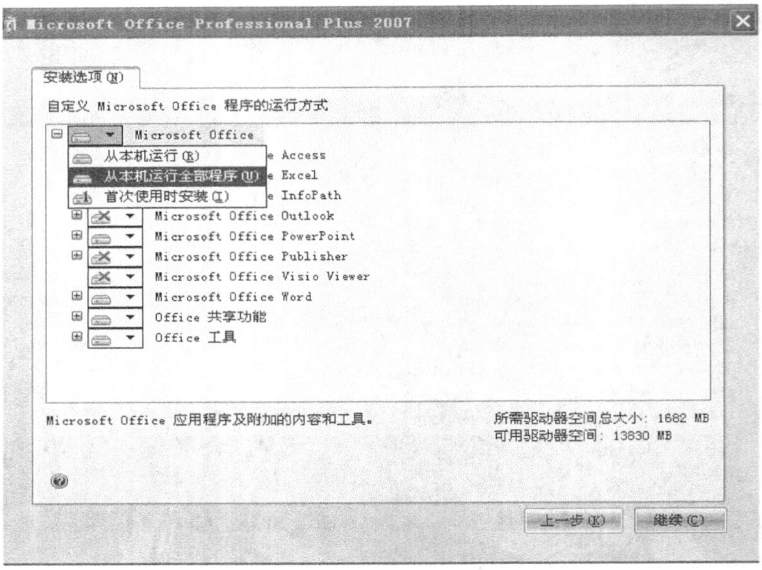

图 3-6 “程序运行”对话框

仅仅安装完分析工具库是不够的，只有激活 Excel 的分析工具库才能让其为我们展开数据分析工作。此时我们需要打开 Excel。点击图 3-7 圈中这个地方，会出现一个下拉菜单。在这个菜单的最底部，有“Excel 选项”这个按钮(图中方框处)，点击它。

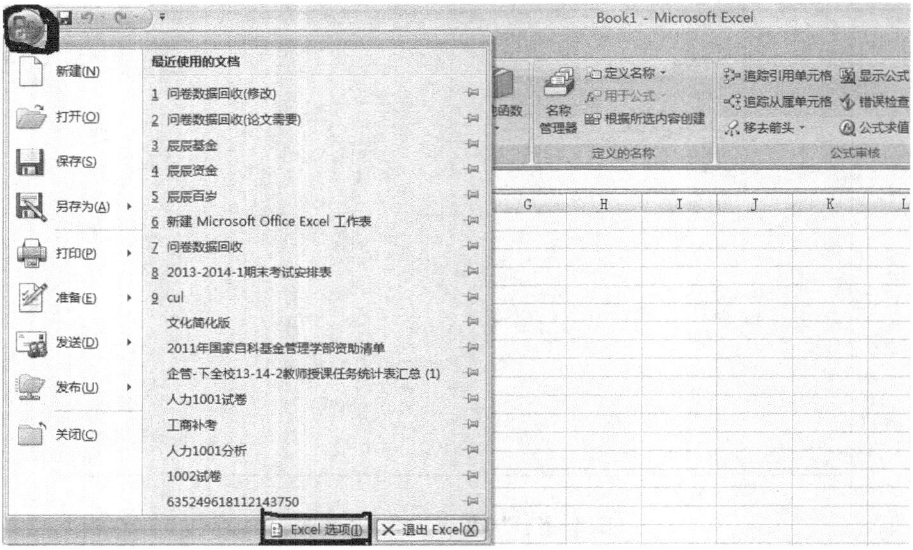

图 3-7 “Excel 菜单”示意图

在随后的界面中，点击“加载项”，找到下方“管理‘Excel 加载项’”，点旁边的“转到”按钮，如图 3－8 所示。

图 3－8　“Excel 选项”示意图

接着在图 3－9 界面中，勾选“分析工具库”，然后点“确定”。“分析工具库”就安装成功了。

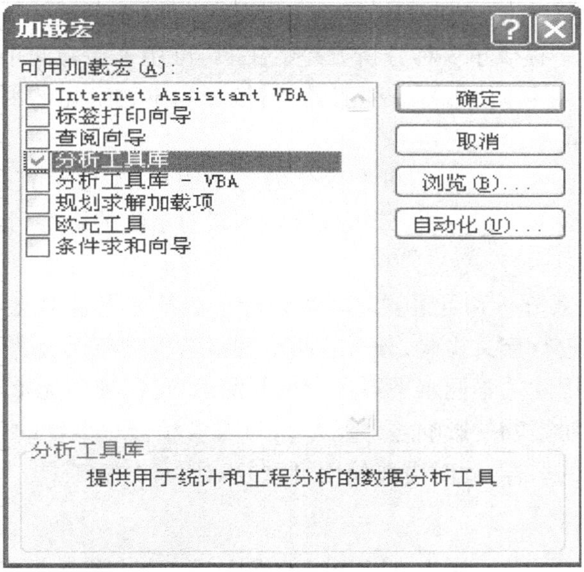

图 3－9　“加载宏”对话框

此时，数据分析的功能就直接列入 Excel 文档的快捷工具菜单中了，点击菜单栏的“数据”，我们就会发现下拉的菜单栏中出现了“数据分析”的快捷菜单，如图 3－10 所示。

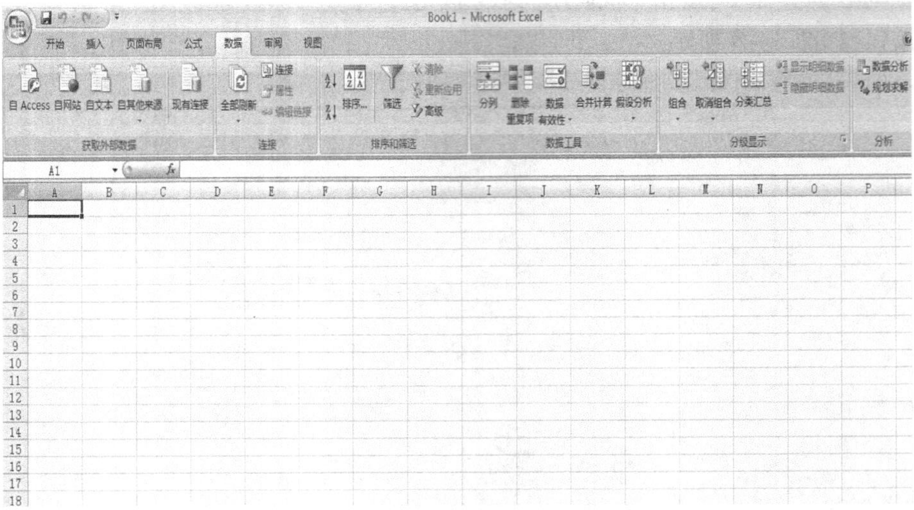

图 3－10　安装数据分析库后点击数据栏后的 Excel 界面

三、常用分析工具介绍

在数据分析工具列表中，经常用到的主要有方差分析、相关系数、移动平均、指数平滑和回归分析等，下面逐一进行介绍。

（一）方差分析

“分析工具库”中提供了 3 种分析方差的工具，可用来检验两个以上的总体均值之间差异的显著程度。具体使用哪一种工具，需依影响事物变化的因素个数以及待检验样本总体中所含样本的个数而定。

1. 单因素方差分析。在影响事物变化的若干因素中，假定其他因素保持不变，而只就某一个特定的因素进行分析，分析该特定因素对事物的影响，此时可以使用单因素方差分析工具。

2. 无重复双因素分析和可重复双因素分析。在各种因素中选择两个因素，对这两个因素的不同水平进行交叉检验，分析这两个因素对事物有无显著影响，会用到双因素分析。如果这两个因素的不同水平不进行重复测试，可以使用无重复双因素分析；如果除了两个因素单独对事物的影响之外还存在两因素联合对事物的影响，则对每个因素需要进行至少两次的取样，此时需要使用可重复双因素分析工具。

（二）相关系数

相关系数分析工具可以用来判断两组数据之间或者多组数据两两之间的数量依赖关系，相关系数的取值在 0 和 1 之间为正相关，－1 至 0 之间为负相关，0 为不相关。相关系数分析对话框的结构和其他大部分分析工具对话框的结构类似，使用也比较简单，这里不再赘述。

Excel 还为我们提供了一个名称为 CORREL 的函数，其功能也是计算两组数据的

相关系数,格式为:

$$CORREL(array1, array2)$$

其中的参数 Array1 和 Array2 为两组数值所在的单元格区域。

(三)移动平均

移动平均法是我们进行长期趋势预测时经常使用的一种方法,该方法从时间序列的第一项数据开始,按照一定的期数间隔计算平均数,从而得到一个由移动平均数构成的新的时间序列。

Excel 数据分析工具中的移动平均工具就是计算移动平均数的快捷工具,移动平均工具在计算移动平均数的同时可以给出平均数与原数列的标准差,还可以显示数据长期趋势的统计图。

打开如图 3-11 所示的"移动平均"对话框后,在"输入区域"中输入原始数据所在的区域,移动平均工具要求输入的单元格区域必须是单行或者单列;"标志位于第一行"选项可以让我们选择在"输入区域"中输入的单元格区域是不是将数据标志包含在第一行中;在"间隔"框中输入期数间隔,如果不输入,默认为计算三期移动平均。移动平均工具的输出选项和指数平滑工具相似,只能在当前工作表中输出计算结果。

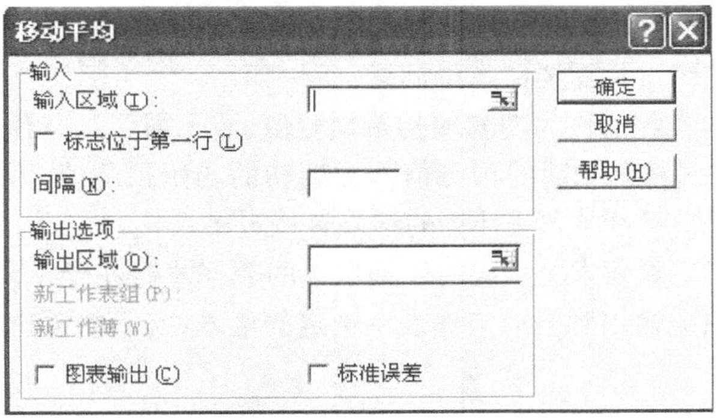

图 3-11 "移动平均"对话框

(四)指数平滑

指数平滑法是利用本期实际值和预测值推算下一期预测值的预测方法,Excel 列出的指数平滑预测的公式为:

$$F_{t+1} = F_t + \alpha(A_t - F_t) = F_t + (1 - DampFact)(A_t - F_t) \tag{3-1}$$

式中:F_{t+1}——下期预测值;

F_t——本期预测值;

α——平滑系数;

A_t——本期实际值;

$DampFact$——阻尼系数,$DampFact = 1 - \alpha$。

如果原有数据构成的数列波动不大,则平滑系数 α 的取值可以小一些;反之,如果原有数据构成的数列波动很大,则平滑系数 α 的取值应当大一些。如果数据波动难以判断,则可以取不同的 α 值进行预测,比较预测结果,取预测误差较小的 α 值使用。

在分析工具列表中选择“指数平滑”并确定,可以打开如图 3－12 所示的指数平滑对话框,在“输入区域”框中输入原数据所在的单元格区域,在“阻尼系数”框中输入数值,设置好输出区域后再选择是否输出图表和标准误差,回车确认后即可得到相应的输出结果。

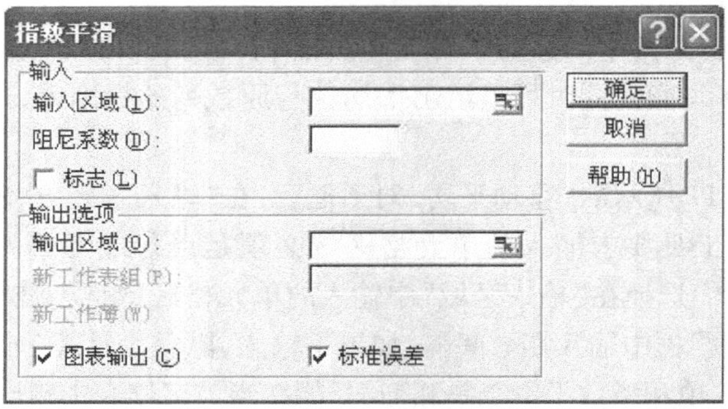

图 3－12 “指数平滑”对话框

使用“指数平滑”工具需要注意的问题:

1. 将第一期的实际值作为期初的初始预测值,而不需要进行预测。由于我们进行指数平滑预测时习惯将第一期的预测值作为期初的初始预测值,因此,Excel 指数平滑预测的结果和我们使用习惯方法计算的结果有一定出入。

2. “指数平滑”工具要求至少要有 4 期以上的数据才能进行计算。

3. 计算结果只能输出到当前工作表中选定的区域中,不能输出到新工作表组和新工作簿中。

(五)回归分析

Excel 数据分析工具中的“回归”分析工具,是专门用于进行一元和多元直线回归分析的工具,使用它进行回归分析,可以在简便快捷地得出计算结果的同时,得到各项统计检验的数据,“回归” 对话框如图 3－3 所示。

在“Y 值输入区域”框中输入 Y 的数据区域(要求数据区域为一行或一列),在“X 值输入区域”框中输入 X 变量所在的数据区域,如果 X 变量的数据区域为一行或一列,则 Excel 进行一元直线回归分析,如果 X 的数据区域包含多行或者多列,再进行多元直线回归分析。如果输入的区域包含数据的标题,可以单击下面的“标志”复选框。如果希望回归直线从原点开始,可以选中“常数为零”选项;回归分析工具计算 Y 估计值的默认置信度为 95%,如果要改变置信度,可选中“置信度”复选框,在后面的输入框中输入指定的百分比。

在“输出区域”部分可以在单选框中选择计算结果的输出方式,可以选择在当前工作表的某个区域中输出、在新的工作表组中输出或者在新的工作簿中输出,默认为输出到新工作表组中；“回归”对话框最下面的两部分可以让我们设置输出的内容，可以输出残差表，包括标准残差，可以输出残差图、线性拟和图及正态概率图，只需把相应的选项选中。

完成上面操作后单击“确定”按钮，即可在指定的输出位置区域给出相应的输出结果。现对输出结果进行简要的解释。输出结果如表 3－1 所示（表中格式及小数位数已经过调整，括号中的内容为本书注释），线性拟和图如图 3－13 所示。

表 3－1 回归分析输出结果

SUMMARY OUTPUT						
回归统计						
Multiple R（相关系数）				0.969		
R Square（判定系数）				0.940		
Adjusted R Square（净判定系数）				0.932		
标准误差				87.825		
观测值				10		
方差分析	*df*（自由度）	*SS*（平方和）	*MS*（方差）	*F*（*F* 统计量）	Significance *F*（*F* 有效位数）	
回归分析	1	96 0057.157	96 0057.157	124.470	3.728 37E－06	
残差	8	61 705.344	7 713.168			
总计	9	1 021 762.501				
	Coefficients（系数）	标准误差	*t* Stat（*t* 统计量）	*P*－value（*P* 值）	下限 95.0%	上限 95.0%
Intercept（截距）	164.878	72.743	2.267	0.053	－2.869	332.624
X Variable 1（斜率）	17.859	1.601	11.157	3.73E－06	14.168	21.551

观测值	预测 *Y*	残差	标准残差
1	343.471	－86.071	－1.039
2	522.065	79.535	0.961
3	700.658	81.342	0.982
4	879.251	－113.851	－1.375
5	968.548	－73.048	－0.882
6	1 057.845	75.155	0.908
7	1 236.438	－83.638	－1.010
8	1 147.141	－14.441	－0.174
9	1 415.031	44.169	0.533
10	879.251	90.849	1.097

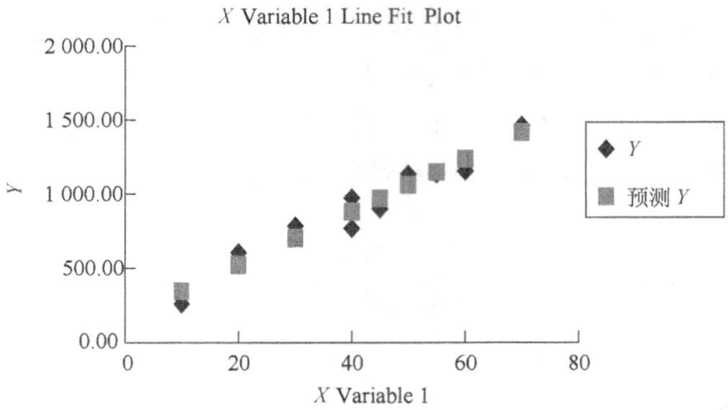

图 3－13　使用回归分析工具生成的线性拟和图

第二节　单变量求解工具和财务函数

一、单变量求解

如果已知一个公式的预期结果，而用于确定此公式结果的输入值未知，就可使用“单变量求解”功能。当进行单变量求解时，Microsoft Excel 会不断改变特定单元格中的值，直到依赖于此单元格的公式返回所需的结果为止。在 Excel 中，可以使用“单变量求解”工具解答生产能力计划中不同方案的评估问题。

在 Excel 2003 版本前，可以单击 Excel 的“工具”菜单中的“单变量求解”命令，即可打开单变量求解工具对话框。其后的版本中，需要点击“数据”菜单中的“假设分析”下的“单变量求解”，即可打开如图 3－14 所示的单变量求解工具对话框。

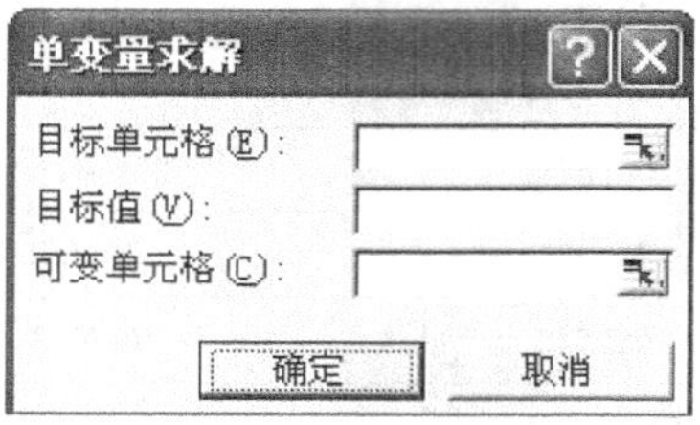

图 3－14　“单变量求解”对话框

【例 3－1】　单变量求解工具的使用方法

假定某企业生产儿童玩具，每个玩具的人工和材料成本为 36 元，售价为 53 元，每月固定成本为65 000元，试计算该企业达到损益平衡时的销量和每月获利120 000元时的销量。

解：

使用单变量求解工具计算的步骤如下：

(1)首先要在工作表中输入原始数据的数据清单和计算公式，如图 3－15 所示。

	A	B	C	D
1	指标名称	指标值	损益平衡时的计算结果	月获利120 000元时的计算结果
2	固定成本	65 000		
3	人工材料成本	36		
4	售价	53		
5	销量			
6	利润			

图 3－15　销售指标计算表

(2)在 C 列和 D 列中建立利润和销量之间的公式关系。

利润的计算公式为：利润 =(售价 － 人工材料成本) × 销量 － 固定成本。我们需要在已知利润(损益平衡时利润为零)的情况下求其销售量，因此可以使用单变量求解工具计算。

在 C6 单元格中输入“ =(B4 － B3) * C5 － B2”，回车后出现 －65 000，此时已经建立了产品利润与产品销量之间的对应关系。

(3)使用“单变量求解”工具计算。

单击“工具”菜单中的“单变量求解”命令，打开“单变量求解”对话框，在对话框中的“目标单元格”框中输入 C6，在“目标值”框中输入 0，在“可变单元格”框中输入 C5，其含意是要求得利润为 0 时的销售量。输入完成后单击“确定”按钮，屏幕上弹出“单变量求解状态”对话框，表明得到了一个解，如图 3－16 所示，单击“确定”按钮将计算结果存入可变单元格 C5 中。

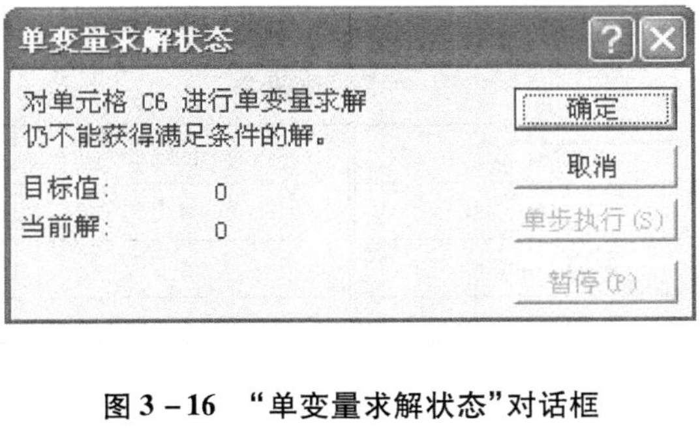

图 3－16　“单变量求解状态”对话框

按照上述方法，可以求得每月获利 120 000 元时的销量值，最终计算结果如图 3－17所示(对销量值已经四舍五入)。

	A	B	C	D
1	指标名称	指标值	损益平衡时的计算结果	月获利120 000元时的计算结果
2	固定成本	65 000		
3	人工材料成本	36		
4	售价	53		
5	销量		3 824	10 882
6	利润		0	120 000

图 3－17　销售指标计算结果

二、常用财务函数

Excel 为我们提供了 53 个财务函数。财务函数可以进行一般的财务计算，如确定贷款的分期支付额、投资的终值或净现值以及债券或股票的价值。我们大体上可以把这些财务函数分为投资计算函数、折旧计算函数、偿还率计算函数、债券及其他金融函数共 4 个类别。这些函数为财务分析提供了极大的便利，使用它们只要填写变量值就可以了，而不必理解高级财务知识。

常用的财务函数有 FV、NPER、NPV、PMT、PPMT、PV、RATE 等，下面以 NPV 函数为例介绍财务函数的使用方法。

NPV 函数是由一组定期现金流量和固定贴现率计算投资净现值的函数，其格式为：

NPV（*Rate*，*Value*1，*Value*2，…）

Rate 参数为各期的贴现率（本例指资金成本）；Value1，Value2，…参数为各期现金流入流出的数值，最多可达 29 个。需要注意的是，NPV 函数必须按现金收支发生在期末计算，而且数值输入的顺序应反映现金流动的顺序，故必须按照实际的收支顺序输入数据。

【例 3－2】　NPV 函数的使用方法

某公司预计其投资收益如表 3－2 所示，假设资金成本为 5%，试求该公司收益的净现值。

表 3－2　年收益

年份	收益（元）	年份	收益（元）
1	2 000 000	4	3 200 000
2	2 700 000	5	5 000 000
3	3 300 000		

解：

已知定期的现金流量和固定贴现率，要计算净现值，因此可以使用 NPV 函数进行计算。

在 Excel 中根据表 3－2 的数据建立数据清单后，在 B7 单元格中输入“＝NPV(5%，B2:B6)”或者＝NPV(5%，B2，B3，B4，B5，B6)，即可求得收益的净现值为13 754 684元。

表3－3列出了所有财务函数的名称、说明及语法形式，各种主要参数的含义如下所示：

- 未来值（FV）——在所有付款发生后的投资或贷款的价值。
- 期间数（NPER）——为总投资（或贷款）期，即该项投资（或贷款）的付款期总数。
- 付款（PMT）——对于一项投资或贷款的定期支付数额。其数值在整个年金期间保持不变。通常PMT包括本金和利息，但不包括其他费用及税款。
- 现值（PV）——在投资期初的投资或贷款的价值。例如，贷款的现值为所借入的本金数额。
- 利率（RATE）——投资或贷款的利率或贴现率。
- 类型（TYPE）——付款期间内进行支付的间隔，如在月初或月末，用0或1表示。
- 日计数基准类型（BASIS）——为日计数基准类型。BASIS为0或省略代表US（NASD）30/360，为1代表实际天数/实际天数，为2代表实际天数/360，为3代表实际天数/365，为4代表欧洲30/360。

对于其他参数的含义，可以参考Excel帮助文件。

表3－3所示为财务函数功能表。

表3－3 财务函数功能表

函数名称	函数说明	语法形式
ACCRINT	返回定期付息有价证券的应计利息	ACCRINT(issue,first_interest, settlement, rate,par,frequency, basis)
ACCRINTM	返回到期一次性付息有价证券的应计利息	ACCRINTM (issue, maturity, rate, par, basis)
AMORDEGRC	返回每个会计期间的折旧值。此函数是为法国会计系统提供的	AMORDEGRC(cost,date_purchased, first_period,salvage,period, rate,basis)
AMORLINC	返回每个会计期间的折旧值，该函数为法国会计系统提供	AMORLINC(cost, date_purchased, first_period,salvage,period, rate,basis)
COUPDAYBS	返回当前付息期内截至成交日的天数	COUPDAYBS (settlement, maturity, frequency, basis)
COUPDAYS	返回成交日所在的付息期的天数	COUPDAYS (settlement, maturity, frequency, basis)
COUPDAYSNC	返回从成交日到下一付息日之间的天数	COUPDAYSNC (settlement, maturity, frequency, basis)
COUPNCD	返回成交日过后的下一付息日的日期	COUPNCD (settlement, maturity, frequency, basis)

续表

函数名称	函数说明	语法形式
COUPNUM	返回成交日和到期日之间的利息应付次数,向上取整到最近的整数	COUPNUM (settlement, maturity, frequency, basis)
COUPPCD	返回成交日之前的上一付息日的日期	COUPPCD (settlement, maturity, frequency, basis)
CUMIPMT	返回一笔贷款在给定的 start - period 到 end - period 期间累计偿还的利息数额	CUMIPMT (rate, nper, pv, start _ period, end_period, type)
CUMPRINC	返回一笔贷款在给定的 start - period 到 end - period 期间累计偿还的本金数额	CUMPRINC (rate, nper, pv, start _ period, end_period, type)
DB	使用固定余额递减法,计算一笔资产在给定期间内的折旧值	DB(cost, salvage, life, period, month)
DDB	使用双倍余额递减法或其他指定方法,计算一笔资产在给定期间内的折旧值	DDB(cost, salvage, life, period, factor)
DISC	返回有价证券的贴现率	DISC(settlement, maturity, pr, redemption, basis)
DOLLARDE	将按分数表示的价格转换为按小数表示的价格,如证券价格,转换为小数表示的数字	DOLLARDE(fractional_dollar, fraction)
DOLLARFR	将按小数表示的价格转换为按分数表示的价格。如证券价格,转换为分数型数字	DOLLARFR(decimal_dollar, fraction)
DURATION	返回假设面值 $100 的定期付息有价证券的修正期限。期限定义为一系列现金流现值的加权平均值,用于计量债券价格对于收益率变化的敏感程度	DURATION (settlement, maturity, coupon, yld, frequency, basis)
EFFECT	利用给定的名义年利率和一年中的复利期次,计算实际年利率	EFFECT(nominal_rate, npery)
FV	基于固定利率及等额分期付款方式,返回某项投资的未来值	FV(rate, nper, pmt, pv, type)
FVSCHEDULE	基于一系列复利返回本金的未来值。函数 FVSCHEDULE 用于计算某项投资在变动或可调利率下的未来值	FVSCHEDULE(principal, schedule)
INTRATE	返回一次性付息证券的利率	INTRATE (settlement, maturity, investment, redemption, basis)
IPMT	基于固定利率及等额分期付款方式,返回投资或贷款在某一给定期次内的利息偿还额	IPMT(rate, per, nper, pv, fv, type)

续表

函数名称	函数说明	语法形式
IRR	返回由数值代表的一组现金流的内部收益率	IRR(values,guess)
ISPMT	计算特定投资期内要支付的利息	ISPMT(rate,per,nper,pv)
MDURATION	返回假设面值 $100 的有价证券的 Macauley 修正期限	MDURATION (settlement, maturity, coupon,yld,frequency,basis)
MIRR	返回某一连续期间内现金流的修正内部收益率	MIRR(values,finance_rate, reinvest_rate)
NOMINAL	基于给定的实际利率和年复利期数,返回名义年利率	NOMINAL(effect_rate,npery)
NPER	基于固定利率及等额分期付款方式,返回某项投资(或贷款)的总期数	NPER(rate, pmt, pv, fv, type)
NPV	通过使用贴现率以及一系列未来支出(负值)和收入(正值),返回一项投资的净现值	NPV(rate,value1,value2, ...)
ODDFPRICE	返回首期付息日不固定的面值 $100 的有价证券的价格	ODDFPRICE(settlement,maturity, issue, first _ coupon, rate, yld, redemption, frequency,basis)
ODDFYIELD	返回首期付息日不固定的有价证券(长期或短期)的收益率	ODDFYIELD(settlement,maturity, issue, first_coupon,rate,pr, redemption, frequency, basis)
ODDLPRICE	返回末期付息日不固定的面值 $100 的有价证券(长期或短期)的价格	ODDLPRICE (settlement, maturity, last _ interest, rate, yld, redemption, frequency, basis)
ODDLYIELD	返回末期付息日不固定的有价证券(长期或短期)的收益率	ODDLYIELD (settlement, maturity, last _ interest, rate, pr, redemption, frequency, basis)
PMT	基于固定利率及等额分期付款方式,返回贷款的每期付款额	PMT(rate,nper,pv,fv,type)
PPMT	基于固定利率及等额分期付款方式,返回投资在某一给定期间内的本金偿还额	PPMT(rate,per,nper,pv,fv,type)
PRICE	返回定期付息的面值 $100 的有价证券的价格	PRICE (settlement, maturity, rate, yld, redemption,frequency, basis)
PRICEDISC	返回折价发行的面值 $100 的有价证券的价格	PRICEDISC (settlement, maturity, discount,redemption,basis)

续表

函数名称	函数说明	语法形式
PRICEMAT	返回到期付息的面值 $100 的有价证券的价格	PRICEMAT (settlement, maturity, issue, rate, yld, basis)
PV	返回投资的现值。现值为一系列未来付款的当前值的累积和。例如,借入方的借入款即为贷出方贷款的现值	PV(rate, nper, pmt, fv, type)
RATE	返回年金的各期利率。函数 RATE 通过迭代法计算得出,并且可能无解或有多个解	RATE(nper, pmt, pv, fv, type, guess)
RECEIVED	返回一次性付息的有价证券到期收回的金额	RECEIVED (settlement, maturity, investment, discount, basis)
SLN	返回某项资产在一个期间中的线性折旧值	SLN(cost, salvage, life)
SYD	返回某项资产按年限总和折旧法计算的指定期间的折旧值	SYD(cost, salvage, life, per)
TBILLEQ	返回国库券的等效收益率	TBILLEQ(settlement, maturity, discount)
TBILLPRICE	返回面值 $100 的国库券的价格	TBILLPRICE (settlement, maturity, discount)
TBILLYIELD	返回国库券的收益率	TBILLYIELD(settlement, maturity, pr)
VDB	使用双倍余额递减法或其他指定的方法,返回指定的任何期间内(包括部分期间)的资产折旧值。函数 VDB 代表可变余额递减法	VDB(cost, salvage, life, start_period, end_period, factor, no_switch)
XIRR	返回一组现金流的内部收益率,这些现金流不一定定期发生。若要计算一组定期现金流的内部收益率,请使用函数 IRR	XIRR(values, dates, guess)
XNPV	返回一组现金流的净现值,这些现金流不一定定期发生。若要计算一组定期现金流的净现值,请使用函数 NPV	XNPV(rate, values, dates)
YIELD	返回定期付息有价证券的收益率,函数 YIELD 用于计算债券收益率	YIELD (settlement, maturity, rate, pr, redemption, frequency, basis)
YIELDDISC	返回折价发行的有价证券的年收益率	YIELDDISC (settlement, maturity, pr, redemption, basis)
YIELDMAT	返回到期付息的有价证券的年收益率	YIELDMAT (settlement, maturity, issue, rate, pr, basis)

第三节 规划求解工具的应用

一、安装“规划求解”工具

Excel 的“规划求解”工具有很强的功能，可以对有多个变量的线性和非线性规划问题进行求解，省去了人工编制程序和手工计算的麻烦。企业管理中涉及很多优化问题，如最大利润、最小成本、最优投资组合、目标规划、线性回归及非线性回归等都可以用“规划求解”工具来解决。

“规划求解”工具是 Office 提供的一个加载宏组件。对于 Office 2003 之前的所有版本来说，如果在安装 Office 时没有选择加载宏，就必须重新启动 Office 安装程序并且选择 Excel 选项，在加载宏区段中选择“规划求解”，然后进行安装。Office 2003 之后的版本则按照本章第一节中的基本程序添加“规划求解”内容。

如果不运行 Office 安装程序，我们也可以直接单击 Excel 菜单栏中的“工具”菜单，选择其中的“加载宏”命令，打开“加载宏”对话框，在“当前加载宏”列表中选定“规划求解”前面的复选框（出现√表示已被选定），单击“确定”按钮关闭“加载宏”对话框，此时 Office 会自动提示我们在光驱中放入 Office 的安装盘，放入光盘后会自动进行安装。

对于 Office 2003 之前的所有版本来说，安装完成后，可以发现在“工具”菜单中增加了一个“规划求解”命令，以后使用“规划求解”工具，只需在“工具”菜单中单击“规划求解”命令，即可打开“规划求解参数”对话框。对于 Office 2003 之后的版本来说，点击菜单栏的“数据”，我们就会发现下拉的菜单栏中出现了“规划求解”的快捷菜单，点击之后同样可以打开图 3－18 的对话框。

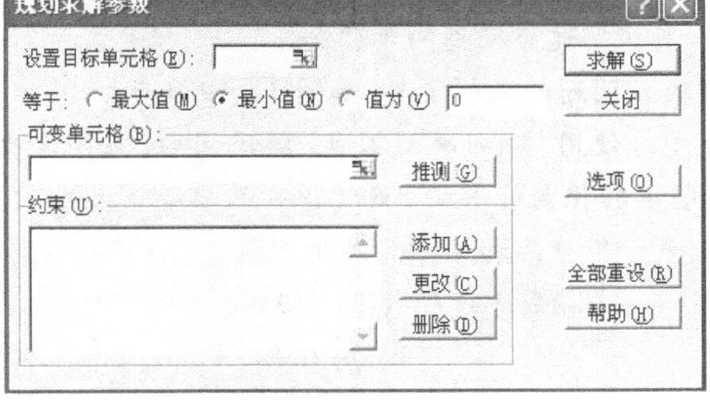

图 3－18 “规划求解参数”对话框

二、“规划求解”工具的使用

通过“规划求解”,可以为工作表目标单元格中的公式找到一个优化值。“规划求解”将对直接或间接与目标单元格中公式相联系的一组单元格中的数值进行调整,最终在目标单元格公式中求得期望的结果。这些在求解过程中可以修改其中数值的指定单元格称为可变单元格。在创建模型过程中,可以对“规划求解”模型中的可变单元格数值应用约束条件,而且约束条件可以引用其他影响目标单元格公式的单元格。

【例 3-3】 “规划求解”工具的使用方法

某企业在某月份生产甲、乙两种产品,其有关资料如图 3-19 所示,则企业应如何安排两种产品的产销组合,使企业获得最大销售利润?

	A	B	C	D	E
1	“规划求解”工具的使用				
2	生产相关数据				
3	产品名称	甲产品	乙产品	每月工时总数(小时)	350
4	产品价格(元)	120	160	每月材料总量(千克)	220
5	单位变动成本(元/件)	50	70	每月能源总量(千瓦)	830
6	单位产品消耗工时(小时)	5	6		
7	单位产品消耗材料(千克)	6	3		
8	单位产品消耗能源(千瓦)	16	13		
9	产品每月最大销售量(件)	无	25		
10	规划求解结果				
11	产品产量(件)				
12	最大销售利润(元)				
13	产品消耗总工时(小时)				
14	产品消耗总材料(千克)				
15	产品消耗总能源(千瓦)				

图 3-19 “规划求解”工具的使用

解:

利用规划求解工具求解这个问题的步骤如下:

(1)首先建立解决该问题的数据清单,如图 3-19 所示。

(2)建立优化模型。使用“规划求解工具”解决问题,同样需要先建立待解决问题的数学模型,然后再将其转化为能够被 Excel 识别的模型。

假设 x 和 y 分别表示甲产品和乙产品的生产量,我们可以得到下面的数学模型:

$$\text{目标函数}: \text{Max } P=(120-50)x+(160-70)y$$

$$\text{约束条件}\begin{cases}5x+6y\leqslant 350\\6x+3y\leqslant 220\\16x+13y\leqslant 830\\y\leqslant 25\\x\geqslant 0, y\geqslant 0, \text{且为整数}\end{cases}$$

(3)根据建立的数学模型,在 Excel 工作表中建立各个数据之间的关系。

在 B12 单元格中输入计算公式“=SUMPRODUCT(B4:C4-B5:C5,B11:C11)”或者“=(B4-B5)*B11+(C4-C5)*C11”,这两个公式是等价的,只不过前者是 Excel 中内置的函数,后者是我们自己输入的公式。从后者可以看出,这个公式和我们建立的数学模型中的目标函数类似,由此,B11 和 C11 这两个变量与目标值 P 之间的数学关系已经在 Excel 中建立。

在单元格 B13 中输入产品消耗总工时的计算公式“=SUMPRODUCT(B6:C6,B11:C11)”,这个公式等价于“=B6*B11+C6*C11”,对应于数学模型中的第一个约束条件;在单元格 B14 中输入产品消耗总材料的计算公式“=SUMPRODUCT(B7:C7,B11:C11)”,这个公式等价于“=B7*B11+C7*C11”,对应于数学模型中的第二个约束条件;在单元格 B15 中输入产品消耗总能源的计算公式“=SUMPRODUCT(B8:C8,B11:C11)”,这个公式等价于“=B8*B11+C8*C11”,对应于数学模型中的第三个约束条件。

SUMPRODUCT 函数返回的是若干数组中彼此对应元素的乘积的和,其格式为:SUMPRODUCT(array1,array2,array3,…)数组最多可以达到 30 个,要求所有的数组维数必须一致。

(4)打开“规划求解参数”对话框,输入各种参数。

在“规划求解参数”对话框中将前面模型中的目标函数值 P 作为目标单元格,将两个变量作为可变单元格,因此需要在“设置目标单元格”框中输入“B12”,“等于”选项选择“最大值”,“可变单元格”中输入“B11:C11”;在“约束”中添加以下约束条件:“B13<=E3”、“B14<=E4”、“B15<=E5”、“C11<=C9”、“B11:C11=整数”、“B11:C11>=0”。

对于“规划求解参数”对话框中的第一个约束条件,可以看出,我们之前在 B13 单元格中输入的公式为“=SUMPRODUCT(B6:C6,B11:C11)”,E3 单元格的值为 350,因此“B13<=E3”这个约束条件和前面数学模型中的第一个约束条件是相对应的;同理,可以看出另外几个约束条件也是如此。

在“规划求解参数”对话框中添加约束条件的方法是:单击“添加”按钮,弹出“添加约束”对话框,如图 3-20 所示,输入完毕一个约束条件后,单击“添加”按钮,则又弹出空白的“添加约束”对话框,再输入第二个约束条件。当所有约束条件都输入完毕后,单击“确定”按钮,则系统返回到“规划求解参数”对话框。

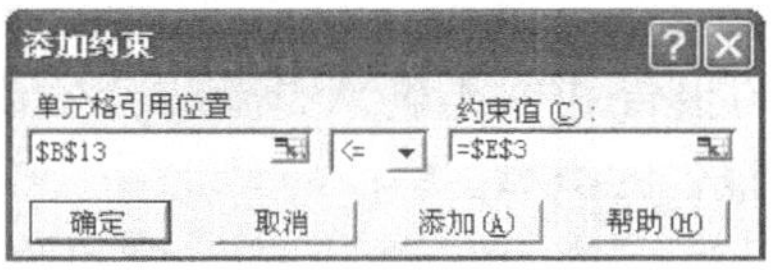

图 3-20 “添加约束”对话框

如果发现输入的约束条件有错误,还可以对其进行修改,方法是:选中要修改的约束条件,单击“更改”按钮,则系统弹出“改变约束”对话框,再进行修改即可。

完成输入后的“规划求解参数”对话框如图 3-21 所示。

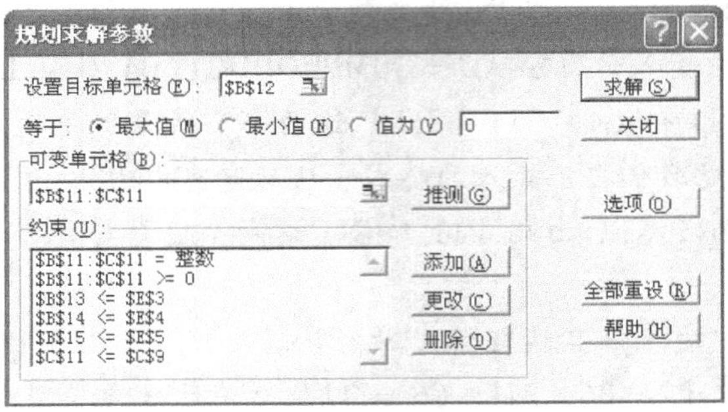

图 3－21　输入数据后的“规划求解参数”对话框

(5)单击“求解”按钮进行计算。

单击对话框中的“求解”按钮进行求解，系统会弹出“规划求解结果”对话框提示我们“规划求解找到一解，可满足所有的约束及最优状况”，单击“确定”将计算结果保存到数据清单中，如图 3－22 所示。

	A	B	C	D	E
2		生产相关数据			
3	产品名称	甲产品	乙产品	每月工时总数（小时）	350
4	产品价格（元）	120	160	每月材料总量（千克）	220
5	单位变动成本（元/件）	50	70	每月能源总量（千瓦）	830
6	单位产品消耗工时（小时）	5	6		
7	单位产品消耗材料（千克）	6	3		
8	单位产品消耗能源（千瓦）	16	13		
9	产品每月最大销售量（件）	无	25		
10		规划求解结果			
11	产品产量（件）	24	25		
12	最大销售利润（元）	3930			
13	产品消耗总工时（小时）	270			
14	产品消耗总材料（千克）	219			
15	产品消耗总能源（千瓦）	709			

图 3－22　计算结果

如果不想保存求解结果可以单击“恢复为原值”再回车确认；如果希望将计算结果保存为方案以便以后使用，可以单击“保存方案”按钮，弹出“保存方案”对话框，输入方案名称并回车确认，即可将计算结果添加为方案；如果希望给出求解结果的报告，可以在“报告”列表中选择需要的报告并回车确认，Excel 会生成存放这些报告的新的工作表，并且新工作表的名称为报告的类型。

“运算结果报告”列出了目标单元格、可变单元格和约束条件的信息，其内容和计算结果的数据清单类似，所以一般可不需要生成。

“敏感性报告”反映的是最优解对模型中的参数变化反应的敏感程度。对于不同类型的问题，其“敏感性报告”会有所不同，而且对于带有整数约束条件的整数规划问题，“规划求解”工具不能提供“敏感性报告”。

“极限值报告”提供的信息是目标单元格和可变单元格的值，以及在满足约束条件的情况下每一个可变单元格取值的上限和下限。同样，对于带有整数约束条件的整数规划问题不能提供此报告。

三、设置规划求解选项

我们在前面例题的求解过程中，都是按照默认设置运行的，这些默认设置对于一般的小型规划求解问题都能适用，但是如果遇到复杂的问题，就需要根据各项要求重新设置。

在“规划求解参数”对话框中，有一个“选项”按钮，单击它会打开“规划求解选项”对话框，如图 3－23 所示。

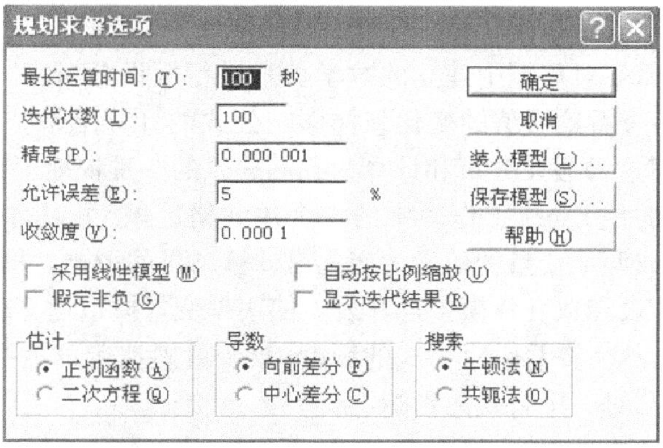

图 3－23　“规划求解选项”对话框

对各个选项的解释如下：

• 最长运算时间。该选项的默认值为 100 秒，可以根据问题的规模和复杂程度等条件进行设置，最长可达到32 767秒。

• 迭代次数。默认值为 100 次，最长可达到32 767次。增加迭代次数会导致运算时间相应增加。

• 精度。默认值为0. 000 001，可以输入更高的精度。精度必须用小数表示，小数位数的多少决定精度的高低，精度越高，求解时间越长。

• 允许误差。默认值为 5%，该选项只适合整数规划，指满足整数约束条件的目标单元格的求解结果与最佳结果之间的偏差程度，设置的值越大，求解越快。

• 收敛度。默认值为 0. 000 1，只适合用于非线性规划。如果目标单元格数值在最近 5 次迭代中的变化程度小于设置的数值，即停止迭代。设置的收敛度值越高，求解时间越长。

• 采用线性模型。当目标函数和约束条件均为线性且要解决的问题为线性优化问题或进行线性逼近时，可以选择该复选框，可以加速求解过程。

• 自动按比例缩放。如果输入的数值和输出的数值相差很大，可以选择该复选框，以增加小数位数的形式放大输出的结果。

• 假定非负。如果在“规划求解参数”对话框中的约束条件中有未设置下限的可变单元格，可以选中此复选框，假定可变单元格的下限为 0。

• 显示迭代结果。选中次复选框将使得规划求解过程按单步执行，也就是将每一次迭代的结果都存入工作表中。

在“规划求解选项”对话框的底部有“估计”、“导数”和“搜索”3 组单选框，这 3 组单选框的合理使用可以提高复杂规划求解问题计算的精度和效率，这里不再赘述。

第四节　模拟运算表

有的时候我们需要对模型中建立的数学公式进行假设分析，即公式中的各个自变量取不同的值，然后查看这些值的变化怎样影响公式的计算结果。Excel 中的“模拟运算表”工具就是针对这种假设分析和计算为我们提供的一种快捷工具。

模拟运算表指的是 Excel 工作表中的一个单元格区域，可以自动生成模拟运算表来显示公式中一个或两个变量的值发生变化对计算结果的影响。模拟运算表有两种类型：单变量模拟运算表和双变量模拟运算表。使用单变量模拟运算表，用户可以对一个变量键入不同的值，从而查看它对公式的影响；双变量模拟运算表中，用户对两个变量输入不同值来查看它对一个公式的影响。

对于 Excel 2003 之前的版本来说，可以在 Excel 的“数据”菜单中选择“模拟运算表”命令，即可以打开如图 3 – 24 所示的“模拟运算表”对话框。对于 Excel 2003 之后的版本来说，应在“数据”菜单中选择“假设分析”命令，进而选择“数据表”，即可打开如图 3 – 25 的对话框。

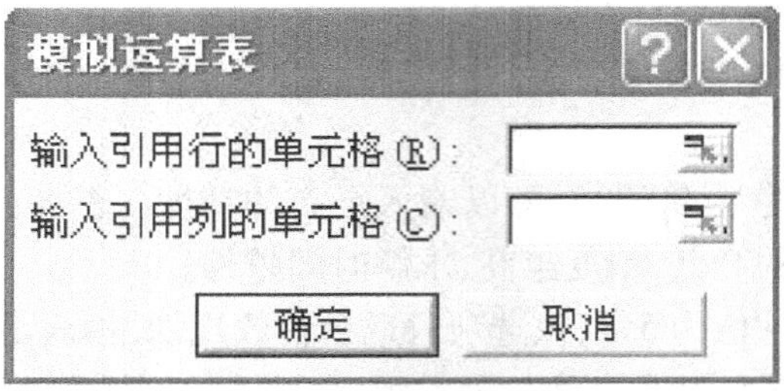

图 3 – 24　“模拟运算表”对话框

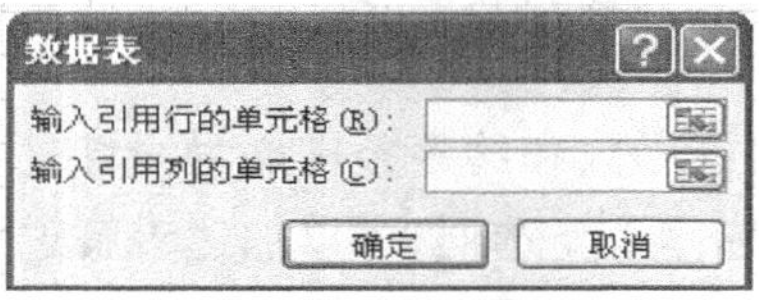

图 3 – 25　Excel 2003 之后版本的“模拟运算表”对话框

一、单变量模拟运算表

当对公式中的一个变量以不同值替换时，将生成一个显示其结果的单变量模拟运算表。

【例 3-4】 单变量模拟运算表的使用方法

假设某人买房，贷款 100 000 元，按月还款，5 年还清。如果使用公积金贷款，年利率为 4.25%，使用按揭贷款，年利率为 5.025%，使用公积金和按揭的组合形式进行贷款，年利率为 4.75%，试计算 3 种贷款方式的月还款额。

解：

由于有 3 种不同的贷款方式，利率各不相同，如果想计算这 3 种不同情况的月还款额，最一般的方法，我们可以使用 3 次上一节中介绍的财务函数中的 PMT 函数进行计算，如果利率变化不止这 3 个值，分别使用 PMT 函数就会很繁琐，可以使用单变量模拟运算表计算。

使用模拟运算表计算，首先要建立如图 3-26 所示的工作表，并在 D2 单元格中输入函数"=PMT(B3/12,B2*12,-B1)"，由于 B3 单元格的值为空值，所以此时在 D2 单元格中的值是年利率为 0 时的月还款额。

D2 = =PMT(B3/12,B2*12,-B1)

	A	B	C	D	E
1	贷款金额	100 000	年利率	月还款额	
2	贷款年限	5		￥1 666.67	
3	年利率		0.042 5		
4			0.050 25		
5			0.047 5		
6					

图 3-26 建立数据表格

图 3-26 中 C3:C5 单元格区域输入的是年利率的变化值，将用来在模拟运算表中替换 B3 单元格的值。

选中 C2:D5 单元格区域，然后单击"数据"菜单中的"模拟运算表"命令，打开"模拟运算表"对话框。

由于我们是按列输入的利率变化值(C3:C5 单元格区域)，所以应该在"输入引用列的单元格"框中输入 B3(如果是按行输入的变化值，则应在"输入引用行的单元格"框中输入)，单击"确认"按钮，可以看到不同利率情况下的计算结果存入了我们选中的单元格区域中，如图 3-27 所示。

	A	B	C	D
1	贷款金额	100 000	年利率	月还款额
2	贷款年限	5		￥1 666.67
3	年利率		0.042 5	￥1 852.96
4			0.050 25	￥1 888.27
5			0.047 5	￥1 875.69

图 3-27 单变量模拟运算表

二、双变量模拟运算表

公式中的两个变量的值都发生变化的时候，如果想查看变化对计算结果的影响，可以使用双变量模拟运算表。

【例 3-5】 双变量模拟运算表的使用方法

假设例 3-4 中每种贷款除了利率不同外，贷款期限也都有 3 种选择，分别为 5 年、10 年和 20 年，试计算不同利率和不同年限下的月还款额。

可以看出，我们要计算的公式中有贷款年限和年利率两个会发生变化的变量，需要使用双变量模拟运算表。

首先建立如图 3-28 所示的工作表。在 A1:B3 单元格区域输入数据后，在 C3:C5 单元格区域输入利率的变化值，在 D2:F2 单元格区域输入贷款年限的变化值；在 C2 单元格输入公式“=PMT(B3/12,B2*12,-B1)”。

	A	B	C	D	E	F
1	贷款金额	100 000				
2	贷款年限	5	￥1 666.67	5	10	20
3	年利率		0.042 5			
4			0.050 25			
5			0.047 5			

图 3-28 双变量模拟运算表

选中 C2:F5 单元格区域，打开“数据”菜单中的“模拟运算表”对话框，在“输入引用行的单元格”框中输入 B2，在“输入引用列的单元格”框中输入 B3，表示在公式中这两个单元格的值发生变化。回车确认后即可在选中的区域中得到计算结果。

三、清除模拟运算表中的结果

有的时候我们不再需要模拟运算表中的运算结果，需要将它们从工作表中清除。Excel 模拟运算表中的运算结果存放在数组中，我们不能单独清除数组中的单个值，而必须清除整个数组所有的值。还应注意不能选定公式和输入值，否则 Excel 将清除包括公式和输入值在内的整个表。

具体的操作步骤如下：

第一步，选定数据表格中的所有结果值。

第二步，在“编辑”菜单中，选择“清除”，然后再选择“全部”命令。

第五节 方案管理器

使用模拟运算表只能对有一个或者两个参数变动的公式进行假设分析，这并不完全符合实际工作情况，我们在实际工作中更经常遇到的是有多个参数发生变化的情况，这种情况需要使用 Excel 中的方案管理器来解决问题。方案管理器是 Excel 假设分析的更高级的应用，可以建立产生不同结果的输入值的集合，并将这些集合作为方案保存。一个方案存储的是一组可变单元格的输入值，并按照用户指定的名字保存，每个方案代表一组假设分析的前提。在每个方案中我们可以定义多达 32 个可变单元格，也就是说对一个模型我们最多可以使用 32 个变量来进行模拟分析。例如，在市场状况、定价策略、销售成本和税金等因素都发生变化的情况下，企业的利润会怎样变化。

【例 3－6】 方案管理器的使用方法

某唱片公司生产并销售唱片，会对利润产生影响的因素有单价、数量、推销费率和单片成本，并且各因素之间有如下公式关系：

利润＝销售金额－成本－费用×(1＋推销费率)

销售＝单价×数量

费用＝100 000

成本＝固定成本＋单价×单片成本

固定成本＝90 000

该公司去年的产品单价、销售数量及成本数据如表 3－4 所示。

表 3－4 产品单价、销售数量及成本数据 单位：元

单价	20	单片成本	3
数量	500 000	推销费率	5.00%

试计算如下两种情况下唱片销售利润的变动情况：

(1)单片成本不变，单价下降 10%，销售数量增加 8%，推销费率上涨 2 个百分点。

(2)单价上涨 10%，单片成本增加 2 元，销售数量下降 15%，推销费率上涨 5 个百分点。

解：

首先要建立进行计算的数据表格，在 B1 单元格中输入公式“＝B2－B4－B3＊(1＋B10)”得到利润的计算结果；在 B2 单元格中输入公式“＝B7＊B8”得到销售额的计算结果；在 B4 单元格中输入公式“＝B5＋B8＊B9”得到成本的计算结果。建立的表格如图 3－29 所示。

	A	B
1	利润	8 305 000
2	销售额	10 000 000
3	费用	100 000
4	成本	1 590 000
5	固定成本	90 000
6		
7	单价	20
8	数量	500 000
9	单片成本	3
10	推销费率	0.05

图 3 – 29　计算表格

数据表格建立完成之后，就可以使用方案管理器进行模拟分析了。

对于 Excel 2003 之前的版本来说，单击 Excel“工具”菜单中的“方案”命令，可以打开如图 3 – 30 所示的“方案管理器”对话框。单击对话框右侧的“添加”按钮，打开如图 3 – 31 所示的“添加方案”对话框，在“方案名”文本框中输入要建立的方案的名称，本例中我们输入“方案_情况 1”；在“可变单元格”框中输入值发生变化的变量所在的单元格区域，输入“B7：B10”。由于我们要计算的第一种情况的单片成本不变，所以在添加可变单元格时也可以把 B9 单元格排除在外；“添加方案”对话框中的其他选项取默认值即可。输入完成后，回车确认，出现“方案变量值”对话框，供我们编辑每个可变单元格的值。我们可以直接输入数值，也可以输入变量值变动的计算公式，让 Excel 自动计算按照公式变化后的变量值，需要注意的是，输入公式时应该在公式前面加上等号。根据例题中第一种情况的数据，我们按照图 3 – 32 中的内容进行输入。

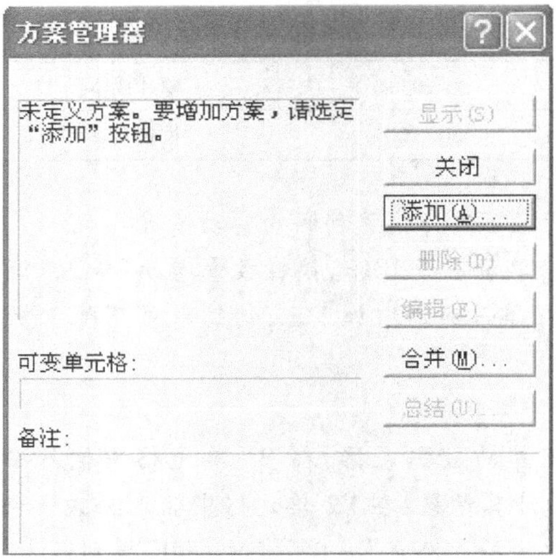

图 3 – 30　“方案管理器”对话框

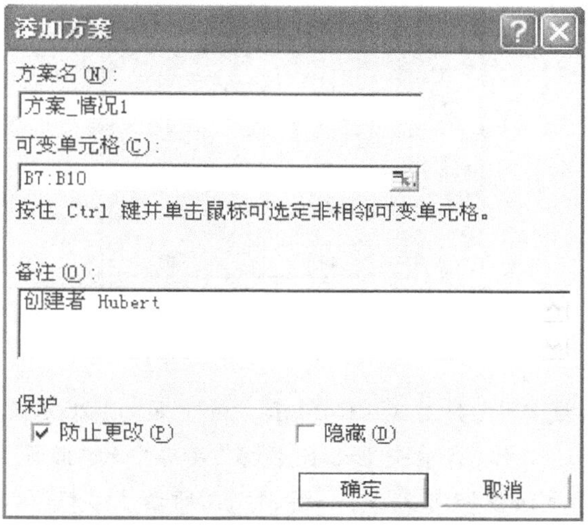

图 3-31 “添加方案”对话框

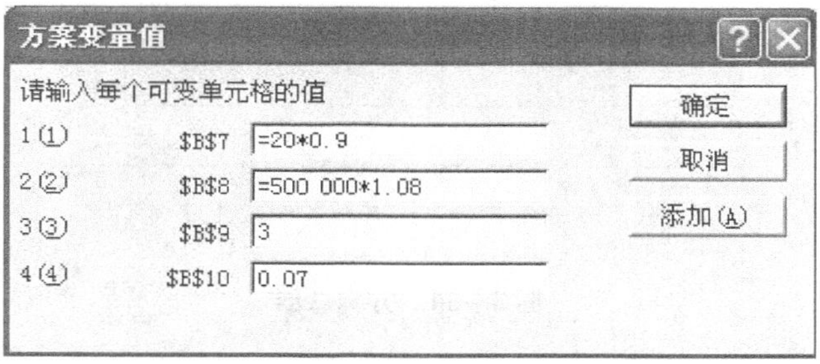

图 3-32 “方案变量值”对话框

至此，第一个方案输入完毕，如果已经没有其他需要输入的方案，可以单击“确定”按钮返回“方案管理器”对话框，如果希望继续添加方案，则可单击“添加”按钮再次打开“添加方案”对话框继续添加。

在新添加的方案中设置好每个变量的值，单击“确定”按钮，可以发现“方案管理器”对话框中已经添加了两个方案。

在“方案管理器”对话框选中一个方案，单击右侧的“显示”按钮，选定方案中可变单元格的值出现在工作表的可变单元格中，同时工作表中的数据会重新计算，以反映模拟的结果。

单击“总结”按钮，弹出“方案总结”对话框，如图 3-33 所示。

“结果类型”选项中选择“方案总结”，在“结果单元格”框中，通过选定单元格或键入单元格引用来指定每个方案中希望查看计算结果的单元格，这些单元格中应有引用可变单元格的公式，这里我们输入“B1”。如果要在“结果单元格”中输入多个引用，每个引用之间要用逗号隔开。完成后单击“确定”按钮，Excel 会自动生成一个单独的工

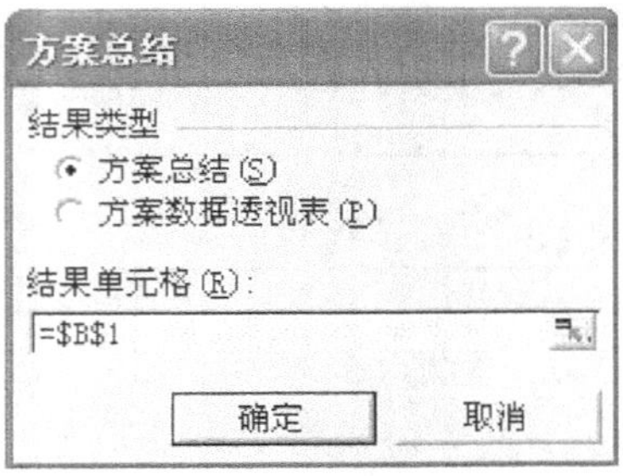

图 3-33 “方案总结”对话框

作表把方案摘要表存放其中,如图 3-34 所示。对于 Excel 2003 之后的版本来说,操作略有不同。要完成前述工作,需单击 Excel“数据”菜单中的“假设分析”命令,进而打开其中的“方案管理器”对话框即可完成,如图 3-35 所示。

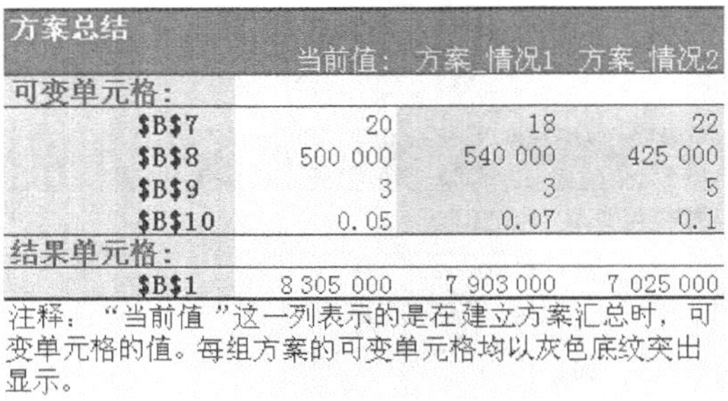

方案总结	当前值:	方案_情况1	方案_情况2
可变单元格:			
$B$7	20	18	22
$B$8	500 000	540 000	425 000
$B$9	3	3	5
$B$10	0.05	0.07	0.1
结果单元格:			
$B$1	8 305 000	7 903 000	7 025 000

注释:“当前值”这一列表示的是在建立方案汇总时,可变单元格的值。每组方案的可变单元格均以灰色底纹突出显示。

图 3-34 方案总结

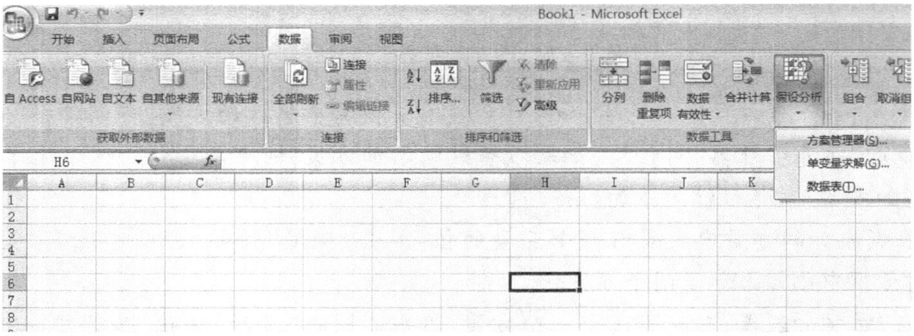

图 3-35 Excel 2007 中的方案管理器调出图示

本章小结

本章讲述了 Excel 中的数据分析预测的工具和方法,包括数据分析工具、单变量求解工具和财务函数的用途及使用方法;随后着重介绍了“规划求解”工具的应用问题，通过实例详细讲解了使用“规划求解”工具解决实际问题的步骤和方法，以及各种参数的设置问题。

习题

1. 使用规划求解工具进行计算的步骤是什么？

2. 哪些类型的问题可以使用规划求解工具计算？

3. 某数码产品经销商平均每月销售数码相机 100 台，每个相机的年库存成本为产品进货价格的 30%，每次订货的准备成本为 $120，订货折扣如表 3 – 5 所示。试确定最优的订货批量及相应的年成本。

表 3 – 5

订货数量	产品单价
1 ~ 10	100
11 ~ 50	95
50 以上	86

4. 在某个快餐厅有 10 个点餐窗口为顾客服务，每个窗口服务 1 位顾客的平均时间为 3 分钟，并且服务时间服从负指数分布；顾客的到达服从泊松分布，平均每小时有 120 位顾客；顾客到来后排成 1 队，依次到空闲的窗口点餐。

试求：窗口空闲的概率、窗口处顾客的平均数和等待服务顾客的平均数，以及顾客的平均逗留时间和等待时间。

第四章

生产能力计划

★ 学习要点与要求 ★

生产能力计划是企业运营的长期计划之一，其主要工作是根据销售预测的结果对企业内部现有的生产能力(包括机器设备、人员及其他辅助设施)作出评估。如果生产能力不足或过剩，则需提出扩大或缩减生产能力的可行方案与执行计划(例如扩建厂房、购买设备或增雇人员等)。本章主要讨论生产能力计划的基本问题：需要何种生产能力？需要多大？何时需要？如何有效利用现有生产能力。读完本章以后，你应能：

1. 说明生产能力计划的重要性。
2. 描述定义与衡量生产能力的方式。
3. 辨别长期生产能力需求和短期生产能力需求的差异。
4. 简述影响有效生产能力的因素。
5. 明确拟定生产能力计划的原则与策略。
6. 运用各种方案评估技术。

第一节　生产能力计划概述

一、生产能力

生产能力(Production Capacity)是指在一定组织技术条件下，一个生产系统在一定时间内能够向市场提供产品和服务的最大数量。生产单位可以是一家工厂、一个部门、一台机器、一个商店或是一个工人。对制造企业来说，生产能力主要取决于生产设备和设施的投资以及其拥有的技术力量；对服务企业而言，除了设施和设备能力外，还取决于人力资源的多少和质量。

一个企业的生产能力一旦确定，其生产经营活动的最大规模也就基本上被限制住了。例如,发电厂的机组容量基本上决定了其最大的发电能力;大学的校舍面积和教师数量决定了在校学生人数;处于同一地区的商店,其营业面积大致决定了销售额的大小;医院的床位数限制了住院病人数量,等等。因此,正确地衡量企业的生产能力,对企业的生存和发展都有非常重要的意义。企业生产能力一般用实物量来表示,包括设计能力、计划能力和核定能力三种。

(一)设计能力

设计能力是企业在基本建设时设计任务书和技术文件中所规定的生产能力,是理想情况下最大的可能产出。这是工厂建设初期,根据技术性文件确定的标准能力,是处于投资过程中尚未形成的能力,因此被称为潜在能力。由于条件限制,设计能力一般需建厂一段时间后才能达到。

(二)计划能力

计划能力是企业在计划期内,充分考虑了已有的生产条件和能够实现的各种措施后,可以达到的生产能力。如果说设计能力是确定生产规模、编制长期规划、安排基建和技术改造的依据,那么计划能力则是编制年度计划、确定生产计划指标的依据。计划能力决定了实际产出的可能性,因此,生产能力利用率的提高有赖于提高计划能力的程度,企业可以通过改进产品质量水平、保持设备的良好运行、充分培训雇员和利用瓶颈设备以提高计划能力水平。

(三)核定能力

企业基本建设完成后,在实际的运营过程中由于企业的生产组织、技术水平、品种结构等发生了变化,原有的设计能力不能正确反映企业的生产水平时,需要根据新的生产组织情况和技术水平对设计能力进行修正,从而得到修正后的核定能力。对于企业建设初期没有设定设计能力的情况,更要进行核定能力的审查。核定能力是确定企业的生产规模,编制企业的长期计划,决定改扩建方案,安排基本建设项目和采用重大技术举措的依据。

二、生产能力测量

生产能力可用产出或投入的单位来衡量。生产能力意味着产出的最大达成率,但这种达成率到底是某个时间段的高峰,还是某个时间段内的平均值,生产企业有时自己也难免混淆。为了避免这一问题的出现,运营管理中常常引入最佳运营水平(Best Operating Level)这一概念。最佳运营水平是指生产系统的整体设计生产能力,强调的是平均单位成本最低时所能生产的数量。有些企业的生产能力非常简单明了,例如,汽车制造厂的生产能力可用每月生产汽车的辆数来衡量,电脑工厂的生产能力可用每月生产电脑的台数来衡量。一般而言,如果一个组织的产出非常一致(产出为一种或一类产品),常用产出量表示生产能力,例如汽车制造厂的汽车辆数(不论大小汽车均以辆计数),煤矿的挖煤吨数,等等。如果一个组织产出的一致性比较差(多种产品或服务),问题就复杂了。一个可行的解决办法是分别说明每一种产品的生产能力。例如,一家公司生产电冰箱和空调器，每天可制造100台冰箱和80台空调器。然而这种方法在某些情形下是可行的，但在其他情形下却不一定可行。例如，餐馆、医院、学校、商店等，使用投入量来衡量生产能力则比较方便。表4－1给出了一些常见的组织生产能力的衡量方式。

表4－1　常见的组织生产能力的衡量方式

组织	衡量方式（产出）	组织	衡量方式（投入）
汽车制造厂	汽车辆数	航空公司	飞机座位数
酿酒厂	酒的桶数/瓶数	医院	病床数
食品厂	食品吨数	学校	学生或教师人数
钢铁厂	钢铁吨数	餐馆	餐桌/椅数
发电厂	千瓦数	电影院	座位数
电视机厂	电视机台数	商店	营业面积数
电子元器件厂	元器件个数	修理厂	机器/人工小时数

三、生产能力计划的重要性

生产能力决策是管理者最基本的决策之一，其重要性有如下几点：

第一，生产能力限制了生产/作业系统的最高产出水平，从而影响一个组织满足未来市场需求的能力。

第二，生产能力与运营成本密切相关。一般而言，市场需求是波动的。理想的生产能力与市场需求平衡，这时组织的营运成本最小。然而这在实践中往往是不可能的，常常会出现生产能力过剩或不足的情形。生产能力过剩会导致营运成本增加（如资金成本、折旧成本），生产能力不足同样会增加营运成本（如加班成本、缺货成本及外包的额外成本）。因此，需要在生产能力过剩或不足时作出生产能力决策和计划，以求得某一时期的相对平衡。

第三，生产能力计划会影响生产作业成本。例如，机器设备的使用量会决定人工成本的多寡。

第四，生产能力计划是对生产资源的长期承诺，执行之后若再修改需要付出极大的成本。

四、生产能力的长期需求与短期需求

生产能力计划需考虑企业对生产能力的长期需求因素和短期需求因素。长期需求因素与整个企业的生产能力的大小有关，而短期需求因素则与市场的季节性、随机性及不规则性需求有关。

（一）长期需求因素

长期生产能力需求主要是由销售预测决定的，然后把对产品或服务的需求预测转换成对生产能力的需求。能由预测确定的需求基本形式如图 4 – 1 所示，除此之外都是一些复合的、较复杂的形式，如循环和趋势的结合。

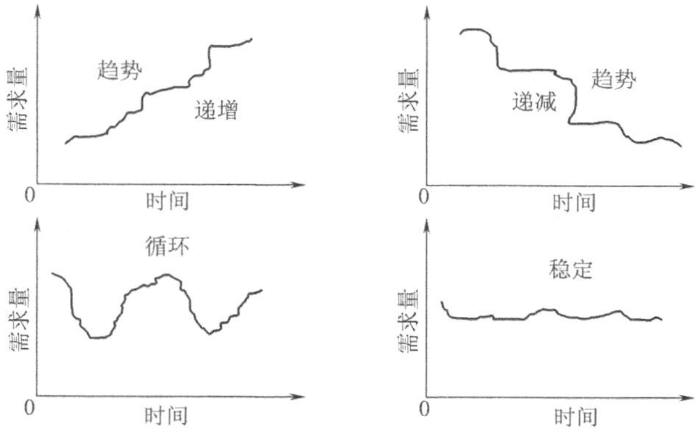

图 4 – 1　可由预测确定的需求形式

（二）短期需求因素

短期生产能力需求主要与市场需求的季节性变动和经过平均的随机性变动有关，而与循环或趋势无关。季节性与随机性变动对短期生产能力需求特别重要，因为它们有时对生产能力提出过高的要求，而有时又会导致生产能力闲置。

季节性形态可以用标准的预测方法来确认，它们的变动通常在每年、每月、每周、每日对生产能力的需求中表现出来。表 4 – 2 显示了一些常见商品季节需求的例子。

当时间间隔太短而无法分析季节变化时，需求的变动可用正态分布或泊松分布来描述。例如，午餐时间的饮料供应量可用某平均值及其标准差的正态分布来描述。星期一上午进入某银行分行的人数可用某一平均值的泊松分布来描述。服务系统的生产能力应对随机性需求特别有效，因为服务不太可能事先排出日程。然而，生产系统的生产能力对于随机性需求就不太适应，因为产品的生产是与顾客分离的，而且具有批次性。

表 4 – 2　季节性需求的实例

期间	项　目
年	啤酒、玩具、服装、铁路、航空、旅游、教育
月	银行、社会福利
周	餐馆、旅店、零售商店
日	电话、电力、公共交通、教室的使用

比较困难的是不规则需求变动，因为它们实际上是不可预测的。不规则需求变动是因突发事件而产生的，如台风使得正常的工作停顿，国际政治变动而造成石油短缺，主要的生产设备突然发生故障，等等。

第二节　影响有效生产能力的主要因素

一、生产能力的分类及意义

我们在前面已经说明了生产能力的一般定义，为了分析有哪些因素对有效利用生产能力产生影响，还需作如下补充：

第一，设计能力（Design Capacity, DC）。设计能力是指在理想情况下可能达到的最大产出，有时也称理想能力。

第二，有效能力（Effective Capacity, EC）。有效能力是指在考虑产品变换、机器维修、午餐休息、时间计划等实际状况后，可能达到的最大产出。

第三，实际产出（Actual Output, AO）。实际产出是指企业在实际运营中能达到的产出。

一般来说，有效能力往往低于设计能力，实际产出低于有效能力，三者之间的关系如图 4－2 所示。

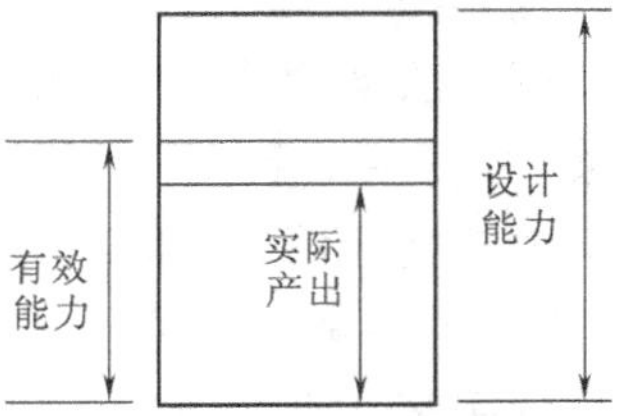

图 4－2　三种能力之间的关系

由对三种生产能力的衡量，可导出生产系统的效率和生产能力利用率两个绩效指标。效率是实际产出与有效能力的比率，而生产能力利用率则是实际产出与设计能力的比率。单位产品的生产成本主要受生产能力利用率的影响。效率和生产能力利用率的计算公式如下：

$$效率=\frac{实际产出(AO)}{有效能力(EC)}$$

$$生产能力利用率=\frac{实际产出(AO)}{设计能力(DC)}$$

由图 4－2 可看出，一个生产系统可能会出现效率很高（例如超过 100%）而生产能力利用率很低（例如 20%）的情况。这时，虽然效率很高但成本却无法降低。为了避免这种现象，应先提高有效能力，而后再谈效率问题。

【例 4－1】　效率与生产能力利用率

已知某工厂设计能力为每天 400 单位，有效能力为每天 200 单位，实际产出为每天

180 单位，问：

(1)效率与生产能力利用率各为多少？

(2)如果有效能力提高到每天250单位，实际产出不变，效率有何变化？

(3)如果有效能力提高到每天250单位，实际产出提高到每天200单位，效率与生产能力利用率各为多少？

解：

(1)

$$效率=\frac{180}{200}=90\%$$

$$生产能力利用率=\frac{180}{400}=45\%$$

(2)

$$效率=\frac{180}{250}=72\%$$

$$效率变化量=72\%-90\%=-18\%$$

即：有效能力提高25%，效率下降18%。

(3)

$$效率=\frac{200}{250}=80\%$$

$$生产能力利用率=\frac{200}{400}=50\%$$

由例4-1可知，实际产出不变而提高有效生产能力可使效率下降，同时提高实际产出和有效能力可使生产能力利用率提高而效率下降。所以，仅从效率来衡量工作绩效是不够的。运营管理人员应首先致力于有效能力的提高，这时即使效率下降但实际产出却有所增加，否则即使效率很高而有效能力太低，就会出现实际产出较低的现象。因此有必要进一步讨论影响有效能力的因素。

二、影响有效生产能力的主要因素

影响有效生产能力的因素主要有以下6个：

(一)厂房因素

厂房因素(Facilities Factors)主要是指工厂的实体设计，包括厂房大小及其扩充条件。厂房位置与其决策因素有关。例如，运输成本、劳动力来源、能源供应以及是否有足够的空间可以进一步扩充等均很重要。厂房内的布局(如生产线平衡、工件搬运路线)、工作环境(如温度、照明)等也会影响有效生产能力。

(二)产品/服务因素

产品/服务因素(Product/Service Factors)的影响是指产品本身的设计对有效能力的影响。例如，所生产的产品标准化程度较高或使用相同零件和材料，均会增加有效能力。

(三)过程因素

过程因素(Process Factors)的影响是指一个生产过程的生产数量会影响有效生产能力，同时该过程的生产质量也会影响有效生产能力。产出质量不佳就需要检验和重做，自然会使产出减少。此外，机器设备的质量水平以及生产准备时间也会影响生产过程的产出量。

（四）人为因素

人为因素（Human Factors）的影响是指工人的技术水平、经验、受教育及接受培训的程度、工作士气等因素均会影响有效能力和实际产出。

（五）运营因素

运营因素（Operation Factors）的影响是指生产进度、存货决策、质量检验及控制程序等运营因素，均对有效能力和实际产出有影响。例如，当市场需求超过预期数量时，由于某种零件存货不足，会导致无法提高生产能力。

（六）外部因素

外部因素（External Factors）的影响是指政府有关产品安全和劳动安全的法令，环境保护与防污染规定等因素均会影响有效能力和实际产出。

上述 6 个因素可摘要汇集成表 4－3。

表 4－3　影响有效能力的因素

因素	项目	因素	项目	因素	项目
厂房实体	设计	人为	工作内容	运营	进度安排
	厂址		工作设计		存货管理
	布局		培训与经验		设备维护
	环境		士气与激励		设备故障率
产品/服务	设计		工资率		质量保证
	种类		学习率	外部环境	产品规格标准
生产过程	数量		缺勤率		安全法规
	质量		离职率		污染控制标准

第三节　生产能力计划

一、生产能力计划的概念

生产能力计划是指组织根据需求预测结果，检查其生产能力是否足够应对未来的需求变动，并作出相应的决策与计划。若发现生产能力不足，则需作出扩充生产能力的决策与计划（例如新厂房的建设、生产设备的添置及外包生产等）；若发现生产能力过剩，则需作出处置过剩能力的决策与计划（例如关闭部分工厂或车间、遣散部分员工等）。

二、生产能力计划的原则与策略

对任何企业来说，有关生产能力的决策主要是扩充的时机与扩充的数量。就扩充

的时机而言,主要有 3 种选择或原则:

第一,能力大于需求原则,即永远不希望或不允许有缺货情况发生。也就是说,当市场需求快要达到最大产出时即扩充生产能力[见图 4-3(a)]。

第二,大致平衡原则,即根据预测结果,通过控制存货水平及服务水平来求得大致的平衡。也就是说,在设计生产能力时使其大于当时的市场需求,能力过剩时增加存货,能力不足时利用存货或者降低服务水平来保持生产能力的恒定[见图 4-3(b)]。

第三,能力小于需求原则,即永远保持供不应求的状况,使生产能力利用率达到最大。在此情形下,存货持有成本可降至最低,从而达到减小成本的目的。但从长远看,有失去顾客和市场份额的风险[见图 4-3(c)]。

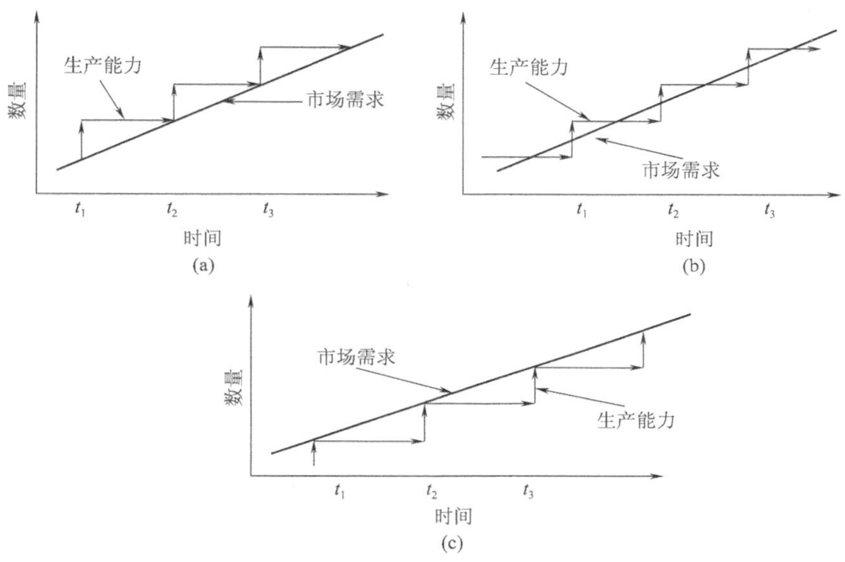

图 4-3 扩充生产能力的三种选择

扩充生产能力数量方面的主要考虑因素是规模经济(Economies of Scale),即产量越大,单位成本越低。图 4-4 表明,当规模达到 A 点时,单位成本开始达到规模经济,A 点称为最小经济规模;当规模在 A 与 B 之间时,均产生规模经济,其主要原因是企业的固定成本(管理费用、厂房设备成本等)由于产量的增加而被分摊,单位产品上的固定成本下降,以及由于学习效应(Learning Effect)而使单位产品的人工成本下降。当规模超过 B 点之后,单位成本大幅上升,产生规模不经济。

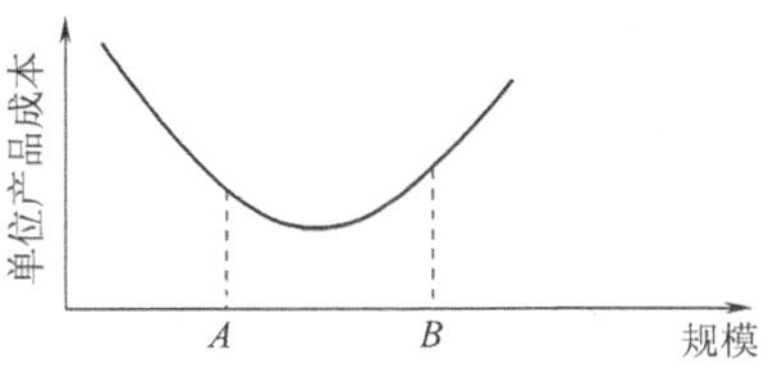

图 4-4 规模经济

产生规模不经济的主要原因是：

● 由于市场范围的扩大而导致运输成本的递增。

● 由于规模扩大和人员剧增而导致管理层数和管理成本的增加，此现象也称为官僚的不经济。

● 由于规模扩大导致部门间协调、沟通的困难，此称为混淆的不经济。

● 由于规模扩大，集中太多的资源于单一厂房，一旦发生不可抗拒灾害（如台风、水灾、地震等）会造成过大的损失，此称为风险伤害的不经济。

在缩减生产能力方面，传统的做法是出售现有设备和解雇相关人员。但近年来产生另一观点，如图 4－5 所示。当时间由 t_0 变为 t_1 时，产品 A 由成长期经成熟期而进入衰退期，此时可利用现有生产能力生产产品 B；同样，当产品 B 进入衰退期后可利用现有生产能力生产产品 C。前提是产品 A、B、C 具有制造或生产过程的兼容性。这种现象完全由生产过程创新所带动。

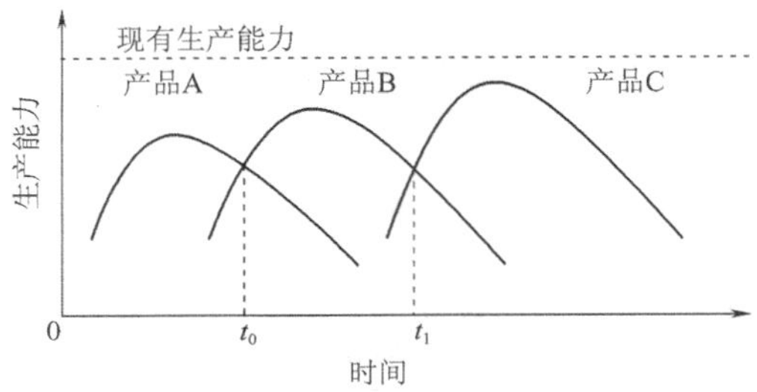

图 4－5　过剩生产能力的理想使用

三、制定生产能力计划的程序

（一）确定衡量生产能力的单位

根据产品/服务的特性，选择可与市场需求单位转换的衡量单位。

（二）预测未来市场需求

市场需求预测是生产能力计划的基础。

（三）确定未来所需要的生产能力

确定生产能力应同时兼顾长期和短期的需要。从长期来看，生产能力主要与企业的整体水平有关。例如，厂房的大小主要考虑市场需求的趋势变动和周期变动的影响；而短期则主要考虑季节变动与不规则变动的影响。

（四）开发多种可行方案

计划制定者须开发出多种可满足未来市场需求的生产能力方案，并应注意下列事项：

1. 计划要有弹性。一个企业目前可能只生产有限的产品/服务，但将来会有所增加。从长远的观点来看，要留有发展的余地，特别是厂房面积或营业面积。

2. 计划要有系统性。例如，一家旅馆要增加客房数量以容纳更多的客人，但同时也要考虑客人增多以后所引起的对停车场、餐厅、娱乐设施的需求。

3. 计划要考虑多余能力的处置。例如，一台机器每小时生产某产品 70 单位，而目前市场需求为每小时 105 单位，若用两台机器则有多余能力每小时 35 单位，计划时应予以考虑。

4. 尽量使生产能力需求平稳。不稳定的生产能力需求会造成生产的混乱。例如，季节变动会使某时的生产能力不足，另一时的生产能力过剩，此时应考虑是否运用存货控制（增减存货量）或生产互补性产品（如空调器和电暖器）来平衡生产能力需求。

5. 确定最佳产出量。一般而言，任何生产单位均有一个成本曲线，如图 4－6 所示。在成本曲线上有一个与最小单位成本相对应的生产数量，此即最佳产出量。若生产数量小于最佳产量，则固定成本要由较少的产量来分担，故单位成本较高；若生产数量大于最佳产量，则过多的人工成本、设备损坏、管理与控制的混乱等也会使单位成本增加。因此，生产能力应尽量靠近最佳产量。

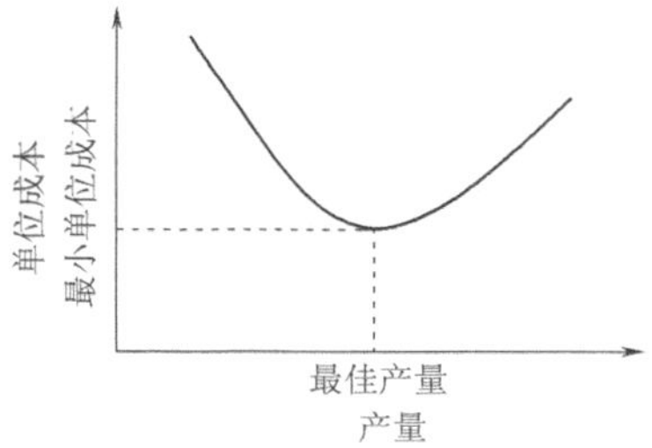

图 4－6　最佳产量

（五）评估方案

在多个备选方案中评价出最佳方案和满意方案。该步骤的关键是确定评估方案的指标，有许多技术可协助方案评估，但在评估方案时除了考虑经济因素外，还应考虑外部环境如政府、社会的反应。

（六）选择并实施方案

在评估的基础上选择及实施方案，并对实施过程加以控制。

第四节　方案评估技术

一、损益平衡分析法

损益平衡分析（Break－even Analysis），也称量本利分析，它主要描述成本、利润与生产数量之间的关系，可用来估计一个组织在不同生产量情况下的预期收益。损益平衡分析有助于生产能力计划中不同方案的评估。

运用损益平衡分析必须首先确定与生产产品有关的成本，并将其分为固定成本和变动成本。固定成本与生产数量的多少无关，如租金、设备维修费等费用。变动成本与生产数量成正比，主要的变动成本为材料和人工成本。

总成本（TC）与生产数量之间的关系可由式（4－1）表示如下：

$$TC = FC + VC = FC + V \cdot Q \tag{4-1}$$

式中：FC——固定成本；

VC——变动成本；

V——单位产品变动成本；

Q——生产数量。

若将式（4－1）中成本与产量之间的关系用图形表示，则可得图4－7。

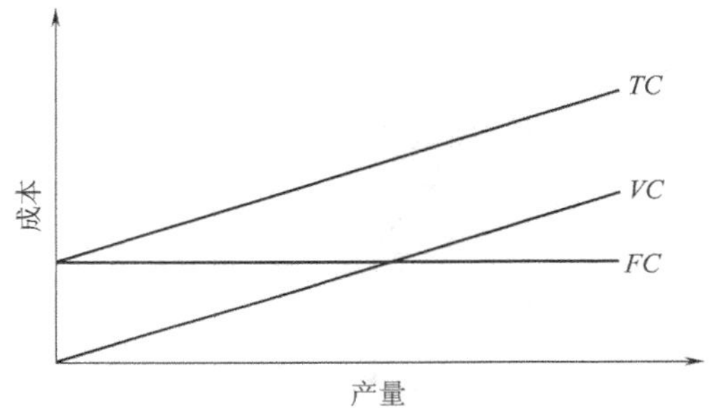

图4－7　成本与产量间的关系

若假设收入与产量之间存在直线关系且单位产品收入为R，则总收入（TR）与产量（Q）之间的关系可由式（4－2）表示：

$$TR = R \times Q \tag{4-2}$$

而利润则为：

$$P = TR - TC = R \times Q - (FC + V \times Q) = Q(R - V) - FC \tag{4-3}$$

令式（4－3）等于零，则可求得当利润为零时（即不赔不赚，损益平衡时）的产量Q_0：

$$Q_0 = \frac{FC}{R - V} \tag{4-4}$$

若用图形表示损益平衡点，则可得图4－8。

由式（4－3）还可得到获得特定利润SP时的产量Q_S的计算公式：

$$Q_S = \frac{SP + FC}{R - V} \tag{4-5}$$

使用损益平衡分析技术应满足下列假设条件：

（1）只生产一种产品。

（2）生产出来的产品均可销售出去。

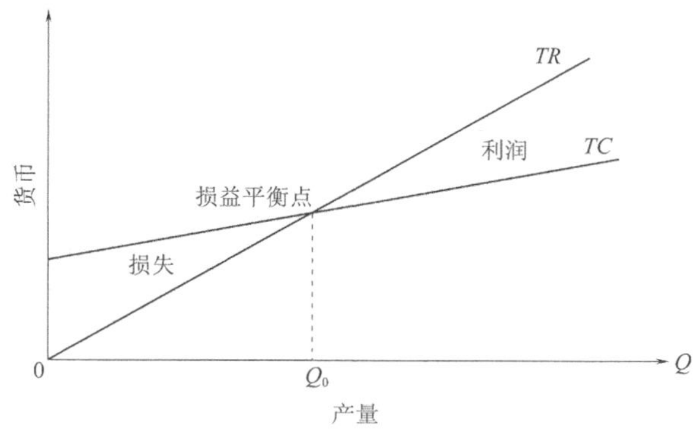

图 4－8 损益平衡点

(3)单位产品变动成本不随产量变化。

(4)固定成本与产量多寡无关。

(5)单位产品销售收入不变(即无销量折扣)。

【例 4－2】 损益平衡分析

某蛋糕店只生产一种产品,此时正考虑是否开设第二家分店。总经理估计每月的固定成本为 30 000元,而每块蛋糕的人工费用和材料成本为 6 元,每块蛋糕售价16 元,问:

(1)每月必须卖出多少块蛋糕才能达到损益平衡?

(2)若每月销售10 000块蛋糕,月利润为多少?

(3)若想每月获利120 000元,必须卖出多少块蛋糕才能实现?

解:

已知 $FC = 30\,000$元,$V = 6$ 元,$R = 16$ 元。

(1)
$$Q_0 = \frac{FC}{R-V} = \frac{30\,000}{16-6} = 3\,000(\text{块/月})$$

(2)
$$\begin{aligned} P &= TR - TC = (R \times Q) - (FC + V \times Q) \\ &= 16(10\,000) - (30\,000 + 6 \times 10\,000) \\ &= 70\,000(\text{元}) \end{aligned}$$

(3)
$$Q_S = \frac{SP + FC}{R-V} = \frac{120\,000 + 30\,000}{16-6} = 15\,000(\text{块/月})$$

【例 4－3】 损益平衡分析的 Excel 解法

某服装厂生产一种服装,每月固定成本为 95 000 元,每件服装的人工费和材料成本为 175 元,服装售价 225 元,问:

(1) 每月必须卖出多少件服装才能达到损益平衡?

(2) 若每月销售 3 000 件服装,月利润为多少?

(3) 若想每月获利 100 000 元,必须卖出多少件服装才能实现?

解：

（1）首先，在 Excel 文件的 A1:B6 区域建立数据清单，在 B2:B4 区域中输入已知数据，在 B6 单元格中输入公式“=(B4－B3)*B5－B2”（此月利润的公式），B5 单元格不输入，如图 4－9 所示。选中数据清单区域，将其复制并粘贴到工作表的其他位置，用于后面的计算。完成后的数据清单如图 4－10 所示。

B6　fx　=(B4-B3)*B5-B2

	A	B	C	D
1	原始数据			
2	固定成本	95 000		
3	人工材料成本	175		
4	售价	225		
5	销量			
6	利润	-95 000		

图 4－9　输入已知数据和公式

	A	B	C	D
1	原始数据		损益平衡	
2	固定成本	95 000	固定成本	95 000
3	人工材料成本	175	人工材料成本	175
4	售价	225	售价	225
5	销量		销量	
6	利润	-95 000	利润	-95 000
7	月销售3 000件		月获利100 000元	
8	固定成本	95 000	固定成本	95 000
9	人工材料成本	175	人工材料成本	175
10	售价	225	售价	225
11	销量		销量	
12	利润	-95 000	利润	-95 000

图 4－10　完成后的数据清单

（2）对于 Excel2003 及其以前的版本来说，在 Excel 中选择“工具”菜单中的“单变量求解”选项，打开“单变量求解”对话框。而对 Excel2003 以后的版本来说，需要在 Excel 菜单栏中选择“数据”菜单中的“假设分析”选项，打开“单变量求解”对话框。在目标单元格选项中选择 D6 单元格，目标值输入 0，可变单元格选项选择 D5 单元格，单击“确定”按钮，如图 4－11所示。Excel 自动将计算结果填入 D5 单元格中，并弹出“单变量求解状态”对话框，提示求得一个解，即利润等于 0 时的销量为 1 900 件，如图 4－12 所示。

	A	B	C	D
1	原始数据		损益平衡	
2	固定成本	95 000	固定成本	95 000
3	人工材料成本	175	人工材料成本	175
4	售价	225	售价	225
5	销量		销量	
6	利润	-95 000	利润	-95 000
7	月销售3 000件		月获利100 000元	
8	固定成本	95 000	固定成本	95 000
9	人工材料成本	175	人工材料成本	175
10	售价	225	售价	225
11	销量		销量	
12	利润	-95 000	利润	-95 000

图 4－11　单变量求解

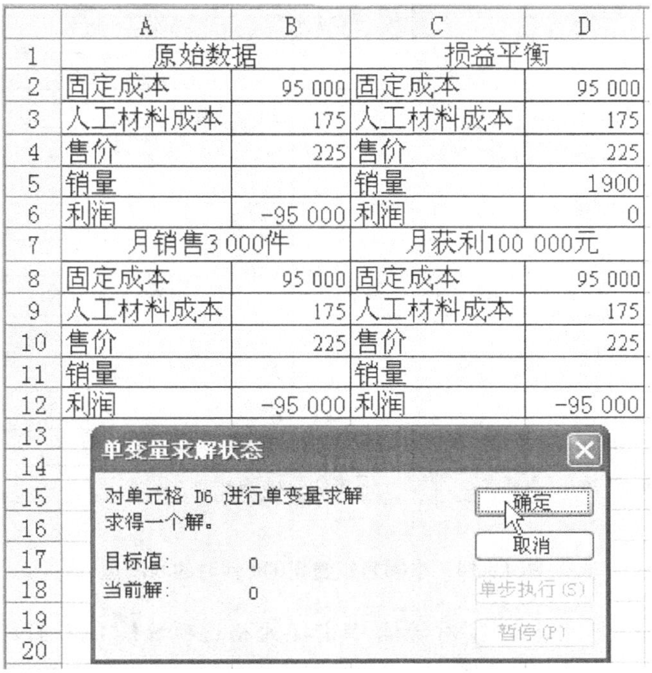

	A	B	C	D
1	原始数据		损益平衡	
2	固定成本	95 000	固定成本	95 000
3	人工材料成本	175	人工材料成本	175
4	售价	225	售价	225
5	销量		销量	1900
6	利润	-95 000	利润	0
7	月销售3 000件		月获利100 000元	
8	固定成本	95 000	固定成本	95 000
9	人工材料成本	175	人工材料成本	175
10	售价	225	售价	225
11	销量		销量	
12	利润	-95 000	利润	-95 000

图 4－12　单变量求解状态

(3)在 B11 单元格中输入 3 000(见图 4－13)并回车,即可在 B12 单元格中得到月销售 3 000 件服装所获得的利润值 55 000(见图 4－14)。

B11 fx 3 000

	A	B	C	D
1	原始数据		损益平衡	
2	固定成本	95 000	固定成本	95 000
3	人工材料成本	175	人工材料成本	175
4	售价	225	售价	225
5	销量		销量	1900
6	利润	−95 000	利润	0
7	月销售3 000件		月获利100 000元	
8	固定成本	95 000	固定成本	95 000
9	人工材料成本	175	人工材料成本	175
10	售价	225	售价	225
11	销量	3 000	销量	
12	利润	−95 000	利润	−95 000

图 4－13 在 B11 单元格中输入 3 000

B12 fx =(B10-B9)*B11-B8

	A	B	C	D
1	原始数据		损益平衡	
2	固定成本	95 000	固定成本	95 000
3	人工材料成本	175	人工材料成本	175
4	售价	225	售价	225
5	销量		销量	1900
6	利润	−95 000	利润	0
7	月销售3 000件		月获利100 000元	
8	固定成本	95 000	固定成本	95 000
9	人工材料成本	175	人工材料成本	175
10	售价	225	售价	225
11	销量	3 000	销量	
12	利润	55 000	利润	−95 000

图 4－14 求得月销售 3 000 件时的利润值

(4)打开“单变量求解”对话框,目标单元格选项选择 D12,目标值输入 100 000,可变单元格选项 D11(见图 4－15),单击“确定”按钮,即可在 D11 单元格中得到月获利 100 000 元时的服装销量 3 900 件(见图 4－16)。

	A	B	C	D
1	原始数据		损益平衡	
2	固定成本	95 000	固定成本	95 000
3	人工材料成本	175	人工材料成本	175
4	售价	225	售价	225
5	销量		销量	1900
6	利润	-95 000	利润	0
7	月销售3 000件		月获利100 000元	
8	固定成本	95 000	固定成本	95 000
9	人工材料成本	175	人工材料成本	175
10	售价	225	售价	225
11	销量	3 000	销量	
12	利润	55 000	利润	-95 000

图 4-15 单变量求解

	A	B	C	D
1	原始数据		损益平衡	
2	固定成本	95 000	固定成本	95 000
3	人工材料成本	175	人工材料成本	175
4	售价	225	售价	225
5	销量		销量	1 900
6	利润	-95 000	利润	0
7	月销售3 000件		月获利100 000元	
8	固定成本	95 000	固定成本	95 000
9	人工材料成本	175	人工材料成本	175
10	售价	225	售价	225
11	销量	3 000	销量	3 900
12	利润	55 000	利润	100 000

图 4-16 求得月获利 100 000 元时的服装销量

二、财务分析法

财务分析法是在决策者对未来的现金流量相当肯定时所使用的生产能力计划分析工具,其主导思想是在可供选择的数个方案中(例如不同生产能力的工厂)确定收益最大的方案。常用的财务分析法有投资回收期法和现值法。

(一)投资回收期法

投资回收期法(Payback)注重分析原始投资的回收时间,还本时间最短的投资方案为最佳方案。投资回收期法忽略了货币的时间价值,所以它更适用于短期而不是长期工程,并且该方法未考虑还本后的现金流量,因此确切说来其并非是正确的评估方法。然而由于它简单易懂,因此在实践中得到广泛使用。下面我们通过例题加以说明。

【例 4－4】 投资回收期法

某公司欲投资 400 000 元生产某产品,其投资可建 3 种不同生产能力的工厂,3 个投资方案每年流入的现金流量如表 4－4 所示,试用投资回收法确定最佳方案。

表 4－4　3 个投资方案每年流入的现金流量

年	A 方案(元)	B 方案(元)	C 方案(元)
1	100 000	200 000	10 000
2	100 000	200 000	50 000
3	100 000	20 000	100 000
4	100 000	10 000	200 000
5	100 000	1 000	400 000
6	100 000	0	800 000

解:

将各方案的现金流量累加,得到表 4－5 中的计算结果。

表 4－5　3 个投资方案的投资回收期

年	A 方案(元)	B 方案(元)	C 方案(元)
1	100 000	200 000	10 000
2	200 000	400 000 *	60 000
3	300 000	420 000	160 000
4	400 000 *		360 000
5			760 000 *

注:* 号表示原始投资在该年已收回。

从表 4－5 中可看出,A 方案的回收期为 4 年,B 方案为 2 年,而 C 方案则在 4～5 年之间。依投资回收期法的原则应选择 B 方案,因为其回收期最短。

(二)现值法

现值法(Present Worth)是将拟建方案全寿命期内逐年的预期现金流入量、流出量、残值和期初投资均折算成现值,若现金流入量与现金流出量的差值(即净现值)为负,则应拒绝该方案;否则,选择净现值最大的方案。

现值法建立在"货币的时间价值"概念之上。货币具有时间价值,即使两笔金额相等的资金,如果发生在不同时期,其实际价值量也不相等,所以一定金额的资金必须注明其发生的时间才能确切表达其准确的价值。例如,今天的 1 元钱经过 1 年以后,其价值成为 1.1 元(假设年利率为 10%),即表明货币的价值随时间而变化。因此经过 1 年后货币未来的价值(F_1)与现在的价值(P)之间的关系由下式表示:

$$F_1 = P + P \times i = P(1 + i)$$

式中:F_1——1 年后货币的价值;

P——现值,即货币现在的价值;

i——年利率。

到第二年末,其价值变为:

$$F_2=P(1+i)+P(1+i)i=P(1+i)+P(i+i^2)=P(1+2i+i^2)=P(1+i)^2$$

由此可推至第 n 年之后的价值为:

$$F_n=P(1+i)^n \tag{4-6}$$

若将第 n 年后的价值 F_n 折算到现在的价值 P,则为:

$$P=\frac{F_n}{(1+i)^n} \tag{4-7}$$

【例 4-5】　现值法

某造纸厂欲投资购买新设备以扩大生产能力。现有 A、B 两种方案可供选择,A 方案所需期初投资为 200 000 元,B 方案的期初投资为 100 000 元。两种方案的预期现金流量(每年的利润)如表 4-6 所示。假设该厂的资金成本为 10%,若用现值法进行评估,应选择哪种方案?

表 4-6　A、B 两种方案的现金流量

年	A 方案现金流量(元)	B 方案现金流量(元)	年	A 方案现金流量(元)	B 方案现金流量(元)
1	100 000	200 000	3	300 000	80 000
2	200 000	100 000	4	30 000	10 000

解:

(1)由式(4-7)将两方案每年的现金流量转换为现值,如表 4-7 所示。

表 4-7　A、B 两种方案的现值

年	A 方案现值(元)	B 方案现值(元)
1	$90\ 909=\frac{100\ 000}{(1+0.1)^1}$	$181\ 818=\frac{200\ 000}{(1+0.1)^1}$
2	$165\ 289=\frac{200\ 000}{(1+0.1)^2}$	$82\ 645=\frac{100\ 000}{(1+0.1)^2}$
3	$225\ 394=\frac{300\ 000}{(1+0.1)^3}$	$60\ 105=\frac{80\ 000}{(1+0.1)^3}$
4	$20\ 490=\frac{30\ 000}{(1+0.1)^4}$	$6\ 830=\frac{10\ 000}{(1+0.1)^4}$
合计	502 082	331 398

（2）计算净现值（现值减期初投资额）：

A 方案净现值：502 082 − 200 000 = 302 082（元）

B 方案净现值：331 398 − 100 000 = 231 398（元）

A 方案净现值较 B 方案高 70 684 元（= 302 082 − 231 398），故选择 A 方案。

【例 4 − 6】 现值法的 Excel 解法

某酒店欲投资新建一家分店，现有 A、B 两种方案供选择。A 方案期初投资为 800 万元，B 方案期初投资为1 200万元。两种方案的预期净利润如表 4 − 8 所示。假设该酒店的资金成本为 6%，试用现值法进行评估，应该选哪种方案？

表 4 − 8 A、B 两种方案的预期净利润

年份	A 方案净利润	B 方案净利润
1	1 900 000	1 800 000
2	2 300 000	2 600 000
3	3 100 000	3 700 000
4	3 900 000	5 000 000
5	5 200 000	7 200 000

解：

（1）建立如表 4 − 8 所示的数据清单。

（2）计算 A 方案每年现金流量的现值。在 B7 单元格中输入函数“= NPV（6%，B2：B6）”，得到 A 方案的现值。

（3）计算 B 方案每年现金流量的现值。在 C7 单元格中输入函数“= NPV（6%，C2：C6）”，得到 B 方案的现值。

（4）A 方案的净现值为13 417 172 − 8 000 000 = 5 417 172元，B 方案的净现值为16 459 422 − 12 000 000 = 4 459 422元，A 方案的净现值要高于 B 方案的净现值，因此选择 A 方案。

本例中使用的 NPV 函数是由一组定期现金流量和固定贴现率计算投资净现值的函数，其格式为：

NPV（Rate，Value1，Value2，…）

Rate 参数为各期的贴现率（本例指现金流量折算成当前值的比率）；Value1，Value2，…参数为各期现金流入流出的数值，最多可达 29 个。需要注意的是，NPV 函数必须按现金收支发生在期末计算，而且数值输入的顺序应反映现金流动的顺序，故必须按照实际的收支顺序输入数据。

（三）内含报酬率法

内含报酬率（Internal Rate of Return，IRR）是指用它来对投资的现金流量进行贴现，使现金流入量的总现值与现金流出量的总现值相等，从而使净现值等于零的报酬率。其计算式如下：

$$\sum_{t=1}^{n} \frac{NCF_t}{(1+r)^t} - NCF_0 = 0 \qquad (4-8)$$

式中：NCF_t——第 t 年的现金净流量；

r——内含报酬率；

n——项目使用年限；

NCF_0——初始投资额。

在独立备选方案的采纳与否的决策中，如果计算出的内含报酬率大于资本成本则应采纳，否则拒绝。在多个方案的互斥选择中，应选择剩余收益（投资额乘以内含报酬率与资本成本之差）最大的方案。

内含报酬率的计算，通常采用"逐步测试法"。首先估计一个贴现率，计算其净现值，如果净现值为正，则提高贴现率再测试；如果净现值为负，则降低贴现率再测试；经过反复测试，直到找到两个净现值接近于零的贴现率，再用插值法计算精确的内含报酬率。

【例 4－7】　内含报酬率法

某公司欲购买一台机器设备扩大生产能力，初始投资为 15 000 元，该方案预期的现金流量如表 4－9 所示。假设资本成本为 10%，采用内含报酬率法进行评估，问该方案是否可行？

表 4－9　投资方案的预期现金流量

年份	1	2	3	4	5
现金流量	3 800	3 560	3 320	3 080	7 840

解：

本方案每年的现金流不相等，需逐次进行测算，测算过程见表 4－10。

表 4－10　内含报酬率测算表

年份	NCF_t	$R=10\%$ 时的现值	$R=12\%$ 时的现值	$R=14\%$ 时的现值
1	3 800	$\frac{3\,800}{(1+0.1)^1}=3\,454$	$\frac{3\,800}{(1+0.12)^1}=3\,393$	$\frac{3\,800}{(1+0.14)^1}=3\,333$
2	3 560	$\frac{3\,560}{(1+0.1)^2}=2\,942$	$\frac{3\,560}{(1+0.12)^2}=2\,838$	$\frac{3\,560}{(1+0.14)^2}=2\,739$
3	3 320	$\frac{3\,320}{(1+0.1)^3}=2\,494$	$\frac{3\,320}{(1+0.12)^3}=2\,363$	$\frac{3\,320}{(1+0.14)^3}=2\,241$
4	3 080	$\frac{3\,080}{(1+0.1)^4}=2\,104$	$\frac{3\,080}{(1+0.12)^4}=1\,957$	$\frac{3\,080}{(1+0.14)^4}=1\,824$
5	7 840	$\frac{7\,840}{(1+0.1)^5}=4\,868$	$\frac{7\,840}{(1+0.12)^5}=4\,449$	$\frac{7\,840}{(1+0.14)^5}=4\,072$
合计		15 862	14 500	14 213

$R=12\%$ 时的净现值 15 000 − 14 500 = 500 > 0，$R=14\%$ 时的净现值14 213 − 14 500 = −287 < 0，故该项目的内含报酬率在 12% ～14%之间，有：

贴现率	净现值
12%	3
r	0
14%	−792

根据插值法计算公式

$$\frac{r-12\%}{14\%-12\%}=\frac{500-0}{500+287}$$

$$r=\left(\frac{500}{500+287}\right)2\%+12\%$$

解得 $r=0.13\ 270\ 648\approx13.3\%$，即本项目的内含报酬率为 12.01%，大于资本成本 10%，因此本项目可行。

第五节　设备、劳动力数量的确定与学习曲线

在生产能力计划中，确定大型投资方案之后，还须确定机器设备数量和劳动力数量。在决定劳动力数量时，由于组织内部的人为因素会影响有效能力，因此还应将学习效应考虑进去。

一、设备与劳动力数量的确定

（一）设备数量的确定

如果某工厂已知其产品的日需求量为 R 单位，每生产一个单位需要 P 分钟，每日工作时间为 H 小时，工作效率为 e（休息时间或做其他事情为 $1-e$），则该厂所需设备数量 N 可由下式求得：

$$N=\frac{PR}{60(H)(e)} \tag{4-9}$$

式中：N——设备数量；

R——需要生产的产品数量；

P——生产单位产品所需时间（分钟）；

H——日工作时间（小时），60(H)将日工作时间换算为分钟；

e——工作效率。

【例 4－8】　设备数量的确定

某工厂某产品的日需求量为 5 000 单位，每生产一个单位的产品需要 0.1 分钟，每

日工作时间为 8 小时，工作效率为 85%，求生产该产品所需的设备数量。

解：

已知 $R=5\,000$（单位/天），$P=0.1$（分钟/单位），$H=8$（小时/天），$e=0.85$，则所需设备数为：

$$N=\frac{(1/6)(5\,000)}{60(8)(0.85)}=2.04\approx 2$$

故两台机器即可满足生产需求。

（二）劳动力数量的确定

如果一件事情有两项工作，工作 A 需要 P_1 小时，工作 B 需要 P_2 小时，每人每周工作 T 小时，工作效率为 e；且 1 周中工作 A 需要完成 R_1 件，工作 B 需要完成 R_2 件，则所需人数可用下式计算：

$$N=\frac{P_1R_1+P_2R_2}{(T)(e)} \tag{4-10}$$

式中：N——劳动力数量；

P_i——第 i 项工作单位产品生产时间；

R_i——第 i 项工作所需完成数量；

T——工作时间；

e——工作效率。

【例 4-9】 劳动力数量的确定

如果一件事情有两项工作，工作 A 需要 4 小时，工作 B 需要 1.5 小时，每人每周工作 40 小时但其中有 20% 的时间是在休息或做其他事情，即工作效率 e 为 0.8（$=1-0.2$）；1 周中工作 A 有 40 件，工作 B 有 60 件，求完成 A、B 两项工作所需要的人数。

解：

已知 $P_1=4$（小时/件），$P_2=1.4$（小时/件），$R_1=40$（件），$R_2=60$（件），$T=40$（小时/周），$e=0.8$，则完成 A、B 两项工作所需要的人数为：

$$N=\frac{4(40)+1.5(60)}{40(0.8)}=7.812\,5\approx 8$$

故约需 8 人即可在 1 周内完成 A、B 两项工作。

式(4-10)由式(4-9)演变而来，两式所代表的意义相同。若将式(4-10)推广到有 k 项工作，则可得计算劳动力的一般式为：

$$N=\frac{\sum_{i=1}^{k}P_iR_i}{(T)(e)} \tag{4-11}$$

二、学习曲线

在论及影响生产能力的诸因素时，曾谈到“人为因素”会影响有效生产能力。人为因素主要是指人的技巧熟练程度。如果一个人重复做相同的工作或相类似的工作，一段时间以后，他会因逐渐熟练而提高工作效率。这一现象最早为美国人赖特（T. P. Wright）发现。他指出，在飞机机身制造厂中，单位直接人工成本（Direct Labor

Cost)会因生产数量的增加而降低。这种现象称为学习效应(Learning Effect),而描述学习效应的曲线[见图 4 - 17(a)]被称为学习曲线或经验曲线(Learning Curve or Experience Curve)。学习曲线是个人或组织熟能生巧的体现。一个人或组织随着重复操作次数的增加,其累积性经验会越来越多,熟练程度也会越来越高,学习曲线给这种现象提供了一个定量化的分析思路。重复操作的过程被 Wright 界定为学习过程,学习带来的成本下降主要体现在以下几个方面:①随着熟练程度提高,人员操作速度将加快;②操作经验的累积将会降低人员操作的失误率;③重复操作过程中,操作人员会发现更好的流程、工具和方法。

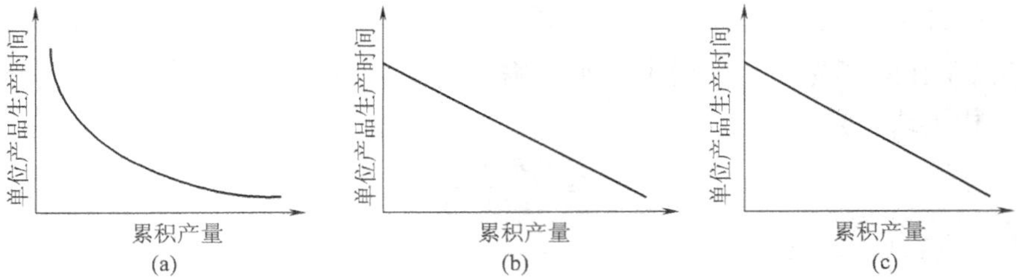

图 4 - 17　学习曲线(或经验曲线)

赖特在研究中指出,累积产量每翻一番,单位产品生产时间会出现一定比例的减少。若以对数来表示,则可得图 4 - 17(b)的直线;若将单位产品生产时间换算成单位产品生产成本,则可得图 4 - 17(c)所示单位产品生产成本与累积产量之间的关系。

我们通常所称"80% 的学习曲线"是指累积产量每翻一番,单位产品所需生产时间减少 20%。如果某工厂生产第 1 件产品需用 10 小时,而该产品的学习率为 80%,则生产第 2 件、第 4 件、第 8 件、第 16 件产品分别所需时间如表 4 - 11 所示。

表 4 - 11　累积产量与单位产品生产时间

累积产量(件)	单位产品生产时间(小时)
1	10
2	8 = 0.8(10)
4	6.4 = 0.8(8)
8	5.12 = 0.8(6.4)
16	4.096 = 0.8(5.12)

根据学习曲线的定义,设学习率为 c,生产第 1 件产品所用时间为 a,生产第 x 件产品的生产时间为 t_x,则有:

$$t_1 = a$$
$$t_2 = a(c)$$
$$t_4 = a(c^2)$$
$$t_8 = a(c^3)$$
$$\vdots$$

$$t_{(2n)}=a(c^n)$$

令 $c^n=(2^n)^b$，则有

$$t_{(2n)}=a\ (2^n)^b$$

对 $c^n=(2^n)^b$ 两边取对数，则有

$$c^n=(2^n)^b$$

$$n\ln c=nb\ln 2$$

$$b=\frac{\ln c}{\ln 2}$$

令 $x=2^n$，因此得计算第 x 件产品所需生产时间的一般公式为：

$$t_x=ax^b \tag{4-12}$$

式中：t_x——第 x 件产品的生产时间；

a——第 1 件产品的生产时间；

$b=\ln c/\ln 2$（c 为学习率）。

【例 4-10】　利用学习曲线确定劳动力数量

某公司新产品的学习率为 90%，该产品未来 3 年的需求量分别为 50、75、100 单位；第 1 件产品的生产时间为3 500小时。如果工人每人每月可工作 160 小时，问：为了满足未来 3 年的市场需求，该公司 3 年各需要多少工人？

解：

（1）计算累计生产时间，由学习率为 90% 得：

$$b=\frac{\ln c}{\ln 2}=\frac{\ln 0.9}{\ln 2}=\frac{-0.105\ 4}{0.693\ 1}=-0.152$$

当真数 B 小于 1 或大于 10 时，先变 $B=N\times10^n(1\leqslant N<10)$，然后 $\ln B=\ln N+\ln 10^n$，故有 $0.9=9\times10^{-1}$，所以 $\ln 0.9=\ln 9+\ln 10^{-1}=\ln 9-\ln 10=2.197\ 2-2.302\ 6=-0.105\ 4$。

因此，第 x 单位的生产时间为：

$$t_x=3\ 500x^{-0.152}$$

本题需要计算到累积产量 225（=50+75+100）单位的生产时间，计算结果如表 4-12 所示。

表 4-12　累积产量 225 时的单位生产时间

累积产量（单位）	单位生产时间（小时）	累积生产时间（小时）
1	3 500	3 500
2	3 150	6 650
⋮	⋮	⋮
25	2 146	61 997
⋮	⋮	⋮
50	1 931	112 498
⋮	⋮	⋮
125	1 680	246 163
⋮	⋮	⋮
225	1 537	406 117

(2)计算各年所需劳动力数量:

第一年生产 50 单位,共需生产时间 112 498 小时,

工人每人每年工作时间为 1 920(=160 ×12)小时,

所以,第一年需要的劳动力数量为:

$$\frac{112\ 498}{1\ 920}=58.59\approx59(\text{人})$$

同理,第二年需要的劳动力数量为:

$$\frac{246\ 163-112\ 498}{1\ 920}=69.62\approx70(\text{人})$$

第三年需要的劳动力数量为:

$$\frac{406\ 117-246\ 163}{1\ 920}=83.3\approx84(\text{人})$$

在实践中,经常会遇到学习率未知的情况,此时可用简单的比率法或回归分析来估计学习率。

如果将式(4-12)中的根据 x^b 特定学习率(如学习率为70%、75%、80%、85%、90%)事先计算出来且令 $C=x^b$,即可获得学习曲线常数表(见附录3,C 这时为常数)。这时,计算第 x 件产品所需生产时间的一般公式为:

$$t_x=aC \tag{4-13}$$

式中:t_x——第 x 件产品的生产时间;

a——第1件产品的生产时间;

C——学习曲线常数。

【例4-11】 利用学习曲线常数计算单位产品生产时间、人工成本和劳动力数量

某造船厂在生产第1艘某种型号的拖轮时耗费了125 000工时(人工-小时),已知生产该类拖轮的学习率为85%,单位生产工时的费用为40元,生产第4艘该型号拖轮的人工成本是多少?如果该厂每个工作日的实际工作时间为7.2小时(上班时间减去休息时间),4艘拖轮在1年(300个工作日)之内全部完工需多少工人?

解:

(1)由附录3的学习曲线常数表查得学习率为85%时生产第4件产品的学习曲线常数为0.723。

(2)根据式(4-13)计算第4艘拖轮的生产时间如下:

$$t_x=aC=125\ 000\times0.723=90\ 375(\text{小时})$$

(3)根据单位生产工时的费用计算生产第4艘拖轮的人工成本为:

$$40\times90\ 375=3\ 615\ 000(\text{元})$$

(4)由附录3的学习曲线常数表查得学习率为85%时累计生产4件产品的学习曲线常数为3.345,由式(4-13)计算4艘拖轮的总生产时间如下:

$$t_{1-4}=\text{Ac}=125\ 000\times3.345=418\ 125(\text{小时})$$

工人每人每年工作时间为2 160(=7.2 ×300)小时,4艘拖轮在1年之内全部完工需要的工人数量为:

$$\frac{418\ 125}{2\ 160}=193.6\approx194(\text{人})$$

【例 4－12】　学习率的估算

某公司生产经理欲知其新产品的学习率，现已收集的数据如表 4－13 所示，试估计新产品的学习率。

表 4－13　已收集的数据

生产数量（件）	完成时间（分钟）	生产数量（件）	完成时间（分钟）
1	15.9	4	9.1
2	12.0	5	8.4
3	10.1	6	7.5

解：

根据学习曲线的定义，生产数量每增加一倍，单位产品的生产时间下降一定比例，因此有：

$$\frac{\text{第 2 件生产时间}}{\text{第 1 件生产时间}}=\frac{12.0}{15.9}=0.755$$

$$\frac{\text{第 4 件生产时间}}{\text{第 2 件生产时间}}=\frac{9.1}{12.0}=0.758$$

$$\frac{\text{第 6 件生产时间}}{\text{第 3 件生产时间}}=\frac{7.5}{10.1}=0.743$$

由以上计算得知其比率相当稳定，因此估计其学习率为 75%。

若想精确估计学习率（即学习曲线的斜率），可以利用回归分析求得，其步骤如下：

第一步，将 $t_x=ax^b$ 取对数得 $\log t_x=\log a+b\log x$。

第二步，令 $Y=\log t_x$，$A=\log a$，$B=b$，$X=\log x$。

第三步，将实际数据代入第二步中各式转换成对数。

第四步，运用回归分析估计趋势线 $Y = A+BX$。

第五步，求得回归直线的一次项系数 B 后，利用 $B=b=\ln c/\ln 2$ 即可求得学习率领 c。

三、学习曲线的应用领域及注意事项

学习曲线可应用于：①劳动力计划与生产计划；②议价采购；③新产品定价（避免过高或过低）；④财务预算及存货计划（估算劳动成本，仓库面积）。

应用学习率的注意事项：

一是不同组织和不同工作会有差异，因此学习率应由各企业自己实证求得，而不能直接应用理论推导。

二是由于计算均以第一件产品的生产时间为基准，因此尽量使第一件产品的生产时间准确，而且注意随时修正。

三是单位产品生产时间的减少有可能是间接人工成本的增加（如管理成本）所致。

四是学习效应在大量生产出现之前比较显著，当产量达到一定规模且稳定下来之后,单位产品生产时间的减少就会不太明显(见图4－18)。

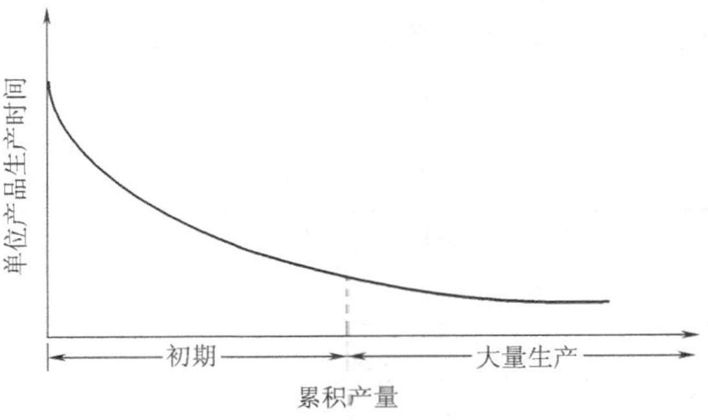

图4－18 学习效应的变化

五是确定学习率时要注意以前生产过的产品留下的学习效应,这时往往在开始时所需时间较短,以后减少得很慢,以为学习率发生了变化,其实学习率可能是相同的。

六是管理工作的好坏会影响学习率,如奖励制度、新生产方法或过程、产品重新设计、产品标准化、相关工作经验的继承等。

本章小结

生产能力既可以用产出来衡量,也可以用投入来衡量。许多因素都会对企业的有效能力产生影响,所以运营管理人员应随时注意有效能力的变化,并致力于有效能力的提高。生产能力计划决策是运营管理人员的基本决策之一,决策时需同时考虑长期因素和短期因素,并注意能力扩充的时机和数量。损益平衡分析法和财务分析法是常用的计划方案评估技术。在生产能力计划工作中,还应确定设备数量和劳动力数量。在确定劳动力数量时,要注意学习效应。

习题

1. 何谓生产能力?生产能力如何衡量?
2. 为什么说生产能力计划对企业的生存与发展都很重要?
3. 设计生产能力与有效生产能力有何不同?
4. 举出能显示下列季节性需求形态的实例(每种两个)并说明原因:
   A. 每年　B. 每月　C. 每周　D. 每日
5. 影响有效生产能力的主要因素有哪些?
6. 简述拟定生产能力计划的原则与策略。

7. 何谓学习曲线？它有何用途？应用中应注意哪些问题？

8. 生产能力是指一个设施的(　　)。

A. 产出效率　　B. 最大产出率　　C. 产出质量　　D. 原料投入率

9. 对于(　　)生产，生产能力是一个准确而清晰的概念。

A. 流程式　　B. 连续式　　C. 装配式　　D. 间断式

10. * 企业生产能力选择策略有(　　)。

A. 库存调节策略　　B. 改变劳动力数量和改变工作时间

C. 外包策略　　D. 使用临时员工　　E. 改变“自制或外购”决策

11. 生产能力是一个作业单元的生产设施，在一定技术组织条件下，单位时间内满负荷作业能生产产品或服务的最大数量，即一个设施的最大产出率。(　　)

12. 管理者通过以下步骤来确定产能：第一步：通过将预计需求与实际生产能力对比，找出产能缺口。第二步：估计未来生产能力需求。第三步：制定策略方案。(　　)

13. 某食品公司最近开了一家面包点，并考虑再开设一家分店。公司估计每星期的固定成本为3 000元，在那个地区制造面包的人工费用和材料成本为每个面包 0.6 元，每个面包的售价 1.6 元。问：

(1)每星期要卖出多少面包才能达到收入与支出平衡？

(2)若一个星期卖出8 000个面包，利润或损失为多少？

(3)若想每月获利10 000元，必须卖出多少个面包才能实现？

14. 某报社有 A、B、C 三项购买新设备的投资方案。A 方案所需期初投资为50 000元，B 方案的期初投资为40 000元，C 方案的期初投资为60 000元。三种方案的预期现金流量(每年的利润)如表 4－14 所示。假设该报社的资金成本为 10%，若用现值法进行评估，应选择哪种方案？

表 4－14　三种方案的预期现金流量

年	A 方案现金流量(元)	B 方案现金流量(元)	C 方案现金流量(元)
1	10 000	20 000	1 000
2	10 000	20 000	5 000
3	10 000	2 000	10 000
4	10 000	1 000	20 000
5	10 000	100	40 000
6	10 000	0	80 000

15. 某企业运营经理想估计某项工作的学习率，现已收集的数据如表 4－15 所示，试估计该项工作的学习率。

表 4－15　已收集的数据

完成次数	完成时间(分钟)
1	46
2	39
3	35
4	33
5	32
6	30

第五章

设施选址

★ 学习要点与要求 ★

不论是生产型企业还是服务型企业,也不论是新建企业还是现在已经存在的企业,都会面临设施选址的问题。本章主要介绍正规企业设施选址的原则、程序和方法。读完本章以后,你应能:

1. 了解设施选址的本质。
2. 掌握设施选址需要考虑的因素。
3. 说明设施选址的一般过程。
4. 解决设施选址的典型问题。

第一节　设施选址概述

一、设施选址的本质

设施选址(Facility Location)是各行各业都会面临的重要决策之一,恰当的设施选址则可以帮助企业拓展市场,也有助于降低成本。不论是从市场还是从成本方面来决定设施地点,其结果均会对组织的有效运营产生极大的影响。无论是新建企业还是已存在的企业都存在设施选址问题,这类问题的决策对企业运营能否最终成功至关重要。不同企业,其选址要求不同:对于生产型企业来说,选址决策主要是为了追求生产成本最小化;对于诸如商店、餐馆、旅店等服务型企业而言,坐落地点对它们的收入影响极大,而收入最大化是这类企业追求的主要目标;对于仓储和物流配送企业来说,运输成本和运输速度是它们首要考虑的运营问题。

设施选址对不同的组织而言可能发生的次数并不相同,但是对任何组织都是一项非常重要的决策。因此,正确的设施选址决策可增强企业的竞争优势。例如,对百货商场、超级市场、餐馆、旅店等而言，正确地选择地点往往会带来可观的经济效益，而错误的设施选址则可能带给企业无法弥补的损失。此外，设施选址还会对企业的运营成本（包括固定成本和变动成本）与利润产生重大影响。设施选址决策不佳可能使运输成本上升、合格劳动力短缺、物料供应困难而最终导致竞争力下降。

从战略管理的视角来看，设施选址决策是企业物流系统的一部分。企业物流系统是指从产品生产到将产品送达顾客的整个过程中所有物质流程和信息流程的管理系统，其主要目的是以最低的成本提供优质的服务水平。典型的物流系统包括物料的采购、运输、储存、保管以及制成品的存货、运输和订单处理等活动，因此又可称为运营-配送系统。图 5-1 描述了典型的物流系统。

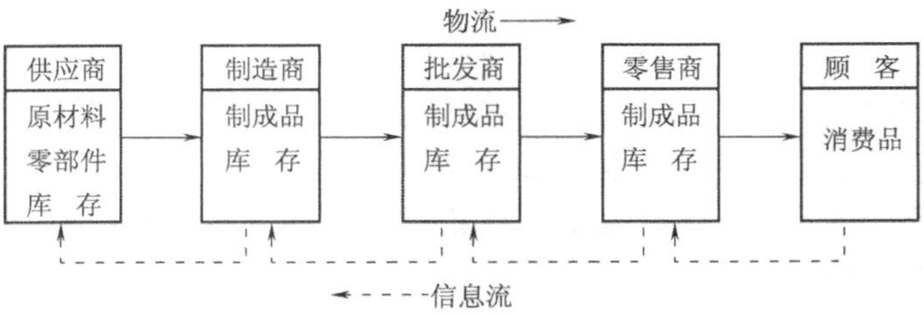

图 5-1 典型的物流系统

二、设施选址决策的目标

使设施选址决策成为运营系统决策的重要部分的基本理由有两个：①设施选址决策影响深远，一旦决策错误就很难恢复；②设施选址决策会影响到运营成本、收益以及运营作业本身。正确的设施选址有助于企业扩展市场、降低成本（运输成本、劳动力成本、材料成本）和企业扩张。

管理者在考虑企业发展时，有 4 种基本的选择：

（一）扩展现有设施

如果有足够的空间，特别是现在的地点具有其他地点不具备的优点时，原地扩展是很不错的选择。而且，扩展的成本比其他方案低。

（二）增加新设施

保留现有设施，同时增加新设施是许多零售商店所采用的决策。此时，必须考虑到这种决策对于整体系统的影响。例如，在同一购物中心开一家新店只会吸引已经光顾的同一地区的顾客而不会扩大市场，但从另一方面看，却是避免竞争者进入该地区市场的一种防御策略。

（三）迁移至新设施地址

关闭现有设施而迁移至新设施地址将会导致企业的外部环境发生变化，或者说，有可能使企业的产品销售市场、原材料的来源和运营成本等因素发生变化。这时，企业应将搬迁成本和迁至新设施地址的预期收益与留在原地的成本和利润作一比较。一般情况下，企业应慎重考虑这种选择。

（四）维持现状

如果从前面3种选择中无法找出一种更有益的选择，企业至少会在短期内维持现状。

企业选址的基本原则是尽量避免选择在未来可能产生问题的位置。在许多情形下，企业选择的未必是位置最好的地址，因为位置最好的有可能是代价最高的。或者，可以列入考虑的备选地点数目太多，以致无法一一评估。因此，大多数企业并不要求找出最好的唯一地点，而是找出一些可接受的地点，选择其一。

三、设施选址的一般程序

设施选址的方法经常因企业的规模、性质或经营范围而有所不同。新企业或小企业由于缺乏经验或对设施选址问题没有足够的认识而往往采用不太正规的程序。规模大一点的企业，特别是那些已经拥有一家以上的运营部门的企业，通常会选用较正规的程序，而且他们考虑的地理位置的范围总是比较大。

正规的设施选址程序通常包括下列步骤：

第一步，初步规划。初步规划的主要工作是为了制定出评估设施地址优劣的准则。例如，选址目标是增加收入、降低成本、提高服务水平，还是企业整体的发展。

第二步，位置筛选。确定符合企业要求的一些区域或地点作为备选方案。通常要考虑水电的供应、技术工人的来源、原材料的供应等因素。

第三步，资料分析。分析并找出量化或非量化的衡量指标，以供评估备选方案时参考。一般而言，量化指标大多为成本、收入等财务指标，而非量化指标一般是指社区态度、交通状况、土地使用限制、劳动力可用性等。

第四步，评估并决策。利用各种评估技术来确定最适宜的设施地址。

四、设施选址决策问题的分类

根据方便生产与营销、降低成本、提高效率的观点，可将设施选址决策问题分为4类：

（一）单一设施地点问题

所谓单一设施地点问题，是指在运营资源由 $S_1, S_2, S_3, \cdots, S_t$ 等地供应，而将制成品运至 $D_1, D_2, D_3, \cdots, D_n$ 等地销售的情形下，在备选地点 $L_1, L_2, L_3, \cdots, L_m$ 中选择适当的单一设施地点，使年度总成本为最低（包括运输成本和厂房内部的运作成本）或利润为最大，如图5-2(a)所示。

（二）仓库地点问题

仓库地点问题即配合现有资源设施 $S_1, S_2, S_3, \cdots, S_t$，在备选的地点 $L_1, L_2, L_3, \cdots, L_m$ 中，选择适当的单一或多个地点新建资源设施，使现有的和新增的资源设施满足 $D_1, D_2, D_3, \cdots, D_n$ 等地的需要，如图5-2(b)所示。在这类问题中，除了考虑地点的选择外，还需考虑由于新建仓库的加入而造成对现有其他运营设施或仓库的影响；在作经济分析时，通常需要考虑运营的总成本和配送运输成本。

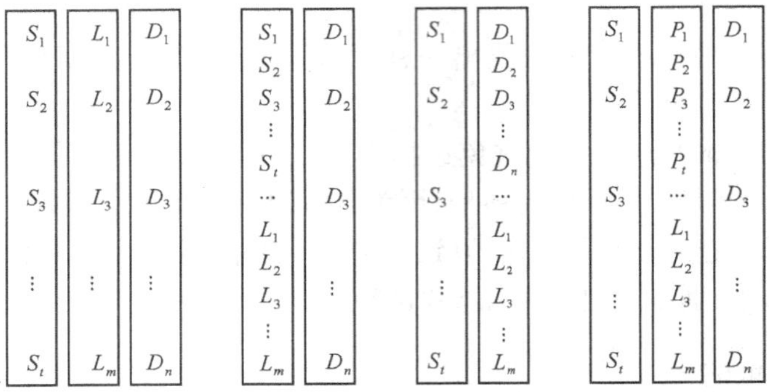

图 5－2　设施选址决策问题示意

（三）服务网点问题

服务网点问题包括零售商店、超级市场、餐馆等竞争性服务网点，以及警察局、消防队、急救站等公众服务地点的选择，即配合现有服务网点 $D_1, D_2, D_3, \cdots, D_n$，在备选的地点 $L_1, L_2, L_3, \cdots, L_m$ 中，选择适当的单一或多个地点新建网点，而现有的和新增的网点均能得到资源设施 $S_1, S_2, S_3, \cdots, S_t$ 的支持，如图 5－2(c)所示。在作分析时，必须考虑到由于新网点的建立所引起的对现有竞争者或服务设施的影响。

（四）多个设施选址问题

多个设施选址问题的分析重点在于配合现有的设施 $P_1, P_2, P_3, \cdots, P_t$，在备选的地点 $L_1, L_2, L_3, \cdots, L_m$ 中，选择适当的单一或多个设施新地址，使现有的和新增的设施在得到资源设施 $S_1, S_2, S_3, \cdots, S_t$ 的供应和为销售地点或服务网点 $D_1, D_2, D_3, \cdots, D_n$ 提供产品或服务的成本最低，如图 5－2(d)所示。

第二节　影响设施选址决策的因素

一般而言，影响设施选址决策的因素很多，但往往是几个因素对设施地点的选择起决定作用。对于制造业来说，具有决定性意义的因素包括能源供应、原材料供应、劳动力来源、运输成本的高低等；而影响非制造业的重要因素总是与市场有关，包括交通便利、竞争者数量、与市场的接近程度等。我们由内而外，根据相关性的高低排序，可以将选址决策影响因素分为 5 类，即成本因素、市场因素、政策因素、地理区域因素以及地区文化因素。政策因素、地理区域因素和地区文化因素存在一定的关联性，因此需要同时考虑，而不是先确定一个再选择另一个。

一、成本因素

(一)采购成本

企业在进行选址的时候,必须要考虑一旦设施建成,能否使企业比较方便地进行原材料或其他物品的采购,也就是说选址方案是否能够使企业获得相对较低的采购成本。对于从事农、林、牧、副、渔行业的企业,其生产运营必须临近其原材料产地,这是出于采购必要性与采购成本的考虑;而对于从事制冷保鲜、奶制品加工、烘焙等行业的企业,在选址决策时需要考虑其原材料容易腐败的特质而靠近原材料产地,以降低采购时的存储成本。最后,对于那些运营过程中原材料体积与重量消耗大的企业,运输成本显得尤为突出,所以应该尽可能靠近原材料产地,如建设火力发电厂应该靠近煤炭基地或港口,钢铁厂则应该靠近容易获取铁矿石的地方。

(二)分销成本

重点要考虑的是分销配送环节的物流成本问题。如果在企业的主要目标市场中有几个主要的买家分布在一定的区域范围内,那么企业就要考虑有没有必要建立和需要在什么地方建立一个区域的配送中心的问题,以控制分销配送成本。建立配送中心就要考虑运输、储存等一系列问题了。企业还可以选择外包仓储配送业务,那就要考察距离买方的路程以及需要运用什么样的运输方式了。

(三)建设成本

有些设施的建设投资要受到所在地点的地理条件的影响,因此企业应该避免在那些地质或地势条件不满足要求的区域选址。显然,在平地上兴建设施比在丘陵或山地更容易施工,造价也低得多。同样,选择在有沉降的地面上建造工厂,由于要增加防范沉降措施会导致成本的增加。土地价格是影响企业建设成本的一项重要因素,不同地区的地价会呈现出很大的差异,如市区与市郊的地价可能相差十几倍甚至几十倍,而往往农村的地价更低。

(四)劳动力成本

不同地区的劳动力工资水平与受教育的程度是不同的,企业一方面要考虑所需劳动力的可获取性,同时还要考虑其获取成本。如果是劳动密集型企业,通常劳动力成本占企业总成本的比重较大,因而企业往往倾向于选择工资水平较低的地区建厂;而对于技术密集型企业,具有一定知识水平的专业工人占员工比例较大,仅靠企业自身对工人的培训,往往不能满足企业的需求,这时需要将厂址选择在大专院校、科研机构附近等科技人员相对集中的地区,而这又会导致企业劳动力成本的增加。

(五)资源成本

资源包括运营要用到的能源、水、电等,资源成本因素的考虑是要看这些生产要素的配备是否充足。例如某些用水量大的酿酒、化工等企业,必须优先考虑该地区水资源供应的可能性与质量。同时要考虑获得这些资源的成本因素,包括是可以立即获得还是需要经过再开采或再加工等。

二、市场因素

(一)是否靠近原料采购市场

有些行业是必须要靠近原材料市场进行建厂和经营的。比如采矿、伐木行业等。企业经常会面对选择靠近原材料市场还是靠近销售市场的两难境地。我们往往会通过对二者的成本比较,进而选择靠近成本较低的一方兴建设施。某些行业还要考虑上游供货商的库存管理模式,例如采用准时化生产模式的企业,会要求上游供货商在库存管理上做到准时化的供货模式,这势必要求两家企业的距离不能太远。

(二)是否靠近目标销售市场

每种产品都有自己的目标市场。消费类产品制造企业应该尽可能地接近产品的目标市场,以便吸引目标顾客的购买,提高销售收入。同时,靠近目标销售市场还有利于及时了解目标客户的需求变化,缩短运输和交货时间,降低运输成本。而对于服务机构而言,与消费者接触程度较高的如超市、百货公司等,应该选择建在目标消费群集中的区域;相反,对于接触程度不高的机构如管理咨询公司,则应该选择具有便利交通的地区和明确功能性的区域。

(三)是否有成熟的商业氛围

很多企业都有"群居"的习惯,其实这也是在长期的市场竞争中发现的一种规律。尽管经营方向与特色具有同质化特征的服务性企业在距离较近的地区经营,其相互间的竞争会达到白热化的程度,但是他们的"群居"行为却也能够为对方带来客流,且如果它们的分布过于分散,则无法形成有利于彼此的聚集效应,同时也不利于企业业务的开展和满足消费者多样化的需求。比如当特定地区的市场容量太小而不能容纳两个或更多的竞争者时,零售业企业会倾向于在一个没有竞争者的地点进行选址。而当市场容量足够大,独立的地点选择难以吸引充足的客流时,各个零售店面需要毗邻而居。如在很多的商业步行街上,既有大型购物中心,又有特色小店,大型购物中心吸引的客源可以成为临近小商铺的潜在顾客。对于大型的生产制造型企业也是一样,很多制造企业都聚居在工业园区和经济技术开发区一类的区域。良性的商业氛围有利于企业招募员工,也能够为企业提供完备的生产、生活配套。

三、政策因素

政策因素包括当地政府对企业所从事的生产经营活动的鼓励或限制的立场,当地政治局面的稳定程度,法制的完备程度,税赋的公平程度等。这些问题在进行选址决策时决不能忽视,否则会带来严重后果。特别是企业在进行海外选址决策时,必须要考虑政治因素,政局稳定是发展经济的前提条件。在一个动荡不安、战乱不断的国家进行选址,往往要冒很大风险。有些国家或地区虽然具备适应建厂的良好自然环境,但其法律体系变化无常,企业权益得不到保障,也不宜设厂。此外,还要了解当地有关环保、税收方面的法律法规,可能对环境造成污染的企业要时刻注意当地的环保规定,而税赋过高的地区会使得企业财务负担过重。总之,企业在进行跨国选址的时候,应该选择那些为了吸引外资而在政策法规上提供优惠的国家或地区。

四、地理区域因素

(一)交通是否便利

企业的进货和出货是否便捷、成本是否低廉和企业所处的地理位置息息相关。靠近港口、铁路和机场势必会大大提高货物的周转速度,同时降低运输成本。

(二)自然环境是否利于生产

自然环境包括地理条件和气候条件。地理条件是一种制约选址的客观因素,企业应避免在那些地质或地势条件不满足要求的区域选址建厂。例如,选址应该尽量排除下列地区:地震多发;易遭洪水且地面积水排放不畅;接近废弃的矿坑;地基不能达到设施承载要求的;空间面积不足,形状不规则,不能满足未来扩建的要求;地势坡度不够平坦,等等。而气候条件如温度、湿度、气压、风向等也与某些产品的制造工艺环境直接相关,例如电子工业企业就要求湿度较低的环境。

五、地区文化因素

地区文化因素包括当地民众对于某种类型的生产经营活动的欢迎或反对态度,语言、风俗等,这些都会对企业的运营产生不同程度的影响。不同地区的工人对于出勤率、销售额等方面的态度可能会有所不同。例如,居住在大城市中心的工人和同一地区周边的农村工人会在工作态度上有不同的表现。而且,一个国家不同地区或不同国家之间工人的文化背景和习俗的差别也会对运营管理方式造成影响。

第三节　设施选址决策评估模型

一、损益平衡分析法

损益平衡分析法主要用于解决第一类设施选址决策问题,即单一设施地址决策问题的评估。该方法用经济数据的比较来确定成本较低或收益较高的设施地址,其步骤如下:

第一,计算各备选地址设施运营的固定成本和变动成本。

第二,绘出各备选地址设施运营的总成本线。

第三,在期望产出数成下选出总成本最低的设施地址。

损益平衡分析法的假设前提是:①固定成本与产出数量无关;②变动成本与产出数量呈线性关系;③能够较准确地预测市场需求量;④只生产一种产品。

【例 5-1】 用损益平衡法选择设施地址

已知某公司欲建新厂房，现有 A、B、C、D 四个备选地址，已计算固定成本和变动成本如表 5-1 所示。

表 5-1

备选地址	年固定成本(元)	单位产品变动成本(元)
A	250 000	10
B	100 000	30
C	150 000	20
D	200 000	35

求：

(1)绘出各备选地址的总成本线。

(2)评价各备选地址的优劣。

(3)如果预期年产量在 8 000 单位，哪个厂址的总成本最低？

解：

(1)因为，总成本 = 固定成本 + 单位产品变动成本 × 产出数量，故各备选地址的总成本方程为：

$$TC_A = 250\ 000 + 10Q$$
$$TC_B = 100\ 000 + 30Q$$
$$TC_C = 150\ 000 + 20Q$$
$$TC_D = 200\ 000 + 35Q$$

将上述 4 个方程式绘图，如图 5-3 所示。

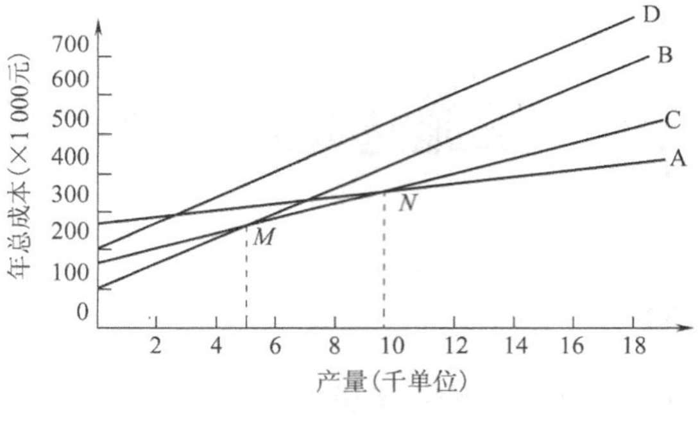

图 5-3

(2)由图 5-3 知 D 厂址的总成本在任何产量下均比其他备选厂址高，故不予考虑；而 A、B、C 三厂址有不同的总成本线。这时，可利用总成本方程求其交点 M、N 的产量。在交点 M，由 $TC_B = TC_C$，得

$$100\ 000 + 30Q = 150\ 000 + 20Q$$

解得

$$Q_M = 5\ 000$$

在交点 N，由 $TC_C = TC_A$，得

$$150\ 000 + 20Q = 250\ 000 + 10Q$$

解得

$$Q_N = 10\ 000$$

所以，当产量为 0～5 000 单位时，B 厂址总成本最低；当产量为 5 000～10 000 单位时，C 厂址总成本最低；当产量超过 10 000 单位时，A 厂址总成本最低。

(3) 所以，如果预期年产量在 8 000 单位，C 厂址的总成本最低。

二、重心法

重心法可用来解决第二类仓库选择问题、第三类服务网点问题和第四类多设施选址问题，但是它最适合用于一个企业有多个目标市场和运营设施而想选择理想地点设置中间仓库的情形。它的主要原理是在坐标图上绘出各个相关设施的位置，然后计算重心，找出使新增设施至各个目的地距离大致相等的地点。重心法的计算公式如下：

$$C_x = \frac{\sum d_{ix} W_i}{\sum W_i} \tag{5-1}$$

$$C_y = \frac{\sum d_{iy} W_i}{\sum W_i} \tag{5-2}$$

式中：C_x——重心的 x 坐标值；

C_y——重心的 y 坐标值；

d_{ix}——位置 i 的 x 坐标值；

d_{iy}——位置 i 的 y 坐标值；

W_i——运进或运出位置 i 的产品数量。

【例 5-2】 用重心法选择设施地址

已知某公司有甲、乙两家工厂生产产品运至 A、B、C、D 四个主要市场销售，该公司想在工厂和市场之间设一个中间仓库。目前各工厂的每月供应量和各市场的每月需求量数据如表 5-2 所示。请选择合适的中间仓库设立地点。

表 5-2 工厂月供应量和市场月需求量

	位置	月供应量及需求量（吨）
工厂	甲	400
	乙	300
市场	A	200
	B	100
	C	300
	D	100

解：

(1)选择适当的原点，绘出各工厂及市场的坐标图(见图5-4)。

(2)计算重心：

由表5-2数据和图5-4知

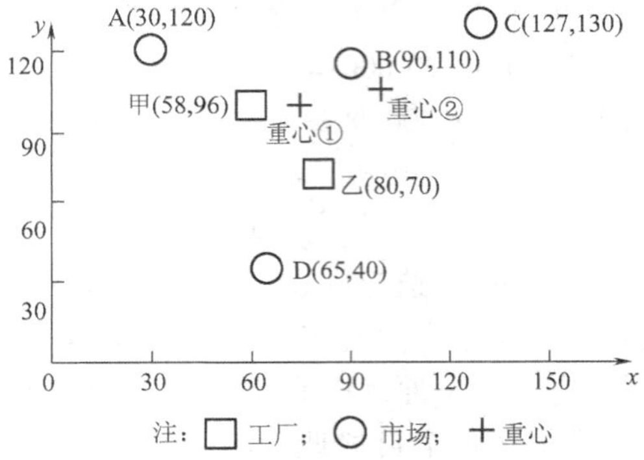

图5-4 重心法坐标图

$$d_{甲x}=58, d_{甲y}=96, W_{甲}=400$$
$$d_{乙x}=80, d_{乙y}=70, W_{乙}=300$$
$$d_{Ax}=30, d_{Ay}=120, W_{A}=200$$
$$d_{Bx}=90, d_{By}=110, W_{B}=100$$
$$d_{Cx}=127, d_{Cy}=130, W_{C}=300$$
$$d_{Dx}=65, d_{Dy}=40, W_{D}=100$$

所以，重心坐标为：

$$C_x=\frac{(58)(400)+(80)(300)+(30)(200)+(90)(100)+(127)(300)+(65)(100)}{400+300+200+100+300+100}$$
$$=76.3$$
$$C_y=\frac{(96)(400)+(70)(300)+(120)(200)+(110)(100)+(130)(300)+(40)(100)}{400+300+200+100+300+100}$$
$$=98.1$$

(3)所得重心坐标为(76.3,98.1)，约在甲、乙、B的中间；但从图5-4中可看出，若将仓库设在该重心则甲、乙工厂距A、D市场较近，根本无须经由中间仓库送货而由甲、乙工厂直接送达即可，因此可将A、D两地排除，重新计算重心。此时各地的产品供应量和需求量变化如表5-3所示。

表5-3 修改后的工厂月供应量和市场月需求量

	位置	月供应量及需求量(吨)
工厂	甲	200(=400-200)
	乙	200(=300-100)
市场	B	100
	C	300

(4)重新计算重心：

$$C_x=\frac{(58)(200)+(80)(200)+(90)(100)+(127)(300)}{200+200+100+300}=93.4$$

$$C_y=\frac{(96)(200)+(70)(200)+(110)(100)+(130)(300)}{200+200+100+300}=104$$

(5)该公司应在重心②的位置(93.4,104)附近建立中间仓库。

在使用重心法时须注意它并未包括运输频率不同的情况，而且有时计算所得坐标值与实际情况会产生矛盾。然而重心法至少可为决策者提供初步的可行地址，再配合其他考虑因素，仍对决策有所帮助。此外，若计算出的重心不可行(例如，重心地址无法建立运营设施)，需重新修正后再进行计算。

三、运输模型法

运输模型法主要用于解决第四类设施选址决策问题，即在多厂址情况下求运输成本最低。从本质上来说，运输模型是线性规划的一种特殊形式，因此其假设前提是运输成本与运送数量之间为线性函数关系，运输的项目是同质的，且输送地至目的地路线只有一条(即没有转运的情况发生)。运输模型所需数据包括每期的供应量(工厂或其他设施)、每期的需求量(市场或仓库)和单位运输成本(从工厂或其他设施运至市场或仓库的单位运输成本)。

以上资料可以转化为运输矩阵然后求解，决定在何处新建工厂或仓库可使总运输成本最低。解决方法是用沃格近似法(Vogel Approximation Method, VAM)求初始解(Initial Solution)，再以修正分配法(Modified Distribution Method, MODI)求出最优解。

【例5－3】　运输模型求解多设施选址决策问题

某公司现有两家工厂(1，2)生产有色金属压铸产品并运至A、B、C三个仓库，再卖给当地市场。由于目前市场的每月需求量已超过供应量，因此该公司需要再建一新厂生产相同产品。经初步筛选后剩下甲、乙两个地点，决策者需要在两者之间选择一个，其主要考虑因素为运输成本。已知相关资料如下：

(1)原有1厂的供应量为每月30 000件，2厂供应量为每月20 000件。A仓库每月需求25 000件，B仓库每月需求10 000件，C仓库每月需求40 000件。新建工厂每月需供应25 000件才能满足市场需求。

(2)现有两家工厂送货至各仓库的单位运输成本如表5－4所示。

表5－4　现有工厂送货单位运输成本

目的地 / 供应地	单位运输成本(元)			供应量(千件)
	A仓库	B仓库	C仓库	
工厂1	17	10	6	30
工厂2	7	12	14	20
需求量(千件)	25	10	40	

(3)新建工厂两个备选厂址送货至各仓库的单位运输成本如表5－5所示。

表5－5　备选厂址送货单位运输成本

目的地 供应地	单位运输成本(元)		
	A仓库	B仓库	C仓库
甲	10	8	15
乙	12	13	5

解：

仓库 工厂	A	B	C	供应量
1	17	10	6	30
2	7	12	14	20
甲	10	8	15	25
需求量	25	10	40	75

仓库 工厂	A	B	C	供应量
1	17	10	6	30
2	7	12	14	20
乙	12	13	5	25
需求量	25	10	40	75

图5－5　两个备选厂址的运输表

(1)先将相关数据转换成运输矩阵，两个备选厂址写成两个运输表(见图5－5)计算总成本，其中总成本最小者即为最优地址。

(2)先用VAM法求出一初始解(见图5－6)，其步骤如下：

①计算各行、列最小的两个成本的差，其意义代表一种惩罚成本，即如果在该行或列不选最小成本则会造成机会损失。

②选择最大差额的行或列。

③从所选行或列中选最小成本的空格填入运输数量(但要考虑供应量与需求量的限制)，再将所选行或列划掉。

④重复上述步骤直至供应量和需求量相互满足时即得一初始解。

在甲地运输表中，第一次运算先算出行与列的惩罚成本。最大的惩罚成本是第三列的8，故从该列开始作起。仓库C需求40 000件，而工厂1、2、甲中，工厂1的运输成本最低(6元/每单位)，但工厂1只能满足仓库C需求量中的30 000件。划掉第一行表示工厂1已完成指派，无法再满足其他仓库。

在第二次运算中，重新计算惩罚成本(由于第一行已划掉，故不需再进行第二次运算)。此时，惩罚成本中以第二行的5为最大，因此先为工厂2的20 000件寻找运输成本最低的仓库。从表中可看出这些产品运至仓库A的成本最低(7元/每单位)，而仓库A的需求量为25 000件，故工厂2的20 000件可全部运至仓库A。然后，再将第二行划掉。

在第三次运算中，由于只剩下甲工厂的25 000件产品未指派，故可将其指派至需求量未得到满足的仓库，即5 000件运至仓库A，仓库B和C分别运去10 000件。

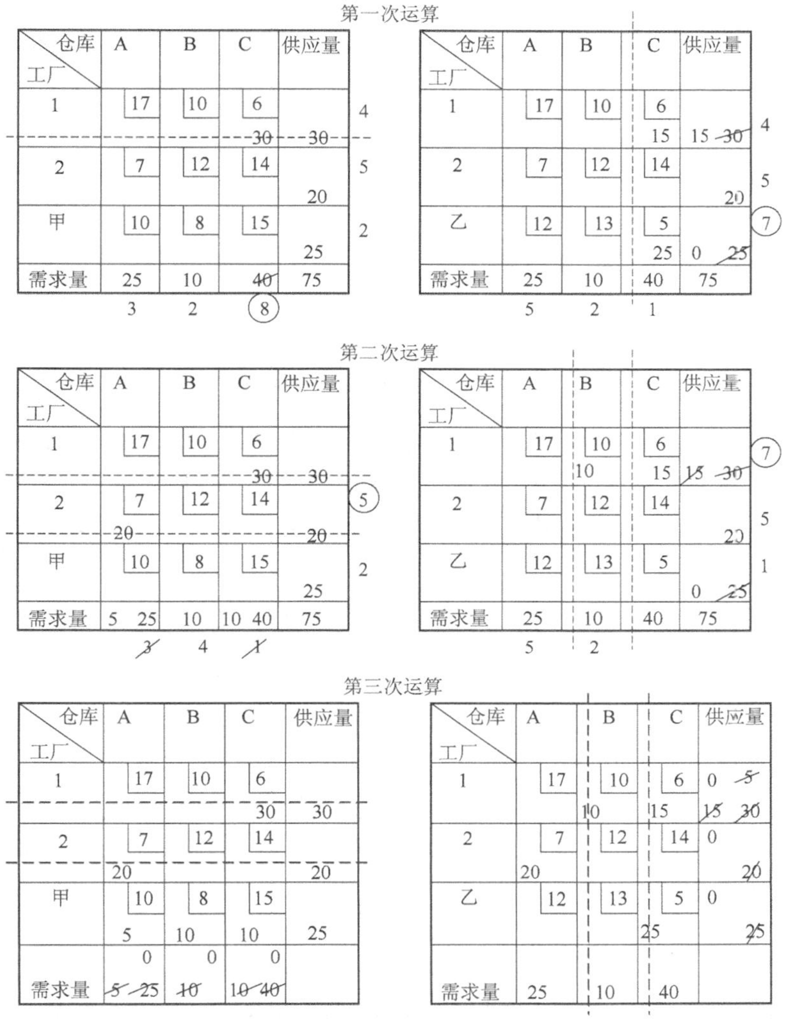

图 5 - 6　VAM 法求运输矩阵初始解

同理,乙地运输矩阵初始解的求解过程如图 5 - 6 右侧所示。

(3)上述运算结果只是可行解,不一定是最优解,因此还须用 MODI 法验证是否还有可使成本进一步降低的可行解,其步骤如图 5 - 7 所示。

①选已填入数字较多的行或列,令其为 0。例如,甲地成本表中选第三行 $R_3 = 0$。再计算第三行所对应各列中单位成本与 $R_3 = 0$ 的差,得 $C_A = 10 - 0 = 10$,$C_B = 8 - 0 = 8$,$C_C = 15 - 0 = 15$。

②由计算所得行或列的值(C_j 或 R_i)再与其他填入数字的格所对应的单位成本求出所有的 C_j 和 R_i,如第一、二行已填入数字的单位成本分别为 6 元和 7 元,故 $R_1 = 6 - 15 = -9$,$R_2 = 7 - 10 = -3$。

③用所得的 R_i、C_j 计算空格的评估值 V_{ij},评估值 = 该空格的单位成本 $- R_i - C_j$。

仓库 / 工厂	A	B	C	供应量	
1	[17]	[10]	[6] 30	30	-9
2	[7] 20	[12]	[14]	20	-3
甲	[10] 5	[8] 10	[15] 10	25	0
需求量	25	10	40	75	
	10	8	15		

仓库 / 工厂	A	B	C	供应量	
1	[17] 5	[10] 10	[6] 15	30	0
2	[7] 20	[12]	[14]	20	-10
乙	[12]	[13]	[5] 25	25	-1
需求量	25	10	40	75	
	17	10	6		

图 5－7　MODI 法验证

若所有评估值均为正则得到最优解，否则表示如果重新调整指派运输量，在评估值为负的空格中填入数字可减少总成本，此时应选最大负值的空格用绕圈法重新求一初始解，再用 MODI 法检验，直到所有的评估值都≥0 时为止。例如，在甲地运输表中，各空格的评估值为：

$$V_{1A}=17-R_1-C_A=17-(-9)-10=16$$
$$V_{1B}=10-R_1-C_B=10-(-9)-8=11$$
$$V_{2B}=12-R_2-C_B=12-(-3)-8=7$$
$$V_{2C}=14-R_2-C_C=14-(-3)-15=2$$

由于甲地运输表中的评估值均 >0，所以该解为最优解，甲地新建仓库每月的运输总成本为：

$TC=30\times6\ +\ 20\times7\ +\ 5\times10\ +\ 10\times8\ +\ 10\times15\ =\ 600$（千元）$=600\,000$（元）。

乙地运输表各空格的评估值为：

$$V_{2B}=12-R_2-C_B=12-(-10)-10=12$$
$$V_{2C}=14-R_2-C_C=14-(-10)-6=18$$
$$V_{3A}=12-R_3-C_A=12-(-1)-17=-4$$
$$V_{3B}=13-R_3-C_B=13-(-1)-10=4$$

由于 $V_{3A}=-4$，故知尚未求得最优解，且在该空格内填入数字可减少总成本。此时需用绕圈方式增减格内的运输量（格内数字不得为负），得新运输表如图 5－8 所示。

仓库 / 工厂	A	B	C	供应量	
1	[17]	[10] 10	[6] 20	30	0
2	[7] 20	[12]	[14]	20	-10
甲	[12] 5	[13]	[5] 20	25	-1
需求量	25	10	40		

图 5－8　新运输表

而评估值为：

$$V_{1A}=17-R_1-C_A=17-0-17=0$$
$$V_{2B}=12-R_2-C_B=12-(-10)-10=12$$
$$V_{2C}=14-R_2-C_C=14-(-10)-6=18$$
$$V_{3B}=13-R_3-C_B=13-(-1)-10=4$$

由于评估值已均为正，故知已求得最优解，且每月的运输总成本为：

$$TC=10\times10+6\times20+7\times20+12\times5+5\times20=520(\text{千元})=520\ 000(\text{元})$$

(4) 比较两地的每月运输总成本可知，在乙地新建仓库每月可比甲地节约运输成本：

$$600\ 000-520\ 000=80\ 000(\text{元})$$

所以，最后选择乙地为新建仓库的地址。

【例 5-4】 多设施选址运输模型的 Excel 解法

某公司现有两家工厂（甲、乙）生产运动器材，需运至 A、B、C、D 四处仓库，运输成本、工厂的供应量和仓库的需求量如图 5-9(a) 所示。由于市场的需求量超过供应量，因此该公司决定新建一个工厂生产相同产品。新厂的厂址有两个地方可供选择，两家工厂运往各仓库的单位运输成本如图 5-9(b) 所示。在丙和丁两个备选厂址中选择一个总成本最小的地点作为新厂的厂址。

解：

(1) 从现有的供应量和需求量看，新建的工厂每月应生产 500 件运动器材才能满足要求，为两个方案分别建立运输计算表，如图 5-9(c) 和图 5-9(d) 所示。

	A	B	C	D	E	F	G
1	目的地 / 供应地	单位运输成本				供应量	
2		A	B	C	D		
3	甲	15	20	3	30	1 000	(a)
4	乙	7	8	14	20	800	
5	需求量	500	700	800	300		
6							
7	目的地 / 供应地	单位运输成本					
8		A	B	C	D		
9	丙	12	16	8	17		(b)
10	丁	12	3	20	25		
11							
12		A	B	C	D	供应量	
13	甲						
14	乙						(c)
15	丙						
16	需求量						
17							
18		A	B	C	D	供应量	
19	甲						
20	乙						(d)
21	丁						
22	需求量						

图 5-9 单位运输成本和运输计算表

(2)输入计算公式。单击 B16 单元格,输入“ = SUM(B13:B15)”,回车确认即出现 0;然后拖动填充柄至 E16 单元格,得出 A、B、C、D 四个仓库的需求量;单击 F13 单元格,输入“ = SUM(B13:E13)”,拖动填充柄至 F15 单元格,得到甲、乙和丙厂的产品供应量。单击 F16 单元格,输入“ = B3 * B13 + C3 * C13 + D3 * D13 + E3 * E13 + B4 * B14 + C4 * C14 + D4 * D14 + E4 * E14 + B9 * B15 + C9 * C15 + D9 * D15 + E9 * E15”,得到的值为选择丙地为新厂址时总的运费[见图 5 - 10(c)]。

	A	B	C	D	E	F	G
1	目的地	单位运输成本				供应量	
2	供应地	A	B	C	D		
3	甲	15	20	3	30	1 000	(a)
4	乙	7	8	14	20	800	
5	需求量	500	700	800	300		
6							
7	目的地	单位运输成本					
8	供应地	A	B	C	D		
9	丙	12	16	8	17		(b)
10	丁	12	3	20	25		
11							
12		A	B	C	D	供应量	
13	甲					0	
14	乙					0	(c)
15	丙					0	
16	需求量	0	0	0	0	0	
17							
18		A	B	C	D	供应量	
19	甲					0	
20	乙					0	(d)
21	丁					0	
22	需求量	0	0	0	0	0	

图 5 - 10　输入计算公式

同理,单击 B22 单元格,输入“ = SUM(B19:B21)”,回车确认即出现 0;然后拖动填充柄至 E22 单元格,得出 A、B、C、D 四个仓库的需求量;单击 F19 单元格,输入“ = SUM(B19:E19)”,拖动填充柄至 F21 单元格,得到甲、乙和丁厂的产品供应量。单击 F22 单元格,输入“ = B3 * B19 + C3 * C19 + D3 * D19 + E3 * E19 + B4 * B20 + C4 * C20 + D4 * D20 + E4 * E20 + B10 * B21 + C10 * C21 + D10 * D21 + E10 * E21”,得到的值为选择丁地为新厂厂址时总的运费[见图 5 - 10(d)]。

(3)对 Excel 2003 及其之前的版本来说,使用“工具”菜单中的“规划求解”工具求两个方案的最少运费。单击 Excel 工具栏中的“工具”菜单,选择“规划求解”选项,弹出“规划求解参数”对话框。而对 Excel 2003 之后的版本来说,需单击“数据”菜单中的“规划求解”选项,弹出“规划求解参数”对话框,如图 5 - 11 所示。

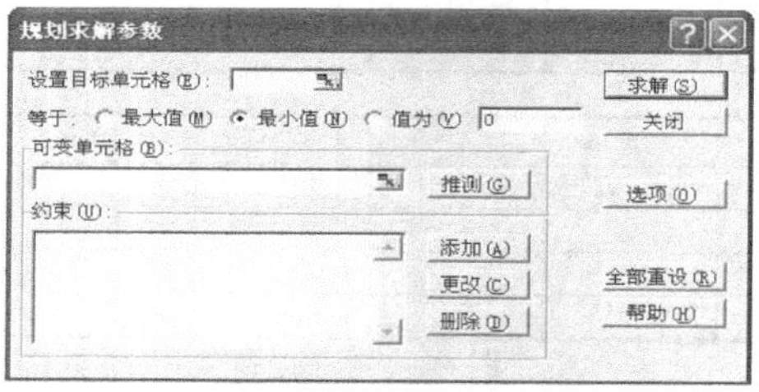

图 5 - 11　规划求解参数

输入丙方案的规划求解参数。在"设置目标单元格"框中选择 F16 单元格，在"等于"项中选择"最小值"，在"可变单元格"框中输入 B13:E15，在"约束"一栏中单击"添加"按钮，弹出"添加约束"对话框，如图 5－12 所示。

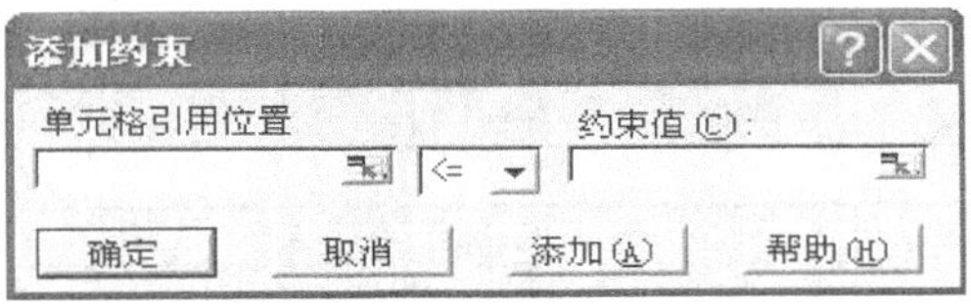

图 5－12　添加约束

在"单元格引用位置"框中输入 B13:E15，符号中选择" > = "，约束值输入 =0；完成后单击"添加"按钮，输入新的约束条件，依次输入以下各项约束：B16 =500、C16 =700、D16 =800、E16 =300、F13 =1 000、F14 =800、F15 =500。完成后单击"取消"按钮，返回"规划求解参数"对话框，约束条件已经添加，如图 5－13 所示。

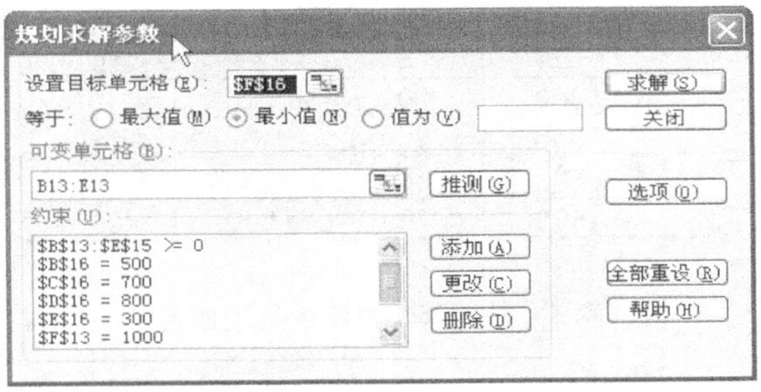

图 5－13　返回"规划求解参数"

所有参数添加完成后，单击"规划求解参数"对话框中的"求解"按钮进行计算，计算完成后弹出"规划求解结果"对话框（见图 5－14），单击"确定"，求得的丙方案最低运费自动填入 F16 单元格。

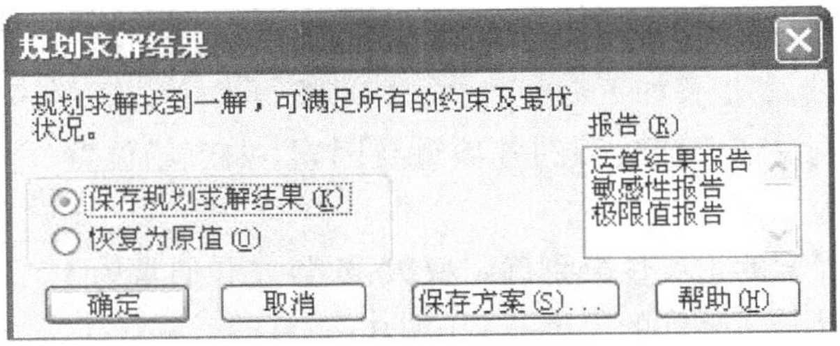

图 5－14　"规划求解结果"对话框

同理，使用相同的方法为丁方案添加规划求解参数，可求得丁方案的最低运费，结果填入 F22 单元格。

（4）最后求得两个方案的最低运费分别为 19 800 元和 16 600 元，如图 5－15 所示。

因此,选择丁地为新厂址。

	A	B	C	D	E	F
1	目的地 供应地	单位运输成本				供应量
2		A	B	C	D	
3	甲	15	20	3	30	1 000
4	乙	7	8	14	20	800
5	需求量	500	700	800	300	
6						
7	目的地 供应地	单位运输成本				
8		A	B	C	D	
9	丙	12	16	8	17	
10	丁	12	3	20	25	
11						
12		A	B	C	D	供应量
13	甲	200	0	800	0	1 000
14	乙	300	500	0	0	800
15	丙	0	200	0	300	500
16	需求量	500	700	800	300	19 800
17						
18		A	B	C	D	供应量
19	甲	200	0	800	0	1 000
20	乙	300	200	0	300	800
21	丁	0	500	0	0	500
22	需求量	500	700	800	300	16 600

图 5-15　两个方案的最低运费

四、因素评分法

前面几种方法大都偏重于经济或定量的考虑,而因素评分法(Factor Rating)则将定性与定量结合在一起考虑,可用来评估设施选址决策问题中的第一、二、三、四类问题,用途相当广泛。因素评分法将所有有关的因素汇总为每个方案的组合值,并可将决策者的个人意见结合进定量分析过程,为设施选址决策问题提供一个理性的评估基础,以便进行方案之间的比较。

因素评分法的基本步骤如下:

第一,确定有关设施选址决策的各项重要因素(如市场位置、电力和水源供应、停车设施、可能收益等)。

第二,按各项因素的重要性分别确定权数,权数之和通常为 1。

第三,确定衡量各项因素的尺度范围(如 0~100)。

第四,根据每项因素的衡量标准给每一可行方案评分。

第五,将各可行方案的因素得分与权数相乘并求和,得出每个方案的总分。

第六,总分最高的方案即为具有最高组合值(最高因素组合效果)的方案。

【例 5-5】　用因素评分法求解具有最高组合值的选址方案

某小型制造公司由于生产能力不足想增设一新工厂来满足市场需求。公司注重的因素包括原材料供应的接近性、劳动力成本、水源供应、运输成本、气候与税率。公司运营主管对上述因素的主观权数分别为0.10,0.05,0.40,0.10,0.20,0.15。运用因素评分法比较A、B两个可行方案(见表5-6)。

表5-6

因素	权数	分数		加权分数	
		A	B	A	B
接近原材料市场	0.10	100	60	10	6
劳动力成本	0.05	80	80	4	4
水源供应	0.40	70	90	28	36
运输成本	0.10	86	92	8.6	9.2
气候	0.20	40	70	8	14
税率	0.15	80	90	12	13.5
合计	1.00			70.6	82.7

B方案的加权分数高于A方案,说明B方案的因素组合效果要好于A方案,所以该公司的最终选择是B方案。

本章小结

设施选址是企业的重要决策之一。设施选址的一般程序通常包括初步规划、地理位置筛选、资料分析、评估并选择厂址。对于制造业来说,影响设施选址决策的因素包括能源供应、原材料供应、劳动力来源、运输成本的高低等;而影响非制造业的重要因素包括交通便利性、竞争者数量、与市场的接近程度等。设施选址决策评估模型主要有损益平衡分析法、重心法、运输模型法和因素评分法。

习题

1. 设施选址对运营系统有什么影响?
2. 制造型企业与服务型企业的设施选址决策有哪些相同点?有哪些不同点?
3. 设施选址中的损益平衡评估模型的基本假设是什么?
4. 使用运输模型时须符合哪些前提条件?
5. *厂址选择的主要影响因素有(　　)。

A. 接近顾客　B. 接近原材料　C. 运输问题　D. 员工的生活习惯

E. 基础设施

6. *影响制造业选址决策的定量分析因素主要包括(　　)。

A. 配送成本　B. 劳动力成本　C. 原料供应　D. 土地成本

E. 建筑成本

7. 以下哪个条件要求厂址应该接近消费市场？(　　)

A. 原料易变质　　B. 原料笨重　　C. 产品运输不便　D. 原料运输不便

8. *厂址选择的方法包括(　　)。

A. 重心法　　B. 损益平衡分析法　C. 线性规划法　　D. 因素评分法

9. 选择决策只是新企业进行的一次性决策。(　　)

10. 啤酒厂应该建在水源质量有保障的地方。(　　)

11. 某农场的经营者正在寻找3个现有仓库之外的第4个仓库的设置地点，有3个可能的地点A、B、C。A地点每月的固定成本是4 000元，单位变动成本是4元；B地点每月的固定成本是3 500元，单位变动成本是5元；C地点每月的固定成本是5 000元，单位变动成本是6元。选择A地点每月会增加运输成本19 000元，B地点每月会增加运输成本22 000元，C地点每月会增加运输成本18 000元。如果每月的生产量为800单位，选择哪一个地点可使总成本最低？

12. 某超级市场连锁集团新近在A(40,100)、B(80,120)、C(110,140)、D(80,50)四个地区建立了分店。该集团总部决定在4个地区的中心地带建立一个配送中心。4个地区每月的送货量如表5－7所示，试用重心法为该配送中心选择一个适当的地址。

表5－7　4个地区月送货量

商店位置	每月送货量(吨)	商店位置	每月送货量(吨)
A	2 400	C	1 200
B	1 500	D	2 000

13. 某公司现有两家工厂(1,2)生产产品并运至A、B、C、D四个仓库，再卖给当地市场。由于目前市场的每月需求量已超过供应量，因此该公司需要再建一新厂生产相同产品。经初步筛选后剩下甲、乙两个地点，决策者需要在两者之间选择一个，其主要考虑因素为运输成本。已知相关资料如下：

(1)原有工厂1的供应量为每月100单位，工厂2供应量为每月200单位。A仓库每月需求80单位，B仓库每月需求90单位，C仓库每月需求120单位，D仓库每月需求160单位。新建工厂每月需供应150单位才能满足市场需求。

(2)现有两家工厂送货至各仓库的单位运输成本如表5－8所示。

表5－8　现有工厂送货单位运输成本

目的地 / 供应地	单位运输成本(元)			
	A仓库	B仓库	C仓库	D仓库
工厂1	4	7	7	1
工厂2	12	3	8	8

(3)新建工厂两个备选厂址送货至各仓库的单位运输成本如表5-9所示。

表5-9 备选厂址送货单位运输成本

目的地 供应地	单位运输成本(元)			
	A仓库	B仓库	C仓库	D仓库
甲	8	10	16	5
乙	12	9	13	7

试用运输模型选择运输成本最低的新厂地址。

14. 利用表5-10中的数据计算备选厂址方案A、B、C的因素组合值,确定因素组合效果最优的厂址方案。

表5-10 备选厂址方案数据

因素	权数	分数		
		A	B	C
方便	0.15	80	70	60
停车设施	0.20	72	76	92
展示区	0.18	88	90	90
购物者交通	0.27	94	86	80
营运成本	0.10	98	90	82
附近环境	0.10	96	85	75
合计	1.00			

第六章

生产过程设计

★ 学习要点与要求 ★

生产过程设计是在有限资源下对运营系统进行的选择和整体规划，其目的是使运营系统以最低成本得到最大产出。生产过程设计的内容主要包括设施平面布局、设备布置和流水线设计。读完本章以后，你应能：

1. 定义生产过程和工序。
2. 叙述生产过程设计的原则和要求。
3. 描述不同类型生产过程的特征。
4. 进行简单的平面布局。
5. 理解不同类型设备布置的原则、用途与方法。
6. 试作单一品种流水线设计与平衡。

第一节　生产过程概述

一、生产过程及其构成

（一）生产过程

生产过程有狭义和广义之分，狭义的生产过程是指从原材料投入到生产出成品的全过程；广义的生产过程是指从生产技术准备到成品出厂的全部过程。生产过程由许多连续的工序组成，正确地划分工序是合理设计生产过程的重要条件，也是计算劳动定额，配备操作人员或设备，制定生产作业计划的基础。

工序也称作业（Operation）、工作（Job）或活动（Activity），是指一个或一组操作人员在同一工作地点对同一个工作对象进行加工，需要耗费一定的人力、物力、财力和时间才能完成的工作或活动。从人的角度来看，当不同工种的操作人员顺序对同一工作对象进行生产活动时，每个或每组操作人员的生产活动称为一道工序；从工作对象的视角来看，当一件或一批同种工作对象顺序通过若干工作地点，由操作人员对其连续进行各种生产活动时，在每个工作地点所进行的生产活动也称为一道工序。如果一个工作对象从一个工作地点出来而进入下一个工作地点，则称为进入下一道工序。

工序可分为：

1. 加工工序：是操作人员利用工具改变工作对象的物理或化学性质（形状、大小、位置、表面状况或成分等），使其成为工业产品的工序。

2. 检验工序：是对原材料、半成品、成品的质量进行检验的工序。

3. 运输工序：是在加工工序之间，加工工序与检验工序之间运送工作对象的工序。

工序进一步细分就是工步。工步是指在机器转速和刀具进给量不变的条件下所完成的生产活动。将工序细分为工步，有助于对较复杂的工序进行分析和研究。此外，将工序划分为工步，有利于在相邻工序间通过分解与合并重新设计工序。在设计流水线时，工序的分解与合并是使流水线实现平衡的重要措施。

（二）生产过程的构成

1. 生产技术准备过程，是指在产品投产前所进行技术准备工作的全部过程，主要包括：产品设计、过程设计、工艺装备的设计与制造，材料消耗定额和工时定额的制定与修改，新产品的试制与试验等。

2. 基本生产过程，是指生产对象转变为产品的过程，即直接改变工作对象的物理或化学性质，使之成为产品的过程。如机械制造厂的毛坯准备（铸造、锻压），零件加工（切削加工、热处理）和产品装配过程；钢铁厂的炼铁、炼钢、轧钢过程；纺织厂的纺纱、织布过程，等等。

3. 辅助生产过程，是指为基本生产过程提供能源、动力、工具和劳务的过程，如动力生产（压缩空气、热能、电力变换）、工具制造和设备维修等。

4. 生产服务过程，是指为基本生产过程和辅助生产过程提供供应、仓储、保管、运输等服务的过程。

二、生产过程设计的要求与原则

（一）生产过程设计

生产过程设计是指在资金、设备、人员等现有条件的限制下，对生产技术和生产系统进行选择与整体规划，使其能以最低的成本得到最大的产出。设计的内容除了整体考虑人、机配合的生产系统和设备选择外，还应包括作业现场的设备布局。具体而言，生产过程的选择与规划决定生产现场所适合的生产转换过程，而设备布局则凭借具体设备的安排与变更来改善生产过程中产品的流动方向与数量。

（二）合理设计生产过程的要求

1. 生产过程的连续性。这是指产品在生产过程的各个阶段、各个工序是紧密衔接的，不能发生不必要的中断。生产过程的连续性包括生产过程在空间上的连续性和时间上的连续性，前者要求生产过程各个阶段的空间布置合理、紧凑，使生产对象经过的路线短、往返少；后者是指生产过程各个工序的时间安排前后衔接，不存在中断、停顿、等待现象。

2. 生产过程的平行性。这是指生产对象在生产过程中的各个阶段和各个工序实现平行、交叉作业，使产品的各种零件、部件的生产都能同时在不同空间进行。为了实现生产过程的平行性，在工厂设计时就要做到合理划分和布置车间、工段等。

3. 生产过程的比例性。这是指生产过程各个阶段的生产能力要保持适当的比例，使其与所承担的生产任务相匹配。生产能力可能达到的上限取决于生产过程中能力最低的那个环节，通常称之为瓶颈。

4. 生产过程的均衡性（节奏性）。这是指生产过程各个阶段在相同的时间间隔内都能完成大致相等的工作量，避免前松后紧、突击加班、时松时紧的现象。

5. 生产过程的适应性（柔性）。这是指在产品换代或品种变化时，能够由生产一种产品迅速适应生产另一种产品。换句话说，生产过程的适应性是指同一组设备和人员在组织形式不变的条件下能够生产不同的产品，且保持相同的生产率和经济效益。

（三）生产过程设计的基本原则

生产过程可以划分为一些基本的生产单位，如车间、工段、班组。这些基本生产单位是按照两个基本原则进行组织的，即工艺原则和对象原则。工艺（Technology）是指应用于产品加工过程中的专门技术或知识，也称 Know - how；而对象则是指生产对象，即欲生产的产品。

1. 工艺原则。工艺原则也称工艺专业化，是指按照生产工艺的特征来设置生产单位，即将同类型的设备和同工种的操作人员集中在一个生产单位，每个生产单位只完成使用相同工艺方法加工的作业。例如，机械工厂中的机加工车间、热处理车间、装配车间等；而机加工车间又按照相同的原则设置车、铣、刨、磨、镗、钻等工段或班组。

按照工艺原则设置生产单位，有如下优点：①产品的生产路径比较灵活，有一定的弹性，能较好地适应产品需求的变化；②有利于提高设备利用率，个别设备出现故障，对整个生产过程的影响较小；③操作人员固定操作一种设备，有利于提高其专业技能；④设备管理相对容易。

按照工艺原则设置生产单位的缺点如下：①各生产单位不能独立完成产品或零件的全部加工，各单位之间的衔接容易混乱；②产品在生产过程中的运输路径较长，运送原材料、半成品的工作量大；③产品在生产过程中的停留和等待时间过多，生产周期较长；④在制品存货较多，占压流动资金较大；⑤各生产单位之间的协调工作量大，生产管理复杂且费用大。

2. 对象原则。对象原则也称对象专业化，是指按照生产对象，即按照所要生产的产品或零部件来设置生产单位。在以对象原则设置的生产单位中，集中了制造某种产品或零部件所需要的不同类型的设备和不同工种的操作人员，对计划生产的产品或零部件进行不同工艺方法的加工，每个生产单位可独立完成该产品的全部或大部分生产过程。

按照对象原则设置生产单位，有如下优点：①可以缩短产品在生产过程中的运输距离，减少运输设备、人力和费用；②可以减少产品在生产过程中的停留和等待时间，缩短生产周期；③可以降低在制品的存货量，减少仓库面积、生产面积和流动资金的占用；④便于采用先进的生产技术，如流水生产、成组加工等；⑤可以减少生产单位之间的协调与联系，简化管理程序，降低管理费用；⑥有利于质量管理和成本核算。

按照对象原则设置生产单位的主要缺点是：由于各生产单位相对封闭，为了各生产单位生产过程的完整性，企业往往需要为各生产单位配置一些相同的设备，设备利用率较低，有时一台设备出现故障，会影响到整个生产过程。

三、生产过程的分类

（一）连续性生产过程

连续性生产过程（Continuous Process），是指生产系统 24 小时连续作业，很少停顿，如化学工业（塑料、制药、化肥、洗涤剂）、石油精炼、金属冶炼、纺织、造纸等工业企业的生产过程。从生产特点来看，连续性生产过程的产品品种较少，市场需求比较稳定，标准化程度较高，原材料通常以固定的路线连续流经生产系统且要求以接近设计生产能力进行生产。从设备特点来看，具有连续性生产特点的企业大多为资本密集型工业，生产设备自动化程度较高，通常为专用设备，而且价值昂贵。由于有上述特点，连续性生产过程如果设备出现故障往往会造成整个工厂停工的严重后果，因此生产设备的维护保养是此类生产管理的一项主要工作。此外，连续性生产的原材料供应也不能中断，而且成品的存货量较大，属于存货生产（Make to Stock）方式，因此需要拥有完善的存货系统。

存货生产方式是在需求预测的基础上有计划地进行生产，并将产成品以存货的形式储备起来，再以存货满足顾客需求。存货生产方式的生产率较高，但前提是能够准确预测市场需求，否则生产率越高，产品积压越严重。

（二）重复性生产过程

重复性生产过程（Repetitive Process），是指以流水生产线或装配线的形式成批或大量生产的制造装配型生产系统，每一批产品均以相同的生产过程进行生产，原材料或零部件断续地通过生产线，工作量以生产线的移动速度加以控制。在产品特性和需求特性方面，产品生命周期一般较短，品种更新速度较快，当变换生产的产品品种时，通常要对生产线进行调整；大多数产品为最终消费品，受市场需求波动的影响较大。诸如电冰箱、电视机、汽车等工业企业均属此类。这类生产过程可进一步划分为大量流水生产和成批轮番生产。大量流水生产是在较长的一个时期内重复进行一种或少数几种类似产品的生产，而成批轮番生产则是几种产品在同一条生产线上以批次的方式轮番作业，每一批产品的品种可能相同,也可能不同。重复性生产过程同样属于存货生产方式,零部件储备和成品存货一般较大,因此需要拥有完善的存货系统。

(三)间歇性生产过程

间歇性生产过程(Intermittent Process),是指将相同或类似的设备和具有操作这些设备技能的操作人员汇集在一起,形成一个个工作站或工作中心,产品在一个工作站加工完毕后运至下一个工作站进行加工,机械工厂多属此类。这种生产过程的效率较低,但却颇具弹性。生产的产品品种往往不确定,通常根据顾客订单所需要的产品进行生产,属于订货生产(Make to Order)方式,因此较多采用通用设备,但对操作人员的工作技能要求较高。

订货生产方式是在接到顾客订单之后才按照订单的具体要求进行设计、采购、生产和发货。由于是按照顾客要求定制,因此产品大多属于非标准化的,而且每次生产的产品在规格、数量、质量和交货期方面可能各不相同。此外,由于是按订单规定的交货日期进行生产,所以基本上没有成品存货,运营管理的重点是保证交货期。订货生产可进一步分为订货组装、订货制造和订货工程方式。

订货组装是指预先生产出半成品模块,将其储存起来,然后根据顾客订单的不同要求组装成不同的产品。订货组装有些类似于存货生产,零部件的标准化和通用化程度较高,生产批量较大,既适合于采用流水生产以提高生产率及降低生产成本,又能满足市场的不同需求,但储存的不是成品而是半成品。

订货制造是指预先设计好多种产品并提供样品供顾客选择,待接到顾客订单后才进入采购、制造或装配等生产过程。订货制造的好处是产成品基本上没有存货,不易造成产品积压;其缺点是生产周期较长,交货期不易保证,有失去部分顾客的风险。订货制造有时也依据市场预测提前(即未接到订单前)采购原材料或零部件,但如果预测不准确,会造成原材料或零部件的积压。

订货工程是指在接到顾客订单之后才进行产品设计,待工程图纸设计完毕后才进行采购、制造或装配。订货工程方式所生产的产品一般为非通用产品,或是顾客对产品提出特殊的要求。

(四)项目或单件生产过程

项目或单件生产过程是间歇生产过程的特殊情况,通常指一次性生产过程,其特点是每次生产的产品种类都不一样,一般采用通用设备进行生产,工作站或工序也不固定,且加工程序不再重复,如造船、大型电站设备、桥梁、建筑等。网络计划技术是设计此类生产过程的最有效的工具。

第二节 设施平面布局

设施平面布局是根据已选定厂址的地形,对工厂的基本生产设施和公用设施进行合理的布置。较常用的设计方法有物料流向图法和活动相关图法。

一、物料流向图法

物料流向图法是按照原材料、在制品及其他物资在生产过程中的主要流动方向及运输量的情况来布置厂内的运营设施单位；其遵循的原则是在顺应物料流向的基础上使物料的运输距离最短、运输成本最低，即运营设施单位之间的运输量越大，它们之间的运输距离越短。

物料流向法的步骤如下：

第一步，绘制物料流向图。物料流向图要标明物料流动方向，要求生产过程的流向与物料流动方向保持一致，以利于物料的输入和产品的输出。图 6 – 1 为典型机械工厂物料流向平面布局图。

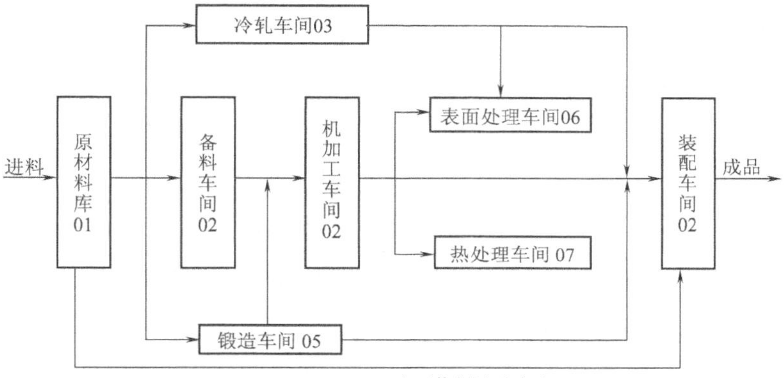

图 6 – 1　典型机械工厂物料流向平面布局图

第二步，绘制运量相关图。运量相关图表示运营设施单位之间的物料流向和运输量。表 6 – 1 为典型机械工厂各车间之间的物料运量表，也称从至表。从至表表示物料"从……（地点、部门、车间）运到……（地点、部门、车间）"的方向和数量。根据表 6 – 1 中的运输量，可绘出运量相关图，如图 6 – 2 所示。

表 6 – 1　典型机械工厂各车间之间的物料运量表　　单位：吨

至 j 车间 / 从 i 车间	01	02	03	04	05	06	07	08	合计
01	—	10	5		8			1	24
02		—		10					10
03			—			3		1	4
04				—		7	4	4	15
05				5	—	—		2	7

续表

至 j 车间 / 从 i 车间	01	02	03	04	05	06	07	08	合计
06								10	10
07							—	4	4
08								—	0
合计	0	10	5	15	8	10	4	22	74

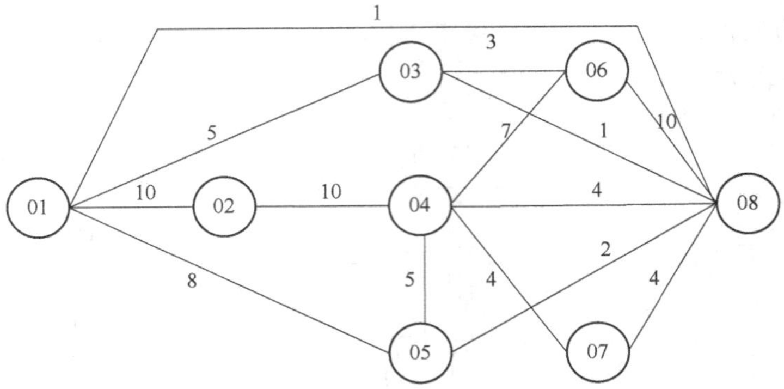

图 6-2　运营设施单位之间的物料流向和运输量

第三步，分析运量相关线图，进行平面布置。

由图 6-2 可知，01 号与 02 号车间，02 号与 04 号车间，06 号与 08 号车间之间的运量最大，因此在布置时应尽量靠近，其他车间的布置可酌情处理。

二、活动相关图法

除了运输成本之外，还有许多其他因素需要在设施布局中加以考虑，如几个部门使用相同的机器或设备、需要同一批操作人员和相连续的工作流程等。生产活动相关图法就是综合分析多方因素来判断企业各部门之间工作关系的相关联程度，评出部门之间的相对重要性等级，然后根据相对重要性等级进行设施平面布局。生产活动相关图法又称为靠近程度评估法（Closeness Rating），通常将各部门之间的相对重要性分为 6 个等级，每一个相对重要性等级的原因用数字表示，如表 6-2和表 6-3 所示。

表 6-2　相对重要性等级分类、代码及评分值

代码	相对重要性等级	评分值
A	绝对必要（Absolutely Necessary）	6
E	非常重要（Very Important）	5
I	重要（Important）	4

续表

代码	相对重要性等级	评分值
O	一般重要(Ordinary Important)	3
U	不重要(Unimportant)	2
X	不希望要(Undesirable)	1

表 6－3　相对重要性原因和代码

代号	相对重要程度的原因
1	使用共同记录
2	需要同批人员
3	使用共同场地
4	人员联系密切
5	文件联系密切
6	工作流程连续
7	工作性质类似
8	使用共同的设备
9	可能的不良秩序

生产活动相关图法的具体步骤如下：

第一步，绘制生产活动相关图。图 6－3 是典型机械工厂 8 个组成部门的相互关系图。如何进行平面布局取决于它们之间工作关系的相关联程度。斜线上面的字母按表 6－2给出的意义表示两个部门相对重要性程度，下面的数字则按表 6－3 给出的意义说明相对重要性的原因。

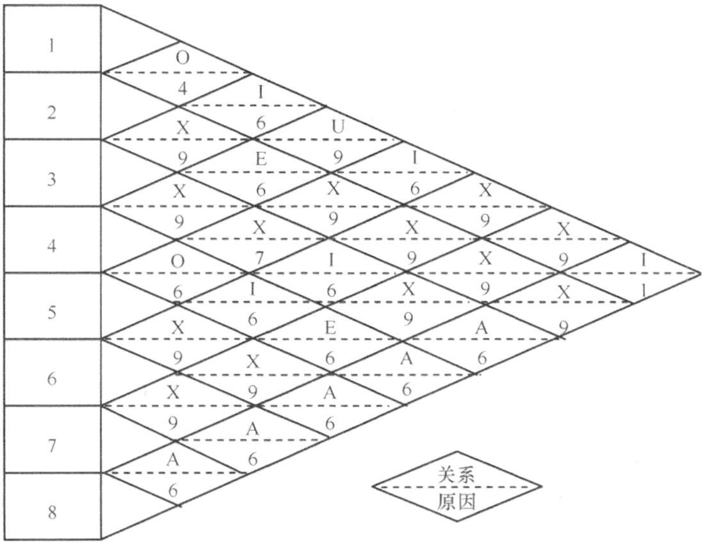

图 6－3　某机械工厂生产活动相关图

例如,机加工车间与装配车间的关系为 A/6,说明它们之间的关系绝对必要,其原因是要保证生产过程的连续性。冷轧车间与锻造车间的关系为 X/7,说明它们之间没有工作关系且工作性质相同,都是为装配车间制造机械零件。

第二步,编制重要程度及积分统计表。根据生产活动相关图,就可以把各组成单位的相互关系罗列到一张表格上,并计算各单位的积分,如表 6－4 所示。

表 6－4　重要程度及积分统计表

1. 原材料库		2. 备料车间		3. 冷轧车间		4. 机加工车间	
重要程度	积分	重要程度	积分	重要程度	积分	重要程度	积分
A	0	A	0	A—6	6	A—6	6
E	0	E—6	5	E	0	E—6,6	10
I—6,6,1	12	I—1,8	8	I—6,6	8	I—6	4
O—4	3	O—4	3	O	0	O—6	3
U—9	2	U	0	U	0	U—9	2
X—9	2	X—9,9,9,9,9	5	X—9,7,9,9	4	X—9	1
合计	19		21		18		26
5. 锻造车间		**6. 表面处理车间**		**7. 热处理车间**		**8. 装配车间**	
重要程度	积分	重要程度	积分	重要程度	积分	重要程度	积分
A—6	6	A—6	6	A—6	6	A—6,6,6,6,6	30
E	0	E	0	E—6	5	E	0
I—6	4	I—6,6	8	I	0	I—1	4
O—6	3	O	0	O	0	O	0
U	0	U	0	U	0	U	0
X—9,9,9,7	4	X—9,9,9,9	4	X—9,9,9,9,9	5	X—9	1
合计	17		18		16		35

第三步,根据各运营设施单位的重要程度及积分统计表,进行平面布局。由表 6－4 可知装配车间积分最高,故应首先确定它的位置,然后根据其他部门之间的重要程度确定它们的位置。经过上述分析后,就可按各部门的占用面积比例做出 8 个方块,每个方块代表一个运营部门。在考虑其他服务设施和生活设施的基础上,完成平面布局图,如图 6－4 所示。

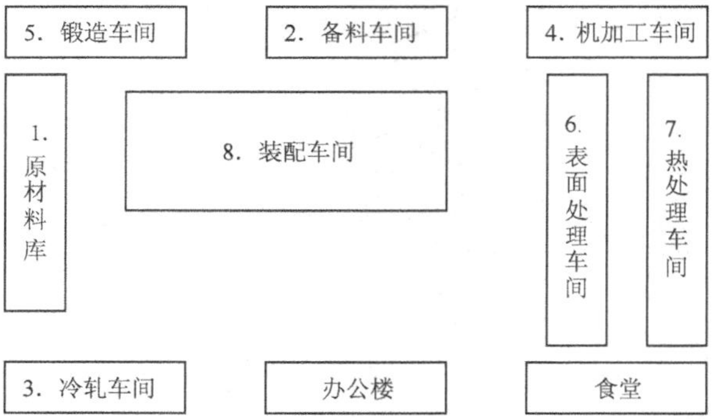

图 6－4　按面积比例和厂区范围安排的工厂平面布局图

第三节　设备布置

设备布置研究的是如何在工作场所合理布置各种必要的设备和设施，其基本目的是设计出一个能以最经济的方式满足生产能力要求和产品质量要求的生产系统。在设备布置中经常涉及工作站（工作中心或工作地）概念，工作站是进行一项具体生产活动的地点，它由机器设备和辅助工具所构成且占用一定的生产面积。

一、设备布置的基本类型

设备布置主要有工艺布置、产品布置和定位布置3种类型。

（一）工艺布置

工艺布置是将具有相同功能的同种设备集中在一个工作站，其遵循的原则是工艺专业化，因此也称工艺专业化布置或功能布置。例如，将所有的车床和铣床分别放在一起，检验工序和装配工序也都分别安排在一起，如图6－5所示。

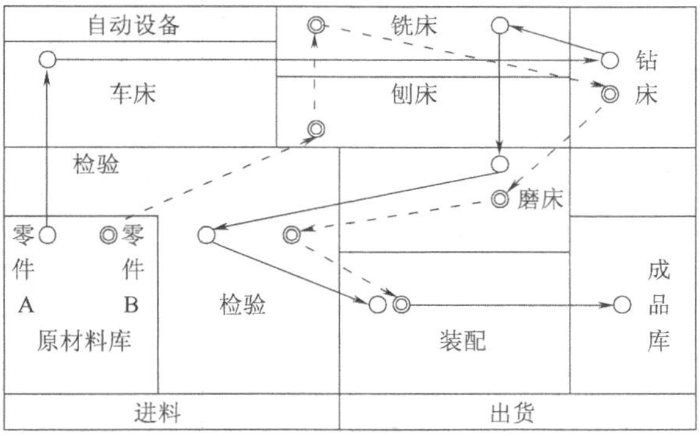

图6－5　设备的工艺布置

从图6－5可看出，机器按功能布置，如果零部件按其设计要求采取不同工艺路线（如图6－5中显示的零件A和B）就需要成组地从一个工作站运往另一个工作站，而它们等待加工时则暂时存放在该工作站内。这就将大量的人力、物力和时间浪费在生产对象的运输上，而且还要占用很大的生产面积存储在制品。采用这种布置方式往往是由于同样的设备必须用来制造多种不同的零部件，或者零部件和产品设计还没有最终确定下来的情形，其最大的好处是有很强的灵活性，即工艺路线的灵活性、零部件设计的灵活性以及生产数量的灵活性。

（二）产品布置

产品布置是按照某种产品或零件的装配或加工工艺的顺序来排列相关设备，遵循的原则是对象专业化，最典型的例子就是流水生产线或装配线，如图 6－6 所示。

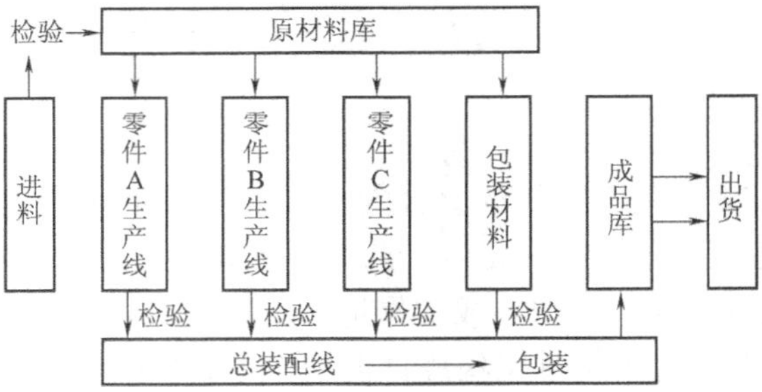

图 6－6　设备的产品布置

从图 6－6 中可看出，产品布置的基本形式是由产品或零部件决定的，机器设备则按产品生产工艺路线的先后顺序排列，即使零件 A 和零件 B 生产线中的某些设备是相同的，也会在不同的生产线中予以重复安置，这就是对象专业化原则导致设备利用率不高的主要原因。然而从另一个角度来看，由于生产对象连续运动，人工运送量很小，而且各工序的在制品存量很少，因此加快了生产节奏，降低了运输成本，缩短了生产周期，占用的生产面积也比工艺布置要小。从这些优点来看，即使所需设备数量较多，其优越性也远大于工艺布置。情况还不仅如此，采用产品布置可以使管理工作大为简化，各生产单位的工作分工非常明确而且稳定，因此制定生产计划和安排生产进度都相对简单。

有些人认为，工艺布置方式是低效率生产者采用的，而产品布置则为高效率生产者所采用。这种看法并不完全正确。如果考虑不周，两种布置方式可能都是低效率的；同理，两种布置方式又都可能是高效率的。问题的关键在于，所采用的布置方式是否适应生产的实际情况。如果生产条件属于多品种小批量情形，那么工艺布置会比产品布置更经济。这是因为，工艺布置使生产设备具有较大的灵活性，从而可用一种设备生产各种不同的零件，由此设备的利用率就会很高而设备的总投资却很低。反之，如果采用产品布置，各种不同零件的生产线就需要布置一些相同的设备才能完善生产过程，所以设备利用率很低而设备的总投资却很高。此外，采用工艺布置，若某台设备出现故障，不会影响到整个生产过程；而采用产品布置，若某台设备出现故障则会造成整个生产过程的停顿。如果在产品设计还未最后定型的情况下就采用产品布置，那么产品设计一旦变化就要重新布置生产线。

如果满足下列条件，采用产品布置可以降低生产成本，且有较高的生产率：

1. 产品设计已经基本定型，不会再有较大的变动。产品设计稍有变化可以靠调整生产线得以实现，但变化不能太频繁，也不能太大，否则超过了生产线的调整限度，就需要重新设计生产线。

2. 零部件已实现标准化且具有较好的互换性。零部件有良好的互换性才能使生产线少作特殊的改装与调整，如果零部件不具备互换性，就会使装配过程停顿或中断，从而形成“瓶颈”。

3. 产量足够大，使设备具有合理的利用率。产量多大算足够须根据具体产品进行经济分析，一般而言，合理的设备利用率总是与高产量密切相关的。

4. 市场需求较为稳定。由于生产线布置完毕之后其生产能力也就随之确定，因此稳定的市场需求是使生产线均衡运转的前提条件，否则将会导致脱销或积压的局面出现。

5. 原材料可以连续供应。其他条件满足之后，原材料或零部件能否连续供应就成为生产线持续运转的关键，任何一项材料或零部件的短缺都会使生产过程陷于停顿。

相比较而言，装配过程采用产品布置比制造过程更为常见。这是因为，机床的切削加工一般具有固定的机器周期，相邻工序不易协调一致；而装配过程，特别是人工装配过程，可以通过分解或合并工序取得协调。

（三）定位布置

定位布置是将生产对象固定不动，而将加工设备按加工顺序及移动的困难程度环绕生产对象作同心圆布置。这种布置形式适用于产品难以移动，制造件数少且加工时间长的情形，如飞机、轮船，大型发电机、汽轮机、水轮机以及大型电力机车的生产等。

定位布置的优点是加工对象移动较少，运输费用较低，工作程序易于设计和调整，管理也较为简单；缺点是不适合大量生产。有些产品由于体积庞大，移动困难且批量较小，只适合于采用定位布置进行生产，如前面提到的飞机、轮船等；而有些产品，如大型工程机械、载重汽车、大型农业机械等，在生产数量达到一定规模后，采用产品布置或工艺和产品混合的布置形式，可以提高生产效率和降低生产成本。

在生产实际中，工艺布置和产品布置应用较多，但最常见的是将两种布置形式结合在一起应用。通常，零件制造采用工艺布置，而部件装配和产品总装配则采用产品布置，除非装配产品的体积和重量都很大而只能采用定位布置。下面先讨论工艺布置的常用方法，而产品布置方法则在流水线设计及其平面布置中再专门讨论。

二、工艺布置方法

工艺专业化设备布置所要解决的主要问题是如何合理安排各工作站之间的相对位置，使物料在各工作站之间的运输路线最短且运输量最小。要解决这个问题，除非碰到特别简单的情形，否则只凭经验是很难做到的。在实际中，比较常用而且简便的方法是从至表试验法。其步骤如下：

第一步，根据每种零件的加工顺序绘制工艺路线图。假设现在有 17 种零件和 10 个工作站，根据每种零件的加工顺序可以绘制出每种零件经过各工作站（或设备）进行加工的工艺路线，如图 6 – 7 所示。例如，图 6 – 7 中 01 号零件从毛坯库①取出后运至铣床②加工，再到车床③加工，接着到钻床④加工，然后运到压床⑤压制，最后送到检验台⑥检验。

第二步，根据零件工艺路线图编制零件从至表。从至表是零件从一个工作站到另

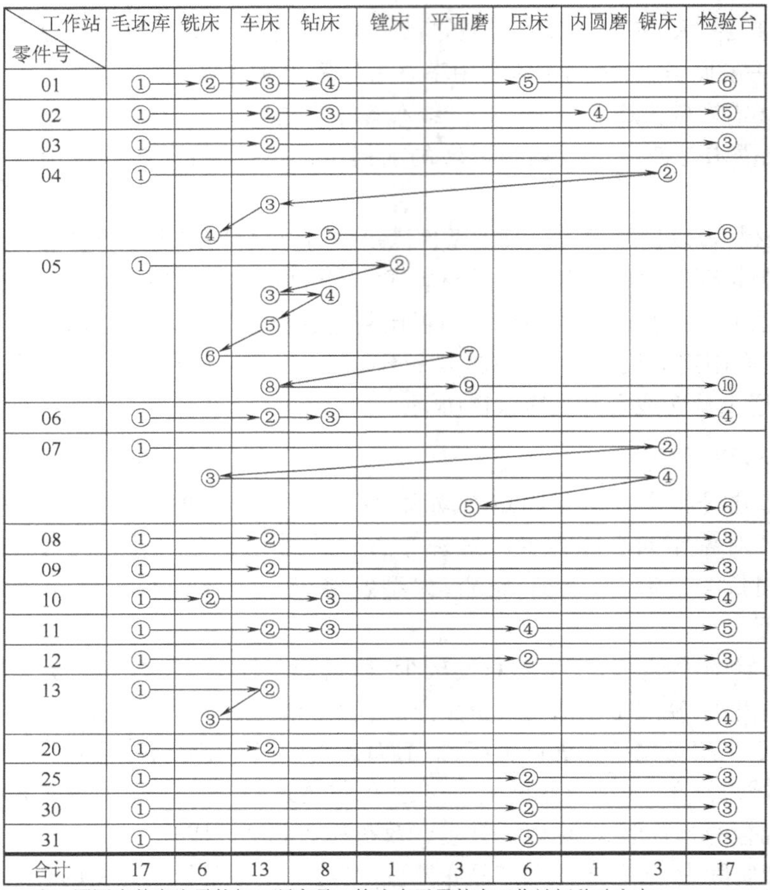

注：圆圈内数字为零件加工顺序号，箭头表示零件在工作站间移动方向。

图 6 –7　零件的工艺路线图

一个工作站搬运次数的汇总表,如表 6 – 5 所示。表的列为起始工作站,行为终至工作站,对角线上方表示按箭头前进的搬运次数之和,对角线下方表示按箭头后退的搬运次数之和。例如,从毛坯库到铣床对应格中的数字为 2,是指 01 号零件和 10 号零件都有从毛坯库中取出运至铣床的搬运问题;又如,从车床到铣床对应格中的数字为 3,且在对角线下方,说明有 3 个零件要从车床返运回铣床进行加工。

表 6 –5　初始零件从至表

至 从	1. 毛坯库	2. 铣床	3. 车床	4. 钻床	5. 镗床	6. 平面磨床	7. 压床	8. 内圆磨床	9. 锯床	10. 检验台	合计
1. 毛坯库		2	8		1		4		2		17
2. 铣床			1	2		1			1	1	16
3. 车床		3		6		1				3	13
4. 钻床			1				2	1		4	8

续表

从＼至	1. 毛坯库	2. 铣床	3. 车床	4. 钻床	5. 镗床	6. 平面磨床	7. 压床	8. 内圆磨床	9. 锯床	10. 检验台	合计
5. 镗床			1								1
6. 平面磨床			1							2	3
7. 压床										6	6
8. 内圆磨床										1	1
9. 锯床		1	1			1					3
10. 检验台											
合计		6	13	8	1	3	6	1	3	17	58

第三步，改进初始从至表。在零件从至表中，越靠近对角线的数字所对应的两个工作站的距离越近。最佳的设备布置应该是从至次数多的两台设备排在最短距离上，也就是靠近对角线。在初始零件从至表中，从至次数最多的是从毛坯库至车床 8 次，其次是从车床至钻床 6 次，从压床至检验台 6 次，但车床和检验台都不在最佳位置上，离对角线较远，所以要对其进行调整，即重新安排工作站的顺序，使数大的值尽量靠近对角线。改进后的零件从至表如表 6 – 6 所示。

表 6 – 6　改进后的零件从至表

从＼至	1. 毛坯库	2. 车床	3. 钻床	4. 铣床	5. 压床	6. 检验台	7. 锯床	8. 镗床	9. 内圆磨庆	10. 平面磨床	合计
1. 毛坯库		8		2	4		2	1			17
2. 车床			6	3		3				1	13
3. 钻床		1			2	4			1		8
4. 铣床		1	2			1	1			1	6
5. 压床						6					6
6. 检验台											0
7. 锯床		1		1						1	3
8. 镗床		1									1
9. 内圆磨床						1					1
10. 内圆磨床		1				2					3
合计		13	8	6	6	17	3	1	1	3	58

第四步，改进前后两个从至表的比较。将工作站举例相等的各次数按对角线方向相加，再乘以离开对角线的格数，就可以求出全部零件在工作站之间移动的总距离，如表 6 – 7 所示。

表 6－7　零件移动总距离计算表

次别	前进	后退
	格数×对角线方向各次数之和	格数×对角线方向各次数之和
初始从至表	1×(2+1+6)=9 2×(8+2+1)=22 3×(1+2+6)=27 4×(1+1+1+2)=20 5×0　=0 6×(4+4)=48 7×(1+3)=28 8×(2+1)=24 小计　178	1×(3+1)=4 2×(1　)=2 3×(1+1)=6 4×0　=0 5×0　=0 6×1　=6 7×1　=7 8×0　=0 小计　25
	总移动距离:178+25=203(单位距离)	
改进后从至表	1×(8+6+6)=20 2×(3+2+1)=12 3×(2+4+1+1)=24 4×(4+3)=28 5×0　=0 6×(2+1+1)=24 7×1　=7 8×1　=8 小计　123	1×(1+2)=3 2×1　=2 3×(1+1)=6 4×2　=8 5×1　=5 6×1　=6 7×0　=0 8×1　=8 小计　38
	总移动距离:123+38=161(单位距离)	

改进后从至表的零件移动的总距离比初始从至表减少 203－161＝42 个单位距离，也就是说，经过调整重新布置工作站，可以比原顺序加工这 17 种零件总的运输路线缩短 42 个单位距离。

从至表试验法虽然可以解决运输路线问题，但由于未考虑运输量和运输成本，还不能确定总运输成本最小的设备布置方案。因此，我们还需要一种将运输量和运输成本加以综合考虑的方法。

为了进行运输成本分析，需要收集如下数据：①1 个生产周期内各工作站之间物料运送次数；②每次运送的单位距离运输成本；③在各种可能的布置方案中，各工作站之间的距离。

下面举例说明求总运输成本最低的布置方案。

【例 6－1】　工艺专业化设备布置方法

已知某车间有 A、B、C、D、E、F 六个工作站，各工作站之间每月平均物料运送次数及平均单位距离运输成本如表 6－8(a)和表 6－8(b)所示，求最小运输成本的设备布置方案。

表 6-8(a) 工作站之间月平均物料运送次数

从＼至	工作站					
	A	B	C	D	E	F
A	0	217	418	61	42	180
B	216	0	52	190	61	10
C	400	114	0	95	16	20
D	16	421	62	0	41	68
E	126	71	100	315	0	50
F	42	95	83	114	390	0

表 6-8(b) 平均单位距离运输成本 单位:元

从＼至	工作站					
	A	B	C	D	E	F
A	0	0.15	0.15	0.16	0.15	0.16
B	0.18	0	0.16	0.15	0.15	0.15
C	0.15	0.15	0	0.15	0.15	0.16
D	0.18	0.15	0.15	0	0.15	0.16
E	0.15	0.17	0.16	0.20	0	0.15
F	0.15	0.15	0.16	0.15	0.15	0

解:

(1)首先将上述单位成本矩阵与次数矩阵对应位置相乘得月成本数据如表 6-9 所示。

表 6-9 工作站间月运输成本 单位:元

从＼至	工作站					
	A	B	C	D	E	F
A	0	32.6	62.7	9.8	6.3	28.8
B	38.9	0	8.3	28.5	9.2	1.5
C	60.0	17.1	0	14.3	2.4	3.2
D	2.9	63.2	9.3	0	6.2	10.9
E	18.9	12.1	16.0	63.0	0	7.5
F	6.3	14.3	13.3	177.1	58.5	0

(2)将表 6-9 对角线下方数据加到其所对应的对角线上方数据上得总成本表,如从 A 至 B 的成本为 32.6,而从 B 至 A 的成本为 38.9,因此 A 与 B 工作站之间的运输成本为 71.5(=32.6+38.9),计算结果如表 6-10 所示。

表 6－10　工作站间运输总成本表　　单位:元

从＼至	工作站 A	B	C	D	E	F
A	0	71.5③	122.7①	12.7	25.2	35.1
B		0	25.4	91.7②	21.3	15.8
C			0	23.6	18.4	16.5
D				0	69.2④	28.0
E					0	66.0⑤
F						0

(3)根据总成本表中最大的前5个数字的排序可看出,工作站A要靠近B和C;B靠近D;D靠近E;最后,E接近F。运输成本较小的布置结果,如图6－8所示,双箭头表示要优先靠近。

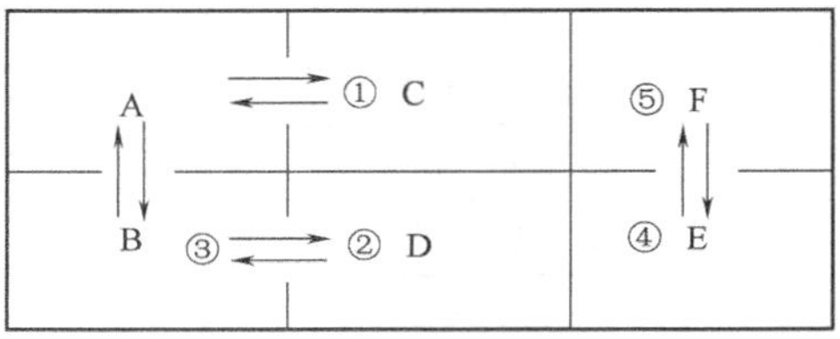

图6－8　运输成本较小的设备布置图

【例6－2】　设备布置的Excel解法

现有A、B、C、D、E五台机床,每月物流的运输成本如表6－11所示,求最小运输成本的设备布置方案。

表6－11　月物流运输成本　(单位:元)

从＼至	工作站 A	B	C	D	E
A		36	22	36	
B	33		28	35	
C	31	33		16	
D	39	32	21		
E	10	15	5	12	

解:

(1)在Excel中建立如表6－12所示的表格,然后使用解整数规划问题的方法进行求解。

表 6 – 12

A	B	C	D	E	F	
至 从	工作站					合计
	A	B	C	D	E	
A						0
B						0
C						0
D						0
E						0
合计	0	0	0	0	0	0

(2)在表格中输入计算公式。在 G11 单元格中输入“ = SUM(C11:F11)”,G12 单元格中输入“ = SUM(B12,D12:F12)”,G13 单元格中输入“ = SUM(B13:C13,E13:F13)”,G14 单元格中输入“ = SUM(B14:D14,F14)”,G15 单元格中输入“ = SUM(B15:E15)”;在 B16 单元格中输入“ = SUM(B12:B15)”,在 C16 单元格中输入“ = SUM(C11,C13:C15)”,在 D16 单元格中输入“ = SUM(D11:D12,D14:D15)”,在 E16 单元格中输入“ = SUM(E11:E13,E15)”,在 F16 单元格中输入“ = SUM(F11:F14)”,得到各个工作站之间互相运输的所有可能。

在 G16 单元格中输入“ = SUMPRODUCT(B3:F7,B11:F15)”,得到所有工作站的运输费用合计。

(3)使用“规划求解”工具进行计算。打开“规划求解参数”对话框,“目标单元格”输入 G16,“等于”选最小值,“可变单元格”输入 B11:F15,输入以下约束条件:B11:F15 > = 0,B16 = 1,C16 = 1,D16 = 1,E16 = 1,F16 = 1,G11 = 1,G12 = 1,G13 = 1,G14 = 1,G15 = 1。

单击“求解”按钮运行,弹出“规划求解结果”对话框,提示找到一个解;单击“确定”按钮,计算结果保存到 Excel 中。最终结果如表 6 – 13 所示。

表 6 – 13 规划求解最终结果

至 从	工作站					合计
	A	B	C	D	E	
A	0	0	1	0	0	1
B	1	0	0	0	0	1
C	0	0	0	1	0	1
D	0	0	0	0	1	1
E	0	1	0	0	0	1
合计	1	1	1	1	1	95

由表 6 – 13 可知,最小运输成本的设备布置方案为:A→C→D→E→B,成本为 95。

第四节　流水线设计

一、流水线的基本特征

流水线，又称流水生产，是指生产对象按照一定的工艺路线顺序通过每道工序的各个工作站，并按照一定的速度（节拍）连续或重复完成生产过程的生产组织形式。所谓节拍（Cycle Time），就是流水线相继产出两件相同制品之间的时间间隔。流水线具有如下基本特征：

（一）顺序性

流水线按照生产对象的工艺顺序将工作站排列成链条状，其间由传送装置连接，生产对象在工作站之间单向顺序移动，最大限度地减少了在制品的等待时间。所谓在制品（Work - in - process），是指处于生产过程之中的产品、半成品或零部件。

（二）专业性

流水线通常只生产一种或少数几种产品或零件，各个工作站仅需完成一种或少数几种作业，因此可以最大限度地使用专用设备或专用装具。

（三）节奏性

生产对象在各道工序按一定的时间间隔投入和产出，保持一定的节拍；两批相同制品之间也按一定的时间间隔投入流水线或从流水线产出，保持一定的节奏。所谓流水线的节奏（Rhyme），是指流水线顺序生产两批相同制品之间的时间间隔。

（四）连续性

生产对象在各个工作站之间作平行移动或平行顺序移动，最大限度地减少了设备的加工间歇时间。生产对象的平行移动是指在一批制品需要加工的情况下，每个制品在前道工序加工完毕后立即转送到下道工序进行加工，即一批制品同时在不同工序上进行加工，但是由于前后工序的加工时间可能不相等，制品在前后工序之间仍会有短时间的等待或设备间歇现象。生产对象的顺序移动是指在一批制品需要加工的情况下，该批制品只有在前道工序全部加工完毕后才整批转送到下道工序进行加工，即生产对象在工序之间是整批移动的。而平行顺序移动是指一批制品在前道工序还未全部加工完毕之前就将已经加工完毕的制品送到下道工序进行加工，它既考虑了制品移动的平行性，又保持了加工的连续性。

（五）比例性

流水线各道工序的生产能力是平衡的、成比例的，即各道工序的工作站（或设备）数同各道工序单件制品的加工时间大致相等。也就是说，如果假设完成某件制品的加工需要经过 1,2,…,m 道工序;流水线各道工序的工作站数分别为 $s_1,s_2,\cdots,s_m$;各道工序的单件作业时间分别为 $t_1,t_2,\cdots,t_m$;流水线的节拍为 r,则使流水线各道工序之间保持平衡的条件是:

$$\frac{t_1}{s_1}=\frac{t_2}{s_2}=\cdots=\frac{t_m}{s_m}\approx r \tag{6-1}$$

该条件也称为流水线的工序同期化。

二、流水线的分类

企业中的流水线形式是多种多样的,根据流水线的特点可按不同标准进行分类:

(一)按生产对象的移动方式分类

按生产对象的移动方式可分为固定流水线和移动流水线。

1. 固定流水线,是指生产对象不动,操作人员携带工具沿着顺序排列的生产对象进行移动加工,待完成一批制品的加工或装配后再回到流水线的始点进行下一批制品的加工或装配。这类流水线适用于不便运输的大型制品,如重型机械、船舶的加工和装配。

2. 移动流水线,是指生产对象移动,操作人员、设备和工具的位置固定,生产对象经过各个工作站的加工或装配后,成为半成品或成品。这类流水线应用比较广泛,适用于批量较大的制品生产,如汽车、电视机等大量生产的装配线。

还有一种移动流水线是设备和工具固定,操作人员和生产对象移动,一个操作人员经过各个工作站完成整个生产过程的全部加工或装配后使生产对象成为半成品或成品。该类流水线适用于品种较多,每个品种数量较少(即多品种小批量)且劳动力相对稀缺而资本相对充裕的情况。

(二)按生产对象的数量分类

按生产对象的数量可分为单一品种流水线和多品种流水线。

1. 单一品种流水线,是指仅生产一种制品或零件,生产的数量大到使流水线几乎是满负荷运转,品种却固定不变,因此又称为不变流水线。这类流水线适用于大量生产(Mass Production)的产品。

2. 多品种流水线,是指生产两种或两种以上结构相似制品的流水线。根据制品输送方式的不同又可进一步分为多品种可变流水线、多品种混合流水线和成组流水线。

(1)多品种可变流水线成批轮番地生产几个品种不同但结构和工艺相似的制品,通常在变换品种时要人工调整相应的设备和装具。

(2)多品种混合流水线是将多个品种不同但结构和工艺相似的制品混合送入流水线,在变换品种时自动地调整相应的设备和装具。

(3)成组流水线则是成组技术在生产过程设计中的应用。它是根据相似零件组的工艺路线来进行的设备布置,工序间的运输采用小车或滚道。它具有大量流水生产的优点,但在流水线中流动的不是一种零件,而是一组相似的零件。

(三)按生产过程的连续程度分类

按生产过程的连续程度可分为连续流水线和间断流水线。

1. 连续流水线，是指生产过程的各道工序精确实现同期化(即各工序作业时间均与流水线节拍相等)，生产对象从投入到产出毫不停留地从一道工序转到另一道工序，整个生产过程是连续不断的。它是流水线中最完善的形式，能够实现最短的生产周期和最少的在制品占用量。

2. 间断流水线，是指生产对象在各道工序间缺乏精确的同期化，各道工序的生产能力不完全平衡，制品在工序间会出现停留等待现象，生产过程不是完全连续的。

(四)按流水线节拍的形式分类

按流水线节拍的形式可分为强制节拍流水线和自由节拍流水线。

1. 强制节拍流水线是用机械化传送装置等专门设备来强制实现规定的节拍，操作人员必须在规定的时间内完成自己的工作，如有延误或违反操作规程就会影响下道工序的生产。

2. 自由节拍流水线是由操作人员自行保持规定的节拍，它要求各道工序必须实现规定的节拍，但每道工序中各个工作站的每件制品的加工时间不一定与节拍相等，可由操作人员自行掌握。一般在各道工序间都保有一定数量的在制品存货用以调节流水线的节拍。

(五)按流水线的自动化程度分类

按流水线的自动化程度可分为手工流水线、半自动流水线和自动化流水线。

自动化流水线由自动机床和自动化输送装置组成，制品在一道工序加工完毕后，自动地由一台机床送至另一台机床，流水线上的操作人员只起监督作用。

流水线的分类可归纳为图 6-9。

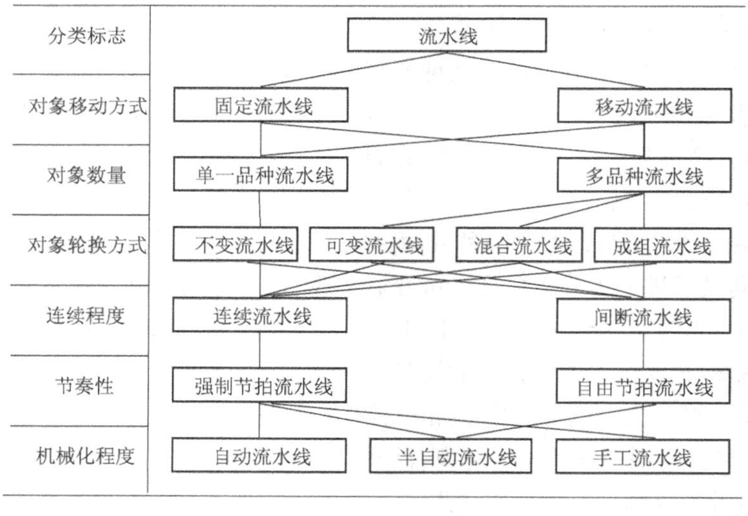

图 6-9　流水线的分类

三、单一品种流水线设计

流水线的设计包括技术设计和组织设计。技术设计是流水线的“硬件”设计，包括工艺路线、操作规程的制定，专用设备的设计，设备改装设计，专用工装夹具的设计等。组织设计是流水线的“软件”设计，包括流水线的节拍和生产速度的确定，设备需要量及其负荷的计算，生产线的平衡（工序同期化），操作人员配备，生产对象传送方式设计，流水线的平面布置等。

流水线的典型代表是以手工为主的移动装配线，此类流水线在汽车、家用电器等常见工业中的应用极为普遍，而单一品种移动装配线又是其中最简单的形式，因此它是我们研究的主要对象。

流水线设计的重点是解决流水线的平衡问题。流水线平衡（Line Balance），也称工序同期化，就是对于特定制品，在给定流水线节拍和制品加工顺序的条件下，求出使流水线所需工作站（或设备）数量最小而工作效率（或负荷）最大的配置方案。

流水线平衡的目标是在分配工作量于各工作站时使各道工序的各个工作站的作业时间近似相等，由此才能使流水线的闲置时间最小，而人工和设备的利用率最大。闲置时间的产生是由于各个工作站的生产能力不同，使得各个工作站的作业时间相异，作业时间短的工作站必须等待作业时间长的工作站将产出传送过来。闲置时间不仅使人工和设备效率低下，而且极易使流水线出现“瓶颈”。流水线不能顺畅的主要障碍是无法使各个工作站的作业时间相等，主要原因是某些工件的加工在技术上存在先后顺序，工作站的安排必须符合这种顺序，这样便无法顾及各个工作站的作业时间。然而通过工序的分解和重新组合，能够最大限度地减少闲置时间而又保持工件加工的工艺顺序，这就是流水线平衡的主要内容。

流水线设计的步骤如下：

（一）计算流水线的节拍

$$r = \frac{F}{N} \tag{6-2}$$

式中：F——计划期内有效工作时间（小时/分钟/秒）；

N——计划期内生产数量（台/件/个）；

r——流水线节拍。

有效工作时间是指规定的上班时间减去设备维护、更换工具、午餐和休息时间。例如，计划期为1年（52周），每年节日放假为10天，每周工作5天，每天工作8小时，每天午餐和休息时间为1小时，则计划期内有效工作时间 $F = (5 \times 52 - 10)(8 - 1)60 = 105\ 000$ 分钟。

（二）计算流水线所需最小工作站数

流水线所需最小工作站数的计算公式如下：

$$S_{\min} = \left[\frac{\sum t_i}{r} \right] \tag{6-3}$$

式中：$S_{\min}$——流水线实现平衡时的理想最小工作站数；

t_i——第 i 道工序的作业时间；

$\sum t_i$——产品加工或装配的总作业时间；

r——流水线节拍；

[ ]——表示取方括号内数字的整数。

（三）流水线平衡

流水线平衡的基本方法是将工作任务细分为许多小工序（称为作业元素），然后以适当的方式将相邻的小工序合并成大工序，使这些大工序的作业时间近似等于流水线的节拍[见式（6-1）]。一般而言，作业分解得越细，则在进行流水线平衡时就越灵活。

流水线平衡必须满足下列条件：

1. 保证各工序之间原来的先后顺序不变。

2. 分配给每个工作站的作业元素加工时间之和不能大于节拍。流水线平衡的目的是使闲置时间最小化，因此各工作站的工作任务分派之后须计算各工作站的闲置时间和工作负荷率，以了解闲置时间的多少和工作量是否饱满，看是否还有改进的余地。工作站闲置时间和工作负荷率的计算公式如下：

$$\text{工作站闲置时间} = \text{流水线节拍} - \text{作业时间}$$

$$\text{工作站负荷率} = \frac{\text{作业时间}}{\text{流水线节拍}}$$

3. 使各工作站的单件工作作业时间尽量接近于节拍。

4. 使工作站数量尽量地少。

常用的工序分配方法有启发法和分支定界法，前者适于手工计算，但通常只能求得一个满意解；后者计算量较大，一般借助于计算机，但可求得最优解。

启发法遵循如下原则：①加工时间最长的作业元素优先分派至工作站，其余依时间长短顺序安排，直至全部分配完毕；②后续作业数量最多者优先分派至工作站，其余依数量多少顺序安排；③先行作业数量最多者优先分派至工作站，其余依数量多少顺序安排。

在生产实际中，流水线平衡问题通常较为繁杂，安排工作站的可行方案可能很多，甚至无法通盘考虑每一种可行方案。对于一个具体的流水线平衡问题，上述 3 种原则不一定都适用，一般通过选择试用以求得较合理的答案，但不能保证是最优解。

（四）计算流水线的总负荷率

流水线总负荷率的计算公式如下：

$$\eta = \frac{\sum t_i}{Sr} \tag{6-4}$$

式中：η——流水线总负荷率；

r——流水线节拍；

S——流水线平衡后实际采用的工作站数。

流水线的负荷率越大，流水线的中断时间就越短，流水线的生产效率就越高。一般而言，机械化流水线的负荷率不应低于 0.75，手工装配流水线的负荷率应在 0.85 以上。

与流水线负荷率相反的是流水线的平衡损失率 BD(Balance Delay)，也称流水线的闲置率(Ratio of Idle Time)，其计算公式为：

$$BD = 1 - \eta \tag{6-5}$$

当流水线的平衡损失为零时，流水线的生产效率为 100%，此时流水线达到完全平衡。

(五)计算流水线的操作人员配备数

1. 手工流水线操作人员配备数量的计算公式如下：

$$P = \sum_{i=1}^{m} p_i = \sum_{i=1}^{m} S_i g w_i \tag{6-6}$$

式中：P——流水线操作人员总数；

p_i——第 i 道工序操作人员数；

S_i——第 i 道工序工作站数；

g——日工作班次数；

w_i——每个工作站同时工作人数。

2. 半自动流水线操作人员配备数量的计算公式如下：

$$P = \left(1 + \frac{b}{100}\right) \sum_{i=1}^{m} \frac{S_i g}{f_i} \tag{6-7}$$

式中：P——流水线操作人员总数；

S_i——第 i 道工序工作站数；

g——日工作班次数；

b——后备操作人员百分比；

f_i——第 i 道工序每个操作人员看管设备数。

(六)计算流水线传送带的速度与长度

传送带运行速度：

$$V = \frac{c}{r}(\text{米/分钟}) \tag{6-8}$$

式中：c——制品间隔距离；

r——流水线节拍。

由式(6-8)可知，节拍 r 为定值时，制品间隔距离 c 越大，传送带运行速度越快，c 越小，速度越慢。

流水线传送带长度：

$$L = mB + x \tag{6-9}$$

式中：m——流水线工序数；

B——工序间隔距离；

x——传送带两端附加量。

【例 6-3】 单一品种流水线设计

某项工作的作业元素、紧前作业和加工时间如表 6-14 所示。试根据表 6-14 资料：

(1)绘出作业顺序图；

(2)假设每天工作 8 小时，每月工作 20 天，计算月产量为 8 000 台的流水线节拍；

(3)计算最小工作站数；

(4)进行流水线平衡；

(5)计算流水线的总负荷率。

表 6-14

作业元素	紧前作业	加工时间(分钟)
a	—	0.2
b	a	0.2
c	—	0.8
d	c	0.6
e	b	0.3
f	d,e	1.0
g	f	0.4
h	g	0.3
合计(Σt)		3.8

解：

(1)作业顺序图：画作业顺序图时，先找出无紧前作业者为起点，本例为作业 a 和 c。作业 b 在 a 之后，d 在 c 之后。作业 e 接在 b 之后，f 接 d 和 e。作业 g 接在 f 之后，h 跟着 g，至此完成作业顺序图(见图 6-10)。

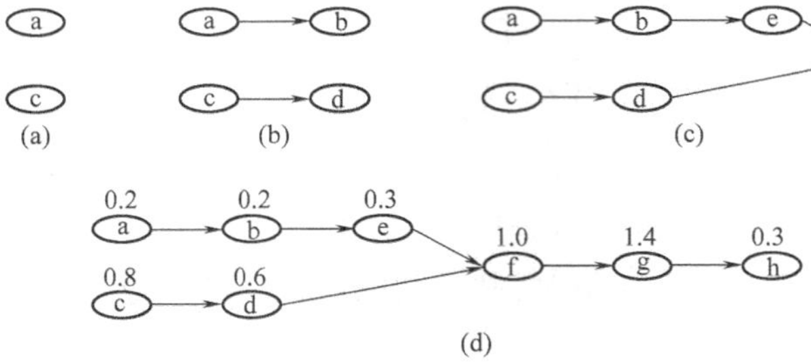

图 6-10 流水线作业顺序图

(2)计算流水线节拍：每月有效工作时间 F = 8 × 20 × 60 = 9 600 分钟，月产量 N = 8 000(台)，由式(6-2)得流水线节拍：

$$r=\frac{F}{N}=\frac{9\ 600}{8\ 000}=1.2(\text{分钟/台})$$

(3)计算最小工作站数：

$$S_{\min}=\left[\frac{\sum t_i}{r}\right]=\left[\frac{3.8}{1.2}\right]=[3.17]=4$$

(4)进行流水线平衡：由第一个工作站开始排列，排列经过如表 6－15 所示。

表 6－15

工作站	剩余时间（分钟）	可选择作业	分派结果	作业时间（分钟）	闲置时间（分钟）	负荷率（%）
1	1.2	a，c①	a①	0.2		
	1.0	c，b②	c②	0.8		
	0.2	b，d	b	0.2		
	0.0	e，d	无	∑1.2	0.0	100
2	1.2	e，d	d	0.6		
	0.6	e	e	0.3		
	0.3③	f	无	∑0.9	0.3	75
3	1.2	f	f	1.0		
	0.2③	g	无	∑1.0	0.2	83
4	1.2	g	g	0.4		
	0.8	h	h	0.3		
	0.5		无	∑0.7	0.5	58

注：①a 和 c 皆无紧前作业，两者均为可选择作业，但 a 的后续作业多于 c（由作业顺序图知 a 有 5 项后续作业，而 c 只有 4 项），故优先分派。

②a 分派后，c 与 b 成为可选择作业并都符合剩余时间 1.0 分钟的限制，但在两作业后续作业数量相同（均为 4 项）的情况下，因 c 的加工时间较长，故优先分派。

③虽然 f 可供选择，但由于其作业时间超过剩余时间而无法安排，故将其置于下一个工作站；g 的原因与 f 相同。

将分派结果绘图，如图 6－11 所示。

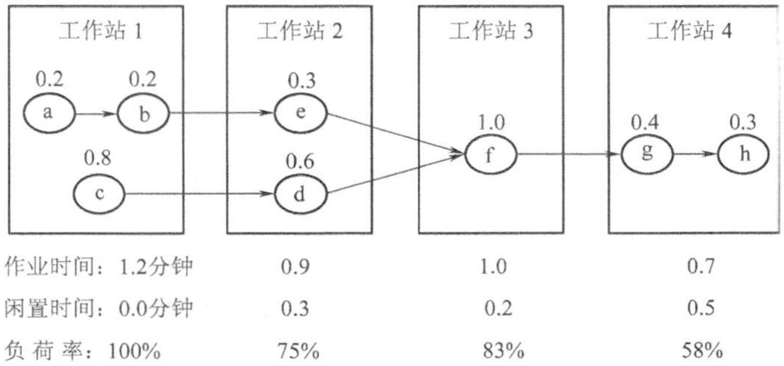

图 6－11　平衡后的流水线

(5)计算流水线的总负荷率：

$$\eta = \frac{\sum t_i}{Sr} = \frac{3.8}{4 \times 1.2} = 0.79$$

上述方法虽然提供了一个寻求流水线平衡近似解的相当简捷的方法，但并未涉及以下生产实际中存在的因素：

1. 技术因素。技术因素主要是指不同作业元素的技术要求，如果作业元素之间的技术要求差异极大，甚至彼此冲突，则无法安排在同一工作站内。例如，一项使用火的作业和另一项使用挥发性液体的作业就不能分派在同一工作站内，彼此之间必须保持一定的安全距离。

2. 人为因素。即使流水线能够实现平衡，但是仍免不了因人为因素的干扰而达不到预期的工作效率。人为因素的起因很多，如疲倦、厌烦、与工作无关的思考以及旷工和离职等。

四、流水线的平面布置

流水线的平面布置一般有直线型、L 型、U 型、分支型、环型和 S 型（见图 6－12）。工作站排列有单列式和双列式。单列式将工作站排列在传送带的一侧（见图 6－13），双列式将工作站排列在传送带的两侧（见图 6－14）。

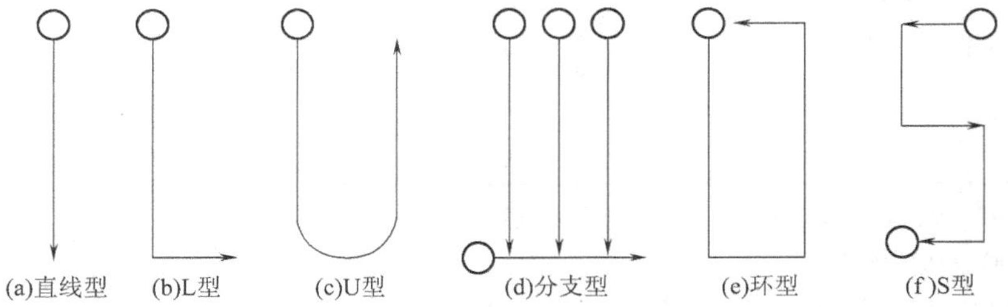

图 6－12　流水线平面布置形状示意图

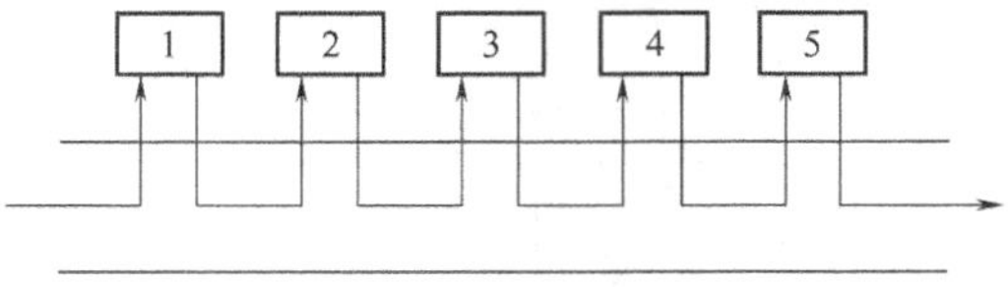

图 6－13　工作站单侧排列示意图

单列式流水线适合于在工序和工作站数量少的情况下采用，其优点是安装、拆卸和调整设备方便，供应材料或零部件、取下成品和清理废料容易。双列式流水线适合在工序和工作站数量较多而车间长度不足时采用，而 U 型和 S 型则适用于工序和工作站更多的情形。分支型流水线常用于零件加工和产品装配相结合的情况。总之，流水线的

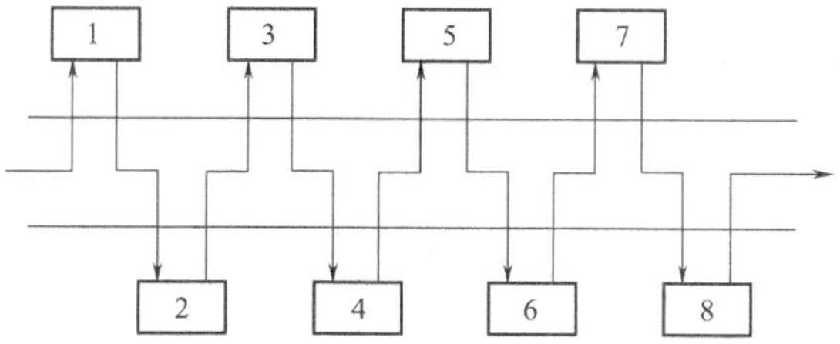

图 6－14　工作站双侧排列示意图

布置应根据实际情况确定而不能仅限于上述形式。在生产实际中，有些流水线甚至打破平面的局限而呈现空间布置。

五、成组加工单元与成组流水线

成组加工单元和成组流水线是成组技术在生产过程中的应用。成组加工单元是指按一组或几组工艺相似零件的共同工艺路线配备和布置设备，在单元内完成相似零件的全部加工的生产过程组织设计。成组加工单元应遵循如下设计原则：

第一，相似零件合并成组，每个单元内的被加工零件有相同或相似的被加工表面且在夹具中的定位表面和夹紧表面相同或相似。

第二，单元内的设备应能满足本单元所有零件的加工要求（即设备配备的种类要齐全）。

第三，要使各单元之间的生产能力近似平衡。

第四，工段或班组可以是一个单元，也可以是几个单元。

成组加工单元的布置形式如图 6－15 所示。

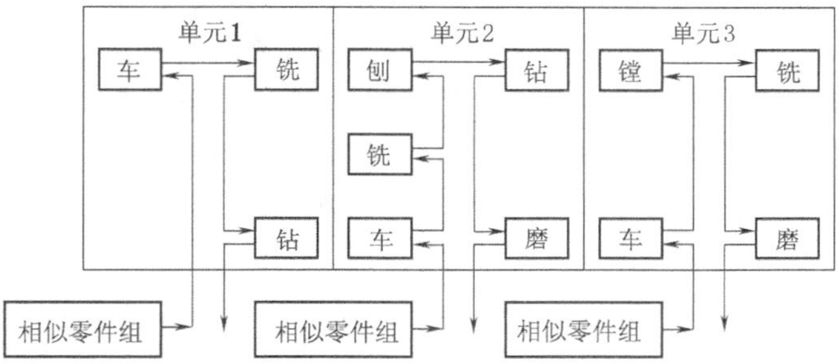

图 6－15　成组加工单元布置示意图

成组流水线是具有流水线特征的成组加工单元，其设计原则与成组加工单元类似，但它比成组加工单元有更高的生产效率。成组流水线根据相似零件组的工艺流程配置设备，设备随时可以进行局部调整以适应不同零件的制造，而且不过分强调节拍，工序间的运输采用滚道或小车。成组流水线与普通流水线的主要区别是在其间流动的不是固定的一种零件，而是一组相似的零件。在成组流水线的基础上可以组织以成组技术为逻辑基础的柔性制造系统和计算机集成制造系统，使多品种小批量生产方式采用自动化生产技术。成组流水线的布置如图 6－16 所示。

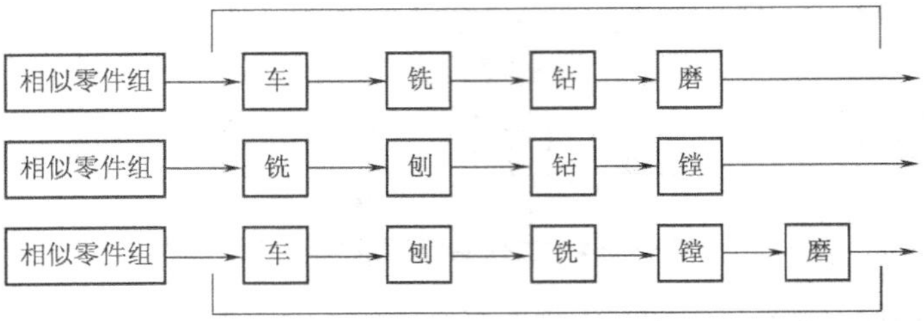

图 6－16　成组流水线布置示意图

本章小结

生产过程是指从原材料投入到生产出成品的全过程。生产过程由工序构成。工序也称作业、工作或活动，是指一个或一组操作人员在同一工作地点对同一个工作对象进行加工，需要耗费一定的人力、物力、财力和时间才能完成的工作或活动。生产过程设计是指在资金、设备、人员等现有条件的限制下，对生产技术和生产系统进行选择与整体规划，使其能以最低的成本得到最大的产出。生产过程设计的基本原则包括工艺原则和对象原则。工艺原则是指按照生产工艺的特征来设置生产单位，即按照设备类型和工艺方法来设置生产单位。对象原则是指按照生产对象，即所要生产的产品或零部件来设置生产单位。

工厂平面布局是根据已选定厂址的地形，对工厂的基本生产设施和公用设施进行合理的布置。设备布置是研究如何在生产场所或工作场所合理布置各种必要的设备和设施。设备布置主要有工艺布置、产品布置和定位布置 3 种类型。

流水线是指生产对象按照一定的工艺路线顺序通过每道工序的各个工作站，并按照一定的速度（节拍）连续或重复完成生产过程的生产组织形式。工作站是进行一项具体生产活动的地点，它由机器设备和辅助工具所构成且占用一定的生产面积。节拍是流水线相继产出两件相同制品之间的时间间隔。

流水线的设计包括技术设计和组织设计。流水线设计的重点是解决流水线的平衡问题。流水线平衡是对于特定制品在给定流水线节拍和制品加工顺序的条件下，求出使流水线所需工作站数量最小而工作效率最大的配置方案。流水线不能顺畅的主要障碍是无法使各个工作站的作业时间相等。通过工序的分解和重新组合，能够最大限度地减少闲置时间而又保持工件加工的工艺顺序。

习题

1. 什么是生产过程？什么是工序？它们之间的区别是什么？

2. 生产过程设计有哪些原则和要求？

3. 有哪几种典型的生产过程？它们分别具有什么特征？

4. 设备布置有哪些形式？它们各有什么优缺点？

5. 在设备布置类型中，产品布置方式是否一定比工艺布置方式优越？

6. 流水线具有哪些基本特征？

7. 为什么要对流水线进行平衡？如何平衡？

8. *设施布置需要遵循的基本原则有(　　)。

A. 物流的合理化　　B. 设施占用空间最小　　C. 设施布置的灵活性

D. 设施布置的系统协调性　　E. 作业环境的和谐

9. 按产品专业化原则建立生产单位，适用于(　　)。

A. 单件生产　　B. 小批生产　　C. 大批生产　　D. 工程项目

10. 汽车装配应采用(　　)。

A. 流水线布置　　B. 定位布置　　C. 对象专业化布置　D. 以上都不是

11. 适用于产品标准化程度高的设施布置类型是(　　)

A. 工艺布置　　B. 产品布置　　C. 定位布置　　D. 混合布置

12. * 服务业设施布置的原则包括:(　　)

A. 过程原则布置　　B. 对象原则布置　　C. 工艺原则布置　　D. 定位布置

E. 以上都是

13. 按工艺原则布置适于体积庞大、不能移动的加工对象。(　　)

14. 汽车生产流水线是按工艺原则布置的。(　　)

15. 节拍是指零件从开始加工到完成加工所经历的时间。(　　)

16. 零售业企业的设施选址是追求成本最小化，仓库的选址则要综合考虑成本和运输速度的问题。(　　)

17. 某公司 3 个部门之间的工作流量(每天的运输量)如表 6－16(a)所示。现欲将地点 A、B、C 分配给这 3 个部门使用，3 个地点之间的距离见表 6－16(b)。假设运输成本是运输距离的线性函数，求最小运输成本的分配方案。

表 6－16(a)　工作流量

从＼至	部门 1	部门 2	部门 3
1	0	10	80
2	20	0	30
3	90	70	0

表 6－16(b)　运输距离

从＼至	地点 A	地点 B	地点 C
A	0	20	40
B	20	0	30
C	40	30	0

18. 某复印机装配流水线的各项作业如表 6－17 所示。工厂规定每天的工作时间为 480 分钟，每天的产量为 40 台。试根据上述资料求：

表 6-17 某复印机装配流水线各项作业

作业	紧前作业	作业时间(分钟)
a	—	10
b	a	11
c	b	5
d	b	4
e	a	12
f	c, d	3
g	f	7
h	e	11
i	g, h	3

(1)作业顺序图;

(2)流水线节拍;

(3)最小工作站数;

(4)进行流水线平衡;

(5)流水线的总负荷率和闲置率。

19. 现有6个工作中心需要安排在地点A~F,使运输距离最短。其中工作中心6由于工作的关系必须将其安排在图6-17所示的A处,地点之间的距离和工作中心之间的工作流量见表6-18(a)和表6-18(b)。假设运输成本为每单位重量每米2元,且两地点间的往程与返程距离相等(如A到B=50米=B到A)。试根据已知资料设计一个运输距离最短的布置方案,并计算总成本。

A(6)	B	C
D	E	F

图 6-17

表 6-18(a) 每天的工作流量

从 \ 至	工作中心					
	1	2	3	4	5	6
1	-	90	25	23	11	18
2	35	-	8	5	10	16
3	37	2	-	1	0	7
4	41	12	1	-	4	0
5	14	16	0	9	-	3
6	32	38	13	2	2	-

表 6－18（b）　地点之间的距离　　　　单位：米

从＼至	地点					
	A	B	C	D	E	F
A	–	50	100	50	80	130
B		–	50	90	40	70
C			–	140	60	50
D				–	50	120
E					–	50
F						–

第七章

工作设计

★ **学习要点与要求** ★

设施选址与设备布置为运营系统的整体设计奠定了基础，但是上述过程并未考虑人与机器设备和工作环境之间的关系。然而运营目标毕竟最终要由人来实现，因此工作设计亦是运营系统设计的重要内容。读完本章以后，你应能：

1. 简述工作设计的意义与目标。
2. 指出专业化与自动化的优缺点。
3. 明确工作设计的范围。
4. 指出人与机器的区别。
5. 说明人在不同人－机系统中所充当的角色与作用。
6. 说明方法分析的目的，并叙述如何进行方法分析。
7. 描述动作研究的原则、途径与目的。
8. 定义工作测量。
9. 定义标准时间。
10. 比较各种时间研究方法的优缺点。

第一节　工作设计概述

一、工作设计的意义

所谓工作(Job)，是指一个(或一群)人所执行的各种不同类型的任务(Task)，而工作设计则是指确定这些任务的职责范围、工作环境和执行方法，以使工作的结果能够达到预期的目标。这些目标既要包括生产率、产品质量、成本、利润等经济指标，还应包括工作安全、工作满意、人员激励等。

生产率是运营管理的目标之一。生产率是指运营系统输出的产品或服务与生产这些产品或服务所消耗资源的比率,即

$$生产率=\frac{系统输出的产品或服务}{消耗的资源}$$

对运营经理来说,生产率是一个比较工具,或者说是运营系统的温度计,它可以判断运营系统的工作效率,并且可以找出系统运营中产生问题的原因。若将其视为绩效评估的工具,可用来衡量管理人员运用资源的效率和效益。

从生产率公式可以看出,要想提高生产率,就必须尽可能提高系统的产出而减少资源的消耗。可能的组合方案有以下几种:

(一)增加产出

增加产出的具体方法有:

1. 在资源消耗量一定的情况下增加产出量。

2. 在资源消耗量一定的情况下提高产品质量。

3. 在资源消耗量一定的情况下提高产品实现率。产品实现率是指产品销售量和生产量的比率,即

$$产品实现率=\frac{销售量}{生产量}$$

(二)减少投入

减少投入的具体方法有:

1. 在产出量一定的情况下,减少资源消耗量。

2. 优选更经济的替代物料或运营方法,减少物料和工时的消耗。

从以上叙述可以看出,提高生产率与技术因素和操作者行为因素相关。技术因素主要是指企业生产产品或提供服务所必须具备的生产技术和生产装备的技术水平,如新设备、新工艺、新材料的采用可以提高生产率。由于技术因素与生产设备和设施有密切的联系,因此可以将其称为提高生产率的“硬因素”。行为因素是指操作者的心理需求或感情变化对生产率的影响。影响操作者行为的因素多种多样,而且极易变化,因此可以将其称为提高生产率的“软因素”。随着操作者受教育程度和收入水平的不断提高,人的心理需要逐渐超越经济需要而占据主导地位。为了适应这些变化,达到提高生产率的目的,生产管理人员除了要考虑采用技术先进的设备之外,还必须考虑使用和管理这些设备的人的因素。因为任何设备的使用和维护都离不开人,他们的心理活动和行为也会影响到生产率的提高。

工作设计是运营管理最早研究并应用于实践的一个领域,然而自从亚当·斯密时代以来,确定工作内容的主要原则一直是劳动分工。这一思想一直被用作工作设计能获得最大效果的唯一手段。工作已被分解得过细,以至于人在很多情况下对其所要完成的工作不感兴趣,因此近年来已出现反对把工作分得过细的趋势。一些研究人员发现,变换工作内容或扩大工作范围可以使人重新获得工作兴趣,同时也使生产率和产品质量得到提高。这一事实使人们认识到,衡量工作设计是否成功的主要

标准是人对其所从事的工作是否满意。实际上，亚当·斯密并未对劳动分工的具体程度给出任何限制，因此劳动分工的最终答案是：找出那些构成一项工作的组合要素中起关键作用的因素并加以灵活运用，使之与其他要素形成最佳组合，这就是工作设计的意义。

二、工作设计的目标

工作设计要满足两个目标，一是满足生产率和质量的目标，二是使工作安全、有激励性、能使工人有满意感。良好的工作设计可以使员工在工作中心情舒畅、愉快，疲劳感下降，自我实现感得到满足，达到提高生产率和质量、降低成本、缩短生产周期、提高经济效益的目的。

一般而言，工作设计的目标是创造出一个高效率、低消耗的运营系统。指导工作设计的基本思想有两个学派：一个是效率学派（Efficiency School），它强调工作设计的逻辑思维和系统方法；另一个是行为学派（Behavioral School），它强调的是人在工作中得到的欲望和需求的满足。

效率学派是泰罗科学管理思想的延续，以提高生产率和降低成本为主要目标，途径是劳动分工之后的机械化、自动化和人员的专业化。这种途径的基础在于不需要较多的熟练技工，而其结果却能达到高产出和高效率。

专业化的主要用意是希望能集中一个人的精力、才华或技巧而能在某一方面有所建树或提高工作效率。这种观念对于专业人士（教师、医生、律师等）似乎是正确的，但是对于生产线上的工人来说则另当别论。虽然高度专业化的确能提高生产率并降低单位成本，然而很不幸的是，许多专业化的工作都被认为是单调和极端无聊的。从而会产生诸如不合作、缺勤、怠工等现象。表7－1指出了专业化工作设计的优缺点。

表7－1　专业化工作设计的优缺点

	优　点	缺　点
管理方面	（1）简化培训 （2）高生产率 （3）低工资成本	（1）不易提高产品质量 （2）对工作不满意导致缺勤、离职与不合作
员工方面	（1）受教育程度与技能水平要求较低 （2）承担的责任最少 （3）不需花费太多脑力	（1）单调枯燥的工作 （2）晋升机会很少 （3）工作控制很少 （4）自我成就感很小

行为学派从人的心理因素出发，认为扩大工作范围，改善工作条件，提高人对工作的满足程度能提高工作效率。常用的方法有：工作轮换、工作扩大化和工作丰富化。

工作轮换（Job Rotation）是指定期地让员工交换工作岗位而使其能够轮流做各种工作。这种定期可以是小时、天、周或月。这种方法适于一些长期从事单调枯燥工作的人。工作轮换能够扩展员工的工作经验，激发其学习兴趣，而且还可使其在别人生病或缺勤时填补空缺。此外，由于员工互相交换工作岗位，可以体会到每一岗位工作的难易，这样比较容易使员工理解他人的不易之处，互相体谅，结果使整个运营系统得到改善。在实现工作轮换中值得注意的是，对员工来说，工作轮换意味着需要学习新的东西，但是并非每一位员工都对学习新东西有兴趣，如果让没有学习兴趣的员工实行工作轮换，不但不能提高工作效率，反而有可能降低生产效率。

工作扩大化(Job Enlargement)是指工作的横向扩大，即增加每个人工作任务的种类，扩大员工的工作范围，增加其所承担的责任(见图7－1)，从而使他们能够完成一项完整工作(如一个产品或提供给顾客的一项服务)中的全部或大部分程序，可以使他们看到自己的工作对顾客的意义，从而提高工作积极性。工作扩大化的目的是使人感觉自己的工作对整个产出有更具体的贡献，从而对所从事的工作产生更大的兴趣。如果顾客对他们所提供的产品或服务表示满意并加以称赞，还会使该员工感受到一种成功的喜悦和满足。此外，工作扩大化还需要员工具有较多的技能和技术，可以促进员工钻研业务的积极性，使其从中获得一种精神上的满足。同样，在生产线上，可以通过合并工序的方法而使工人完成一系列的工作而非一项工作。然而需要引起注意的是，工作扩大化要有一个逐渐适应的过程，不要过大地超过以前的技术水平和承担责任的程度。

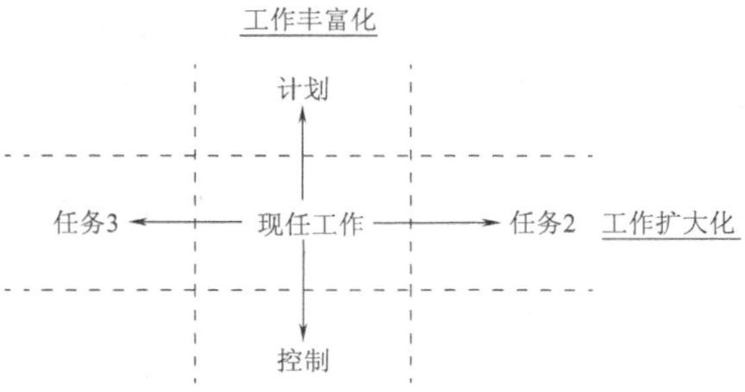

图7－1 工作扩大化与工作丰富化

工作丰富化(Job Enrichment)是指工作的纵向扩大，即给予职工更多的责任，更多参与决策和管理的机会，增加员工对工作的计划与协调的责任(见图7－1)。例如，让超级市场的存货员负责处理货物的订单，由此增加其责任。图7－1工作丰富化的目的是使员工通过责任的增加而使其产生成就感，从而促进其工作潜能的发挥。但是未必所有的工作或员工都能接受工作丰富化，他们也未必都能从工作丰富化中得到益处。因此在实行工作丰富化之前，有必要辨明如下问题：

- 是否存在激励或工作满意问题？
- 工作的哪一个层面发生了问题？
- 什么是工作的激励因素？
- 员工是否会接受工作的改变？

除了上述方法之外，增加机器或设备的使用也能使员工避免单调而无聊的重复工作。这种工作设计就是采用自动化的方式。

使用取代人力的机械或电子设备称为自动化(Automation),其所代表的是自动完成工作过程的机器、电脑、机器人及其他类似的设备。自动化的重要特征是设备能完成工作过程而无须人力的介入。自动化有许多优点,但也有缺点。

自动化的优点如下:①自动化可将人们最不喜欢的重复性和单调枯燥的工作转交给机器等设备;②与人力的产出相比,自动化能实现高度一致和质量很高的产出;③自动化的产出率通常超过人的能力;④可避免人与人之间的争执,减少管理中的协调工作。

自动化的缺点如下:①一些工人认为自动化会取代人力,有可能使他们失去工作,因此会产生抗拒;②自动化系统通常很昂贵,因此必须大量生产才能达到规模经济;③自动化系统通常缺乏弹性,不能适应频繁的变化。

三、工作设计的范围

如前所述,工作设计的指导思想是效率学派和行为学派,因此,工作设计的范围应包括生理、社会或心理和工作方法 3 个方面。

生理上的考虑主要有工作场所和工作环境两个层面。有关工作场所的设计应取得员工的协助与配合。例如,办公室职员座椅的高矮和倾斜角度会对背部疲劳造成影响。又如,在生产线上工作站的设计上,如果装配的位置与工人距离太远很容易造成疲劳而使工作效率降低。在工作环境方面,如照明、温度、湿度等因素都应尽可能有益于工作人员的身体健康。

社会与心理上的考虑主要是指员工对工作的满足程度与成就感。简言之,对工作人们除了希望得到有形的物质报酬之外,还希望从工作中获得乐趣和在社会上得到尊重,因此心理因素也可视为社会因素。

在工作方法方面,要充分利用机器设备与操作人员的最大长处,使人与机器的配合恰到好处,因此必须对员工进行工作方法的适当培训。较佳的工作方法除了能促进生产、提高质量外,还可增加员工对工作的满足程度。

整体而言,工作设计人员要考虑的问题是:

Who——谁将来做此项工作?

What——有哪些工作要做?

How——如何去做?

Where——在哪里做?

When——何时做?

为了使工作设计获得成功,必须注意下列几点:①请受过专业教育和有经验的人员来做工作设计;②设计的工作应与组织的目标相一致;③建立书面资料;④使管理人员和操作人员均能够了解并接受该项工作设计。

总而言之,良好的工作设计就是对工作场所、工作环境和工作方法逐一作出评价,然后再提出改进方案或重新进行设计,从而提高整体工作绩效。当然,这种改进并非无限制,它必然受到产品设计、过程设计、生产能力和设备布置等因素的影响。

第二节 人机工程

一、人机工程的概念

科学技术的飞速发展已使人在生产系统中工作的概念发生了变化。虽然在当今的生产系统中仍然存在着大量的手工劳动,但大多数工作都至少使用了某种机器或设备。随着计算机和自动化技术在生产系统中的大量应用,人在工作中的角色和作用也随之改变。认识不到这种变化,就很难设计出符合时代观念的工作。因此,工作设计的前提是对人与机器的结合关系有充分的了解,而且人-机系统的概念对所有需要人来操作的系统都是适用的。

应该注意的是,机器与人之间是依靠环境来沟通的,环境既是媒介也是干扰源,有时会阻断人与机器的联系,或使人犯错误,对机器施加不正确的影响会使系统失效。因此,研究人与机器的关系不可能脱离环境,人-机系统实际上也包含环境因素在内。人机工程正是以人-机系统为对象,研究其内部相互作用与结合的规律,使机器和环境更适合人的生理和心理特点,实现生产的安全、健康、舒适和高效率。

人机工程在英国被称为 Ergonomics,Ergonomics 源于希腊语,代表"工作"之意,可译作人类工程学;在美国被称为 Human Engineering,可译作人机工程;在日本被称为人间工学;在我国上述称呼都存在,也有人根据其目的直接称其为工效学。人机工程的名称虽然很多,但它们的目标却都是一致的。

由于人机工程系统由人、机器、环境三大要素构成,人机工程也围绕着它们进行了深入的研究。在人的方面,人机工程主要在感官神经系统和人体构造与测量学等方面,对人接受信息、进行判断、作出反应这一过程的机制、素质及极限能力以及人体肌体特征、动作的生物力学特性等方面进行研究,并形成人因工程(Human Factor Engineering)的分支。对于机器方面,人机工程主要结合人的特性探讨机器显示、控制、空间布置、作业地设计等方面的专门问题。

二、人与机器的比较

人具有一定的生理、心理和社会特征,这些特征既决定了他从事工作的能力,又决定了他工作的局限性,但并非固定不变,而是因人而异。人在工作中的功能或作用可归纳为三大类:

- 通过感觉器官(视、听、触、嗅觉)接收信息。
- 根据接收到的信息与人在大脑中储存的信息进行比较后作出判断。
- 根据判断采取相应的行动。

封闭回路自动化系统的一般结构在概念上与人的功能或作用相类似,如图 7-2 所示的自动铣床。

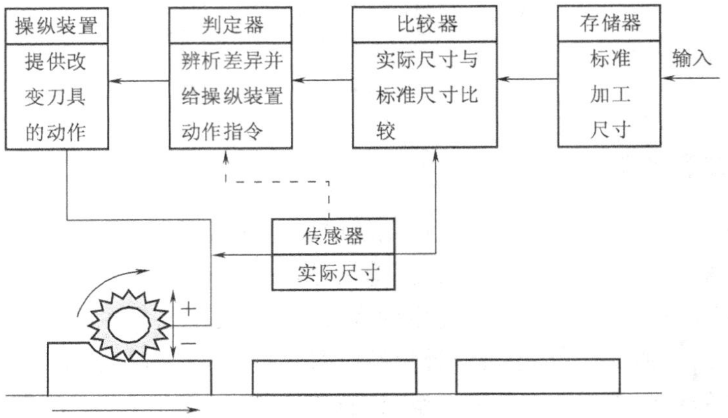

图 7－2　自动铣床

在图 7－2 中，自动铣床由反馈回路形成封闭系统。在加工过程中，传感器将度量的输出结果送入比较器，比较器从存储器中取出所要加工的尺寸与传感器送来的输出结果进行比较，并将比较结果送入判定器。判定器分析比较结果并判定修正数据，然后向操纵装置发出指令，修正刀具的进给量，从而使被加工工件达到所要求的尺寸。

从自动铣床的例子中可以看出，其在工作中与人相类似的作用有：①接收信息（传感器、存储器、反馈网络）；②作出判断（比较器、判定器）；③采取行动（操纵装置）。

那么，人与机器的区别是什么呢？两者的区别主要在于，机器忠实地按人的指令进行工作，仅对工作环境的物质因素作出反应，如电压、电流、灰尘、温度等。相反，人的能力范围弹性大，但是这种弹性不仅对物质因素作出反应，而且还受到人的心理因素和社会因素的影响与限制。后一点对工作设计提出的要求是人对工作的接受与满意程度。

一般而言，人在以下几个方面胜过机器：①察觉微量的光和声；②可以随机应变，以灵活的程序工作；③可以长期存储信息，并可在适当的时刻回忆起相关的信息；④有演绎推理的能力；⑤可在工作中逐渐形成概念，并能创造出新的工作方法。

与此同时，机器在以下几个方面胜过人：①可对控制信号作出快速反应；②平稳准确地运用力量；③进行重复性工作时可保持工作结果的一致性；④短期记忆大量信息，然后全部快速更新；⑤进行快速运算；⑥同时执行一系列各不相同的功能。

那么，为什么各种各样的组织不根据上述特点使用人或机器呢？相反，我们可以发现在实践中人被广泛用来完成适合机器做的工作。答案在于，在一定的条件下，必须对使用成本作出权衡。由于生产要素之间具有替代性，如果仅仅将人和机器都作为生产要素来看待，就会出现根据使用成本进行取舍的结果。使用人取代机器的最大好处是经济和灵活，但是要付出许多时间和精力去处理人际关系，而且很难使人人都满意。此外，由于人的能力有差别，所以很难使工作结果获得高度的一致性。使用机器的最大好处是工作结果可获得高度一致性，而且省时省力，但是要付出较昂贵的成本并且缺乏灵活性。

三、人－机系统的概念

尽管人和机器各有所长，但是在工作中人和机器完成相同的基本功能。这些基本功能是：接受信息、储存信息、信息处理和采取行动。4 种基本功能之间的关系如图 7－3所示。

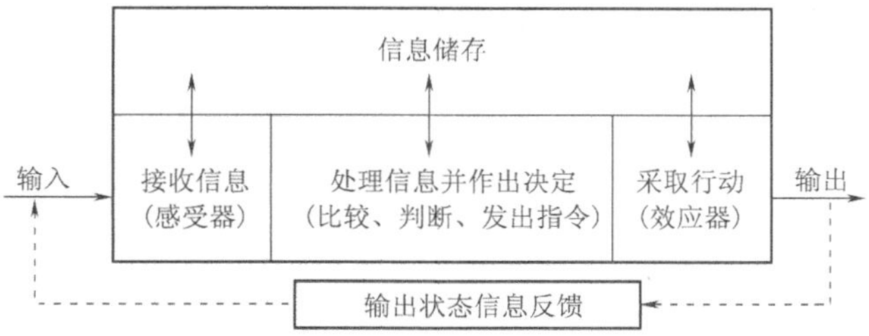

图 7－3 人－机系统中人或机器的功能

接收信息的部分称为感受器，信息处理部分称为比较器和判定器，而采取行动的部分称为效应器。这 4 大部分再加上反馈网络即构成工作系统。

人通过各种感觉器官接收信息，如眼睛、耳朵等，而机器则是通过电子的或机械的装置，但是机器的感受功能是具体的、专一的，而人的感受功能却是广泛的、灵活的。

人凭借记忆或记录完成信息储存功能，而机器则利用磁盘、磁带、穿孔卡片、凸轮、模板等介质。

信息处理功能利用接收到的信息或储存的信息作出比较和判断，并向效应器发出采取行动的指令。这一过程可能很简单，也可能很复杂，它包括分析、推理、演绎、比较、判断、计算等。

行动功能是比较和判断的结果，它可以由人或是由机器操纵控制机构，控制机构导致相关物体的移动或旋转，如人伸出手臂摇动手柄或开动马达，从而增加或减少刀具的进给量。

输出状态的信息反馈是系统功能的重要组成部分，它为系统的控制提供了依据。输出端的任何变化通过反馈网络送达输入端，从而引起输入端相应的修正。这些过程可以是任何形态，如化学的、物理的或是办公室事务处理类型的。

四、人－机系统的类型

根据功能行使方式的不同，有 3 种典型的人－机系统：手工操作系统、半自动化系统和自动化系统，如图 7－4 所示。

在手工操作系统［图 7－4（a）］中，人接收信息（工作命令和操作规程）并储存信息

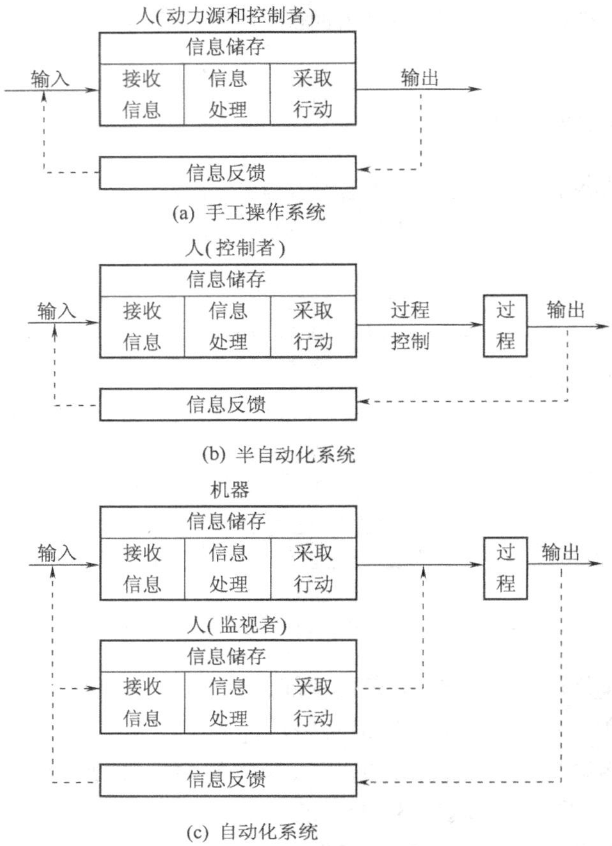

图 7－4　3 种典型的人机系统

(大脑记忆或记录下来),使用辅助机械(无动力源的机械)和手工工具将输入(原材料或零部件)转换(加工或装配)为输出(零件、部件或最终产品)。当感觉器官(眼、耳、鼻、手)发现输出与储存的信息产生差距时,就会通过调整输入或转换过程进行修正。因此,在手工操作系统中,人既作为动力来源又是工作过程的控制者。

在半自动化系统[图 7－4(b)]中,人主要作为工作过程的控制者。人与机器相互配合,感知工作过程的信息,将其与工作标准进行比较、判断,并操纵控制机构启动或关闭机器或作出一些中间调整,动力一般由机器提供。

在自动化系统[图 7－4(c)]中,所有的感受、信息处理和行动功能均由机器来完成,人只是充当监视者的角色,即通过显示器或仪表所显示的工作状态参数,协助机器控制工作过程。

半自动化系统包含工作设计所要研究的人与机器在工作过程中的全部相互关系,即人接受工作信息,操纵工作过程的控制机构,机器对人的控制活动作出反应,并将输入转换为输出。这些关系受到人的工作方法、动作及工作环境的影响。

五、工作环境的设计

工作环境是指人使用机器设备或各种工具进行劳动生产时的工作场所周围的物理环境，主要包括温度与湿度、照明与色彩、噪声与震动三大类影响因素。

（一）温度与湿度

虽然人可在各种温度下工作，但除非温度是在舒适的范围内，否则工作绩效将会降低。因为人本身就是一个热源，需要向外散发热量。如果人体产生的热量等于向体外散发的热量，人便处于热平衡状态，此时体温约在36.5℃左右。当产生的热量大于散发的热量时，人便会感到发热，相反则会感到发冷。室内的温度过高会引起瞌睡、疲劳，从而使工作能力降低，增加差错。室内温度过低，则会分散注意力。因此，需要确定一个适宜的温度。但对于冷热的主观感觉不仅依赖于环境的气候条件，而且也与工作人员的体质、年龄、性别、对环境的适应程度、工作的难易、服装等因素相关。或者说，对舒适温度的评判与主观态度有关。因此，所谓舒适温度不是一个固定的数值，而是指某个特定地区的特定工作场所。美国的统计资料认为，脑力劳动的最佳温度范围是15.5～18.3℃，轻劳动12.7～18.3℃，体力劳动10～16.9℃。

湿度也是一个维持舒适工作环境的重要因素。在湿度较高的情况下，人们对温度的变化较为敏感，因此工作场所的温度控制应视湿度而定。一般认为，湿度在30%～50%较为舒适。高湿度下温度较低为佳，低湿度下温度略高为佳。

此外，工作场所中的空气流动情况也会影响人的劳动效率。实验表明，在温度相同的情况下，人在空气新鲜的工作场所劳动要比在空气混浊的工作场所劳动的效率约高出10%。一般认为在工作人员不多的房间中，空气流动的最佳速度估计约为0.3m/s，在拥挤的房间中约为0.4m/s，而当室内温度、湿度都很高时，空气流速应最好达到1～2m/s。

（二）照明与色彩

视觉对人在劳动时的正确导向起着重要的作用，正常的人通过视觉获得的信息约占全部信息的80%。眼睛作为接受视觉信息的器官，其功能的发挥依赖于环境的照明条件、对比度和物体的颜色。对比度是指人的视觉观测物与其背景的亮度差。照明与对比度条件越好，工作中的差错率和事故率就越低，越有利于效率的提高。在照明条件不好时人疲劳得更快，工作效果更差。舒适的光线条件不仅能提高体力劳动的效果，而且也会提高脑力劳动的工作效率。此外，照明还会影响人们的情绪，而情绪又会进一步影响工作效果。一般认为明亮的房间令人愉快，因此人选择工作场所时都比较喜欢明亮的地方。

在设计工作场所的照明系统时，一般认为超精密工作环境（如钟表、精密机械加工、刺绣）的照度范围应在700～1 500lux；精密工作（如排字、汽车或飞机组装）应在300～700lux；普通工作（机加工、焊接等）应在150～300lux；粗工作（如木工等）通常在70～150lux；非工作区则在30～70lux。

在工作设计中,色彩有两项重要特质:第一,色彩会影响工作者的情绪;第二,色彩可用来作为各种标志。因此善用色彩既可以增进工作场所的舒适程度,又可以降低意外事件的发生率。

根据相关研究结果表明,色彩影响工作人员情绪和心理的效果如下:

- 红色:传达温暖、活跃与兴奋,是高亮度的颜色。
- 黄色:也是高亮度的颜色,给人爽朗及朝气蓬勃的感觉。
- 蓝色:较低沉的颜色,传达冷酷、萧条及深思熟虑的感觉。
- 绿色:低沉的颜色,传达平静、沉稳。
- 棕色:自然色,平静的感觉。
- 橙色:高亮度的颜色,吸引注意力,给人温暖与兴奋的感觉。

工作场所的色彩设计应考虑工作环境的气氛而选择不同的颜色。例如,生产车间一般不主张把房间涂成单一颜色或者一种色调占主要地位,因为单一的颜色会使视觉疲劳,涂成对比色效果比较好。普通生产车间应采用明快的色调;温度很高的房间最好涂上冷色调;俱乐部和休息室应采用使人感到舒适的暖色调;而会客室则可涂上暗色调。设备使用中性色的绿色系列和没有刺激的灰色系列较佳,因为这种色彩能予人以静感而可使工作人员眼睛不会过度疲劳。对于需要卫生管理的食品、饮料工厂的设备,则采用白色或近于白色最佳。对于搬运设备如堆高机、手推车等尽量避免深色,而以使用较明快的色彩为好。

色彩用来作为识别信号可以表示安全与危险区域,常用的有:

- 红色:常用来表示消防设备、危险信号、紧急警告灯及热的管子。
- 黄色:表示警告,常用于走道、楼梯边缘,重型设备,学校校车也常涂成黄色。
- 蓝色:用于表示控制装置、水管、控制阀等。
- 绿色:表示安全区域。
- 紫色:常用于辐射(放射)危险信号。
- 橙色:常用来表示机器的危险部分以及安全启动按键和开关。

此外,色彩也常用于识别各种电线,尤其是各种电线与机器的连接部分。

(三)噪声与震动

噪声是使工作者感到不快、不安或者对工作者有伤害的一切声音信号,它对生产者形成了干扰。噪声主要包括交通噪声、工厂噪声、建筑施工噪声以及商业、体育和娱乐场所的人群喧闹声等。

噪声直接或间接影响工作效率。在嘈杂的环境中,人们心情烦躁,工作容易疲劳,反应迟钝,注意力不容易集中,这些都会直接影响工作效率、工作质量和工作安全。降低噪声能给人带来舒适感,让人精神轻松,工作失误减少,精确度提高。例如,对打字员的实验表明,把噪声从60dB降低到40dB,工作效率提高30%;对电话交换台调查的结果是,噪声级从50dB降至30dB,差错率可减少12%。

噪声容易分散人们的注意力,会掩饰危险、警报信号,所以容易引起工伤事故。实践证明,噪声较高的工厂,如钢铁厂等,噪声是酿成事故不可忽视的原因。值得注意的是，声音过小也会对人的心理形成压力。在一个寂静无声的房间里工作，心理上会产生一种可怕的感觉，会使人痛苦，从而影响工作。

形成噪声干扰的过程是：声源—传播途径—接收者。因此，噪声控制首先是降低声源本身的噪声级，如果技术上不可行或经济上不合算，则考虑从传播途径中来降低。如果这种考虑达不到要求或成本过高，则可从接收者方面采取防护措施。

工厂中的噪声主要是机械噪声和空气动力性噪声，因此要注意选择低噪声的机器设备或对现有声源采取防护措施。在声源周围采用消声、隔声、吸声、隔振、阻尼等局部措施，可降低噪声。当其他措施不成熟或达不到预期效果时，使用防护用具进行个人防护是一种经济、有效的方法，可以降低噪声 20～30dB。防护用具常见的有橡胶或塑料制的耳塞、耳罩、防噪声帽以及耳孔内塞防声棉（加上蜡或凡士林）等。在噪声强烈的车间，也可以开辟小的隔声间，工人在其中进行仪表控制或休息。此外，可以从劳动组织上采取轮换作业，缩短工人在高噪声环境中的工作时间。

震动的产生来自于工具、机器和运输设备、人们的活动及水泵、空调等。降低震动常用减震垫、稳定物、吸收震动物、橡胶装备等。

第三节　方法分析与动作研究

一、方法分析的概念

工作设计的主要内涵依其范围可分为方法分析（Method Analysis）和动作研究（Motion Study）。方法分析是工作设计的始点，也是提高生产率的有效途径，它包括一项工作的具体细节、工作地点和工人的移动，其目的是找出现行工作方法存在的问题以便加以改进，或为新工作建立一套与现存生产条件相适应的工作方法。对于从未做过的工作先进行方法分析是比较明智的，而非等到做过之后再想法改进。

方法分析之所以必要，是由于在生产过程中下列因素的经常变化所致：①工装模具的改变；②产品设计的改变；③新产品的投产；④原材料或零部件的改变；⑤生产过程的改变。

方法分析的基本过程是：

第一，选择欲分析的作业，并收集与其相关的模具、设备、原材料或零部件等资料。有时候是工长或一线管理人员要求分析某一项工作，而有时方法分析是增加产出、降低成本计划的一部分。一般而言，选择欲分析作业的指导原则如下：①高劳动强度的工作；②经常做的工作；③不安全、令人厌倦的工作；④存在问题的工作，如质量问题、流程瓶颈问题等。

第二，如果欲分析的作业目前已经在进行，须征求操作者的意见。

第三，利用流程图来分析目前的工作方法，要做好书面记录。使用图形、表格、记录口述是做好书面记录、建立档案最常用的方法,其目的是能够进一步了解该项工作的方法并且可作为修改的参考。

第四,如果欲分析的作业以前从未做过,首先应做出流程图。

第五,分析选定的作业。通常先计算目前工作方法的成本、时间、质量、产量等数据是否达到理想状态或比以前有所提高。如果距离理想状况太大或比以前还差,需仔细分析每一个工作细节,并用流程图将问题描述出来。通过问题的描述发现现行工作方法存在的缺陷,并加以改进。

第六,开发新方法。开发新方法是为了提高工作效率或降低成本,其目标是尽量减少不必要的动作、运输或延误。开发新方法,一方面要靠生产管理人员和工程技术人员的智慧、想象力、创造力、工作经验及工作热情,另一方面还要靠工人的配合,因为他们最了解在工作过程中何处最费力气,何处最没有效率。只有得到操作人员的密切配合,才能设计出最佳的工作方法。

第七,运用新方法。若想成功地实行新的工作方法,必须得到部门主管的首肯,并得到工人的合作。如果工人在开发新工作方法的过程中一直参与,而且其建议也被纳入新工作方法之中,则相对容易实施。如果新工作方法与以前的工作方式有很大的变化,则必须对操作人员进行必要的培训,而且全面实行还需要一定的时间。

第八,跟踪新方法的运用,以确定它比老方法有所改进。为了确定新工作方法是否能发挥预期的效果,分析者应随时注意实施中的变化。在实施一段时间后,还需重新检视新方法的操作细节,并对新工作方法作出评价。一般而言,评价时需列出新老方法的比较,其中起决定作用的因素是成本效益指标。成本的估计通常以过去的历史资料为基础,将其与实施新方法后的效果进行比较,然后加以适当的修正。常用的评估技术有财务分析、工程经济、决策分析等。

二、流程图

流程图(Flow Process Chart)是用特定符号表示生产过程中的操作、输送、储存、延迟、检验等项工作的图形,用来描述人和材料在工作过程中的运动状况,这些图形对辨认无效劳动很有助益。流程图中常用的符号如图 7－5 所示,而图 7－6 则表示一个流程图。

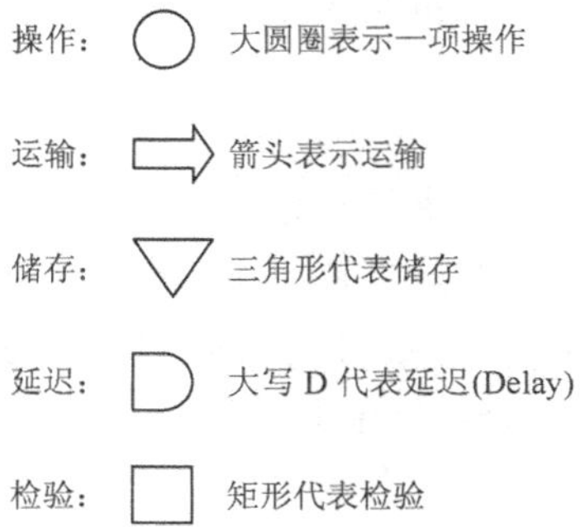

图 7－5　流程图中的常用符号

图 7－6　流程图格式

利用流程图进行方法分析之前，先做一份检查问卷，以求了解何处尚需改进。典型的问题如下：

- 为什么在此处有延迟或堆放现象？
- 此处的运输可否取消或用传送装置代替？
- 若不能，可否缩短运输距离？
- 此项操作可否减少时间？能否降低材料消耗？
- 可否减少原料或半成品的储存量？
- 工作地点重新安排能否提高工作效率？

- 类似的操作可否集中在一起进行?
- 操作人员对改变工作方法有什么意见?

三、人机配合图

人机配合图(Man – machine Combination Chart)有助于了解操作人员和机器在工作过程中是繁忙还是空闲,还可分析出机器和操作人员的工作何时不相干涉,何时同时进行,何时具有相依关系。人机配合图的另一种用途就是借此知道操作人员可以控制多少台机器。人机图的例子如图 7 – 7 所示。

工作：水果销售　　　　分析：王志强

步骤	人	时间（秒）	机器
1	将水果置于台秤上	0	
		1	
		2	
2	输入品种和单价	3	
3		4	计算并显示总价
4	从台秤上取下水果	5	
5	将水果放入包装袋	6	
		7	
6	递给顾客	8	
7	收款找钱	9	
		10	
		11	
		12	

摘要	人		机器	
	时间(秒)	比率(%)	时间(秒)	比率(%)
工作	11	91.7	1	8.3
空闲	1	8.3	11	91.7
合计	12	100.0	12	100.0

图 7 – 7　人机配合图

四、动作研究

动作研究是对于人在工作时的动作进行系统化的研究,分析人体细微的动作,目的是除去不必要的动作并明确能发挥最大效率的一系列动作,来帮助工作设计人员进行最优工作方法的设计。因此,动作研究是提高生产率的一个重要途径。现今所采用的方法由吉尔布雷斯在 20 世纪初首创,经伯恩斯(Barnes)加以改善而得到 22 项动作经济原则。

有关人体运用方面:

1. 双手应该同时开始和同时完成动作。
2. 除了休息时间外,双手不应同时空闲。

3. 双臂的动作应对称、反向和同时进行。

4. 手与身体的动作力求最简单,以能完成工作为原则。

5. 应尽可能利用物体的动量(Momentum)来协助作业,但如果需要运用肌肉力量来使物体停止,则应将物体的动量减至最小。

6. 手的运动应尽可能沿一平滑曲线进行,避免急速停止或突然改变方向。

7. 弹道运动(抛物线)比受控运动更快、更容易而且更精确。

8. 尽可能把动作安排得具有自然节奏感。

9. 眼光专注的地方越少越好,并使之与物品接近。

有关工作场所方面:

10. 所有的工具和材料应放在固定的位置。

11. 工具和材料应放在靠近使用的地点。

12. 材料运送可以利用重力输送至使用地点。

13. 尽可能利用坠送(Drop Delivery)的运送方式。

14. 材料及工具应依照最佳工作顺序摆放。

15. 需有适当的照明、温度及通风设备。

16. 桌椅的高度应使工作者坐立舒适。

17. 椅子的式样和高度应使工作者保持良好姿态。

有关工具与设备:

18. 尽可能使用工具来固定目的物,避免手与目的物的直接接触。

19. 尽可能将两种工具合并为一种。

20. 事先放置好工具和材料,避免临时寻找或选择。

21. 当运用手指工作时(如打字),应根据不同手指的灵活程度分配负荷量。

22. 机器上的杠杆、手柄、转轮的位置应能使工作者极少转动身体位置,且易于操作,并能发挥机器的最大效能。

为了开发有动作效率的工作方法,动作研究者须根据上述原则进行以下工作:①除掉不必要的动作;②对动作进行组合;③减少人的疲劳感;④改进工作场所的布置;⑤改进工具和设备的设计。

吉尔布雷斯在动作研究中发现,所有人体活动的基本动作可分为 17 种,并将这 17 种基本动作称为动素(动作元素),以其名字(Gilbreth)的倒写命名为“Therblig”。以后由美国工程师协会将动素增补为 18 个(见图 7 -8)。

人在工作时的动作虽然千变万化,但若细加分析,高度概括,不外乎是这 18 种基本动素的组合。

使用动素来描述一件工作是很费时费力的事情,但是一般来说,人的操作都包含如下一些动作:

作用动作:如装配、拆卸、抓取、分解、使用等,要求合理、简化、经济。

搬运动作:要求合理、简化、经济。

附属动作:如寻找、选择、定位、发现等,要求尽量减少。

非生产动作:如迟延、停工待料等,要求消除。

编号	名　称	字母符号	象形符号
1	寻找 Search	SH	
2	发现 Find	F	
3	选择 Select	ST	
4	抓取 Grasp	G	
5	移物 Transport Loaded	TL	
6	定位 Position	P	
7	装配 Assemble	A	
8	使用 Use	U	
9	拆卸 Disassemble	DA	
10	检验 Inspect	I	
11	预对 Pre Position	PP	
12	放手 Release Load	RL	
13	运空 Transport Empty	TE	
14	休息 Rest	R	
15	迟延 Unavoidable Delay	UD	
16	故延 Avoidable Delay	AD	
17	计划 Plan	PN	
18	夹持 Hold	H	

图 7－8　动素符号图

动作研究有3种基本方法:①目视动作分析:方法简单,但不准确。②影片录像分析:准确有效,但成本高、工作量大。③既定时间分析:对作业进行基本动作分解,然后根据预先确定的测量时间单位 MTU(Measurement Time Unit)表进行计算,求得每个动作所需要的时间值,从而确定出标准作业时间。确定动作时间的过程通常称为工作测量,而标准作业时间一般称为劳动定额。这种方法的工作量较小,在基础资料较齐全的情况下也比较准确有效,但必要时,仍需前两种方法的校核补充。

第四节　工作测量与劳动定额

一、工作测量与劳动定额的概念

方法分析和动作研究的目的是解决工作如何做的问题,而工作测量与劳动定额则注重完成一项工作所必要的时间长度和以多长时间作为标准作业时间来衡量操作者的工作绩效。更准确地说，标准作业时间是一位受过训练、有经验的工人，在一定的方法、工具、设备和工作环境下，以正常步骤完成标准作业所耗费的时间，其中包括作业时间和允许延误的可能时间。

作业时间是劳动力需求计划、成本计算、生产进度、资金预算的基础资料，劳动定额（标准作业时间）则是提供预期产出水平的指标。对管理者而言，工作测量与劳动定额是对劳动者在工作中的出力程度和劳动效果的度量；对劳动者来说，劳动定额意味着其对企业的贡献和应该得到的报酬。因此，进行工作测量与制定劳动定额应以达到下述目标为目的：①衡量工人的劳动绩效；②确定劳动力的需求量；③明确企业的生产能力；④确定产品成本与价格；⑤工作方法比较研究；⑥确定工作进度；⑦确定工人报酬。

工作测量是劳动定额的基础，只有在准确计算出完成一项工作的时间长度之后，才能制定出公平、科学的劳动定额。常用的方法有历史数据法、直接时间研究法、既定时间法和工作抽样法。

二、直接时间研究法

直接时间研究也称古典秒表研究（Classical Stopwatch Study），由科学管理之父泰罗首创，现在仍然是使用最广泛的事件研究方法。具体做法是对一位受过训练且有经验的工人（称标准工人）的特定操作用秒表计时，记录下来的时间就作为所有工人完成这一特定工作的标准作业时间。在作直接时间研究之前，应先通知被观测工人并向其解释清楚研究的目的，以免其发生怀疑或误解。工人被研究时常会感到不安，而且他们很怕研究后所引起的变化。

直接时间研究的基本步骤如下：

第一步，确定所要研究的工作或任务。

第二步，将完成该任务的过程分解为细微的动作要素，通常以秒为计算单位。

第三步，确定观测标准工人某个动作的次数。

假定被观察工人的动作时间的历史数据为正态分布，其均值为μ，标准差为σ。根据统计学原理，若样本数大于30，则可将其视为近似于$N(\mu,\frac{\sigma}{\sqrt{n}})$的标准正态分布。设$\alpha$为所需精度，$Z_{\alpha/2}$为置信度$(1-\alpha)$条件下的概率系数，则由

$$Z_{\alpha/2}=\frac{\bar{x}-\mu}{\frac{\sigma}{\sqrt{n}}}=\frac{\alpha\bar{x}}{\frac{s}{\sqrt{n}}}\rightarrow\frac{s\cdot Z_{\alpha/2}}{\alpha\bar{x}}=\sqrt{n}$$

可得观测次数公式：

$$n=\left(\frac{s\cdot Z_{\alpha/2}}{\alpha\,\bar{x}}\right)^2 \qquad (7-1)$$

式中：n——观测次数；

s——样本标准差；

$\bar{x}$——样本平均值。

样本标准差的计算公式为：

$$s = \sqrt{\frac{\sum (x_i - \bar{x})^2}{n-1}} \tag{7-2}$$

或

$$s = \sqrt{\frac{\sum x_i^2 - (\sum x_i)^2/n}{n-1}} \tag{7-3}$$

第四步，实际观测标准工人目标动作的时间并记录时间。

第五步，计算平均实际时间（即每次被测动作所耗费时间的算术平均值），计算公式为：

$$\text{平均实际时间} = \frac{\text{每次完成同一动作记录时间之和}}{\text{观测次数}} \tag{7-4}$$

第六步，计算完成该动作所需要的正常时间。

$$\text{正常时间} = \text{平均实际时间} \times \text{绩效因数} \tag{7-5}$$

绩效因数（Performance Rating）为一个百分数，用来将观测标准工人特定动作的时间调整到正常工人所需要的时间。正常工人，表示其具有正常人的生理机能，例如，一位正常的人能在 1 小时内走 3 公里路程，能在 30 秒内将 52 张扑克牌分成相等的 4 堆，等等。正常人的生理机能数据可以在《工业工程手册》中查到。

第七步，对完成任务过程的每个动作的正常时间求和，得出该任务的总正常时间。

第八步，计算完成该项任务的标准时间。

$$\text{标准时间} = \frac{\text{总正常时间}}{1-\text{宽放率}} \tag{7-6}$$

宽放率（Allowance Factor）为一个百分数，它使标准作业时间包括操作人员上厕所、喝水的时间，但不包括用餐和休息的时间（这里所指的时间都是有效工作时间）。宽放率在西方国家通常为 4% ~7%，我国一般为 10% ~15%，取决于工作地点至厕所、饮水处的距离。

【例 7－1】 确定标准作业时间（劳动定额）

某公司对文秘人员准备一份标准商业信函的工作作了一次时间研究，观测结果如表 7－2 所示。公司规定的宽放率为 15%，求文秘人员准备商业信函的标准作业时间。

表 7－2 文秘人员准备标准商业信函的观测结果

动作	观测次数与动作时间（分钟）					绩效因数（%）
	1	2	3	4	5	
A. 打印信函	8	10	9	12	11	95
B. 打印信封地址	2	3	2	1	1	100
C. 装、封信封	2	1	3	2	1	90

解：

（1）计算每个动作的平均实际时间：

$$A_{平均}=\frac{8+10+9+12+11}{5}=10(分钟)$$

$$B_{平均}=\frac{2+3+2+1+1}{5}=1.8(分钟)$$

$$C_{平均}=\frac{2+1+3+2+1}{5}=1.8(分钟)$$

(2)计算每个动作的正常时间:

$$A_{正常}=10\times 0.95=9.5(分钟)$$

$$B_{正常}=1.8\times 1=1.8(分钟)$$

$$C_{正常}=1.8\times 0.9=1.62(分钟)$$

(3)计算总正常时间(整个工作过程所需要的时间):

$$总正常时间=9.5+1.8+1.62=12.92(分钟)$$

(4)计算该项工作的标准作业时间(即确定劳动定额):

$$标准作业时间=\frac{12.92}{1-0.15}=15.2(分钟)$$

该项工作的标准作业时间为15.2分钟。

三、历史数据法

历史数据法是根据过去的经验来估计标准作业时间的一种简单方法,即用上次完成相同或类似工作所耗费的时间来估计现在欲完成工作所需要的标准时间。一般而言,企业多年积累下来的工作记录中有许多相同或类似工作的时间记录,需要时可直接自档案中取用而不必再作时间研究。历史数据法的最大好处是简单、易行、经济,不必再花费时间和成本去作时间研究;另一个好处是不必中断目前的工作,因为不需要计算标准作业时间。第三个好处是不需要确定绩效因数,绩效因数确定不当有时也会引起工人与管理人员的争执。但是历史数据法的缺点是存在的档案材料可能不够用,或者是有偏差和不精确。

四、既定时间法

既定时间法也称既定时间标准法(Predetermined Time Standards)。使用这种方法不必再用秒表计时,而只需记录动作,然后根据由资料查得的时间值进行计算,即可求得动作时间。有些工作以前没做过,但现在要做或以后计划要做,这时就可用既定时间法来确定标准作业时间。由于既定时间法离开了工作现场而以推理的方式确定标准作业时间,因此可以避免工人在直接时间研究中的不正常反应。

既定时间法的基础是以前做过的秒表时间研究和摄像时间研究,已经积累了许多人(即在大样本条件下)的基本动作,如伸手、抓、跨步、上举、站立等动作所用时间的记录,后经工业工程师分解为许多实际工作中的基本动素,并且计算出平均标准时间,以表格形式出现在标准手册中(如《工业工程师手册》)。常用的标准是"方法时间测量MTM(Method - Time - Measurement)",由美国方法工程协会(Method Engineering Council)在20世纪40年代制定。基本动作要素的时间单位以"时间测量单位TMU(Time

Measurement Unit)"表示，一个 TMU 等于 0.000 6 分钟（1MTU = 0.000 01 小时 = 0.000 6分钟 =0.036 秒）。一些 MTM 数据如表 7－3 所示。

在计算某一特定工作的标准作业时间时，先将工作分解成基本动作要素，查相应的 MTM 表，然后对基本动作要素的 MTU 值求和，最后将 MTU 值之和转换成实际时间即得标准作业时间。

表 7－3　MTM 数据（公制）：伸手——R（Reach）

移动距离（cm）	时间值（TMU）			手的运动状况（m）			状况说明
	A	B	C 或 D	E	A	B	
≤2（f）	2.0	2.0	2.0	2.0	1.6	1.6	（A）伸手至固定位置或另一只手中或旁拿物件
4	3.4	3.4	5.1	3.2	3.0	2.4	
6	4.5	4.5	6.5	4.4	3.9	3.1	
8	5.5	5.5	7.5	5.5	4.6	3.7	
10	6.1	6.3	8.4	6.8	4.9	4.3	
12	6.4	7.4	9.1	7.3	5.2	4.8	（B）伸手至单一物件每次的位置稍有变化
14	6.8	8.2	9.7	7.8	5.5	5.4	
16	7.1	8.8	10.3	8.2	5.8	5.9	
18	7.5	9.4	10.8	8.7	6.1	6.5	
20	7.8	10.0	11.4	9.2	6.5	7.1	
22	8.1	10.5	11.9	9.7	6.8	7.7	（C）伸手至许多物件混在一起的位置需寻找或挑选
24	8.5	11.1	12.5	10.2	7.1	8.2	
26	8.8	11.7	13.0	10.7	7.4	8.8	
28	9.2	12.2	13.6	11.2	7.7	9.4	
30	9.5	12.8	14.1	11.7	8.0	9.9	
35	10.4	14.2	15.5	12.9	8.8	11.4	（D）伸手拿很小的物件并需抓紧
40	11.3	15.6	16.8	14.1	9.6	12.8	
45	12.1	17.1	18.2	15.3	10.4	14.2	
50	13.0	18.4	19.6	16.5	11.2	15.7	
55	13.9	19.8	20.9	17.8	12.4	17.1	
60	14.7	21.1	22.3	19.0	12.8	18.5	（E）为平衡身体或为下一个动作伸手至不固定位置
65	15.6	22.6	23.6	20.2	13.5	19.9	
70	16.5	24.1	25.0	21.4	14.3	21.4	
75	17.3	25.5	26.4	22.6	15.1	22.8	
80	18.2	26.9	27.7	23.9	15.9	24.2	

示例：· R26A——伸手 26cm，状况 A，需要 8.8TMU；

· RfB ——伸手 2cm 以下，状况 B，需要 2.0TMU；

· mR75A——伸手 75cm，伸手时手在运动，状况 A，需要 15.1TMU；

· R20Bm——伸手 20cm，伸手后手在运动，状况 B，需要 7.1TMU。

【例 7－2】　用既定时间法求标准作业时间

某公司电子产品装配线可装配多种印刷电路板。分析人员发现，虽然电子元器件的种类很多，但装配动作可分解为如下几个基本动作要素：

(1)伸手 40cm 至某个元件盒。

(2)抓住这个元件。

(3)将手移动到装配线。

(4)把这个元件插在印制板上。

试根据 MTM 表计算电子元件装配的标准作业时间。

解：

(1)查相应 MTM 表得如下 MTU 值并对其求和：

伸手	16.8MTU
抓住元件	9.1MTU
移动到装配线	27.0MTU
定位插元件	32.3MTU
总计	85.2MTU

(2)将 MTU 转换成实际时间：

$$实际时间 = 85.2(MTU) \times 0.0006(分钟) \times 60(秒) = 3.067(秒)$$

由于 MTM 数据是在大样本条件下得到的，所以在实际使用中不必再考虑绩效因素的问题而可直接使用。因此，本例中所求得的实际时间即可作为标准作业时间。

虽然既定时间法有许多优点，但也存在一些缺点。例如，某些特殊的动作无法在公开发行资料中找到；以不同方式分解动作，会得到不同的标准时间；不同的人对同一动作的难易程度有不同的认识，等等。

五、工作抽样法

工作抽样(Work Sampling)是在一段时间内以随机的方式观察工人或机器工作状态比率，并由此估算出标准作业时间的一种时间研究方法。观察者在一定的时间内，随机观察某个工人或某台机器的工作状况，而且只注意其是“工作”还是“空闲”两种状态，并将观察结果汇总如表 7－4 所示。

表 7－4　工作时间与空闲时间抽样记录

状态	计　数	次数	比率
工作	正 正 正 正 正 正 正 正 正 正 正 正 正 正 正 正 正 正 正	96	88.9%
空闲	正 正 丅	12	11.1%
合计		100	100.0%

工作抽样法的基本思想是基于一个统计学的基本原理：观察到的(工作或空闲)次数与操作人员或设备用于工作或空闲的实际时间成比例。估计的准确度与观察次数成

正比例，而且可以事先设定精度标准和置信水平。

由于是观察两种状态（工作或空闲），因此工作抽样的结果服从于二项分布。例如，研究打字员的打字时间占一天工作时间的比例，则观察事件时间只有两个，即打字或不打字。若设打字的概率为 P，不打字的概率则为 $1-P$。若设观察次数为 n，则观察结果服从于均值为 $\bar{p}=\frac{x_i}{n}$（x_i 为第 i 次观察值），标准差为 $\sqrt{\frac{\bar{p}(1-\bar{p})}{n}}$ 的二项分布。当 $n\bar{p}\geqslant 5$ 时，二项分布接近于正态分布。因此，观察次数 n 可由允许误差 E 和置信水平 $1-\alpha$ 求得，即

$$Z_{\alpha/2}=\frac{\bar{p}-p}{\sqrt{\frac{\bar{p}(1-\bar{p})}{n}}}=\frac{E}{\sqrt{\frac{\bar{p}(1-\bar{p})}{n}}}\Rightarrow n=\frac{(Z_{\alpha/2})^2\bar{p}(1-\bar{p})}{E^2} \tag{7-7}$$

在标准正态分布下（样本数足够大），根据 3σ 原理，标准差与置信水平有如表 7－5 所示的对应关系。

表 7－5　标准差与置信水平对应关系

标准差（σ）	置信水平（$1-\alpha$）
1	68%
2	95.45%
3	99.7%

因此，当置信水平事先设定为 68%、95.45% 或 99.7% 三者之一时，式（7－7）可改写为：

$$n=\frac{\sigma^2\bar{p}(1-\bar{p})}{E^2} \tag{7-8}$$

运用工作抽样法计算标准作业时间的基本步骤如下：

第一步，估计一个初始值（如工作时间百分比），可用小样本的方式求得（如观察 50 次，求出平均值）。

第二步，确定期望误差和置信水平。

第三步，计算观察次数式（7－7）或式（7－8）。

第四步，制定一个随机观察计划（即多长时间完成观察次数）。

第五步，观察并记录工人的活动（工作或空闲）。

第六步，记录观察期内完成的产品数量。

第七步，计算完成单位产品的正常时间，计算公式如下：

$$单位产品正常时间=\frac{观察期时间长度\times 实际工作时间比率\times 绩效因数}{观察期完成的产品数量} \tag{7-9}$$

第八步，计算完成单位产品的标准作业时间，计算公式为：

$$单位产品标准时间=\frac{单位产品正常时间}{1-宽放率} \tag{7-10}$$

【例 7－3】　运用工作抽样法计算标准作业时间

（1）某车间主任欲为加工工人制定标准作业时间（劳动定额）。经初步观察，加工

工人的空闲时间为25%。为了精确起见,车间主任欲作一次工作抽样,精度控制在5%之内,抽样结果的置信水平为95.45%。问:观察多少次才能得到满意的结果?

(2)车间主任用了两周时间(80小时或4 800分钟)完成了上述观察次数,结果如下:

实际加工时间	80%
实际空闲时间	20%
观察期加工产品	450件
加工工人的绩效因数	100%
公司规定的宽放率	10%

问:车间主任为加工工人们规定的劳动定额是多少?

解:

(1)已知 $E=5\%$,$\sigma=2$(置信水平 $1-\alpha=95.45\%$)

设空闲时间为 $p(p=25\%)$,加工时间为 $1-p$,观察次数为 n。由式(7-8),得

$$n=\frac{\sigma^2 p(1-p)}{E^2}=\frac{(2)^2(0.25)(1-0.25)}{(0.05)^2}=\frac{0.75}{0.002\,5}=300(\text{次})$$

所以,车间主任至少需要观察300次。

(2)已知观察期时间长度为4 800分钟,实际加工时间比率为80%,绩效因数为100%,观察期完成产品数量450件,宽放率为10%。由式(7-9)和式(7-10),得

$$\text{单件产品正常加工时间}=\frac{(4\,800)(0.8)(1)}{450}=8.53(\text{分钟})$$

$$\text{单件产品标准加工时间}=\frac{8.53}{1-0.1}=9.48(\text{分钟})$$

所以,车间主任为加工工人规定的劳动定额应为:每件产品的加工时间为9.48分钟。

本章小结

工作是指一个(或一群)人所执行的各种不同类型的任务,而工作设计则是确定这些任务的职责范围、工作环境和执行方法,以使工作的结果能够达到预期的目标。工作设计的目标是创造出一个高效率、低消耗的生产系统。工作设计的范围应包括生理、社会或心理和工作方法3个方面。

指导工作设计的基本思想有效率学派和行为学派。效率学派以提高生产率和降低成本为主要目标,途径是劳动分工之后的机械化、自动化和人员的专业化。行为学派从人的心理因素出发,认为扩大工作范围,改善工作条件,提高人对工作的满足程度能提高工作效率。工作轮换是定期地让员工交换工作岗位而使其能够轮流做各种工作。工作扩大化是指扩大员工的工作范围,增加其所承担的责任。工作丰富化是指增加员工对工作的计划与协调的责任。

工作设计依其范围可分为方法分析(Method Analysis)和动作研究(Motion Study)。方法分析通过分析工作的具体细节、工作地点和操作员的移动,找出现行工作方法存在的问题以便加以改进,或为新工作建立一套与生产条件相适应的工

作方法。动作研究在分析人体细微动作的基础上帮助工作设计人员进行最优工作方法的设计。

方法分析和动作研究的目的是解决工作如何做的问题，而工作测量与劳动定额则注重完成一项工作所必要的时间长度和以多长时间作为标准作业时间来衡量操作者的工作绩效。标准作业时间是一位受过训练、有经验的工人，在一定的方法、工具、设备和工作环境下，以正常步骤完成标准作业所耗费的时间。对管理者而言，工作测量与劳动定额是对劳动者在工作中的出力程度和劳动效果的度量；对劳动者来说，劳动定额意味着其对企业的贡献和应该得到的报酬。工作测量常用的方法有历史数据法、直接时间研究法、既定时间法和工作抽样法。

习题

1. 何谓工作设计？它在生产系统设计中为什么很重要？
2. 从管理者和工人的不同立场来看，专业化的优缺点分别是什么？
3. 方法分析与提高生产率有何关联？
4. 动作研究的原则是什么？
5. 流程图和人机图的用途是什么？
6. 何谓工作测量？它的目的是什么？
7. 何谓标准时间？建立标准时间时应考虑什么因素？
8. *工作设计的指导思想源于(　　)的思想。

A. 效率学派　　B. 系统学派　　C. 权变学派　　D. 行为学派

9. 下面哪种方法体现了效率学派的思想？(　　)

A. 工作轮换　　B. 工作丰富化　　C. 专业化　　D. 工作扩大化

10. 如下哪一项不是人–机工程研究的工作环境？(　　)

A. 照明和色彩　　B. 噪声与震动　　C. 人际关系　　D. 温度与湿度

11. 标准作业时间是一个训练有素的工人以正确步骤完成标准作业所消耗的时间，主要指作业时间，不包括延误的可能时间。(　　)

12. 方法分析和动作研究旨在解决工作如何做，而工作测量和劳动定额强调工作完成所需的时长以及为衡量操作者工作绩效而制定标准作业时间。(　　)

13. 根据表7–6所示的观察资料，计算样本均值及标准差。

表7–6

观察次数	时间(分钟)
1	3.6
2	4.1
3	4.4
4	3.7
5	4.2

14. 某时间研究员欲估计完成某项工作所需要的时间。根据初步的研究结果，得出平均值为 6.4 分钟，标准差为 2.1 分钟。假定所希望的置信水平为 95%，最大误差为：(a)样本均值的 10%，(b)30 秒。试分别确定两种误差下的观察次数。

15. 对某项装配作业的时间研究得出如表 7－7 所示的资料，其中绩效因数为 1.10。若宽放率为 15%，求该项作业的标准时间。

表 7－7

观察次数	时间(分钟)
1	4.20
2	4.15
3	4.08
4	4.12
5	4.15
6	4.18
7	4.14
8	4.14
9	4.19

16. 某家小型超级市场的经理想估计补货员更换货物价格标签的时间比例。该经理希望估计误差能在 5% 之内，置信水平为 98%。求观察样本的大小。如果在前 20 次观察中发现补货员更换了 2 次价格标签，应如何修正观察次数？

第八章

项目管理

★ 学习要点与要求 ★

在运营实践中,管理人员常会碰到一些一次性、以后不再重复的工作任务。此类工作任务通常称为项目。此外,还有一些企业因其产品的特殊用途而只能采用与项目相类似的单件生产方式。由于这些工作任务与那些程序性、重复性工作存在着一定的差距,因此通常所采用的计划与控制方法不太适用。本章将讨论适用于项目管理的计划与控制技术——网络计划技术的原理、方法与用途。读完本章以后,你应能:

1. 简述网络计划技术的概念与用途。
2. 建立简单的网络图。
3. 列举 CPM 或 PERT 分析能为管理人员提供哪些信息。
4. 进行确定性模型的网络分析。
5. 进行随机性模型的网络分析。
6. 描述有赶工情况的作业,并能求解简单的赶工计划问题。

第一节　项目管理概述

一、项目的含义

项目(Project)通常是指在一定约束(资源、时间)条件下,具有明确目标的一次性且完成后不再重复的工作或事业。所谓一次性,是指项目活动的过程是不可逆的,活动的结果也是不重复的,如造船、建筑、桥梁、公路、新产品研究开发计划、工厂安装成套生产设备、将工厂迁移至新地址等。

项目的目标和内容多种多样,但大多具有以下共同特征:①投资巨大;②过程复杂;③严格的时间限制;④结果无重复性。

不论是建造一艘远洋货轮、一座办公大楼，还是安装成套生产设备或是一套大型计算机系统，都涉及巨大的投资和大量的协调作业或活动。如果项目计划得不好，就会超预算；进度安排不好，就会延误项目的完工日期。因此，没有哪一个组织不关心这种大型项目的管理。

二、项目管理

项目管理是以项目经理负责制为主，按照项目活动程序对项目全过程进行计划、组织和控制的目标管理。目标，通常是指人们通过生产实践所要达到的预期结果或目的。在项目管理中，首先确定项目的总目标，然后分阶段、部门、单位直至个人依次制定自己的目标。从项目总目标到各个单位或个人的目标形成一个目标连锁体系，从而将项目过程的具体活动与实现项目总目标联系在一起。对管理人员来说，项目管理是对其管理能力的一次艰巨挑战。因为，项目通常都是在正常运营系统之外进行的，人员都是临时组织的，完工后组织立即解散。由于项目的普遍性和项目管理的特殊性，因而使项目管理成为运营管理的一个重要分支。

项目的管理有如下特点：

- 任务特定。项目管理涉及如何去完成一个特定而非重复的任务，而且大多是陌生的，没有成熟的经验可以遵循。
- 专人负责。由于项目组织的临时性，且项目活动涉及的单位多，交接部分多，需要控制和协调的环节多，因此指派一名项目经理来统筹管理会有利于项目的顺利进行。
- 权力集中。与企业经理不同，项目经理是以项目的责任人和指挥者的身份对项目全过程进行统一指挥，以保证其能担负起全部责任并能控制项目活动正常进行。
- 方式灵活。项目目标确定之后，其实现的途径和方式可由项目经理自己确定。
- 计划与控制的方法为网络计划技术。

三、项目的生命周期

“先栽树，后乘凉”对项目计划同样适用。如果你的项目团队或管理层急于开展工作，就难于集中注意力在开始工作之前开发切实的活动计划。有时项目计划似乎过于详细，但事实并非如此。在这一点上，你必须相信你的所学。项目经理必须抵挡住立即开始项目工作的压力，花时间制定详细的项目计划。事实证明：差的项目计划最终会付出进度延迟、质量低劣、不能满足期望的代价。痛苦曲线（参见图 8－1）告诉我们，制定项目计划的确是痛苦的，但会减少你在项目后期的痛苦。不做计划将会使你在项目开始之后备受痛苦折磨。事实上，这种痛苦将会持续不确定地增加，除非有人在忍无可忍时不干了。

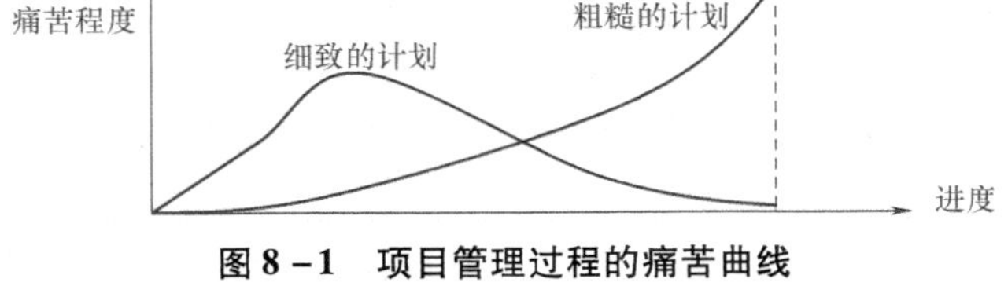

图 8－1　项目管理过程的痛苦曲线

为了对项目进行有效控制，可按照其自身运动的客观规律，将项目从设想立项，直到竣工投产、收回投资、达到预期目标的整个过程划分为若干个阶段，每一阶段都会引发下一阶段，这些项目阶段合在一起称为项目的生命周期。我们以建筑工程项目为例，其生命周期表现如图 8－2 所示。

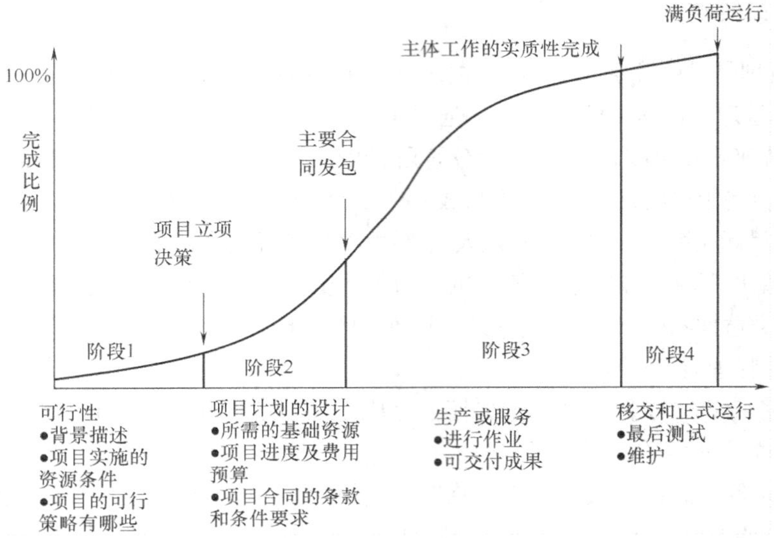

图 8－2 建筑工程项目的生命周期

不同项目在规模、技术和时间等方面各不相同，但每一项目的生命周期大体可以分为 4 个大的阶段，即启动阶段、规划阶段、执行阶段及结束阶段。在项目的不同阶段，其项目管理的内容是不相同的。项目管理的内容多是以其生命周期为重点进行展开，使得人们能够对整个项目的实施进行全面系统的了解。

（一）项目启动阶段

在这一阶段中，客户要向项目承接单位提供需求建议书，承接单位根据需求建议书的需求进行项目识别和项目构思，最后确定项目方案并进行可行性研究。项目启动期投入的资源较少，主要的工作任务就是进行项目识别、项目构思。

项目的启动阶段资源投入较少，经历的时间较短，但却是项目非常关键的一个阶段。对于项目承接单位来说，它直接决定着是否能取得项目承建权和管理权；对项目的目标来说，这一阶段提出的项目方案直接决定着其未来的蓝图和基本框架。

（二）项目规划阶段

经过项目启动阶段，随着项目方案的产生，项目生命周期便进入其第二个阶段，即项目规划阶段。这一阶段所需做的主要工作是：

1. 制定项目计划书，其主要内容包括确定项目工作范围、进行项目工作分解、估算资源和成本、估计时间、安排人员等。

2. 制定项目规划，主要内容包括进度规划、费用规划、质量管理规划、组织规划、资源配置规划和风险管理规划等。

项目规划是项目实施的蓝本，规定了如何去做、由谁去做等内容。这一阶段从整体上已决定了项目目标的性质。

（三）项目执行阶段

随着规划的完成，项目进入其生命周期的第三个阶段。这一阶段的主要工作是，按照项目计划书和项目规划的内容，选配项目成员、调拨资金、调配设备和工具，进行物资采购等，并按照进度计划实施项目，最终实现项目的目标。

（四）项目结束阶段

当一个项目的目标已经实现，或者已经明确知道该项目的目标不再需要或不可能实现时，该项目进入其生命周期的最后阶段，即项目结束阶段。这一阶段的主要工作包括项目的竣工、验收、移交、评价和总结以及项目的试运转等。

四、网络计划技术

对于项目的计划与控制，20 世纪 50 年代以前并无一定的公认准则。由于项目计划过于复杂，因此应用运营管理中的甘特图法无法获得满意的控制。直至 1957—1958 年间，美国杜邦公司提出关键路线法（Critical Path Method, CPM）、美国国防部为发展北极星导弹计划而导出计划评审术（Program Evaluation and Review Technique, PERT）之后，才有了项目管理的确切方法。CPM 与 PERT 均利用网络图来表明项目计划中各项工作的先后关系，制定可行的行动计划，并求出项目瓶颈的关键路线。CPM 和 PERT 统称为网络计划技术，确切地说，网络计划技术是一项计划与控制技术，它通过网络图和相应的计算，描绘出复杂项目的任务结构及其执行过程，求出对全局有影响的关键路线和关键作业，对项目进度作出科学的安排，以保证项目按期完成。

CPM 与 PERT 之间的主要区别在于 CPM 将作业时间视为确定性的，每项作业仅估算 1 个时间；而 PERT 将作业时间视为概率性的，每项作业须估算 3 个时间。

传统的生产进度与控制一直使用甘特图。甘特图只能反映作业的起始时间和结束时间而反映不出哪些作业是主要的或是关键性的。网络计划技术克服了这个缺点，它既能把整个过程组织起来，又能指明其中的关键所在。

运用 CPM 或 PERT，管理人员可获得下列信息：

- 项目作业之间的逻辑关系。
- 各项作业所需要的完成时间。
- 整个项目所需要的完成时间。
- 在一定时间内完成项目的关键作业或最重要的活动。
- 在一定时间内完成项目的关键路线，或者说是如果某些非关键作业发生延误而不致影响整个项目完成时间的作业路线。

第二节　网络模型

一、网络符号

网络模型表示各项作业之间的先后关系，其图形符号及相关术语如下：

○：节点（Node），表示事件（Event）的发生或作业的时点，通常是作业的开始时间或结束时间。

→：箭线（Arrow），表示作业的一个时段（即一段时间），作业（活动、工序）是一项需要耗费人力、物力和时间才能完成的生产活动，或者说，用箭线表示的作业要耗费资源和时间。

⇢：虚箭线（Dummy Arrow），表示虚作业。虚作业不占用时间，也不耗费资源，只表示作业之间的相互关系，使网络图在逻辑上更符合实际情况。

t_o：乐观时间（Optimistic Time），指在顺利情形下完成某项活动的最短时间。

t_p：悲观时间（Pessimistic Time），指在不顺利情形下完成某项活动的最长时间。

t_m：最可能时间（Most Likely Time），指在正常情况下最有可能完成某项活动的时间。

t_e：期望时间（Expected Time），指完成某项活动的预期时间。

二、网络图

网络图是项目过程及其内在逻辑关系的综合描述，也是项目过程时间安排的模拟，它具有如下特征：

- 节点统一编号，顺序是由左至右，从小到大；节点既不耗费资源，也不消耗时间，它仅表示前一项作业结束，后一项作业开始。
- 箭线表示一个作业，箭尾表示作业开始，箭头表示作业结束，从箭尾到箭头表示作业过程及其消耗的资源或时间。
- 箭线用节点连接，表明各项作业之间的先后顺序和相互关系。
- 作业名称或代号记在箭线的上方，完成作业所需要的时间或资源记在箭线的下方。
- 虚作业不消耗时间和资源，因此虚箭线上方不写名称，下方也无时间或资源。
- 紧前作业是当前作业开始前刚刚结束的作业。
- 紧随作业为当前作业结束后立即开始的作业。
- CPM 网络图中的作业仅用一个时间量表示，因为其作业时间是确定的；而 PERT

网络图中的作业用乐观时间、最可能时间和悲观时间 3 个时间量表示，医为其作业时间是不确定的，而与其发生概率有关。CPM 和 PERT 网络图中作业的表示方法如图 8－3 所示。

图 8－3 CPM 和 PERT 两种不同的作业表示

【例 8－1】 在网络图中确定工作之间的逻辑关系

某公司生产方式为订货工程，其生产过程如表 8－1 所示。试根据表 8－1 中的资料构造该公司生产过程的网络图。

表 8－1 订货生产细节

序号	工作	代号	紧前工作	工作时间（天）
1	产品设计	a	—	40
2	过程设计	b	a	20
3	外购零件	c	a	30
4	自制零件	d	b	25
5	产品装配	e	c，d	10

解：

根据表 8－1 的资料可画出网络图（见图 8－4）。

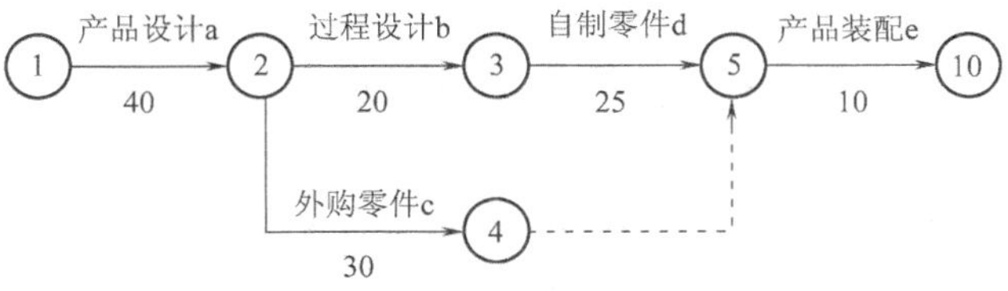

图 8－4 订货生产过程网络图

节点①表示生产过程的开始，同时也表示第一项工作“产品设计”的开始，箭线下边的数字 40 表示“产品设计”这项工作需要持续 40 天才能完成；“过程设计”和“外购零件”的紧前工作是“产品设计”，而“产品设计”的紧随工作则是“过程设计”和“外购零件”；其他以此类推。节点⑥表示生产过程的终点。在节点④和⑤之间的虚箭线为一项虚设的工作，它没有名称，也不消耗时间和资源，仅仅表示“产品装配”和“外购零件”这两项工作之间的逻辑关系，即只有当“外购零件”和“自制零件”这两项工作全部完成之后才能进行“产品装配”。注意，不能将节点②和节点⑤用箭线直接相连，如果直接相连则表示“产品装配”的紧前工作是“产品设计”。

【例 8－2】 绘制网络图

某工作有 6 项作业,作业之间的先后顺序和相互关系及工作时间如表 8－2 所示。试根据表中资料构造该项工作的网络图。

表 8－2 作业之间先后顺序、相互关系和工作时间

作业	紧前作业	作业时间(分钟)
a	—	14
b	—	3
c	a	7
d	a, b	3
e	c	4
f	d, e	10

解:

根据表 8－2 中的数据和作业之间的逻辑关系,做出该项工作的网络图,如图 8－5 所示。

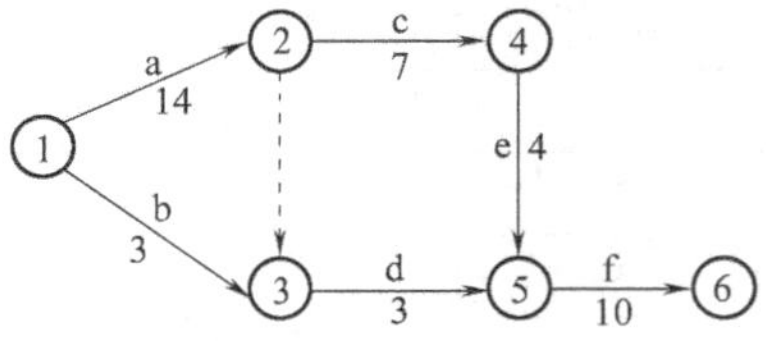

图 8－5 数据和作业之间的逻辑关系

三、CPM 和 PERT 分析

(一)CPM 和 PERT 可解决的问题

虽然 CPM 和 PERT 在某些细节上有所不同,但是它们采用的原理大致相同,它们的目标也是一致的,都是利用网络技术来计划项目,并注重于作业之间的衔接,以确保实现项目的最终目标。CPM 和 PERT 主要解决如下问题:

1. 整个项目何时完成?
2. 项目中哪些作业是关键性的?关键作业是指没有松弛时间(机动时间)的作业,或者说是那些只要它们发生延误就会使整个项目发生延误的作业。
3. 哪些作业是非关键性的?非关键作业是指含有松弛时间的作业,或者说是那些即使发生一定的延误也不至于使整个项目发生延误的作业。
4. 项目按规定时间完成的概率是多少?
5. 在某一任意时刻,(检查)项目是按计划进度进行,还是比计划提前或延后?
6. 在某一任意时刻,项目耗费是等于、小于还是大于预算?
7. 是否还有足够的资源能使项目按期完成?
8. 如果想使项目提前完成,最好、最省的方法是什么?

(二)CPM 和 PERT 步骤

1. 定义项目的全部作业,即作业是有意义的。
2. 确定作业之间的相互关系和先后顺序。
3. 用网络图连接所有作业。

4. 估算每个作业的时间或成本。
5. 确定网络中的最长时间路线,即关键路线。
6. 计算整个项目完工的总工期和完工概率(PERT)。
7. 运用网络图对项目的实施进行控制。

关键路线是由关键作业所组成的且连接项目始点和终点的一条项目计划实施路径,是没有任何松弛时间的路线。如果关键路线上的任何一个作业发生延误,均会使整个项目发生延误。管理人员可以从非关键路线上获得重置资源和时间的灵活性,但是从关键路线上却得不到这种灵活性。

第三节 网络图的时间参数计算

一、事件(节点)的时间参数计算

事件本身不消耗资源和时间,它仅表示某项作业应在某一时刻开始或结束。在这一时刻开始之前,该作业不具备开始的条件。

(一)事件的最早开始时间 T^E

某事件的最早开始时间是指当前事件已具备发生条件的临界时间。换句话说,在最早开始时间之前,当前事件还不具备开始的条件。

设有 1,2,3,…,n 个事件,则各事件的最早开始时间为:

$$\begin{cases} T_1^E = 0 \\ T_i^E = T_s^E + t_{si},\ i = 1,2,3,\cdots,n \end{cases} \tag{8-1}$$

式中:T——时点或时刻,表示事件发生的时刻;

t——时段,即完成作业过程所需要的时间;

T_1^E——始点事件(即第一个发生的事件)的最早开始时间,E 表示 Earliest;

T_i^E——第 i 个事件的最早开始时间;

T_s^E——紧前事件的最早开始时间,为第 i 个事件的紧前事件号。

因为计划从相对时间 0(天)(时)(分)开始,所以 $T_1^E=0$,即始点事件的开始时间等于零,而其他事件相对于始点事件都有一个最早开始时间。

当某一事件是多个作业所汇集的事件[见图 8-6(a)]时,该事件的最早开始时间为:

$$T_i^E = \min\{T_1^E, T_2^E, T_3^E, \cdots, T_n^E\} \tag{8-2}$$

即先计算每一事件的最早开始时间,再取其中的最大值。

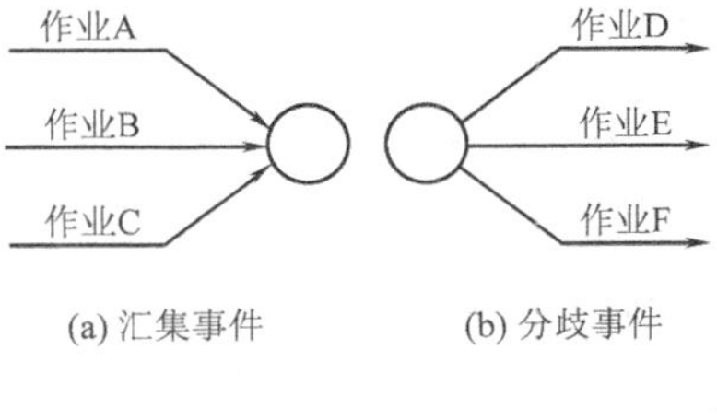

图 8-6 汇集事件和分歧事件

（二）事件的最晚开始时间 T^L

某事件的最晚开始时间是指在不影响整个项目按期完成的情况下该事件最晚发生的时间，其计算方法是从最终事件开始，从右至左逐个事件计算。

设有 1，2，3，…，n 个事件，则各事件的最晚开始时间为：

$$\begin{cases} T_n^L = T_n^E \\ T_i^L = T_j^L - t_{ij},\ i=1,2,3,\cdots,n \end{cases} \tag{8-3}$$

式中：T_n^L——终点事件的最晚开始时间，L 表示 Latest；

T_i^L——第 i 个事件的最晚开始时间；

T_j^L——紧随事件的最晚开始时间，j 为第 i 个事件的紧随事件号。

当某事件是多个作业的分歧事件［见图 8－6(b)］时，该事件的最晚开始时间为：

$$T_i^L = \min\{T_1^L, T_2^L, T_3^L, \cdots, T_n^L\} \tag{8-4}$$

（三）松弛时间（事件的时差）TS

松弛时间或事件的时差是指某一事件的最晚开始时间可推迟多久才不致影响整个项目的完工时间或其紧随事件的最早开始时间。它表明事件有多少机动时间可以利用，其计算公式为：

$$TS = T_i^L - T_i^E \tag{8-5}$$

二、作业的时间参数计算

（一）作业的最早开始时间 $ES(i,j)$

作业的最早开始时间是指当前作业等待其紧前作业完成，已具备开始条件的最早时间。作业的最早开始时间就是其箭尾所指事件的最早开始时间（见图 8－7）。其计算公式如下：

$$ES(i,j) = T_i^E \tag{8-6}$$

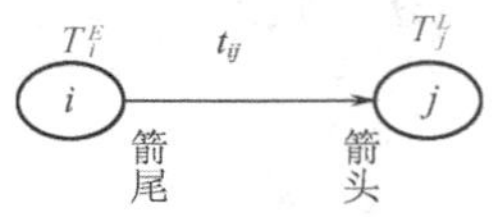

图 8－7

（二）作业的最早结束时间 $EF(i,j)$

作业的最早结束时间就是作业的最早开始时间加上作业过程所需要的时间。其计算公式如下：

$$EF(i,j) = ES(i,j) + t_{ij} \tag{8-7}$$

或

$$EF(i,j) = T_i^E + t_{ij} \tag{8-7'}$$

（三）作业的最晚结束时间 $LF(i,j)$

作业的最晚结束时间是指当前作业在不影响紧随作业按期完工所能推迟结束的极限时间，它等于当前作业箭头所指事件的最晚开始时间（见图 8－7）。其计算公式如下：

$$LF(i,j) = T_j^L \tag{8-8}$$

（四）作业的最晚开始时间 $LS(i, j)$

作业的最晚开始时间是指当前作业在不影响紧随作业最晚结束时间前提下所能推迟开始的极限时间。其计算公式如下：

$$LS(i, j) = LF(i, j) - t_{ij} \tag{8-9}$$

或

$$LS(i, j) = T_j^L - t_{ij} \tag{8-9'}$$

（五）作业的松弛时间 $TS(i, j)$

作业的松弛时间是指在不影响紧随作业最晚开始时间前提下完成当前作业所能剩余的时间。其计算公式为：

$$TS(i, j) = LS(i, j) - ES(i, j) \tag{8-10}$$

或

$$TS(i, j) = LF(i, j) - EF(i, j) \tag{8-10'}$$

作业的松弛时间在网络图的作业线路中可以储存起来，作业之间可以相互共用。在一条线路中，可能有好几个作业松弛时间，但是该线路的总松弛时间并不是各项作业的松弛时间之和，而是其中的最大值。

三、关键路线的确定方法

关键路线是网络图众多线路中时间最长的一条线路，通常以粗线或红线表示。关键线路上的作业称为关键作业，其特征是松弛时间为0。各个关键作业的作业时间之和就是该项目计划的总工期。

关键路线的确定方法，有人工计算和电子计算机计算两种。小规模的项目计划通常采用人工计算法，人工计算的限度是事件的数目在100个以下。人工计算一般多采用寻找松弛时间为0的路线，具体做法又分为图上计算法和表格计算法。遵循的原则是：先计算网络上各个作业的松弛时间，找出松弛时间为0的关键作业，然后将关键作业联结起来即可求得关键路线。

（一）图上计算法

图上计算法是在网络图上直接进行松弛时间的计算，并把计算结果标注在网络图的节点（○）上。通常用“□”表示作业的最早开始时间或最早结束时间，用“△”表示作业的最晚开始时间或最晚结束时间。当“□”和“△”中的数字相等（即 $T^E = T^L$）时，意味着松弛时间为0（$T^E - T^L = 0$），该作业即为关键作业。然后将各关键作业用粗线或红线联结起来，该路线即为关键路线。

【例8-3】 关键路线的图上计算法

某工程含有5项作业，其顺序和作业时间如图8-8所示（其中，作业时间单位为天）。

解：

（1）计算各节点的最早开始时间或最早结束时间，并将其注于图8-9中的

“□”内。

(2)计算各节点的最晚开始时间或最晚结束时间,并将其注于图 8－9 中的“△”内。

(3)寻找“□”－“△”=0 的节点,即找出“□”=“△”的关键作业。

由图 8－9 可知,路线①→③→④→⑤上的各项作业(b、d、c)其“□”=“△”,故为关键作业。

(4)用粗线或红线连接①→③→④→⑤,即得该工程的关键路线。

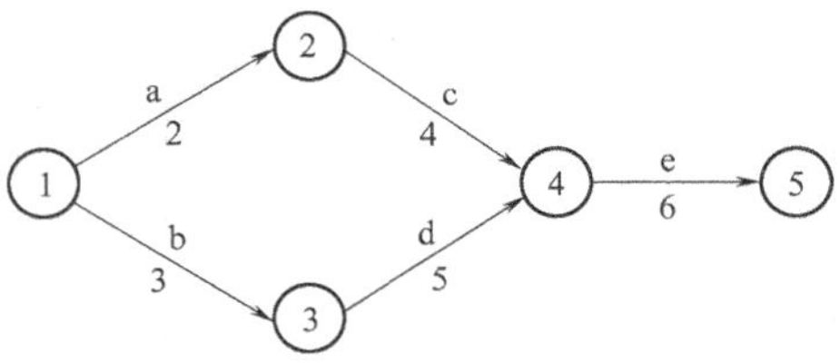

图 8－8 工程作业时间及顺序

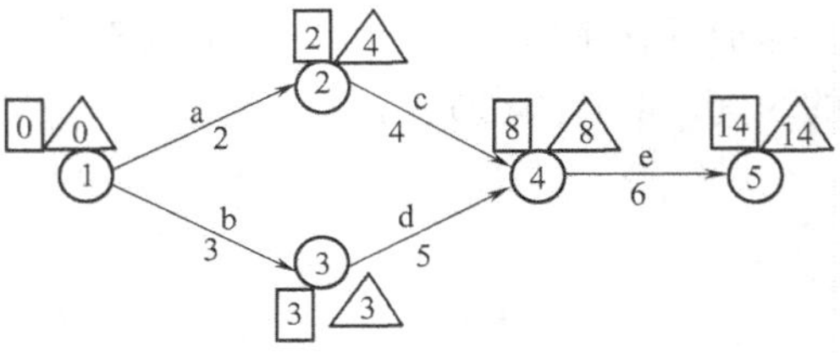

图 8－9 关键路线计算图

所以,该工程的关键路线为①→③→④→⑤,关键作业为 b、d、e ,工程总工期为:

$$T_{总}=3+5+6=14(天)$$

(二)表格计算法

表格计算法是将作业项目、节点编号、紧前作业、作业时间以及各作业的最早开始、最早结束、最晚开始、最晚结束时间和松弛时间等列在一张表格上,找出松弛时间为零的关键作业,即可求得关键路线。

【例 8－4】 关键路线的表格计算法

根据例 8－3 资料,用表格计算法确定关键路线。

解:

(1)根据资料作表 8－3。

(2)根据式(8－6)、式(8－7)、式(8－8)、式(8－9)、式(8－10)计算各作业的最早开始、最早结束、最晚开始、最晚结束时间和松弛时间并填入表内。

表 8－3 关键路线计算表

作业项目	节点编号		紧前作业	作业时间	开始时间		结束时间		松弛时间	关键路线
	i	j		t_{ij}	ES	EF	LS	LF	TS	
a	1	2	－	2	0	2	0	4	2	
b	1	3	－	3	0	3	0	3	0	√
c	2	4	a	4	2	6	4	8	2	
d	3	4	b	5	3	8	3	8	0	√
e	4	5	c, d	6	8	14	8	14	0	√
总工期				14						

(3)寻找松弛时间为零的关键作业。由表 8－3 中可看出作业 b、d、e 的松弛时间为 0,所以,关键作业为 b、d、e。由图 8－6 可知,连接关键作业 b、d、e 的节点为①、③、④、⑤,所以,关键路线为①→③→④→⑤。

(4)计算工程计划的总工期。关键作业 b、d、e 的作业时间分别为 3、5、6 天,所以,总工期为 3＋5＋6＝14 天。

【例 8－5】 用 Excel 求解关键路线

根据表 8－4 中给出的数据确定关键路线。

表 8－4

作业	紧前作业	加工时间
A	—	6
B	—	9
C	A,B	8
D	A,B	7
E	D	10
F	C,E	12

解:

(1)绘制作业顺序图,如图 8－10 所示。

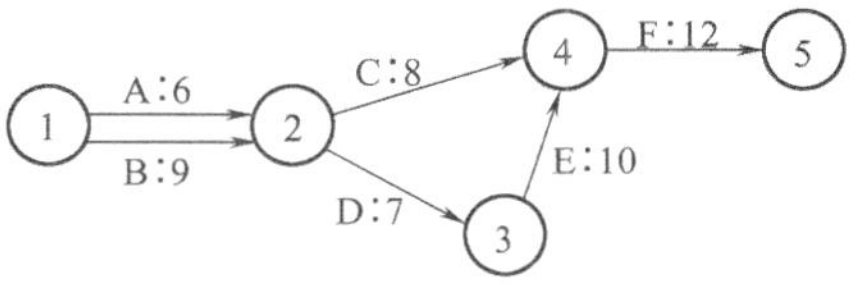

图 8－10

(2)在 Excel 中输入数据。在 J13:J18 区域输入各项工作的持续时间。假设第一个节点的开始时间为 0,在 C6:G6 单元格区域输入任意值。

(3)建立活动－节点矩阵。假设某项工作 a,它的开始节点和结束节点分别是 i 和 j,并且 $j>i$,令 t_i 和 t_j 为 i 和 j 两个节点的开始时间,d_a 为工作 a 的持续时间,那么可以得到如下不等式:

$$t_j \geq t_i + d_a \tag{8-11}$$

因此,对于每一项工作,都可以得到如下的限制条件:

$$t_j - t_i \geq d_a \tag{8-12}$$

为得到式(8－12)所示的限制条件,我们需要建立一个活动—节点矩阵进行计算。

在 C13:G18 单元格区域中建立工作和节点的对应矩阵,矩阵的每一行代表一项工作,每一列代表一个节点,在工作与其开始节点相交的单元格输入－1,在工作与其结束节点相交的单元格中输入 1,其他区域输入 0。例如,工作 A 的开始节点是 1 号节点,结束节点为 2 号节点,因此在 C13 单元格中输入－1,在 D13 单元格中输入 1,E13:G13 区域输入 0。在 J6 单元格中输入公式＝G6,用以存放后面计算得到的项目完成所需时间。

(4)在 H13:H18 单元格中计算每项工作的约束条件。在 H13 单元格中输入＝

SUMPRODUCT($C$6:$G$6,C13:G13),得到对工作 A 的约束条件:H13 > = J13。把 H13 单元格中的公式复制到 H14:H18 区域中得到其他各项活动的约束条件。使用规划求解工具计算。

(5)使用规划求解工具计算。打开“规划求解”工具,在目标单元格中输入 J6,求其最小值,在可变单元格中输入 D6:G6,约束条件输入 H13:H18 > = J13:J18,单击“求解”按钮,在“规划求解结果”对话框中选中右面“报告”,在其选择框中选中“敏感性报告”,单击“确定”按钮,Excel 自动建立一个名称为“敏感性报告 1”的工作表,打开此工作表,在名称为“约束”的表格中有一列名称为“拉格朗日乘数”,该列的值为 0 或 1,如果为 1,则说明如果延长此项工作的时间,则会导致项目总时间的延长,因此该项工作处于关键路径上。因此,可以确定本例中处于关键路径上的工作为 B、D、E、F。

(6)最终运算结果如图 8 - 11 所示,敏感性报告如图 8 - 12 所示。

	A	B	C	D	E	F	G	H	I	J
1										
2										
3										
4					节点					
5			1	2	3	4	5			项目完成时间
6		开始时间	0	9	16	26	38			38
7										
8										
9										
10										
11										
12			1	2	3	4	5			加工时间
13		A	-1	1	0	0	0	9	>=	6
14		B	-1	1	0	0	0	9	>=	9
15		C	0	-1	0	1	0	17	>=	8
16		D	0	-1	1	0	0	7	>=	7
17		E	0	0	-1	1	0	10	>=	10
18		F	0	0	0	-1	1	12	>=	12

图 8 - 11

Microsoft Excel 9.0 敏感性报告
工作表 [例题.xls]例9-1
报告的建立: 2005-4-5 9:21:40

可变单元格

单元格	名字	终值	递减梯度
$D$6	开始时间	9	0
$E$6	开始时间	16	0
$F$6	开始时间	26	0
$G$6	开始时间	38	0

约束

单元格	名字	终值	拉格朗日乘数
$H$13	A	9	0
$H$14	B	9	1
$H$15	C	17	0
$H$16	D	7	1
$H$17	E	10	1
$H$18	F	12	1

图 8 - 12

四、项目完工期的概率分析

关键路线确定之后,项目的总工期也就确定了。然而在用 3 点时间估计法计算作业时间的情况下，还要研究完成计划的概率。

（一）概率估计公式

PERT 与 CPM 的一个很大的区别就是 PERT 中的作业用 3 个时间来表示，而 CPM 只用 1 个。乐观时间（t_o）、悲观时间（t_p）和最可能时间（t_m）都是基于对设计规范、机器设备、操作人员水平、技术条件、工作环境等因素综合分析之后作出的估计。然而影响作业时间的因素很多，其变动幅度往往遵循概率法则，不能完全由人来控制。根据统计，网络图中各项作业时间服从 β 分布规律。β 分布通常用来描述时间估计中的偏差（见图 8－13），分布可能对称也可能偏左或偏右，视具体作业的性质而定。概率分析的重点之一是估计每个作业的期望时间 t_e 和时间偏差 σ_i^2。3 个时间的加权平均值即为作业的期望时间，计算公式为：

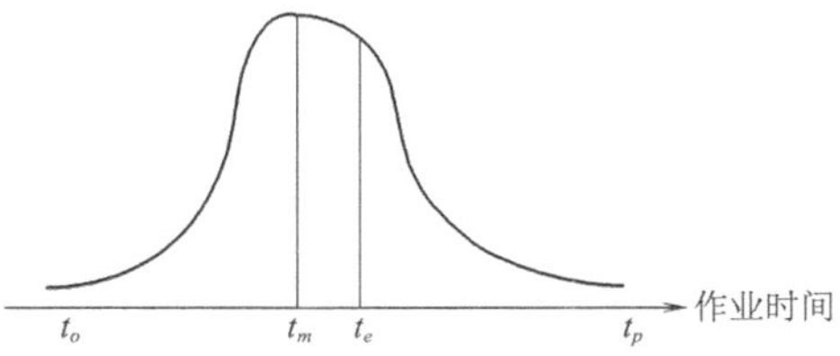

图 8－13　用 β 分布描述概率性时间估计

$$t_e = \frac{t_o + 4t_m + t_p}{6} \tag{8-13}$$

每个作业的期望时间的标准差以悲观时间和乐观时间之差的 1/6 来估计，因为几乎所有的正态分布区域都在 ±3 个标准差之内，其 1/6 即为 1 个标准差（见图 8－14），即

$$\sigma_i = \frac{t_p - t_o}{6} \tag{8-14}$$

如果项目关键路线上的作业数量为 k，则项目完成的总工期就是关键路线上各个作业的期望时间之和，计算公式为：

$$T_{总} = t_{e_1} + t_{e_2} + \cdots + t_{e_k} = \sum_{i=1}^{k} t_{e_i} \tag{8-15}$$

总工期的偏差等于关键路线上 k 个作业的标准差平方和之根，即

$$\sigma_{总} = \sqrt{\sigma_1^2 + \sigma_2^2 + \cdots + \sigma_k^2} = \sqrt{\sum_{i=1}^{k} \sigma_i^2} \tag{8-16}$$

（二）项目预期完工时间的概率

如果网络图上的作业数 n 足够大（即 $n \to \infty$），则可以认为整个项目的预期完工时间是以 $T_{总}$ 为均值，以 $\sigma_{总}$ 为标准差的正态分布，即 $X \sim N(T_{总}, \sigma_{总}^2)$，如图 8－14 所示。

根据正态分布公式，由概率系数公式 $Z = \frac{X - \mu}{\sigma}$，得整个项目预期完工时间的概率为：

$$P(Z \leqslant T) = P\left(Z \leqslant \frac{T - \mu}{\sigma}\right) = P\left(Z \leqslant \frac{T - T_{总}}{\sigma_{总}}\right) \tag{8-17}$$

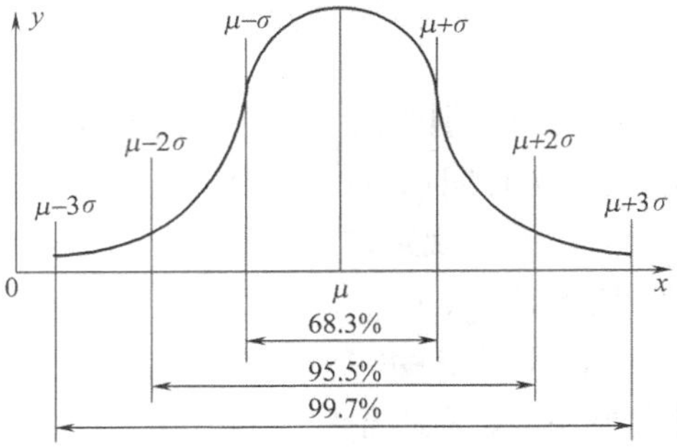

图 8－14　正态分布图

计算出概率系数 $Z=\dfrac{T-T_{总}}{\sigma_{总}}$,再根据 Z 值查正态分布表即可求出项目预期完工时间的概率。

因此,确定按某一时间完成项目时间概率的步骤为:

第一步,由式(8－13)、式(8－14)计算各作业的期望时间 t_e 及其标准差 σ。

第二步,根据各作业的期望时间确定关键路线。

第三步,根据关键路线上的作业时间计算式(8－15)、式(8－16)完成项目的总工期 $T_{总}$ 及其偏差 $\sigma_{总}$。

第四步,假定完工日期为 T,计算概率系数 Z,查正态分布表,求出满足 $Z\leqslant\dfrac{T-T_{总}}{\sigma_{总}}$ 的概率。

【例 8－6】　确定按某一工期完成项目的概率

某项目有 9 项作业,其作业顺序、作业时间如表 8－5 所示,试求 25 天、23.7 天和 21 天完成该项目的概率。

表 8－5　作业顺序及作业时间(天)

作业	紧前作业	t_o	t_m	t_p
a	—	2	3	9
b	—	2	4	10
c	a	3	5	9
d	b	5	8	10
e	b	1	5	10
f	c, d	5	7	9
g	c, d	4	5	7
h	e, f	1	4	8
i	g	2	5	6

解:

(1)计算各作业的期望时间和标准差。根据表 8－5 的数据及式(8－13)和式(8－14)，计算结果如表8－6所示。

表8－6　作业计算表

作业	节点 $i-j$	紧前作业	t_o	t_m	t_p	t_e	σ	ES	LS	TS
a	1－2	—	2	3	9	3.8	1.2	0.0	3.4	3.4
b	1－3	—	2	4	10	4.7	1.3	0.0	0.0	0.0
c	2－4	a	3	5	9	5.3	1.0	3.8	7.2	3.4
d	3－4	b	5	8	10	7.8	0.8	4.7	4.7	0.0
e	3－5	b	1	5	10	5.2	1.5	4.7	14.3	9.6
f	4－5	c，d	5	7	9	7.0	0.6	12.5	12.5	0.0
g	4－6	c，d	4	5	7	5.2	0.5	12.5	13.8	1.3
h	5－7	e，f	1	4	8	4.2	1.2	19.5	19.5	0.0
i	6－7	g	2	5	6	4.7	0.6	17.7	19.0	1.3

(2)确定关键路线。根据表8－6的计算结果即可确定关键作业为b、d、f、h，关键路线则为①→③→④→⑤→⑦。若用图上计算法(见图8－15)，可得相同结果。

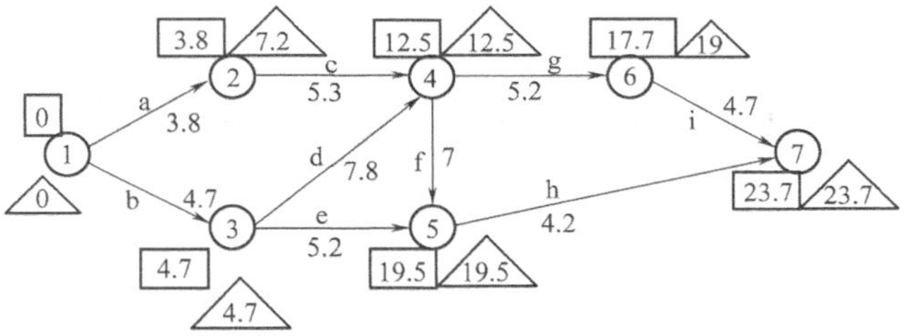

图8－15

(3)确定总工期及其偏差。

总工期为：

$$T_{总}=4.7+7.8+7+4.2=23.7(天)$$

总工期偏差为：

$$\begin{aligned}\sigma_{总}&=\sqrt{\sigma_b^2+\sigma_d^2+\sigma_f^2+\sigma_h^2}\\&=\sqrt{(1.3)^2+(0.8)^2+(0.6)^2+(1.2)^2}\\&=\sqrt{1.69+0.64+0.36+1.44}\\&=\sqrt{4.13}\\&=2.03\end{aligned}$$

(4)确定特定工期的完工概率。

根据概率系数公式 $Z=\dfrac{T-T_{总}}{\sigma_{总}}$，当 $T=25$ 天时，$Z_{25}=\dfrac{25-23.7}{2.03}=0.64$，查正态分布

表，得概率 $P_{25}=0.7389$，即项目在 25 天完成的可能性为 73.89%。

当 $T=23.7$ 天时，$Z_{23.7}=\frac{23.7-23.7}{2.03}=0$，查正态分布表，得概率 $P_{23.7}=0.5$，即项目在 23.7 天完成的可能性为 50%。

当 $T=21$ 天时，计算并查表得

$$Z_{21}=\frac{21-23.7}{2.03}=-1.33,$$

$$P_{21}=1-\Phi(1.33)=1-0.9082=0.0918$$

即项目在 21 天完成的可能性为 9.18%。

求出项目完工的概率后，即可对各种计划方案进行评价。根据企业实践的经验，评价的标准为：

(1)概率低于 30%，误期的危险性过大，需要重新规划。

(2)概率介于 30% 至 40% 之间，成功的概率太小，在运营过程中必须严密控制。

(3)概率介于 40% 至 65% 之间，为合理风险与资源运用的界限。

(4)概率在 65% 以上，则为资源过量，也需要重新规划。

本例中，总工期为 23.7 天的完工概率为 50%，介于 40% 至 65% 之间，因此将项目工期定为 24 天较为适宜。

第四节　时间成本最优化

一、两类时间成本及其关系

时间成本最优化，又称最低成本进度，是指通过时间成本抵换的方式使项目的间接成本与直接成本之和降到最低的计划方案。项目计划的成本可分为两大类：一类是该项目中各项作业的直接成本，如原材料、工人工资等；另一类是整个项目计划的间接成本，如管理费用等。两类成本与时间的关系如图 8－16 所示。

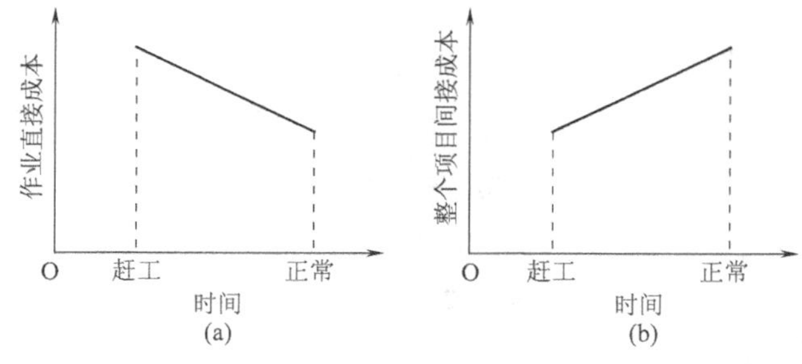

图 8－16　成本与时间关系

图 8 - 16(a)表示,从单个作业来看,为了缩短该作业的完成时间,必须赶工(加班)才能实现;赶工就必须支付加班费,从而会增加该作业的直接成本;因此,作业时间的长短与该作业的直接成本成反比。图 8 - 16(b)说明,从整个项目计划来看,赶工能缩短总工期,从而降低整个项目的间接成本;因此,整个项目计划的长短与其间接成本成正比。然而赶工有一定的限度,并非可以任意缩短。当项目计划中某一关键路线达到赶工的极限,除非对计划重新进行规划,否则不管其他作业如何赶工,都不会缩短总工期,而只会增加项目成本。因此,时间与成本的优化,应在正常成本点与赶工成本点之间选择最恰当的时间成本(见图 8 - 17),以达到最经济的赶工,使时间成本最优化。

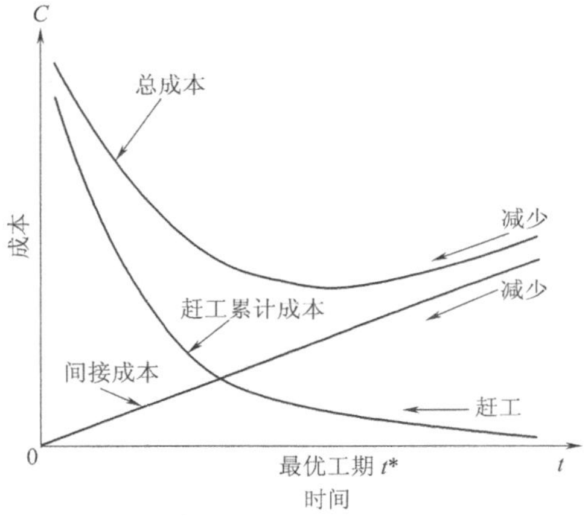

图 8 - 17　时间成本最优化

二、成本斜率

赶工主要以成本斜率的大小作为选择赶工对象的依据。成本斜率是指作业赶工时每缩短一个单位的时间所增加的直接成本。作业斜率的计算方法如图 8 - 18 所示。

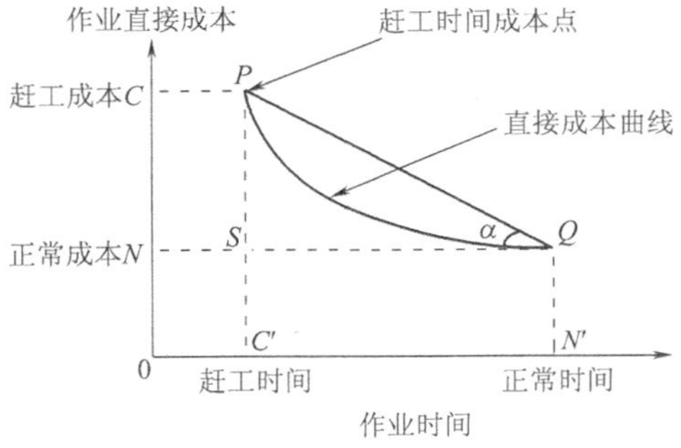

图 8 - 18　成本斜率计算图

PQ 间的曲线为直接成本曲线，是作业由正常时间成本点 Q 逐步赶工至赶工成本点 P 所需各个成本点的连线，为一近似于连接 PQ 两点的直线。由图 8－18 可求得成本斜率为：

$$\text{成本斜率} = \tan\alpha = \frac{PC' - SC'}{NQ - NS} = \frac{OC - ON}{ON' - OC'} = \frac{\text{赶工成本} - \text{正常成本}}{\text{正常时间} - \text{赶工时间}} \tag{8-18}$$

三、时间成本最优化方法

时间成本最优化的具体步骤如下：

第一步，作项目计划网络图（或表格）。

第二步，确定关键路线，并计算计划完成项目的总工期。

第三步，计算正常时间计划成本。其计算公式如下：

$$\text{正常成本} = \Sigma\ \text{各项作业的直接成本} + \text{整个计划间接成本} \tag{8-19}$$

第四步，计算网络中各项作业的成本斜率。

第五步，选取关键路线上成本斜率最小的作业作为赶工对象进行赶工，以缩短计划完成时间。

第六步，计算赶工后的时间总成本。其计算公式为：

$$\text{总成本} = \text{正常成本} + \text{赶工成本} + \text{间接成本} \tag{8-20}$$

$$\text{赶工成本} = \Sigma(\text{作业成本斜率} \times \text{赶工时间}) \tag{8-21}$$

第七步，寻找新的关键路线，并计算赶工后的计划完成时间。

第八步，重复第五步至第七步，计算各种改进方案的时间成本。

第九步，选定最优成本进度。

【例 8－7】 时间成本最优化

某项目有 4 项作业，其成本和作业时间如表 8－7 所示，项目间接成本为 4 500 元/天，试确定时间成本最佳的进度方案。

表 8－7 成本和作业时间

作业项目	紧前作业	作业时间（天）		作业成本（千元）	
		正常	赶工	正常	赶工
a	—	3	1	10	18
b	a	7	3	15	19
c	a	4	2	12	20
d	c	5	2	8	14

解：

（1）作项目网络图（见图 8－19）。

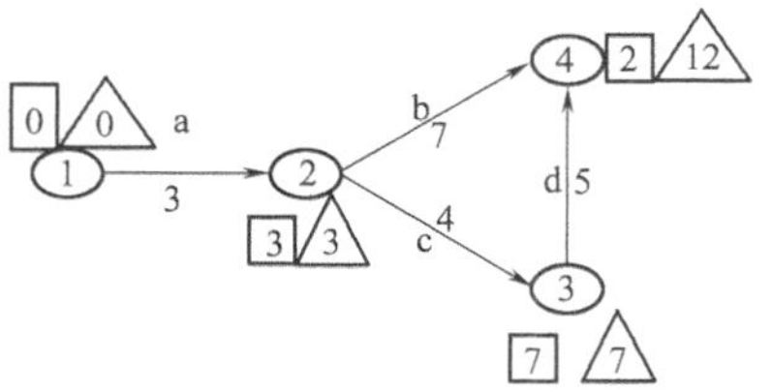

图 8－19 项目计划网络图

(2)确定关键路线,如图 8－19 中粗线所示,即 a→c→d。

按正常作业时间,总工期 =3 +4 +5 =12 天。正常作业的进度如图 8－20 所示。

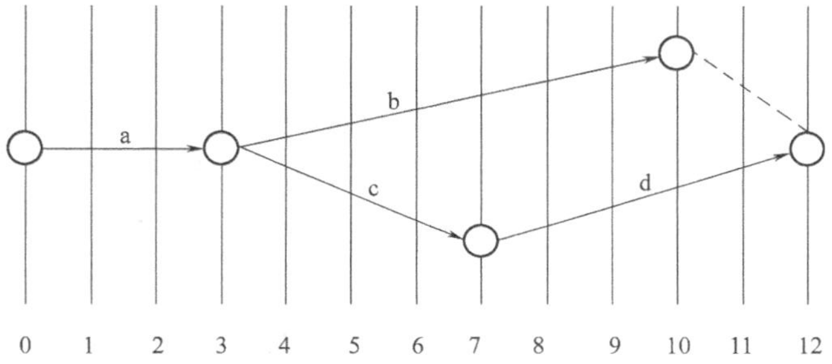

图 8－20 项目计划网络图

(3)计算按正常作业时间完工的总成本。

$$
\begin{aligned}
\text{正常总成本} &= 10\ 000 + 15\ 000 + 12\ 000 + 8\ 000 + 4\ 500 \times 12 \\
&= 45\ 000 + 54\ 000 \\
&= 99\ 000(\text{元})
\end{aligned}
$$

(4)依式(8－18),计算各项作业的成本斜率 α(每赶工一天所增加的成本)。

$$\alpha_a = \frac{18\ 000 - 10\ 000}{3 - 1} = 4\ 000(\text{元/天})$$

$$\alpha_b = \frac{19\ 000 - 15\ 000}{7 - 3} = 1\ 000(\text{元/天})$$

$$\alpha_c = \frac{20\ 000 - 12\ 000}{4 - 2} = 4\ 000(\text{元/天})$$

$$\alpha_d = \frac{14\ 000 - 8\ 000}{5 - 2} = 2\ 000(\text{元/天})$$

(5)选择赶工对象。根据第四步的计算结果,作业 b 的成本斜率最小,但其不在关键路线上,故不予考虑。关键路线上各作业(a→c→d)中,$\min\{\alpha_a, \alpha_c, \alpha_d\} = \alpha_d = 2\ 000$ 元/天 。作业 d 的成本斜率最低,故优先确定该作业为赶工对象。根据表 8－6 所给资料,作业 d 可由原来的 5 天缩短为 2 天,但由于 a→b 线路的工期为 10 天,故先将作业 d 缩短为 3 天(赶工 2 天),即关键路线(a→c→d′)上的工期由原来的 12 天缩短为 10 天,如图 8－21 所示。

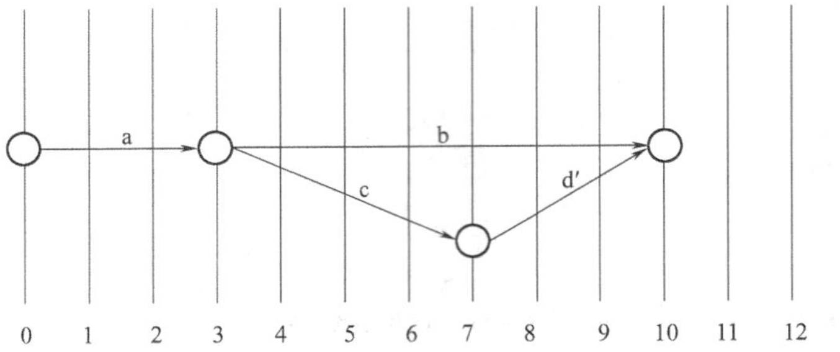

图 8－21　项目计划网络图

(6)计算赶工后的时间总成本。作业 d 每缩短 1 天，多支付直接成本 2 000 元，但却节省间接成本 2×4 500 元，因此，总成本 =99 000 +2×2 000 －2×4 500 =94 000 元。总工期缩短 2 天后，比原计划工期的总成本减少 5 000 元。然而工期缩短 2 天是否已实现时间成本最优化，现在还不能肯定，还须进一步验证。

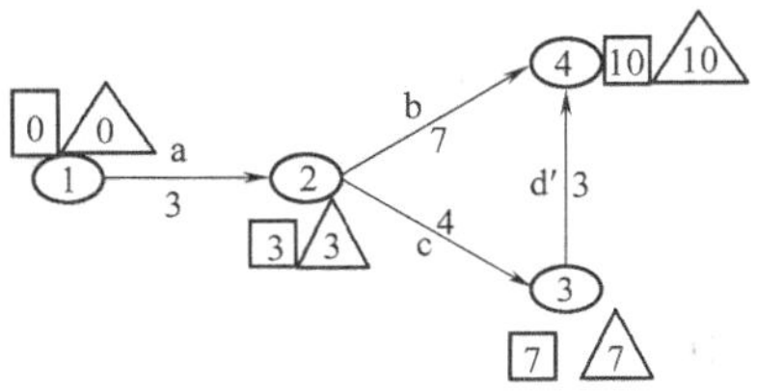

图 8－22　项目计划网络图

(7)寻找新的关键路线，并计算总工期。由图 8－22 可知，作业 d 缩短为 3 天后(即 d′)网络图中的两条线路(即 a→b 和 a→c→d′)均为关键路线，总工期均为 10 天。

(8)重复(5)到(7)的步骤，并计算各种改进方案的时间成本。

第一次重复：因存在两条关键路线，且作业 b 由非关键作业变为关键作业，因此若再想缩短工期，有 3 种方式可供选择：

- 单独赶工作业 a(成本斜率为 4 000 元)。
- 同时赶工作业 b 和 c[成本斜率为 5 000 元(=1 000 +4 000)]。
- 同时赶工作业 b 和 d[成本斜率为 3 000 元(=1 000 +2 000)]。

遇到此类情况(同时出现两条以上的关键路线)，必须计算各种可供选择方案的成本斜率。本例题各方案的成本斜率计算结果如表 8－8 所示。

表 8－8　成本斜率计算结果

赶工方式	成本斜率(赶工一天成本)(千元/天)
作业 a	4
作业 b 与 c	1 +4 =5
作业 b 与 d	1 +2 =3

根据表 8－8 的计算结果，同时赶工作业 b 与 d 的成本斜率最低，但作业 d 已赶工了 2 天，仅余 1 天可再赶工，因此决定作业 b 与 d 同时赶工 1 天，安排结果如图 8－23 所示。这时，总工期 =3 +4 +2 =9 天或 =3 +6 =9 天，总成本 =94 000 +3 000 －

4 500 = 92 500 元。

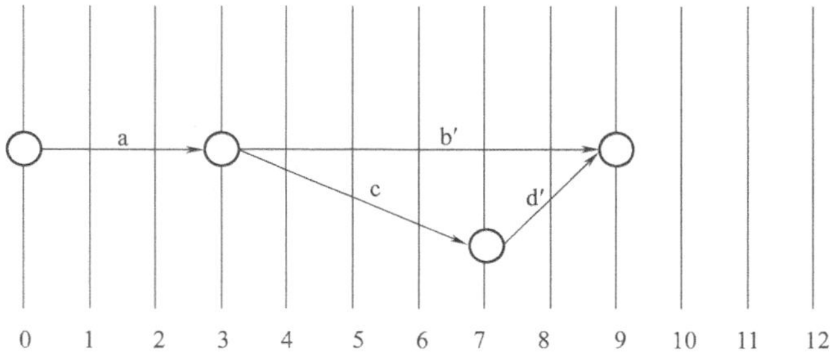

图 8－23　项目计划网络图

同时赶工作业 b 与 d 之后，已将项目总工期降至 9 天，总成本降至 92 500 元，但现在仍然不能肯定已实现时间成本最优化，还须进行第二次重复，看是否还有进一步降低的可能。

第二次重复：根据表 8－8 的计算结果，单独赶工作业 a 的成本斜率次低，又从表 8－7知，单独赶工作业 a 可再缩短 2 天，因此决定单独赶工作业 a 2 天，改进后的网络图如图 8－24 所示。这时，总工期 = 1 + 4 + 2 = 7 天或 = 1 + 6 = 7 天，总成本 = 92 500 + 2 × 4 000 − 2 × 4 500 = 91 500 元。

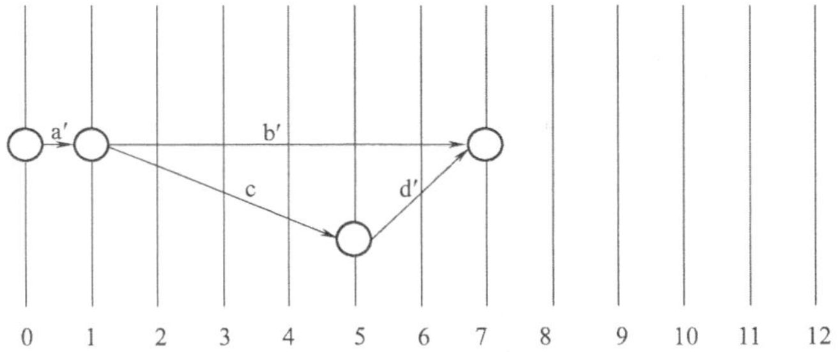

图 8－24　项目计划网络图

第二次改进又使总工期缩短 2 天，总成本下降了 1 000 元，但仍未证实已实现时间成本最优化，还需进一步验证。

第三次重复：根据表 8－8 和表 8－7 资料，同时赶工 b 与 c 的成本斜率为 4 000 元，作业 b 与 c 可缩短 2 天（表 8－7 显示，作业 b 可赶工 3 天，但与作业 d 已经同时赶工 1 天，因此还剩下 2 天），因此，决定再同时赶工作业 b 与 c 2 天。改进后的情形如图 8－25 所示。这时，总工期 = 1 + 2 + 2 = 5 天或 = 1 + 4 = 5 天，总成本 = 91 500 + 2 × 5 000 − 2 × 4 500 = 92 500 元。

第三次改进后发现，虽然总工期有所减少，但总成本却比第二次改进结果高，因此可以判定，时间成本已经实现最优化，没有必要再进行下去了。

（9）选定最优成本进度。将前面的计算结果进行整理后得表 8－9，并据此选定方案 4 为最优方案（见表 8－9）。

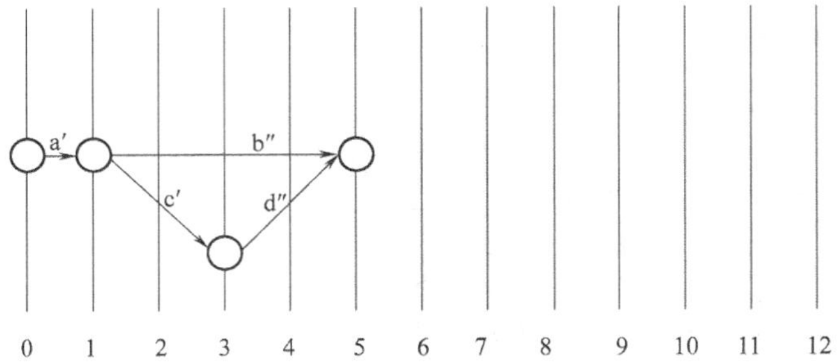

图 8－25　项目计划网络图

表 8－9　最优方案评价表

方案	总工期(天)	总成本(元)	是否最优
1	12	99 000	否
2	10	94 000	否
3	9	92 000	否
4	7	91 500	是
5	5	92 500	否

【例 8－8】　用 Excel 求解时间成本最优化

接例 8－5，假设该工程需要缩短工期至 25 天以内，各项工作的工期最多能减少 5 天，每减少一天所增加的成本如表 8－10 所示，试计算时间成本最佳的进度方案。

表 8－10　工作

	A	B	C	D	E	F
成本(千元/天)	10	20	3	30	40	50

解：

(1)将例 8－5 中的 Excel 工作表复制，以供本例使用。

(2)在节点开始时间表格上方插入若干行，输入缩短工期的数据。

在 B3:B8 单元格区域中输入各项工作缩短工期的成本，在 H3:H8 单元格区域各项工作可缩减的最多时间(最多可缩短时间＝原定工期－最短工期)，将原来工作表中的各项工作时间复制到 D3:D8 单元格中；最后，将工期期限输入到 L13 单元格中。

在 F3:F8 单元格区域输入任意值作为可缩短时间，作为后面计算过程中的可变单元格。

(3)计算新的工作时间。

在 J18:J23 区域计算各项工作缩短后的工作时间。

在 J18 中输入＝D3－F3，然后将公式复制到 J19:J23 区域中，得到每项工作缩短后的工作时间。

(4)计算缩短工期的成本。

在 B25 单元格中输入函数 = SUMPRODUCT(F3:F8,B3:B8),结果为缩短工期所增加的成本。

(5)使用规划求解工具进行计算。

在上例规划求解参数设置的基础上进行修改,将目标单元格改为 B29,添加新的可变单元格 F3:F8(原来已有的可变单元格 D13:G13 不变),约束条件中添加 J13 < = L13,F3:F8 > = 0,F3:F8 < = H3:H8(原有约束 H18:H23 > = J18:J23 保持不变)。

单击“求解”按钮进行计算,得到的结果自动填入 B25 单元格中。最终结果如图 8 – 26所示。

	A	B	C	D	E	F	G	H	I	J	K	L
1												
2	工作	日成本		原定工期		实际缩短时间		最大缩短时间				
3	A	10		6		2		5				
4	B	20		9		5		5				
5	C	3		8		0		5				
6	D	30		7		5		5				
7	E	40		10		3		5				
8	F	50		12		0		5				
9												
10	各节点的开始时间											
11					节点							
12			1	2	3	4	5			项目完成时间		目标工期
13		开始时间	0	4	6	13	25			25		25
14												
15	活动-节点矩阵											
16					节点							
17			1	2	3	4	5			缩短后的工作时间		
18	活动	A	-1	1	0	0	0	4	>=	4		
19		B	-1	1	0	0	0	4	>=	4		
20		C	0	-1	0	1	0	9	>=	8		
21		D	0	-1	1	0	0	2	>=	2		
22		E	0	0	-1	1	0	7	>=	7		
23		F	0	0	0	-1	1	12	>=	12		
24												
25	总成本	390										

图 8 – 26

本章小结

项目是指在一定约束条件下,具有明确目标的一次性且完成后不再重复的工作或事业。项目管理是以项目经理负责制为主,按照项目活动程序对项目全过程进行计划、组织和控制的目标管理。项目管理采用网络计划技术进行计划与控制。网络计划技术通过网络图和相应的计算,描绘出复杂项目的任务结构及其执行过程,求出对全局有影响的关键路线和关键作业,对项目进度作出科学的安排,以保证项目按期完成。网络计划技术分为两类,关键路线法(CPM)和计划评审术(PERT),它们之间的主要区别是 CPM 将作业时间视为确定性的,每项作业仅估算 1 个时间;而 PERT 将作业时间视为概率性的,每项作业须估算 3 个时间。

关键路线是由关键作业所组成的且连接项目始点和终点的一条项目计划实施路径,是没有任何松弛时间的路线,也是网络图众多线路中时间最长的一条线路。关键路线上的任何一个作业发生延误，均会使整个项目发生延误。关键线路上的作业称为关键作业，其特征是松弛时间为0，各个关键作业的作业时间之和就是该项目计划的总工期。

时间成本最优化是指通过时间成本抵换的方式使项目的间接成本与直接成本之和降到最低的计划方案。赶工能缩短总工期，从而降低整个项目的间接成本。然而，赶工就必须支付加班费，从而会增加该作业的直接成本。此外，赶工有一定的限度，并非可以任意缩短。当项目计划中某一关键路线达到赶工的极限，除非对计划重新进行规划，否则不管其他作业如何赶工，都不会缩短总工期，而只会增加项目成本。

习题

1. 什么是项目与项目管理？它们的特征分别是什么？

2. 什么是关键路线？它在网络图中是最长的还是最短的那条路线？为什么？

3. 如果在网络图中一条路线有4天的宽裕，这是否意味着在该路线上任何作业可被延误4天？为什么？

4. 什么是虚作业？为什么我们需要虚作业？

5. 什么是时间成本最优化？为什么能够实现时间与成本的最优化？

6. 在网络图中，关键路径是指(　　)

A. 最早开始的那条路径　　B. 总时间最短的那条路径

C. 总时间最长的那条路径　　D. 最迟开始的那条路径

7. *网络计划方法的步骤有(　　)

A. 项目分解　　B. 确定各种活动之间的先后关系

C. 估计活动所需的时间　　D. 计算网络参数，确定关键路线

E. 优化、监控、调整

8. *在网络图中，对于每一个活动需要确定的时间有(　　)。

A. 最早开始时间　　B. 总时间

C. 最迟开始时间　　D. 最早结束时间

E. 最迟结束时间

9. *在进行时间优化时，缩短关键路线上活动时间的途径有(　　)。

A. 利用平行、交叉作业缩短关键活动的时间　　B. 在非关键路线上赶工

C. 在关键路线上赶工　　D. 采用新技术缩短工作时间

E. 进一步压缩最短路线上的工作时间

10. 项目是为创造独特的产品、服务或成果而进行的长期性工作。(　　)

11. 在项目的实施过程中，项目的质量、进度和费用有时候也会产生矛盾，在处理三者关系时，应该以费用为中心，通过科学的规划统筹，实现质量、费用和进度的优化组合。(　　)

12. 关键路径是在诸多网络路径中，总时间最长的那一条路径。(　　)

13. 网络计划优化中的时间优化需要考虑人力、物力、财力资源的限制。(　　)

14. 某工程含有7项作业，其顺序和作业时间如表8－11所示。试用图解法和表格法分别求出该工程的关键路线、关键作业和总工期。

表8－11　作业顺序和作业时间

作业	紧前作业	作业时间（星期）
a	—	8
b	—	4
c	a	6
d	a	11
e	b	9
f	c	3
g	d, e, f	1

15. 某项目有9项作业，其作业顺序、作业时间如表8－12所示。

表8－12　作业顺序及作业时间（月）

作业	紧前作业	t_o	t_m	t_p
a	—	1	3	4
b	—	3	4	5
c	—	2	3	6
d	a	2	4	6
e	b	3	5	7
f	c	4	6	8
g	d	2	3	5
h	e	5	7	9
i	f	3	4	6

（1）计算各作业的期望时间和标准差。

（2）绘制网络图。

（3）确定关键路线和关键作业。

（4）确定总工期及其偏差。

（5）确定17个月内完工的概率。

（6）确定15个月内完工的概率。

16. 某项目有9项作业，其成本和作业时间如表8－13所示，项目间接成本为2 500元/天，试求时间成本最佳的进度方案。

表 8-13 成本和作业时间

作业项目	紧前作业	作业时间(天)		作业成本(元)	
		正常	赶工	正常	赶工
a	—	20	15	10 000	15 000
b	a	10	5	12 000	16 500
c	a	11	10	4 000	5 500
d	b	8	5	6 000	10 500
e	d	7 *	—	8 000	—
f	c	12	9	9 000	11 000
g	e	6 *	—	10 000	—
h	e	13	10	12 000	16 000
i	f, h	5 *	—	5 000	—

注：* 表示该项作业不能赶工。

第九章

综合计划

★ 学习要点与要求 ★

运营计划是企业为实施运营活动而对市场需求和企业资源所进行的系统性研究、分析和规划。运营计划若依时间的长短可划分为长期、中期和短期计划3个层次。中期计划通常注重于整个企业产品生产的总量上而不是具体品种或规格产品的产量,因此也称之为综合计划。综合计划的目标是拟订一个能够充分利用整个组织资源来满足市场需求的运营计划。本章主要介绍两大类综合计划技术,即图表法和数学模型法,以及如何将综合计划分解为主生产进度。读完本章以后,你应能:

1. 叙述运营计划、运营计划最优化和运营计划层次的概念。
2. 指出各种不同生产方式的运营计划特点。
3. 说明综合计划在运营计划系统中的地位和作用。
4. 简述综合计划的特点。
5. 指出综合计划中所须考虑的变量以及所能采用的策略。
6. 详述拟定综合计划的图解方法和数学方法。
7. 指出综合计划与主生产进度之间的关系。
8. 描述安排主生产进度的步骤。

第一节　综合计划在运营计划体系中的地位和作用

一、运营计划

运营计划是指企业为实施运营活动而对市场需求和企业资源所进行的系统性研

究、分析和规划。换句话说，企业在生产之前，需根据对市场需求的预测，将计划生产产品的品种、规格、数量、价格以及其生产方式、地点、生产周期或交货期，配合企业资源（包括劳动力、原材料、机器设备、厂房设施和资金等要素）作全面筹划，制订出经济合理且有效的预定计划。

（一）运营计划的内容

1. 调查和预测市场对企业产品在特定计划期内的需求量以及需求趋势。

2. 核定企业的有效生产能力；确定预期目标，制订实施策略。

3. 经济合理地制订运营计划及其相关计划。

4. 对计划的实施进行监督与控制。

（二）制定运营计划的原则

1. 以销定产，以产促销。以销定产就是根据市场对产品的品种、数量、质量和交货期的需要来制订运营计划。由于市场需求在不断变化，因此运营计划者必须经常预测市场需求，根据需求变化调整计划和组织生产。

生产对销售有一定的促进作用。不断完善生产系统和运营计划可以为销售提供新产品和质优价廉的产品，增强市场竞争力，激发新的需求，开辟新的市场，扩大市场占有率，增加销售收入。

2. 经济合理地利用生产能力。运营计划与生产能力相互匹配才能最经济合理地利用企业的全部资源。管理者在制定运营计划时应注意使产品的生产过程与生产设备性能相互一致；使产出进度与设备负荷相互协调；使运营计划与销售计划、人力资源计划、物料需求计划、资金需求计划相互协调。

3. 综合平衡。运营计划不是孤立存在的，它受企业其他计划的牵制和约束，必须经过综合平衡才能最后定案。综合平衡的一个重要方面是以市场需求为中心，将生产能力与技术准备、物料供应、资金筹措、劳动力数量等方面进行综合考虑，目的是发现哪些方面存在不足和困难，从而提出解决的措施与方法，使企业的其他部门具备保证运营计划能够实现的基础和条件。综合平衡的另一个重要方面是各项经济指标之间的平衡，即对计划生产产品的品种、数量、质量、成本、利润、资金周转等经济指标的综合比较，以实现企业整体效益为目标，对各项经济指标进行适当合理的调整，使运营计划能够保证企业整体目标的实现。

4. 计划安排最优化。运营计划安排最优化是指在特定资源条件下，对运营进行合理组织与安排，以求得实现最佳经济效益。运营计划安排最优化包含两方面的内容：一是静态最优化；二是动态最优化。静态最优化是指在有限资源的条件下，实现欲生产产品各个品种的产量之间的最佳组合。这是因为，市场对企业各种产品的需求量是不同的，企业生产各种产品的成本和利润也是不同的，而企业的资源却是有限的。这就要求计划者在尽可能满足市场需求的前提下，以实现企业最大利润或最小成本为目标，合理安排各种产品的生产数量，即追求产品各个品种产量之间的最佳组合。动态最优化是指在有限时间的条件下，实现欲生产不同品种不同数量产品的生产周期之间的最佳组合。这是因为,企业产品的众多用户对各种产品需求的数量和交货时间是不同的,而企业的生产时间却是有限的。这就要求计划者在尽可能满足用户需求的前提下,以实现充分利用生产时间为目标,合理安排各种产品的生产周期,即追求产品的品种、产量和交货期之间的最佳组合。

二、生产方式与运营计划

生产方式与运营计划密切相关。不同的生产系统各有其不同特点,运营计划与控制的重点亦不同。生产方式一般分为连续生产、重复生产、间歇生产和单件或项目生产等方式。

连续生产(Continuous Production)系统每天 24 小时连续作业,大多数为资本密集型企业,如钢铁、水泥、玻璃、制糖及化工等工业。为使作业经济起见,通常要求以接近整个工厂的总生产能力进行生产。因此,生产过程的维护保养成为计划者关注的主要问题。同时,因原料成本是产品成本中的主要成分,为使其有效地转变为成品,须拥有完善的存货管理系统。连续生产系统的运营计划与控制比其他生产方式简单,因其生产过程在厂房设计时已经固定且产品设计已经标准化,机器设备的布置顺序也已定型,整个生产线都已平衡。运营计划主要是决定产品的生产数量,其与预测精度和存货水平相关。连续生产系统特别重视生产过程的自动化,操作人员可能比维护保养人员还少,故管理人员须谨慎选择和指派适当的人员。

重复生产(Repetitive Production)系统以批量制造和大量生产为主,配之以生产线或装配线,每一批量产品均以同一生产过程进行,工作量可用生产线移动速度加以控制,每一工作站需要的人数及其工作量均需高度技巧处理方能使工作效率最高,例如,电话机、电视机、电冰箱等生产企业均属此类。重复生产系统的运营计划必须首先根据预测需求量确定整个企业的成品生产量,再进而计划各种零部件的生产量,对于瓶颈生产能力,计划时更应谨慎考虑。对企业的不同生产部门的生产能力而言,尤其应注意具有实际意义的度量单位。如对齿轮的机器加工,不同的齿轮可能加工程度相异,运营计划应以每个齿轮的机器加工小时为度量单位,如果此时以齿轮的件数度量,则失去实际意义。重复生产同样为存货生产(Make to Stock),原材料订货提前期、零部件储备及成品存货为其运营计划主要关注的问题,在制定计划时必须配合存货控制系统方能降低生产成本。

间歇生产(Intermittent Production)系统通常依据顾客订单所需要的产品进行生产,产品种类常常不确定。运营计划与控制工作反复繁杂,有时也称之为订货生产(Make to Order),小型工厂一般均属此类。拟定运营计划时,可依据过去的顾客订货资料作同类产品的工作量预测。如果某些顾客定期订购某项产品,在设备能力空闲时不妨预先生产部分产品作为缓冲存货,使运营计划更加灵活。通常,计划部门接受订单后,即给予编号,由工程技术部门确定该订单的物料清单(Bill of Material)和路径表,表中列出生产步骤顺序以及一个订单所需各项作业及其标准作业时间、所需使用机器和工具,等等。运营计划部门以物料清单和路径表为基础拟定生产进度,然后综合所有订单,决定其先后优先次序，制定出整个企业的运营计划。

单件或项目生产（Job or Project Production）系统为间歇生产系统的特殊情形，多适用于建筑、桥梁、造船以及研究开发等一次性生产活动。项目计划可能只有一个最终产品，而且往往延续时间很长，如发电厂的建设。在这类系统中，计划者的着眼点在于有效地控制人员、物料与设备才能顺利完成预定目标。项目计划往往在指定期限和有效经费与资源的情况下完成，因此计划者还需考虑各项作业时间及其先后顺序与各种资源的配合，其有效工具为计划评审术（PERT）和关键路线法（CPM）。

综上所述，连续、重复和间歇生产系统的运营计划，均与预测、制造路径、进度及存货管理相关，不同之处在于连续和重复生产注重预测、存货控制和生产线安排，而间歇生产则着重于制定路径和进度计划。一般而言，间歇生产系统运营计划的制定和修改较为繁杂。在运营计划制定后，连续和重复生产系统当预测需求量与实际需求量产生偏差时，运营计划要根据偏差大小进行修订，而在间歇生产中，则常常根据顾客增减订货数量和更改交货期的情形修订运营计划。

三、运营计划的层次

运营计划若依据时间的长短可划分为长期、中期和短期计划，它们分别产生于不同的管理层次且表示距未来不同时间的生产能力。长期计划又称生产能力计划，由企业高层主管制定，通常集中于产品线、事业部、工厂或其他战略经营单位，计划期一般为1～5年，它反映企业的生产战略并构成对中短期计划的约束。具体地说，长期计划包括产品设计、设施选址、设备布局、生产能力计划和工作系统设计。

中期计划由企业中层管理部门制定，计划期一般为3～18个月，通常集中于企业产品生产的总量上而不是具体品种或规格产品的产量，因此也称之为总产量计划或综合计划（Aggregate Planning），它构成对短期计划的约束。在我国，运营计划通常特指中期运营计划，计划期一般为1年。在本章中，为了与国际通行称谓保持一致，将中期计划称为综合计划。综合计划的目标是拟定一个能够充分利用整个组织资源来满足市场需求的运营计划。如果企业已经拥有下一年度市场对其产品需求数量的完备信息，而且在计划期内的各个周期中需求量是稳定不变的，那么综合计划就很简单了。企业可以雇佣恰好数量的工人，购买刚好够用的设备和材料，生产正好满足每个周期市场需要的产品数量。然而，未来的市场需求是不确定的，各个周期的需求量也不是稳定不变的。这就促使企业必须制定一套既经济又有效的综合计划，以应付市场需求的变化。就中期而言，由于受长期计划的约束，企业的基础设施和机器设备无法变动，故生产管理人员只能通过调整工作时间、员工人数、存货水平、外包等变动因素，以使产品供给与市场需求保持相互匹配。

短期计划，也称运营安排，由工厂或车间的生产管理人员制定，计划期为一周至几个月，通常集中于确定计划期内每周或每天具体品种或规格产品的生产数量及其完成顺序和完成时间。短期计划包括生产进度、机器负荷、任务指派、作业排序、进度控制。综合计划与长期计划和短期计划之间的关系如图9－1所示。

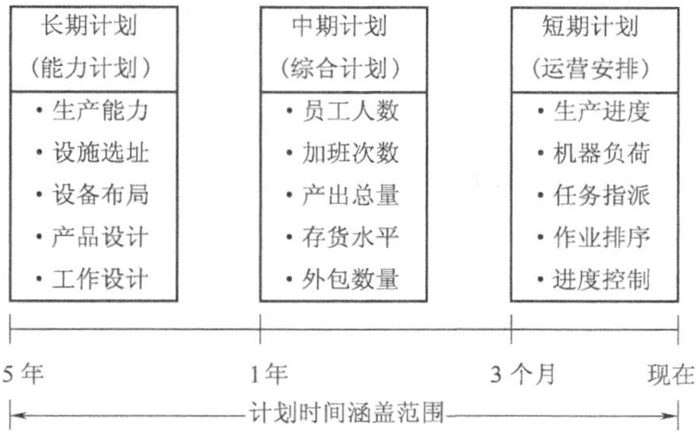

图 9－1　运营计划的层次

第二节　综合计划的特点、制定策略及其相关资料

一、综合计划的特点

综合计划是从整个企业的有效生产能力出发来制定一个企业的运营计划，基本上是一种涵盖的计划方式。为了有效地利用企业的全部资源，计划者总是避免专注于某个具体的产品（除非企业只有一种产品）。然而，大多数企业都为市场提供多种产品，因此，计划制定者更多地注重于企业整体的生产能力，用综合的方式将有类似资源需求的产品集中在一起考虑，有利于整个企业运营计划的制定。

在综合计划中，生产能力通常用每个月的人工小时、机器小时或每月多少产出（如每月多少台、每月几个单位）来表示。因为这样能方便快捷地让计划制定者决定企业资源如何被广泛使用，而不必考虑每一种具体产品对不同资源需求所带来的决策上的复杂性。

综合计划的目标是使企业产品的欲生产数量与预期的市场需求量达到平衡。如果预期的市场需求量与企业的有效生产能力大致吻合，计划制定者应尽可能地发挥企业的有效生产能力，使生产数量满足市场需求。如果企业的有效生产能力大于预期的市场需求量，就需要使用广告或者其他促销方法引起市场需求量的增加，或者减少生产数量以使企业的产品供应量与市场需求量大致保持平衡。如果企业的有效生产能力小于市场需求量，把一些产品外包给其他厂家生产则不失为明智之举。总之，计划制定者在作决策时应该随时注意生产能力的整体衡量。

一般而言，综合计划具有下列特点：

- 计划期约为 12 个月，且定期（每月）更新计划。

- 厂房和机器设备视为固定而无法变动的要素。
- 计划制定者可以同时控制生产数量和市场需求量的变化。
- 计划制定者同时考虑实现多个目标,例如,低存货水平、低生产成本、较少的劳动力和资金需求。
- 假设市场需求量是波动的且为不确定的,生产数量则以综合数量(整个企业的总产量,如汽车的辆数总和)而不是以个别产品的生产数量来表示。

在预期市场平均需求量与企业有效生产能力相等的情况下,计划制定者还要处理计划期内各个不同周期的不平衡或波动的需求(见图 9-2),以求有效运用企业资源。由综合计划的特点可知,制定综合计划必须得到营销、财务和人事部门的配合才能使其有效达到供需平衡的目的。这是因为,进行促销活动与营销部门和财务部门有关;增雇或解雇劳动力与人事部门和财务部门有关。

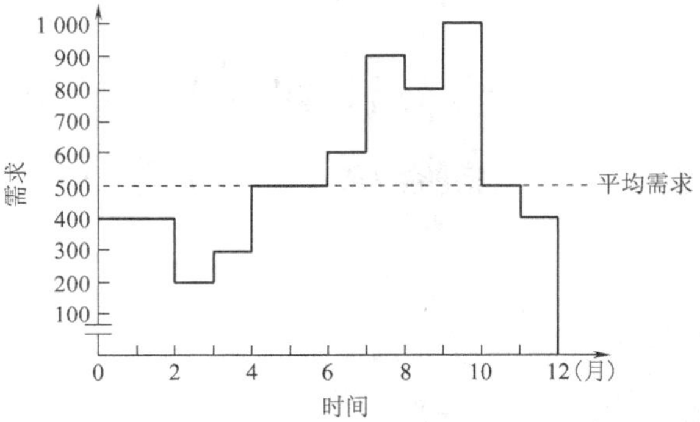

图 9-2　计划期内的不平衡需求

二、综合计划的制定策略

在综合计划中,为了调和市场需求与企业生产能力之间的矛盾,计划者可以调整两类变量来达到供需平衡:①运用价格或促销活动,调整需求量的变化;②运用加班或外包,调整供给量的变化。

(一)调整需求变量

可调整的需求变量包括:

1. 产品价格。在不同的时期采用不同的价格,通常用于降低旺季的需求(如加价)或增加淡季的需求(如减价或打折)。运用价格变量的目的在于使每天、每周、每月的需求量趋于平稳,提高设备的利用率,使市场需求尽可能与企业的生产能力相吻合。例如,航空公司、旅馆、餐厅、游乐场等常运用价格变量来主动影响需求量。但是运用价格变量的一个非常重要的因素是产品的价格弹性,如果产品的价格弹性大则效果明显,价格弹性小则效果较差。

2. 广告及促销。广告和促销有时可以有效地改变市场需求量,使其尽量符合企业的生产能力。但是运用此类营销工具的前提是必须把握好恰当的时机以及顾客的反应才能奏效。如果企业对于需求时点的控制能力不强，有时会由于时间的滞后或地点选择的不当，不但达不到预期的目的，反而使需求与生产能力之间的差距变得更大。

3. 延迟交货。延迟交货可以将顾客的需求推迟至未来时期，以达到减缓生产压力的目的，但是能否成功则取决于顾客愿意等待的耐心，而且其损失往往无法事先确定，如丧失销售机会和商誉，增加间接成本等。

4. 创造新的需求。在销售或服务的旺季或淡季，可以采取创造新需求的方式来平衡生产能力。例如，空调器制造厂生产电暖器具，可以创造出新的需求而使生产能力与需求相匹配。但是采取这种方式能够成功的关键是可以用相同的生产程序、人员和设备来满足不同的需求。

5. 供不应求时适当限制需求。当资源稀缺时，可适当限制需求总量。城市交通拥堵和水资源短缺可以通过阶梯定价收费的方式来限制超额需求。例如，北京 30% 党政机关公务用车被封存，且按照车牌尾号实行每周停驶一天的规定，交通拥堵程度降低了三成；城市用水实行阶梯收费制度，超定额用水会累进加价。

6. 采用预定/预约系统。预定/预约系统在航空公司和医院使用最为常见，能将随机需求转化为计划需求，减少甚至消除排队现象。同时，该系统还能将高峰期需求转移到低谷期或者转移到其他服务设施上，如航空公司预先销售不允许退费的低价机票。

7. 调节上下班时间。城市拥堵成为普遍现象，企事业单位可采用错峰上下班工作制，北京自 2010 年 4 月就已经开始实施该措施，上班时间由早 8 点半调至 9 点，下班时间由 19 点半延至 18 点。

（二）调整供给变量

利用改变生产能力的方式也可使供需趋于平衡，可调整的供给变量主要包括：

1. 雇佣或解雇。劳动密集型产业采用此方式对生产能力会有很大的影响，但是往往会遭到社会的抵制，因此大多数企业将其视为最后的手段。此外，雇佣或解雇还会导致招募、培训、失业补偿成本的增加和员工士气低落、生产率下降等问题。

2. 加班或减班。如果需求的波动是临时性的，运用加班或减班在时效上较为迅速，而且可以维持稳定的员工人数。然而，这种方式也有缺陷：加班要支付加班成本，也有可能使产品质量和生产率下降、意外事故增加；减班会使人员懒散、设备闲置。

3. 雇佣兼职或临时员工。这种方式因成本低廉而颇受企业欢迎，但并不一定适用于所有性质或技能的工作。最常见于餐厅、商店、旅馆等服务性行业的需求旺季。但是，企业能否在需要时获得合适的兼职或临时人员往往成为这一策略是否成功的关键。

4. 存货。存货是缓和需求与供给之间矛盾的中介物，保持一定数量的存货可使生产过程平稳顺畅。但是，存货会产生诸如存储费、保险费、折旧费、损耗费等成本。存货调整比较适用于制造业，服务业则因其产品一般不能储存而无法运用。

5. 外包。外包可以使企业获得临时性的生产能力，但对产品质量和交货时间较难控制。一般在决策自制或外购（外包）时应考虑如下因素：

（1）可用生产能力。如果企业还有生产能力可以利用，则应自制。

（2）专业人员。如果企业缺乏某方面的专业人员，则可考虑外包。

(3)产品质量。如果企业非常注重产品质量,一般会自制,因其能自行控制。

(4)需求形态。如果需求稳定且具有增长趋势,企业多会选择自制。

(5)成本。任何成本的增减都会影响企业对外包的选择。

(6)改变"自制/外购"决策。如果市场中能够提供企业所需要的零部件或产品,同时企业又有能力自主生产该零部件或产品,那么企业可以选择在能力不够时外购,但能力有余时,转为自制的决策。

(7)通过客户参与调节产能。服务业中,客户参与是一个特点。客户自我服务能够随时与需求同步,无形中增加了产能。同时,客户参与还能增强客户体验,提升客户满意度。然而,并非所有的服务都能实现客户参与,要看服务特征和性质来定。

(8)分享产能。企业可以根据自己的产能使用情况将产能租售,如白天运营的餐厅,可以在晚上租给其他人经营。

(三)可供选择的策略

在制定综合计划时,虽然计划者可以运用上述各种需求与供给变量的调整,以达到生产能力与市场需求相平衡的目的,但是影响计划制定者选择调整变量的因素却往往是企业所采取的策略。一般而言,企业常采取的策略有以下几种:

1. 维持固定的劳动力数量策略。在此策略下,计划制定者只能使用存货、加班、招募兼职人员、外包或延迟交货的方式来调整生产能力。

2. 维持稳定的生产率策略。如果企业希望在正常工作时间有稳定的生产率,计划制定者可采用存货、外包或延迟交货的方法来应对需求的波动。

3. 追随策略。这种策略是尽量使每期的产出迎合需求,即需求增长产出则增加,需求减少产出则下降,而且存货较少。企业的运营系统必须有很大的弹性才能如此应对需求的变化。然而,这种方式会使运营丧失稳定性而降低员工的士气。

4. 混合策略。这是指结合上述3种策略,考虑劳动力数量和生产率不变且具有弹性而拟定的策略。计划者可运用各种供、需变量,但考虑项目较多,难度较大。

在实践中,大多数企业常用的策略是维持固定的劳动力数量,采取其他方法应对波动的需求。因为,增减员工人数的方式往往会对员工的生活和士气造成很大的影响,而且还会造成管理人员与工人的对立。此外,经常改变员工人数也需要较高的成本。

三、综合计划的相关资料

(一)基础资料

综合计划所需基础资料如下:①现有存货水平;②已订货但未交清状况;③未来需求量预测值;④半成品现状;⑤现有劳动力数量;⑥各个运营中心(事业部、工厂或车间)的生产能力;⑦原材料获得状况;⑧生产技术标准和检验标准;⑨成本标准与产品价格;⑩管理政策。

(二)输出资料

基础资料经分析整理后,可获得制定综合计划每一周期的资料,内容包括:①产品的生产数量;②产品的制造途径;③在规定的产品制造途径中,各工厂、部门、车间或生产线的工作量;④产品的目标存货水平;⑤劳动力数量;⑥加班或减少的班次,以及未利用生产能力;⑦物料及半成品在各工厂、部门、车间或生产线运送情况和数量;⑧外包计划;⑨外购原材料或零部件数量。

(三)涉及成本

制定综合计划所作出的决策,会影响下列多种成本:

1. 生产成本。生产成本通常分为固定成本和变动成本,固定成本与生产数量无关,最常见的是生产开始之前所做的准备工作而产生的设置成本(Setup Cost)和生产完成之后的清理工作所产生的拆卸成本(Takedown Cost)。完成某种产品后继续生产另一种产品时,其设置成本将视前后产品的性质及排序而定。例如,染整厂在染整各种颜色的布料时,其设置成本与颜色排列顺序及清洗染缸相关。变动成本为实际生产所投入的人工、材料、燃料动力和辅助用品的费用,其总量大小依生产数量而定。通常假定在某个生产范围内,其单位变动成本为常数,但在成批生产时,平均单位变动成本将视批量大小而变。这是因为,操作人员常常由于工作重复而获得经验,使得再继续生产同类产品时单位产品的边际成本下降,这称为学习曲线效应。相反,因赶工生产而增加班次或加班生产、外包或利用低效率机器和劳动力等,均会使单位变动成本增加。

2. 生产率改变成本。由某一周期至下一周期时,如果生产率变更超过正常生产能力,则须以加班或外包处理,产品单位成本会增加。生产率改变成本包括改变机器设备、工人调动或轮换、增加计划与控制、物料安置与搬运等引起的成本,而生产率保持不变时,上述各类成本均不会发生。如果生产率变更而必须增减工人数量,则会相继产生雇佣或解雇的损失,即发生雇佣与培训成本,调动与再培训成本,解雇成本等。

3. 存货持有成本。综合计划中,可能需要在销售淡季建立存货,以备未来旺季之需;也可能因成批生产而需要大量存储空间,或由于作业过程的顺序改变而造成较多半成品存货。存货的增加会导致存货持有成本的增加,计划制定者在制定计划时应考虑存货成本与企业整体效益之间的关系。

4. 顾客服务与缺货损失。不能及时满足顾客需求会造成利润和商誉方面的损失,不能按时交货亦会造成顾客不再订货的局面。这些损失是由于生产与需求不相匹配,致使出现能力不足和交货延迟现象。此外,闲散时间过多也会导致实际生产率低于计划生产率。因此,计划制定者在制定综合计划时必须得到销售部门和生产控制部门的配合,并且应负有在实施计划过程中协调两部门的责任。

5. 采购成本。原材料和半成品采购的时机和数量也会影响生产成本。详细分析请参见本书第 11 章《库存管理》。

总之,计划制定者在制定综合计划时要考虑企业的管理政策和各种成本。管理政策限制了计划制定者的策略选择,而成本的考虑则是策略选择的决定因素。表 9-1 指出了选择不同策略所发生的成本。

表 9-1　综合计划的成本考虑

	供需变量的运用	所发生的成本
改变生产率	加班	加班费
	减班	机会成本损失
	外包	额外制造费用
增减劳动力	增雇员工	招募及培训费
	解雇员工	失业补偿费
存货平准化	维持存货	存货持有成本
	允许缺货	补货成本或销售损失成本
转移需求	价格策略	利润减少或竞争对手进入
	广告促销	营销成本

第三节　综合计划技术

一、综合计划技术概述

在制定综合计划时，有多种技术可以帮助计划制定者。这些技术基本上可以分成两大类：①图表法（又称试错法）；②数学模型法（线性规划模型、运输问题模型、线性决策法、管理系数模型、参数运营计划法及模拟法等）。在实践中，图表法比数学法较常被使用，然而数学模型法则能帮助计划制定者作出更精确的决策。在使用各种数学模型方法时，可以运用不同的供给变量来构成不同的模型，但要根据企业的目标和政策作适当的修正。一般综合计划的制定程序如下：

第一步，确定计划期内各个周期的需求量。

第二步，确定计划期内各个周期的生产能力（包括正常时间、加班时间、外包等）。

第三步，确定企业的政策（例如，维持稳定的劳动力数量、维持安全存货量水平等）。

第四步，确定正常时间、加班时间、外包、存货、延期交货的各项相关成本。

第五步，制定多种可行方案，并计算各个方案的总成本。

第六步，比较各个方案的利与弊，求得满意的方案。

若都不满意则回到第五步继续进行，直至获得满意结果为止。

二、图表法

图表法基本上是一种通过不断尝试与修正错误而最终获得满意结果的方法，因此又称试错法。它凭借一些简单的图表来协助计划制定者比较各种可行方案的生产能力与需求,以达到综合计划的目的。下面以例题来说明使用图表法制定综合计划的过程。

【例9-1】 生产均衡化的综合计划

某啤酒厂商下一年度的逐月预测需求量,如表9-2所示,期初存货为1 000桶,每月的正常生产能力为2 200桶。试用图表法制定可行的综合计划。

表9-2 某啤酒厂的预测需求量 单位:桶

月份	需求量	累计需求量
1	1 500	1 500
2	1 000	2 500
3	1 900	4 400
4	2 600	7 000
5	2 800	9 800
6	3 100	12 900
7	3 200	16 100
8	3 000	19 100
9	2 000	21 100
10	1 000	22 100
11	1 800	23 900
12	2 200	26 100
合计	26 100	

解:

由于每月的正常生产能力为2 200桶,因此最简单且最有效的方法是维持每月的正常生产能力,以不变应万变,即实行生产均衡化。表9-3表示该方案的综合计划。从表9-3中可以看出,在8月份会有500桶的缺货产生,因为此时的累计需求量为19 100桶,而累计生产量只有18 600桶。如果企业的政策是缺货不补(可能顾客无法等到下月交货),则9月份仍然还有2 200桶可供市场需求,此时累计生产量达20 800桶,除满足本月需求量2 000桶外,还有200桶的存货。

表9-3 均衡化生产综合计划表 单位:桶

月份	期初存货	生产量	累计生产量	需求量	累计需求量	期末存货	缺货量
1	1 000	2 200	3 200	1 500	1 500	1 700	0
2	1 700	2 200	5 400	1 000	2 500	2 900	0
3	2 900	2 200	7 600	1 900	4 400	3 200	0
4	3 200	2 200	9 800	2 600	7 000	2 800	0

续表

月份	期初存货	生产量	累计生产量	需求量	累计需求量	期末存货	缺货量
5	2 800	2 200	12 000	2 800	9 800	2 200	0
6	2 200	2 200	14 200	3 100	12 900	1 300	0
7	1 300	2 200	16 400	3 200	16 100	300	0
8	300	2 200	18 600	3 000	19 100	0	500
9	0	2 200	20 800	2 000	21 100	200	0
10	200	2 200	23 000	1 000	22 100	1 400	0
11	1 400	2 200	25 200	1 800	23 900	1 800	0
12	1 800	2 200	27 400	2 200	26 100	1 800	0

【例 9－2】 均衡化生产的成本计算

在例 9－1 情形下，假设金杯啤酒每桶的生产成本为 70 元，每桶每月的存货持有成本为 1.40 元，缺货成本每桶 90 元，加班成本每桶 6.50 元，改变生产率的额外费用是每桶 5 元，淡季时减班（生产量低于生产能力）所造成的损失是每桶 3 元。试计算例 9－1 综合计划的总成本。

解：

表 9－4 给出生产均衡化的成本计算结果，其计算方法为：

总成本＝生产成本＋存货成本＋缺货成本＋生产率改变成本

生产成本＝生产量×单位产品生产成本

存货成本＝期末存货量×单位产品存货成本

缺货成本＝缺货量×单位产品缺货成本

生产率改变成本＝改变生产率引起的生产量的改变量×改变生产率的单位产品额外费用

加班成本＝超过正常生产能力的生产量×单位产品加班成本

减班成本＝比正常生产能力减少的生产量×单位产品减班成本

由于是均衡化生产，没有改变正常生产能力，也没有加班或减班，因此它们的值为 0。

表 9－4 生产均衡化的成本计算结果 单位：元

月份	生产成本	存货成本	缺货成本	生产率改变成本
1	154 000	2 380	—	—
2	154 000	4 060	—	—
3	154 000	4 400	—	—
4	154 000	3 920	—	—
5	154 000	3 080	—	—
6	154 000	1 820	—	—

续表

月份	生产成本	存货成本	缺货成本	生产率改变成本
7	154 000	420	—	—
8	154 000	0	45 000	—
9	154 000	280	—	—
10	154 000	1 960	—	—
11	154 000	2 520	—	—
12	154 000	2 520	—	—
小计	1 848 000	27 440	45 000	0
总计	1 920 440			

前面提及,企业的管理政策会影响综合计划的结果。例 9－1 和例 9－2 的结果是在缺货不补的管理政策下产生的(但会产生缺货情况)。现在假设企业改变了管理政策,规定不允许缺货情况出现(这种政策可运用前面提到的综合计划制定策略,如改变生产率、增减员工人数或存货平准化等实现),则可制定出另一综合计划。

【例 9－3】　不允许缺货且稳定员工人数政策下的综合计划

假设某啤酒厂商现在改用不允许缺货且稳定员工人数(即不允许增雇或解雇员工)的政策,试制定可行的综合计划并计算其生产总成本。

解:

在不允许缺货和稳定员工人数的政策下,可以通过加班或减班的方式改变生产率来实现企业的目标,即改变每月的生产量使之尽量接近于当月的需求量。然而,改变生产率的次数越多,生产率改变成本就会越大。因此,应当尽量减少改变生产率的次数。表 9－5 给出了该政策下的计划安排结果。

表 9－5　不允许缺货且稳定员工人数政策下的整体计划　　单位:桶

月份	期初存货	生产量	累计生产量	需求量	累计需求量	期末存货	缺货量
1	1 000	1 500	2 500	1 500	1 500	1 000	0
2	1 000	1 500	4 000	1 000	2 500	1 500	0
3	1 500	1 500	5 500	1 900	4 400	1 100	0
4	1 100	2 800	8 300	2 600	7 000	1 300	0
5	1 300	2 800	11 100	2 800	9 800	1 300	0
6	1 300	2 800	13 900	3 100	12 900	1 000	0
7	1 000	2 800	16 700	3 200	16 100	600	0
8	600	2 800	19 500	3 000	19 100	400	0
9	400	2 200	21 700	2 000	21 100	600	0
10	600	2 200	23 900	1 000	22 100	1 800	0
11	1 800	2 200	26 100	1 800	23 900	2 200	0
12	2 200	1 500	27 600	2 200	26 100	1 500	0

因为该厂的每月正常生产能力为2 200桶,所以当计划安排的月产量少于2 200桶时产生减班成本,大于2 200桶时出现加班成本;月产量每变化一次,则产生一次生产率改变成本。根据上述原则并利用例9-2中的成本计算公式,得该政策下的成本计算结果如表9-6所示。

表9-6　不允许缺货且稳定员工人数政策下的成本计算结果　　单位:元

月份	生产成本	存货成本	缺货成本	生产率改变成本	加班成本	减班成本
1	105 000	1 400	0	—	—	2 100
2	105 000	2 100	0	—	—	2 100
3	105 000	1 540	0	—	—	2 100
4	196 000	1 820	0	6 500	3 900	—
5	196 000	1 820	0	—	3 900	—
6	196 000	1 400	0	—	3 900	—
7	196 000	840	0	—	3 900	—
8	196 000	560	0	—	3 900	—
9	154 000	840	0	3 000	—	—
10	154 000	2 520	0	—	—	—
11	154 000	3 080	0	—	—	—
12	105 000	2 100	0	3 500	—	2 100
小计	1 862 000	20 020	0	13 000	19 500	8 400
总计	1 922 920					

上面3个例题可以说明以下几点:

第一,图表法所求得的解不一定是最优解,而且其结果随着企业管理政策的变化而改变。但是这种方法简单易行且便于调整,因此在实践中应用得较多。

第二,应用图表法制定综合计划,要想求得一个可行解可能需要多次试错而花费不少时间,因此很有必要使用电子计算机来提高效率。

第三,若以总成本来评价两个计划,则均衡化生产(维持固定的生产能力)的综合计划因其总成本较低而优于不缺货综合计划。虽然这只是一个特例,但是却能说明一个事实,亦即如果企业欲提高顾客服务水平、减少缺货情形的发生,则必须提高存货水平,从而会增大生产成本。两者之间的权衡取决于企业的管理政策,而管理政策的确定则体现企业管理者的经营理念(以企业生产为中心还是以满足市场需求为中心)。

三、线性规划法

线性规划法作为运筹学中的一种数学模型,主要用于在有限资源的约束下寻求目标函数(极大化或极小化)的最优解。在综合计划中,线性规划模型常被用于求解计划期内正常时间、加班时间、外包、存货、员工人数增减等成本条件下使生产总成本最小的生产量安排。线性规划模型的约束常包括计划期内各周期最大可利用生产能力、存货限制、外包限制等。

【例 9-4】　用线性规划法制定综合计划

某显示器公司的运营经理欲制定明年第一、第二两个季度的综合计划。这家公司为电脑产品市场生产图形显示器,公司估计明年第一季度和第二季度的市场需求量分别为 700 台和 3 200 台。生产 1 台显示器平均花费 5 个人工小时,每个季度的正常工作时间只有 9 000 个人工小时。公司的政策是可以加班,但不得超过正常工作时间的 10%。劳动力成本正常时间每小时 12 元,加班时间每小时 18 元。如果第一个季度的订货延迟到第二个季度交货,则每台显示器会产生 50 元的存货成本。第一季度和第二季度各生产多少台才能使生产总成本最小?

解:

(1)定义决策变量:

x_1 = 一季度生产当季交货的正常时间生产数量

x_2 = 一季度生产当季交货的加班时间生产数量

x_3 = 一季度生产二季度交货的正常时间生产数量

x_4 = 一季度生产二季度交货的加班时间生产数量

x_5 = 二季度生产当季交货的正常时间生产数量

x_6 = 二季度生产当季交货的加班时间生产数量

(2)确定决策变量系数:

x_1: $12\times5=60$(元)　　x_3: $12\times5+50=110$(元)　　x_5: $12\times5=60$(元)

x_2: $18\times5=90$(元)　　x_4: $18\times5+50=140$(元)　　x_6: $18\times5=90$(元)

(3)建立线性规划模型:

目标函数: $\text{Min } C=60x_1+90x_2+110x_3+140x_4+60x_5+90x_6$

约　　束: $x_1+x_2\geqslant700$

$x_3+x_4+x_5+x_6\geqslant3\,200$

$5x_1+5x_3\leqslant9\,000$

$5x_5\leqslant9\,000$

$5x_2+5x_4\leqslant900$

$5x_6\leqslant900$

$x_1,x_2,x_3,x_4,x_5,x_6\geqslant0$

(4)用单纯形法求解得:

$x_1=580$(台)　　$x_2=120$(台)　　$x_3=1\,220$(台)

$x_4=0$(台)　　$x_5=1\,800$(台)　　$x_6=180$(台)

$\text{Min } C=304\,000$(元)(最小生产总成本)

(5)制定计划表(见表 9-7)。

表 9－7　线性规划法综合计划计算结果

季度	需求量(台)	生产量(台)	存货量(台)	正常成本(元)	存货成本(元)	加班成本(元)	总成本(元)
1	700	1 920	1 220	108 000	61 000	10 800	179 800
2	3 200	1 980	0	108 000	0	16 200	124 200
总计	3 900	3 900	0	216 000	61 000	27 000	304 000

线性规划模型虽然能够求出最优解，但是该模型假设所有决策变量之间为线性关系，因此在应用时要注意问题本身是否能满足这一条件。

【例 9－5】　用线性规划法制定综合计划的 Excel 解法

某公司生产足球，预计未来 6 个月足球的需求量为 10 000、15 000、30 000、35 000、25 000 和 10 000，该公司希望能够满足这些需求。已知，该公司目前库存足球 5 000 个，每个月有足够的生产能力使月产量达到 30 000 个，每月月末库存能力为 10 000 个，公司预测未来 6 个月生产足球的单位成本分别为 12.50 元、12.55 元、12.70 元、12.80 元、12.85 元和 12.95 元，每个足球每月的库存成本为该月单位生产成本的 5%。不考虑足球的销售价格因素，该公司应怎样安排生产计划，才能使总成本(生产成本和库存成本)最小？

解：

本例中，需要确定的变量为每个月的生产数量，标记为 $P_1 \sim P_6$，同时假设每月的月末库存为 $I_1 \sim I_6$，由此我们可以得出两个明显的约束条件：$P_j \leqslant 30\ 000$ 和 $I_j \leqslant 10\ 000 (1 \leqslant j \leqslant 6)$。

另外，每月月初的库存(等于上月月末的库存)加上该月的产量应该等于该月需求量加上本月月末的库存，假设 D_j 为预测的第 j 个月的需求量，则可以得到 $I_{j-1} + P_j = D_j + I_j$，经过变形后得到 $I_{j-1} + P_j - I_j = D_j$。由此可得：

$$P_1 - I_1 = 10\ 000 - 5\ 000$$

$$I_1 + P_2 - I_2 = 15\ 000$$

$$I_2 + P_3 - I_3 = 30\ 000$$

$$I_3 + P_4 - I_4 = 35\ 000$$

$$I_4 + P_5 - I_5 = 25\ 000$$

$$I_5 + P_6 - I_6 = 10\ 000$$

(1)输入。新建一个 Excel 工作表，在 B5 单元格中输入当前库存，B10:B12 区域分别输入第 1 月的需求量、单位生产成本和存储成本(储存成本等于当月生产成本乘以 0.05)，第 2 至第 6 月的数据在 C10:G12 单元格区域分别输入；在 B24:G24 单元格区域输入 30 000 作为每个月的生产能力，因为每月月末的库存不能为负，所以在 B26:G26 区域全部输入 0，作为每月月末库存的下限；在 B30:G30 区域输入 10 000，作为月末库存的上限。

(2)输入生产数量。在 B22:G22 区域输入任意 6 个数值作为初始的产量值。因为后面将使用规划求解工具进行计算，得到最优的生产计划，所以此处输入的生产数量可以随意。

(3)计算月末库存及各种成本。在B28单元格中输入公式“=B22+B5-B10”得到第1个月的月末库存，在C28单元格中输入“=B28+C22-C10”得到第2个月的月末库存，把这个公式复制到D28:G28区域。计算总的生产成本，在B15单元格中输入公式“=SUMPRODUCT(B22:G22,B11:G11)”。计算总的库存成本，在B16中输入“=SUMPRODUCT(B12:G12,B28:G28)”。在B17单元格中输入“=B15+B16”计算总成本。

(4)使用规划求解工具求解。打开“规划求解参数”对话框，在目标单元格中输入B17，在“等于”选项中选择“最小值”，在“可变单元格”中输入B22:G22，约束条件中添加如下约束条件：B22:G22<=B24:G24，B22:G22>=0，B28:G28<=B30:G30，B28:G28>=B26:G26。

输入完成后单击“求解”按钮进行计算，“规划求解结果”对话框提示“规划求解找到一个解，可满足所有约束及最优状况”，单击“确定”按钮保存计算结果。

数据及最终运算结果如图9-3所示。

	A	B	C	D	E	F	G
1							
2	**使用线性规划法制定整体生产计划**						
3							
4							
5	最初库存	5 000					
6							
7	**需求及生产、库存成本**						
8				**月份**			
9		1	2	3	4	5	6
10	需求	10 000	15 000	30 000	35 000	25 000	10 000
11	单位生产成本	$12.50	$12.55	$12.70	$12.80	$12.85	$12.95
12	单位库存成本	$0.63	$0.63	$0.64	$0.64	$0.64	$0.65
13							
14	**成本**						
15	总生产成本	$1,529,250					
16	总库存成本	$6,313					
17	**总成本**	$1,535,563					
18							
19	**生产计划**						
20				**月份**			
21		1	2	3	4	5	6
22	产量	5 000	20 000	30 000	30 000	25 000	10 000
23							
24	生产能力	30 000	30 000	30 000	30 000	30 000	30 000
25							
26	最低库存	0	0	0	0	0	0
27							
28	月末库存	0	5 000	5 000	0	0	0
29							
30	库存能力	10 000	10 000	10 000	10 000	10 000	10 000

图9-3　规划求解运算结果

四、运输规划模型

运输模型是线性规划模型的一种特殊形式。运输规划模型可以合理分配各个时期的生产能力来满足预测需求量，并能灵活处理各个时期的正常生产与加班生产、外包和存货，在满足最低生产总成本的目标下实现运营计划的最佳安排。

在应用运输模型时，计划制定者首先须确定每个时期的正常时间、加班时间、外包的生产能力及其相关成本和期初存货。然后做出运输表格，如表 9－8 所示。

表 9－8　运输表

生产期数＼需求期数		1	2	3	……	n	未用生产能力	总生产能力
期数	期初存货	0	h	$2h$	……	$(n-1)h$	0	I_0
1	正常时间	r	$r+h$	$r+2h$	……	$r+(n-1)h$	0	R_1
	加班时间	t	$t+h$	$t+2h$	……	$t+(n-1)h$	0	O_1
	外　　包	s	$s+h$	$s+2h$	……	$s+(n-1)h$	0	S_1
2	正常时间	$r+b$	r	$r+h$	……	$r+(n-2)h$	0	R_2
	加班时间	$t+b$	t	$t+h$	……	$t+(n-2)h$	0	O_2
	外　　包	$s+b$	s	$s+h$	……	$s+(n-2)h$	0	S_2
3	正常时间	$r+2b$	$r+b$	r	……	$r+(n-3)h$	0	R_3
	加班时间	$t+2b$	$t+b$	t	……	$t+(n-3)h$	0	O_3
	外　　包	$s+2b$	$s+b$	s	……	$s+(n-3)h$	0	S_3
需　求								总　计

在表 9－8 中，每个右上角的小方格中为单位产品成本数据。

其中：

r = 单位产品正常时间生产成本；

t = 单位产品加班时间生产成本；

s = 单位产品外包生产成本；

h = 每个时期单位产品存货持有成本；

b = 每个时期单位产品补货成本；

n = 计划期内的时期数；

I_0 = 期初存货量；

R_i = 第 i 期正常时间总生产能力；

O_i = 第 i 期加班时间总生产能力；

S_i = 第 i 期外包总生产能力。

当产品在其生产的同一期运输（即交货）时，正常成本、加班成本和外包成本均为最低（即在同一期行和列的交叉点）。如果产品在某一期生产而在下一期交货，不论产品是由正常生产、加班生产还是外包而来，其单位存货持有成本以每期 h 比率增加。因此，单位产品存货持有成本呈现从左至右增加的规律变化。相反，单位产品补货成本则呈现从右至左增加的规律变化。例如，某产品在时期 3 生产而满足时期 2 的订货，则会产生单位补货成本 b；若在时期 3 生产而用来满足时期 1 的订货，则会产生 $2b$ 的单位补货成本。未使用生产能力的单位成本通常为 0，但如果有相关成本产生，则必须加入一个实际的单位成本。最后，期初存货如果是用来满足时期 1 的订货需求，其单位持有成本为 0；若是为了满足后面的订货而持有，则第 n 期需负担 $(n-1)h$ 的单位持有成本。

【例 9－6】 运用运输模型制定综合计划。

设已知某工厂相关资料如表 9－9 所示，试用运输模型求出最小总成本的综合计划。

表 9－9 需求、生产能力、期初存货和单位成本

时期		1	2	3
需求		550	700	750
生产能力	正常时间	500	500	500
	加班时间	50	50	50
	外包	120	120	100
期初存货		100		
单位成本	正常时间	50 元		
	加班时间	80 元		
	外包	90 元		
	存货持有	1 元/每期		
	补货	3 元		

解：

(1) 建立运输模型并求解（见表 9－10）。

(2) 解得各期生产安排如表 9－11 所示。

表 9－10　运输模型

需求期数 / 生产期数		1	2	3	未用生产能力	总生产能力
期数	期初存货	0 100	1	2	0	100
1	正常时间	60 450	61 50	62	0	500
	加班时间	80	81 50	82	0	50
	外　包	90	91 30	92	0 90	120
2	正常时间	63	60 500	61	0	500
	加班时间	83	80 50	81	0	50
	外　包	93	90 20	91 100	0	120
3	正常时间	66	63	60 500	0	500
	加班时间	86	83	80 50	0	50
	外　包	96	93	90 100	0	100
需　求		550	700	750	90	2 090

表 9－11　各期生产安排

生产时期	期初	1	2	3
需求		550	700	750
正常时间		500	500	500
加班时间		50	50	50
外包		30	120	100
存货	100	130	100	0

(3)计算总成本。

$$
\begin{aligned}
\text{总成本} &= 450\times60+50\times61+50\times81+30\times91+500\times60+50\times80+\\
&\quad 20\times90+100\times91+500\times60+50\times80+100\times90\\
&= 124\ 730(\text{元})
\end{aligned}
$$

说明:

(1)本题中,存货持有成本每期每单位1元。因此,在一个时期中产生的单位持有成本移至下一期将会增加1元。此持有成本是存货所涵盖的时期长度的线性函数(单位存货每移动1个时期,单位持有成本增加1元)。

(2)运输模型的应用条件是供给(生产能力)与需求必须相等,(虚设的)未使用生产能力即为了满足该条件。本题中,未使用生产能力没有花费任何额外费用,故表9-11中所显示的单位成本为0。

(3)本题中使用存货即可满足需求,因此不需要补货。

(4)在时期1,使用期初存货的100单位和正常时间生产的450单位即可满足该时期550单位的需求。

第四节 综合计划的分解

一、综合计划与主生产进度的关系

综合计划的实质是将企业多种不同品种和规格的产品或服务整合成一个"产品"或"服务",从而使计划制定者在制定企业的综合计划时不必考虑那些需要在短期计划中予以解决的特殊细节。然而,经过整合后的"产品"或"服务",其度量单位是一整体单位,不便于实际操作。为了便于运营计划的作业,必须将这些整体单位转换成为具体产品或服务的实际单位。因此,需要对综合计划进行分解,分解的结果则形成沟通综合计划与运营安排之间的桥梁——主生产进度(Master Production Schedule, MPS)。

主生产进度根据综合计划确定短期生产能力以及分配最终产品订单。主生产进度的目标有两个:①为具体产品的生产时间安排进度,保证交货期的实现;②避免机器设备的过载或欠载,有效利用生产能力,保持生产的低成本。

主生产进度确定最终产品的每周完成数量。最终产品可以是成品,也可以是零部件;可以直接交付顾客,也可以进入存货或是送到同一个企业的其他部门。主生产进度一般涵盖几周或几个月。综合计划与主生产进度的关系如图9-4所示。

二、主生产进度的时界

从计划的视角来看,可将主生产进度涵盖的时间分为冻结期、确定期、可变期和自由期4段。冻结期意味着除非发生特殊情况并有企业高层管理人员的批准,否则不能

综合计划　单位：台

月份		1	2	3	4	5	12
生产	电风扇	25 000	20 000	28 000	32 000	35 000	25 000
	电冰箱	4 000	3 500	4 000	4 000	4 500	4 000
项目	洗衣机	5 000	4 500	5 000	5 000	5 000	5 000

主生产进度　单位：台

	周别	15	16	17	18
生产	洗衣机Ⅰ	320	320	100	0
	洗衣机Ⅱ	200	200	650	650
项目	洗衣机Ⅲ	730	730	500	600
合	周	1 250	1 250	1 250	1 250
计	月	5 000			

图 9－4　综合计划与主生产进度的关系

改变主生产进度，因为此时主生产进度已接近完工阶段，任何改变都会产生很大的费用。固定期是指在此期间可以发生有限的变化，但仅限于可接受的情况，因为若变更原材料和零部件的采购与自制为时已晚。可变期是指所有可利用资源已经按订单分配完毕，此时改变生产数量和进度引起的成本变化不大，但交货期可能无法保证。自由期意味着生产资源还未分配完毕，这时要求变更生产数量和进度一般没有什么问题。这 4 段不同时间所分隔的段落称为主生产进度的时界（Time Fences）。由于各种企业的生产方式不同，每段时间的实际长短并不一致。

例如，产品 A 是由 B 和 C 组成。B 又是由编号为 10 和 20 的零件组成，其中编号 20 的零件的外购时间需要 8 周，如图 9－5 所示。由图中粗实线可看出完成产品 A 必须经过的关键路径，而将其所需的时间累加起来就是累计的生产提前期。

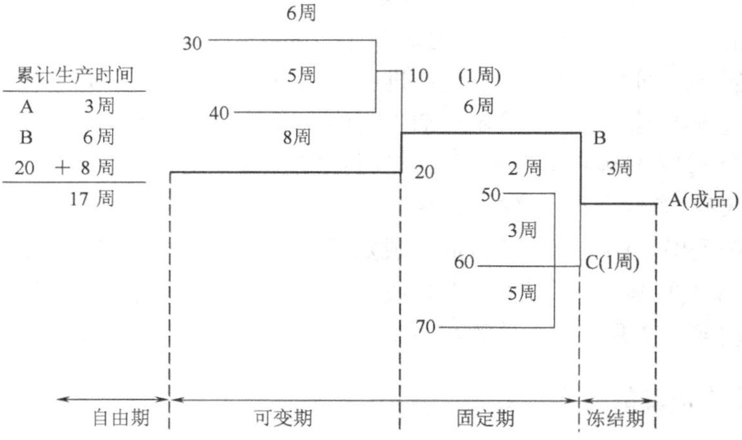

图 9－5　主生产进度的时界

主生产进度一旦确定之后，为了保证生产能够稳定进行，一般都尽量不作更改。如果非要变更主生产进度，最好在累计生产时间之外即自由期进行。如果提出变更要求的时机在累计生产时间之内，则不能轻易作出更改的决定，因为这时原材料已经购入，生产也进行到相当的阶段；若要撤消则损失很大，若要增加生产数量则购料也来不及。有些流程设计是特殊且费时的，如果在开始生产之后才要求变更主生产进度，更应慎重衡量得失之后才能决定。由此可见，任何企业对于变更主生产进度都应制定一些政策规定，作为主生产进度所遵循的准则。

三、安排主生产进度的步骤

图9－6描述了主生产进度的安排过程。从图9－6中可看出，安排主生产进度包括下述步骤：

第一步，汇集顾客订单、市场预测、存货状态及生产能力等方面的信息。

第二步，详细计算每周的成品需求量、欲生产成品数量以及成品存货量。

第三步，初步核对每个工作中心的生产设备负荷量。

第四步，综合上述情况，安排主生产进度。

拟订一份主生产进度的第一步就是整理出需求的来源。需求有许多来源，例如，顾客订单、市场需求预测、存货水平、售后服务零件、安全存货以及企业内部其他部门的需求等几项等。除此之外，还要考虑企业的生产形态，例如，是存货生产、订单生产，还是两者兼具。在存货生产环境中，主生产进度在未接到顾客的订单之前是根据市场预测进行安排的，成品生产出之后送入仓库，一旦接到顾客的订单就可立即从仓库提出货物送交顾客。订单生产是在接到顾客订单之后才根据顾客指定的规格进行设计、制造或作最后的装配。在这种情况下，拟订主生产进度就要考虑到已接到而尚未完工的订单有多少，折算成工时或其他计量单位如个数、台数、千克、吨、米等是多少，占各生产单位的生产能力的比率有多大，以便在接到新的订单时可以估计可能的交货日期。

将上述信息汇齐之后就可进行第二步，即详细计算出每周或每天的需求量、生产量和存货量。从竞争的视角来看，交货时间越短竞争能力越强。为了提高竞争能力和缩短交货时间，通常会先购存一些采购所需时间较长的原材料或零部件以及预先生产一些共用的半成品储存起来，一旦进入生产就可很快地产出成品。

接到订单以后，必须核对各工作中心的工作负荷量。这种初步审核有时称为粗算生产能力计划（Rough－cut Capacity Planning），即对试图平衡生产能力（供给）与需求的各种不同方案进行评估。粗算生产能力计划的主要目标是识别主生产进度中哪几周生产能力过载，哪几周生产能力欠载。过载（Overloading）是指主生产进度为生产设施安排了过多的工作量，以致于现有生产能力不能按时完成生产进度。欠载（Underloading）意味着主生产进度未能给生产设施安排足够的工作量，使部分设施有时处于闲置状态。

反复调整粗算生产能力计划和主生产进度的详细计算，并综合存货状况和企业的

顾客订单
- 品种
- 数量
- 交货期

市场预测
- 品种
- 数量
- 需求期

存货状态
- 余额
- 计划接收

生产能力
- 产出率
- 计划停工期

品种	计算项目	主生产进度详细计算(成品数/周)							
		1	2	3	4	5	6	7	8
A	需求量	20	20	50	50	30	30	20	20
	生产量	—	—	50	50	50	50	—	—
	存货量	50	30	30	30	50	70	50	30
B	需求量	30	30	40	40	40	30	30	30
	生产量	60	—	60	60	—	60	—	60
	存货量	80	50	70	90	50	80	50	80
C	需求量	20	20	20	20	30	30	30	30
	生产量	—	—	50	—	50	—	50	—
	存货量	60	40	50	30	50	20	40	10

工作中心	粗算生产能力计划(人工小时/周)							
	1	2	3	4	5	6	7	8
1	100	150	200	150	100	50	50	25
2	—	100	150	100	—	—	25	—
3	200	225	300	225	200	100	150	100
4	150	200	250	200	150	75	50	—
5	75	100	—	—	75	—	—	—
合计	525	775	900	675	525	225	275	125
	2 875				1 150			

品种	主生产进度(成品数/周)							
	1	2	3	4	5	6	7	8
A	—	—	50	50	50	50	—	—
B	60	—	60	60	—	60	—	60
C	—	—	50	—	50	—	50	—
合计	60	—	160	110	100	110	50	60
	330				320			
部门	主生产进度(人工小时/周)							
装配	225	300	250	200	225	75	50	—
制造	300	475	650	475	300	150	225	125
合计	525	775	900	675	525	225	275	125
	2 875				1 150			

图9-6 拟订主生产进度的过程

生产型态,即可拟订出恰当的主生产进度。请注意主生产进度在不同生产方式中的位置。主生产进度在生产过程中所处的位置越高(见图9-7),其将成品交付顾客所需的时间就越短。

【例9-7】 主生产进度的拟订过程

某公司以存货方式生产A和B两种产品,有多种需求来源。未来6周的预计需求量如表9-12所示。产品A的安全存货量为30单位,产品B的安全存货量为40单位。产品A每批投产50单位,产品B每批投产60单位。产品A的期初存货为70单位,产品B的期初存货为50单位。试拟订A和B两种产品的主生产进度。

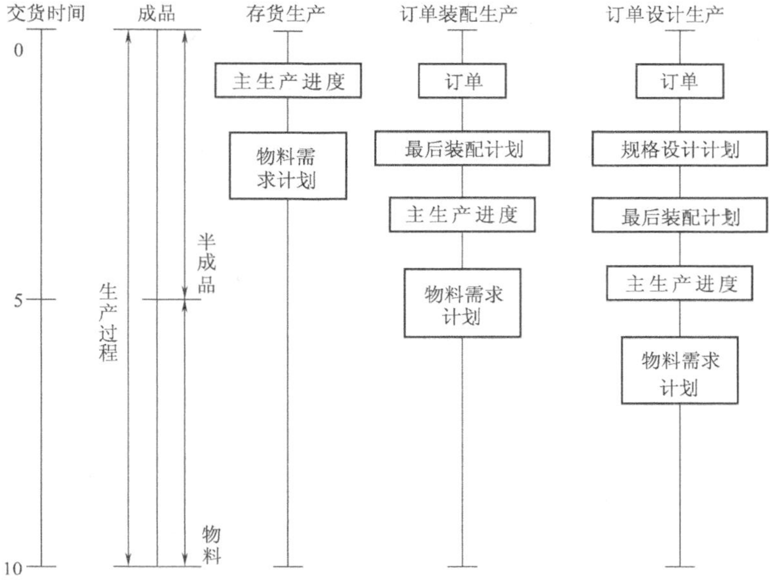

图 9－7　不同生产方式中主生产进度位置

表 9－12　需求来源和预计需求量

需求来源	产品 A 需求量/周						产品 B 需求量/周					
	1	2	3	4	5	6	1	2	3	4	5	6
公司本部订单				20	10	10			10		10	
分公司订单										20		
研究与开发订单			10	10							10	10
预测订单及已有订单	20	20	20	20	20	20	30	30	30	20	20	20
总计	20	20	50	50	30	30	30	30	40	40	40	30

解：

根据每种产品的周需求量总计、期初存货和安全存货，计算出存货余额、计划生产量与期末存货如表 9－13 所示。

表 9－13　初步计算结果

产品	周	期初存货	需求量总计	存货余额	计划生产量	期末存货
A	1	70	20	50	—	50
	2	50	20	30	—	30
	3	30	50	－20	50	30
	4	30	50	－20	50	30
	5	30	30	0	50	50
	6	50	30	20	50	70
B	1	50	30	20	60	80
	2	80	30	50	—	50
	3	50	40	10	60	70
	4	70	40	30	60	90
	5	90	40	50	—	50
	6	50	30	20	60	80

注：产品 A 安全存货量＝30，每批投产量＝50；产品 B 安全存货量＝40，每批投产量＝60。

其中：

存货余额＝期初存货－需求量总计

计划生产量＝每批投产量（若存货余额＜安全存货量）

＝0（若存货余额≥安全存货量）

期末存货＝期初存货＋计划生产量－周需求量总计

根据上述计算结果，拟订出 A、B 两种产品的主生产进度如表 9－14 所示。

表 9－14　主生产进度

产品	计算项目	周					
		1	2	3	4	5	6
A	需求量总计	20	20	50	50	30	30
	期初存货量	70	50	30	30	30	50
	计划生产量	—	—	50	50	50	50
	期末存货量	50	30	30	30	50	70
B	需求量总计	30	30	40	40	40	30
	期初存货量	50	80	50	70	90	50
	计划生产量	60	—	60	60	—	60
	期末存货量	80	50	70	90	50	80

注：产品 A 安全存货量＝30，每批投产量＝50；产品 B 安全存货量＝40，每批投产量＝60。

【例 9－8】　粗算生产能力计划

例 9－7 中的公司现在想知道总装配线在装配产品 A 和 B 时是过载还是欠载。该装配线每周可利用工时为100小时，产品A每单位需用0.9小时，产品B每单位需用1.6小时。

（1）总装配线完成主生产进度中两种产品所需要的实际工时，即计算总装配线的工作负荷量，并将其与总装配线未来6周的每周可利用工时进行比较，比较结果即为粗算生产能力计划。

（2）总装配线现有生产能力完成主生产进度是否足够？

（3）如果不够怎样调整？

解：

（1）产品A每批投产50单位，每单位装配需用0.9小时，因此，产品A 50单位实际装配工时 =0.9×50 =45小时；同理，产品B60单位实际装配工时 =1.6×60 =96小时。

比较结果见表9－15。

表9－15 总装配线粗算生产能力计划

产品	计算项目	周装配工时（小时）						
		1	2	3	4	5	6	总计
A	生产量	—	—	（50）	（50）	（50）	（50）	
	装配工时	—	—	45	45	45	45	
B	生产量	（60）	—	（60）	（60）	—	（60）	
	装配工时	96	—	96	96	—	96	
工作负荷量（小时）		96	—	141	141	45	141	564
装配能力（小时）		100	100	100	100	100	100	600

注：括号中的数字取自例9－6中的主生产进度。

（2）总装配线6周的装配能力为600小时，而主生产进度只需用564小时，从总体上看，总装配线的现有生产能力足够。但是，从总装配线的现有周生产能力来看，第3周、第4周、第6周总装配线过载，而第1周、第2周、第5周总装配线欠载。因此，总装配线的周工作负荷量需要进行调整。

（3）若将主生产进度中的周生产量向前移动的话，总装配线会获得较好的平衡。移动方法如下：

将产品A第4周和第6周的生产量分别向前移到第3周和第5周，而将产品B第3周的生产量向前移到第2周进行装配。调整后的总装配线粗算生产能力计划如表9－16所示。

表9－16 调整后的总装配线粗算生产能力计划

产品	计算项目	周装配工时（小时）						
		1	2	3	4	5	6	总计
A	生产量	—	—	（100）	—	（100）	—	
	装配工时	—	—	90		90		

续表

产品	计算项目	周装配工时（小时）						
		1	2	3	4	5	6	总计
B	生产量	（60）	（60）	—	（60）	—	（60）	
	装配工时	96	96	—	96	—	96	
工作负荷量（小时）		96	96	90	96	90	96	564
装配能力（小时）		100	100	100	100	100	100	600

粗算生产能力计划调整之后，必须再次修改例 9－6 中的主生产进度。修改结果如表 9－17 所示。

表 9－17　修改结果

产品	周	期初存货	需求量总计	存货余额	计划生产量	期末存货
A	1	70	20	50	—	50
	2	50	20	30	—	30
	3	30	50	－20	100	80
	4	80	50	30	—	30
	5	30	30	0	100	100
	6	100	30	70	—	70
B	1	50	30	20	60	80
	2	80	30	50	60	110
	3	110	40	70	—	70
	4	70	40	30	60	90
	5	90	40	50	—	50
	6	50	30	20	60	80

注：产品 A 安全存货量＝30，每批投产量＝50；产品 B 安全存货量＝40，每批投产量＝60。

最后求得的主生产进度如表 9－18 所示。

表 9－18　最终主生产进度

产品	计算项目	周					
		1	2	3	4	5	6
A	需求量总计	20	20	50	50	30	30
	期初存货量	70	50	30	80	30	100
	计划生产量	—	—	100	—	100	—
	期末存货量	50	30	80	30	100	70

续表

产品	计算项目	周					
		1	2	3	4	5	6
B	需求量总计	30	30	40	40	40	30
	期初存货量	50	80	110	70	90	50
	计划生产量	60	60	—	60	—	60
	期末存货量	80	110	70	90	50	80

本章小结

运营计划是企业为实施生产活动而对市场需求和企业资源所进行的系统性研究、分析和规划。运营计划若依时间的长短可划分为长期、中期和短期计划 3 个层次。中期运营计划通常注重于整个企业产品生产的总量上而不是具体品种或规格产品的产量,因此也称之为综合计划。综合计划的目标是拟订一个能够充分利用整个组织资源来满足市场需求的运营计划。综合计划通过调整两类变量欲求供需平衡:①运用价格或促销,调整需求量的变化;②运用加班或外包,调整供给量的变化。可供企业选择的策略有维持稳定的劳动力数量策略、维持固定的生产率策略、追随策略及混合策略。综合计划技术基本上分为图表法和数学模型法两大类。在管理实践中较常使用图表法。综合计划确定之后需要对其进行分解,分解的结果则为主生产进度。

习题

1. 什么是运营计划？运营计划有哪几个层次？
2. 不同生产方式的运营计划各有哪些特点？
3. 何谓综合计划？它的目的是什么？
4. 综合计划有哪些特点？
5. 指出下列综合计划策略的优缺点：
   (1)维持产出水平,且以存货吸收需求变动。
   (2)改变劳动力数量使产出水平与需求变动保持平衡。
   (3)保持劳动力数量恒定,以改变工作时间使产出水平与需求变动保持平衡。
6. 拟订综合计划的图解方法和数学方法各有什么优缺点？
7. 什么是主生产进度？它与综合计划有什么关系？
8. 安排主生产进度的原则是什么？
9. 怎样安排主生产进度？
10. 制造企业中,主要用于确定每次订货所需的产品数量和交货日期的计划类型是(　　)。

A. 物料需求计划　　B. 生产作业计划　　C. 主生产计划　　D. 流程规划

11. 主生产计划的对象主要是(　　)。

A. 具有独立需求的物料和比较重要的物料　　B. 物料需求计划

C. 企业主生产车间的生产计划　　D. 企业的生产流程

12. *综合计划的制定策略包括(　　)。

A. 维持固定的劳动力数量策略　　B. 维持稳定的生产率策略

C. 追随策略　　D. 混合策略

13. *制定综合计划的方法有(　　)。

A. 图表法　　B. 线性规划法　　C. 甘特图法　　D. 统计计量法

14. 制定综合计划时需要多项输入,以下输入来自企业外部的是(　　)

A. 现有库存水平　　B. 原材料供应能力　　C. 现有员工数量　　D. 现有设备能力

15. 制定综合计划的时候要考虑生产成本、库存持有成本、采购成本,但无需考虑缺货损失。(　　)

16. 综合计划是一种生产能力计划。(　　)

17. 主生产进度计划是由综合计划分解得到的。(　　)

18. 主生产进度计划一旦确定,一般尽量不作更改。(　　)

19. 某经理欲拟订明年的综合计划,并收集了如表 9－19 所示的预测需求量以及其他运营资料。

表 9－19　预测需求量

月份	1	2	3	4	5	6	7	8	9	10	11	12	总计
预测需求量	300	300	350	400	450	500	650	600	475	475	450	450	5400

其他运营资料:

生产成本:3 元每单位。

存货成本:0.05 元每单位每月。

期初存货:50 单位。

操作人员:40 人,每人每月可生产 10 单位,加班时间的生产率相同,1 年中只有 3 个月可加班,且每月加班时间不得超过正常时间的 20%。

操作人员的月薪为 1 000 元,加班时间的工资率为正常时间的 150%。

雇佣 1 个操作员成本(招聘、培训等)为 800 元,辞退 1 个操作员成本为 1 600 元。

公司的基本信念:充分满足顾客需求,不允许缺货现象出现。

试根据下述 3 种管理政策分别拟订计划并评价各方案的优劣。

(1)维持操作人员数量,利用存货应付需求变化。

(2)维持操作人员数量,利用加班和存货应付需求高峰。

(3)以增雇、辞退操作人员的方式应付需求的变化。

20. 某公司某产品今后3个季度的预测需求量、生产能力、成本及期初存货情况如表9－20所示。

表9－20

季度		1	2	3
预测需求量		590	650	840
生产能力	正常时间	400	500	500
	加班时间	50	50	50
	外包	200	200	200
期初存货		80		
单位成本	正常时间	50元		
	加班时间	75元		
	外包	100元		
	存货持有	10元/每季		

试用运输模型拟订最佳运营计划，并计算总成本。

21. 某计算机外部设备公司以订货生产方式为一些计算机制造商配套生产系列打印机。该公司每周可利用工时为5 000小时，平均每台打印机所需生产时间为24小时。现已拟订出今后5周的打印机主生产进度如表9－21所示。

表9－21

周	1	2	3	4	5
数量(台)	100	200	200	250	280

问：

(1)计算完成该主生产进度每周所需要的实际工时以及5周的总实际工时，即计算工作负荷量，并将其与每周可利用工时进行比较。

(2)现有生产能力完成该主生产进度是否足够？是否需要作出调整？你认为怎样调整最好？

第十章

运营安排

★ 学习要点与要求 ★

运营安排是综合计划的延续,也是运营管理的短期计划工作。运营安排的主要内容包括工作指派、作业排序、进度安排和进度控制。本章主要介绍运营安排的原则和方法。读完本章以后,你应能:

1. 了解不同生产方式下运营安排的内容。
2. 确定期量标准。
3. 运用指派法完成工作负荷分配。
4. 说明工作顺序的优先规则和方法。
5. 安排工作进度。

第一节　运营安排与期量标准

一、运营安排

运营安排(Operation Schedule),又称作业计划,是一种短期计划,它体现中期计划即综合计划的具体执行进度,计划期一般为 1 周至 3 个月。运营安排将综合计划和主生产进度确定的每月或每周欲生产产品的数量、品种及所需资源具体分配到车间、工段、班组、工作站和个人,并按日历顺序安排生产进度。运营安排是需要运营经理作出的最后一个计划决策。运营安排与生产能力计划、综合计划、主生产进度的关系如图 10－1 所示。

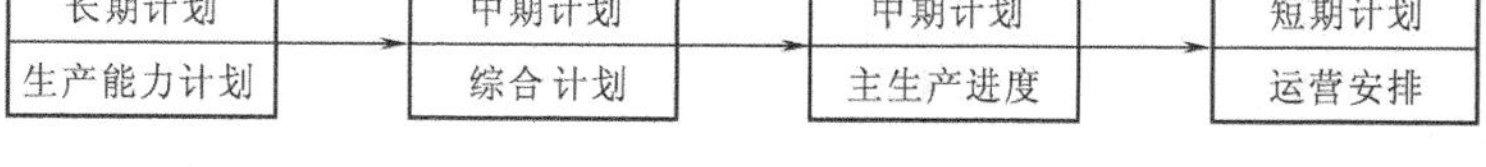

图 10－1　运营安排与生产能力计划、综合计划、主生产进度的关系

运营安排的目标是:①使顾客等待时间为最短;②使生产过程时间为最短;③尽最大可能降低存货水平;④有效运用人员与设备。

一个好的运营安排应该具备简洁、清晰、易懂、易执行、灵活和实用的特点。

运营安排不仅仅存在于工业企业,它还存在于诸如医院、学校和其他服务性组织,表 10 - 1 列出了运营安排的常见用途。

表 10 - 1 运营安排常见用途

组织	运营安排用途
医院	外科手术室使用时间安排 病人入院时间安排 护理、保安、维修人员的工作安排 门诊病人预约时间安排
大学	教室的使用时间安排 教师授课时间安排 研究生和本、专科生上课时间安排 学习进度安排 电化教学设备的使用时间安排
工厂	产品生产安排 物料采购时间安排 人员工作安排
航空公司	飞机维修时间安排 机组人员安排 离港时间安排 乘客入口及检票人员安排

二、运营安排的内容

不同行业的企业其运营安排的内容不完全相同,主要原因在于生产方式不同。大量连续生产系统和批量重复生产系统的特征是使用标准化的设备生产标准化的产品。在工业中,大量连续生产的例子有钢铁、水泥、玻璃及化工企业,批量重复生产的例子如汽车、电视机、电冰箱和洗衣机工厂。服务业的例子包括快餐店、新闻出版及公共卫生防疫等部门。

(一)大量连续生产系统的运营安排内容

大量连续生产系统运营安排的许多工作和运营过程决策在运营系统设计时就已经确定了,因为这些系统的所有产品的生产过程都是一样的。设计的目标是达到生产线平衡,以及使设备和人员达到最大利用率和最高产出率。

(二)成批重复生产系统的运营安排内容

成批重复生产系统的运营安排有两个重点,其一是生产批量大小的决策,其二是生产批次顺序的安排。生产批量的大小和生产次数将会影响存货水平和设置成本(Set -

up Costs)。最佳生产批量的计算可以运用存货控制模型来解决,基本上是求设置成本和存货持有成本相等时的产量。在经济批量确定之后,生产管理人员即可进一步安排各个批次的生产顺序。虽然有些数学模型可以决定最佳的生产顺序,但是它们的运用前提是假设需求量是确定的,因此并不符合实际情况。较常被生产管理人员使用的方法是通过计算各个批次产品的预计耗尽时间(Run - out Time)来确定生产顺序。预计耗尽时间的计算公式为:

$$预计耗尽时间 = \frac{存货水平(数量)}{需求率(数量/时间)} \tag{10-1}$$

预计耗尽时间表示存货量可以满足需求量的时间长度。在安排生产顺序时选择预计耗尽时间最短的产品优先生产(最可能先用完存货的产品先生产)。然后在该批产品生产完成之后,再根据新的存货水平重新计算各个批次产品的预计耗尽时间,确定次优先生产的产品,如此反复进行。表 10 - 2 是一个应用预计耗尽时间安排生产顺序的例子。假设某公司 5 项产品的经济生产批量、生产时间、需求量、第一期存货水平为已知。

表 10 - 2 批量生产顺序安排

期次	产品	经济生产批量	生产时间(周)	每周需求量	存货	预计耗尽时间(周)	优先生产产品
第一期	A	1 000	1.2	250	600	2.4	
	B	800	1.0	300	400	1.3	√
	C	1 500	1.9	500	1 800	3.6	
	D	1 800	2.0	800	2 300	2.9	
	E	600	1.6	300	600	1.7	
第二期	A	1 000	1.2	250	350	1.4	
	B	800	1.0	300	900	3.0	
	C	1 500	1.9	500	1 300	2.6	
	D	1 800	2.0	800	1 500	1.9	
	E	600	1.6	300	300	1.0	√

注:生产 B 产品需耗时一周,因此一周后各产品的存货水平为:

A:600 - 250 = 350;B:400 - 300 + 800 = 900;C:1 800 - 500 = 1 300;

D:2 300 - 800 = 1 500;E:600 - 300 = 300。

预计耗尽时间法是一种相当简单而且适用于批量生产的计划方法。由于它不是按固定顺序生产产品,而是按当时的存货水平和预测需求量来确定生产顺序,因此是一种动态的方法。生产管理人员在使用时应随时注意利用加班、减班或其他改变生产能力的策略加以修正。

(三)间歇生产系统的运营安排内容

间歇生产系统的运营安排相对大量生产系统和成批生产系统的运营安排而言较为复杂。原因是间歇生产系统生产的产品种类不确定,根本不可能在接到确实的订单之前建立固定的作业时间表。本章主要讨论间歇生产系统的运营安排,其主要内容包括工作站负荷、任务指派、作业排序、生产进度和进度控制,其制定过程如图 10 - 2 所示。但是在制定运营安排之前,首先应该确定合理的期量标准。

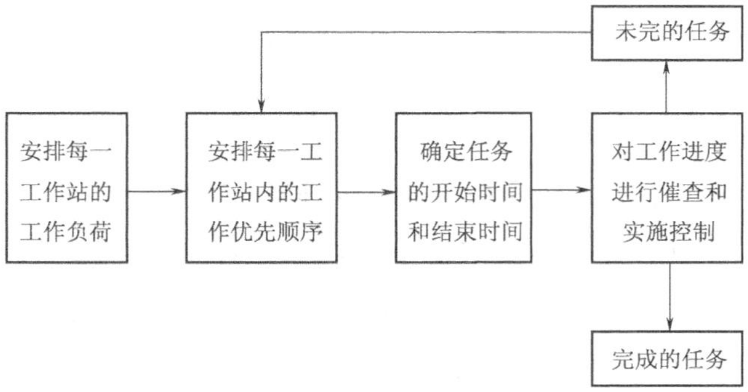

图 10 - 2　运营安排的制定程序

三、期量标准

期量标准(Standard of Scheduled Time and Quantity),又称运营安排标准,是对运营安排中的生产期限和生产数量而规定的一套标准数据。它是制定运营安排的依据,合理的期量标准有助于建立正常的生产秩序,充分利用生产能力。当生产条件和其他影响期量标准的因素发生变化时,应及时对期量标准进行修正或重新制定。

(一)生产周期

生产周期(Production Cycle),又称生产循环期,是指一种产品从原材料或半成品投入生产过程开始,到某一工艺过程完成或成品产出为止的全部时间。它是确定产品各工艺阶段的投入期和产出期的主要依据。

根据包含的范围,生产周期可分为产品生产周期、部件生产周期、零件生产周期;根据包含数量可分为一批零件或产品的生产周期和单件产品的生产周期;根据工艺过程可分为工艺生产周期、工序生产周期和生产环境周期。整个产品的生产周期也称为成品复杂生产周期;单个工艺过程或单个工序的生产周期也称为简单生产周期。

生产周期与生产过程的不同之处在于,生产周期着重强调某种产品或零部件从投入生产到产出时的周而复始的循环时间,而生产过程则关注于从原材料采购到最终产品(可能是某种成品,也可能是某种零件或部件)出厂的全部过程。

生产周期的长短反映企业的工艺技术水平和运营管理水平,缩短生产周期能更好地保证产品的交货期和加速流动资金周转,提高经济效益。

(二)投入期

投入期(Input Time)是指一批(或一件)产品(部件、零件)开始投入生产过程的日历日期。确定投入期要考虑综合计划所规定的成品完成期限、订单所规定的交货期限和关键零部件的加工进度，要使各个产品、部件、零件在各个工艺阶段和各工作站之间相互协调和衔接。投入期的确定目标是尽量缩短生产周期，尽可能减少在制品数量。

（三）产出期

产出期（Output Time）是指一批（或一件）产品（部件、零件）完成全部生产过程后出产成品的日历日期。确定产出期要考虑的因素和欲达到的目标与投入期相同。

（四）生产间隔期

生产间隔期（Production Intervals）是指两批同种产品投入生产（或产出）之间的时间间隔。当计划期的产量确定之后，生产间隔期与生产批量之间的关系由下式决定：

$$生产间隔期 = \frac{生产批量}{计划期平均日产量} \qquad (10-2)$$

确定生产间隔期和生产批量的方法有“以期定量法”和“以量定期法”。以期定量法就是先确定产品（或零、部件）的标准生产间隔期，由此再确定产品的生产批量；而以量定期法则正好相反。

（五）生产批量

生产批量是指耗用一次准备时间和费用所生产的同种产品的数量。生产批量的计算公式为：

$$生产批量 = 生产间隔期 \times 计划期平均日产量 \qquad (10-3)$$

在总产量已确定的情况下，生产批量越大，产品轮番生产的次数就越少，更换品种所花费的设置成本和准备时间也就越少，生产过程比较稳定，有利于提高劳动生产率和设备利用率。然而生产批量过大，则会延长每批产品的生产周期，增加在制品数量，占用过多的生产面积和在制品存货面积，增加流动资金占用量和在制品存货持有成本，使生产总成本上升。但是生产批量过小，又会加大设置成本和准备时间，使劳动生产率和设备利用率降低。因此，为了提高经济效益，在确定合理的生产批量时应综合考虑上述各种因素（经济批量的确定方法，请参见存货管理的有关章节）。

（六）提前期

提前期（Lead Time）是指产品（毛坯、零件或部件）在生产过程中的各个不同工艺阶段投入或产出的日期比最终产品的产出日期依次提前的一段时间。它是以产品最终完工日期为起点，根据各个工艺阶段的生产周期、生产间隔期和保险期按工艺阶段的逆顺序计算的。在各个工艺阶段的生产间隔期均相等的情况下，生产提前期与生产周期、保险期之间的关系如图 10－3 所示。

各车间的提前期可由下述公式计算：

$$车间投入提前期 = 本车间产出提前期 + 本车间生产周期 \qquad (10-4)$$

$$车间产出提前期 = 后车间投入提前期 + 本车间保险期 \qquad (10-5)$$

由于最后一个车间的产出时间即成品的产出时间，所以最后一个车间的产出提前期等于零，投入提前期就等于该车间的生产周期。

当前后两个车间的生产间隔期不相等时，产出提前期的计算公式为：

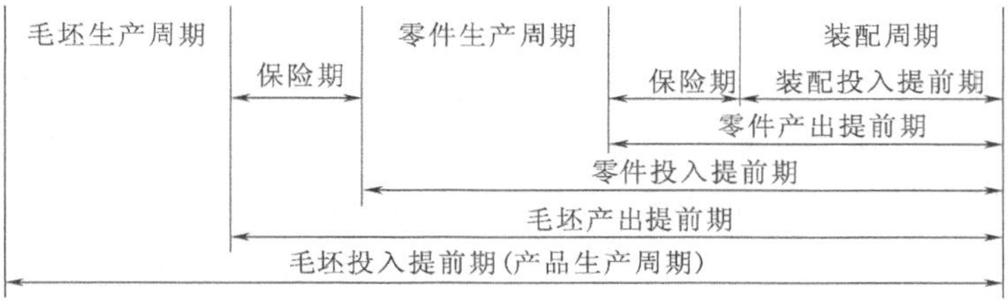

图 10 - 3　生产提前期与生产周期、保险期之间的关系

$$车间产出提前期 = 后车间投入提前期 + 本车间保险期 + (本车间生产间隔期 - 后车间生产间隔期) \quad (10-6)$$

算出产出提前期之后,投入提前期仍用式(10 - 4)计算。

(七)在制品定额

在制品(Work - in - Process),又称在产品,是指处于生产过程之中尚未最后完工的产品。广义的在制品,是指从原材料投入生产开始到成品产出之前的各种制品,包括正在各个工艺阶段加工的产品(即半成品)。狭义的在制品,仅指处于各个工艺阶段的那部分产品,包括正在进行装配、加工、检验、运输、等待的产品、零部件、毛坯等。如果生产过程中的在制品过少,会使上下工序、前后车间的生产脱节,造成生产中断;如果在制品过多,又会造成资金积压,占用过多的生产面积和存储面积,影响生产过程的畅通和生产活动的经济效益。因此,要将在制品数量限制在一定的范围之内。

在制品定额,也称在制品占用量定额,是指在一定的技术条件下,为了保证生产的正常进行,生产过程所需占用的最低限度的在制品数量。它可分为,生产线内在制品数量和生产线之间的在制品数量。合理的在制品定额,既能保证生产过程的正常进行,又能使在制品数量保持在最适当的水平。在制品定额通常根据每一种产品(部件、零件、毛坯)的生产批量、生产周期和生产间隔期确定,计算公式为:

$$在制品定额 = \frac{生产周期}{生产间隔期} \quad (10-7)$$

或

$$在制品定额 = 生产周期 \times 平均日产量 \quad (10-8)$$

第二节　工作站负荷的确定

负荷(Loading)是指各个工作中心的工作指派量。如果一件工作只能由某个特定的工作站来完成,那么就没有什么负荷问题。但是,如果有两件或更多的工作,而有许多工作站均可完成这些工作,那么问题就产生了。在后一种情况下,运营经理需要用某种方法将欲完成的工作指派到各个工作站，指派的原则是根据实际情况将设置成本、工作完成时间和工作站闲置时间降至最低。

负荷虽然确定了各工作站应完成的工作的量的大小，但是却并未排定各工作站内的工作顺序(Sequence)，因此只能使运营经理概略了解订单完成期间生产能力的利用情况。

可用来确定工作负荷的方法很多，从完全凭直觉和经验直到应用线性规划，但是最常用的是图表法和线性规划中的指派法。本节主要介绍这两种方法。

一、图表法

图表法是使用甘特图(Gantt Chart)来辅助运营经理确定各个工作站的工作量。甘特图由科学管理先驱亨利·甘特(Henry L. Gantt)所创，其特点是能使运营管理人员一目了然地看到整个生产过程中各项工作的状况。甘特图的种类很多，一般以横向表示时间，纵向可根据需要表示工作站、机器设备、部门、车间、人员和工件。应用甘特图的主要原则是表明某一时间所要完成的工作量和完成该工作量所需要的总时间。甘特图常用符号、字母及其意义见表10－3和表10－4。

表10－3　甘特图常用符号及其意义

符号	意　义
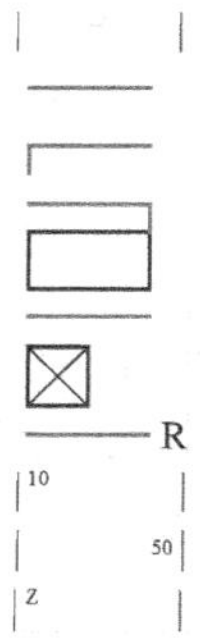	表示一天工作的小时数或一个工人一天必须完成的工作量 计划要做的工作通常用细横线表示，粗横线表示实际完成工作量 工作开始日期或小时 计划工作完成日期或小时 已完成累计工作量，有时也表示必须要做的累计工作量 工作目前进度 以往工作延误所需弥补的时间 工作现已停止，文字表示停止原因 在特定时间内安排的工作量(由左上角数字表示) 在特定时间内必须完成的工作量(由右上角数字表示) 在此特定时间内无工作(Z表示无生产)

表10－4　甘特图常用字母及其意义

字母	意义	字母	意义	字母	意义
A	缺勤	I	闲散	T	缺少工具
B	损坏、故障	L	工人动作缓慢	V	假日
E	停电	M	待料或机器故障	Y	作业员错误
G	新工人	R	需要修理	Z	无生产

【例10－1】　零件加工与装配负荷安排

某车间生产由零件A－1、A－2和A－3组成的部件A。若将原料订购提前期考虑在内，运营经理作出工作安排如图 10－4 所示。

8月1日～12日工作安排

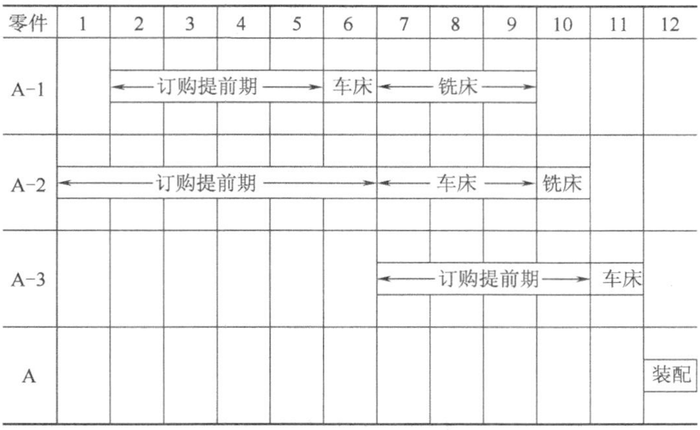

图 10－4 零件加工与装配甘特图

其中，零件 A－1 因车床忙碌原因需待 8 月 6 日才能开始加工，铣床加工需 3 日。零件 A－2 待零件 A－1 车床加工完毕依次安排车床 3 日、铣床 1 日。A－3 加工完成后于 12 日装配。

【例 10－2】 个别机器负荷安排

在作个别机器的负荷安排时，每当排定一项工作，应立即将该机器的新增负荷小时数填入该机器项下，使甘特图随时可以安排下一项工作。在个别机器的负荷图中，不仅要表示出该机器已排定的工作小时数，还要表示出该机器承担的是哪项工作。图 10－5 表示 8 月 1 日，一号六角车床为 107 号工作令排定 6 小时，为 91 号工作令排定 2 小时。8 月 2 日的 8 小时全为 109 号工作令所用，其他以此类推。

机器名称与编号	8 月 1 日上午 8 时至下午 5 时	8 月 2 日上午 8 时至下午 5 时	8 月 3 日上午 8 时至下午 5 时	……
六角车床 No. 1	107 91	109	41	
六角车床 No. 2	116	107	107	
龙门刨床 No. 1		41	107	
……				

图 10－5 个别机器负荷图

若将实际进度标于个别机器负荷图中，则形成显示动态情形的甘特图。现以一号六角车床为例做出图 10－6。107 号工作令按照预定时间 6 小时完成，而 91 号工作令

8 月2 日上午十时才完成，延时 2 小时，故 109 号工作令必须修正至 8 月 3 日上午 10 时完工。然而该机器在 8 月 2 日下午 2 时发生故障，以 R 表示需要修理，下午 4 时修理完毕，所以 109 号工作令需要再次修正至 8 月 3 日上午 12 时完工，但不影响 41 号工作令。

图 10－6　动态情形甘特图

图表法最大的缺点是在作负荷安排时未考虑到相关的成本，而且也未考虑到相同工作在不同工作站加工会有不同的加工时间。尽管如此，图表法因为简单、易于了解，并且可作为控制工具，仍是实践中最常用的方法之一。

二、指派法

指派法（Assignment Method）是线性规划的特殊形式，可以用来指派不同的工作至不同的工作站，以求成本最低的负荷安排。指派的典型问题是：有 n 项工作要分派 m 部机器去完成，由于每部机器完成各项工作的效率不同或成本不同，工作应如何指派才能使总成本最小或完工时间最短。此外，指派法还可用于将某一合约分配给某个投标人，将人员分配到一定的项目小组或一定的地区分公司，等等。

指派法的具体步骤是：

第一步，确定成本矩阵，即确定每部机器完成某项工作的效率或成本。

第二步，确定工作机会成本。将成本矩阵各列数值分别减去该列数值中的最小值（但不能为 0）。

第三步，确定总机会成本。将工作机会成本矩阵中各行的数值减去各自行中的最小值（但不能为 0，如某行已存在一个 0，就不再计算）。

第四步，判定是否已获得最佳分配方案。判定准则是：对总机会成本矩阵画出能包含所有 0 的线，并使画出的线最少，如果画出的线数与行数或列数相等，则表明已获得最佳分配方案，否则继续第五步。

第五步，重新计算总机会成本。将总机会成本矩阵中所有未被画线包含的数值减去未被画线包含数值中的最小值，被画线包含的数值中除了各线相交处的数值需加上未被画线包含数值中的最小值外，其余不变。

第六步，重新判定是否已获得最佳分配方案。

第七步，做出实际分配方案。最佳方案的分配原则是指派具有零值或机会成本等于零的机器或人员去完成相向对应[①]的工作。具体作操作时须从某行或某列中唯一的0开始，如有多个0则可从任意一个开始，但一项工作只能被分配一次。

【例10－3】 指派法解负荷安排问题

有3项工作分派给3部机器加工，各项工作在不同机器上加工由于机器的生产效率不同而成本不等。3部机器加工3项工作的成本如表10－5所示。求总成本最低的工作分配方案。

表10－5 成本表

工作	机器Ⅰ	机器Ⅱ	机器Ⅲ
A	25	31	35
B	15	20	24
C	22	19	17

解：

第一步，确定成本矩阵。题中已给出。

第二步，确定工作机会成本。用图10－7(a)各列的数值减去该列中的最小值，如图10－7(b)所示：

$$\begin{array}{c} \begin{matrix} & \text{I} & \text{II} & \text{III} \end{matrix} \\ \begin{matrix} A \\ B \\ C \end{matrix}\begin{bmatrix} 25 & 31 & 35 \\ 15 & 20 & 24 \\ 22 & 19 & 17 \end{bmatrix} \end{array} \longrightarrow \begin{array}{c} \begin{matrix} & \text{I} & \text{II} & \text{III} \end{matrix} \\ \begin{matrix} A \\ B \\ C \end{matrix}\begin{bmatrix} 10 & 12 & 18 \\ 0 & 1 & 7 \\ 7 & 0 & 0 \end{bmatrix} \end{array} \longrightarrow \begin{array}{c} \begin{matrix} & \text{I} & \text{II} & \text{III} \end{matrix} \\ \begin{matrix} A \\ B \\ C \end{matrix}\begin{bmatrix} 0 & 2 & 8 \\ 0 & 1 & 7 \\ 7 & 0 & 0 \end{bmatrix} \end{array}$$

(a)成本矩阵 (b)工作机会成本矩阵 (c)总机会成本矩阵

图10－7 矩阵运算过程

第三步，确定总机会成本。用图10－8(b)第一行中的数值减去该行中的最小值，其他行均含有0所以不参与运算，如图10－7(c)所示。

第四步，判定是否获得最佳分配方案。本题为3×3矩阵，如果包含所有0的线为3条，说明已获得最佳分配方案，但现在只用2条线即可包含所有的0，说明尚未获得最佳方案。如图10－8所示。

第五步，重新计算总机会成本。计算结果如图10－9所示。

第六步，再次判断是否获得最佳分配方案。如图10－10所示，如果所划线数与行数或列数相等，则获得最佳方案，进行第七步；否则，再重复第五步。不断重复第五步和第六步，直至获得最佳方案为止。从图10－11知，本题已获得最佳分配方案，因此进入第七步。

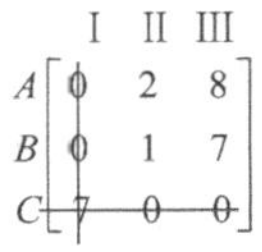

图10－8 判定是否获得最佳分配方案

---

① 行中的第一个因素对列中的第一个因素，行中第二个因素对列中第二个因素。

$$\begin{array}{c} \quad\ \text{I}\quad \text{II}\quad \text{III} \\ \begin{matrix} A \\ B \\ C \end{matrix}\begin{bmatrix} 0 & 2 & 8 \\ 0 & 1 & 7 \\ 7 & 0 & 0 \end{bmatrix} \\ \text{(a)} \end{array} \longrightarrow \begin{array}{c} \quad\ \text{I}\quad \text{II}\quad \text{III} \\ \begin{matrix} A \\ B \\ C \end{matrix}\begin{bmatrix} 0 & 1 & 7 \\ 0 & 0 & 6 \\ 8 & 0 & 0 \end{bmatrix} \\ \text{(b)} \end{array}$$

图 10－9 再次计算总机会成本矩阵

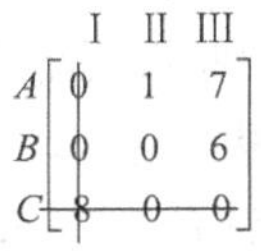

图 10－10 再次判断是否获得最佳分配方案

第七步，做出实际分配方案。本题第一行中只有一个 0，因此应从 AI 开始，其分配方案为：

$$A \rightarrow \text{I}\ ,B \rightarrow \text{II}\ ,C \rightarrow \text{III}$$

$$\text{总成本} = 25 + 20 + 17 = 62$$

即：将工作 A 分配给机器Ⅰ，工作 B 分配给机器Ⅱ，工作 C 分配给机器Ⅲ时的总成本最低。

第三节 作业排序

虽然负荷决策可以确定承担某项工作所使用的机器或工作站，但是它却不能指出在工作站等待进行加工的工作的顺序。作业排序（Sequencing），又称加工顺序安排，是将多种不同的工作遵循一定的优先法则，按工作顺序安排到各个机器或工作站进行顺序加工的过程。排序通常是以完成所有工作所需时间最短为主要目标。

一、常用优先法则

在实际工作中，常用的优先法则如下：

先到先服务（First Come, First Served，FCFS），即工作顺序的安排是根据工作到达工作站的顺序而决定的。

最短加工时间（Shortest Processing Time，SPT），即工作顺序的安排是根据工作所需要的加工时间而决定的，先安排加工时间最短的工作。

最早到期时限（Earliest Due Date，EDD），即工作顺序的安排是根据工作交货期到期日的先后而决定的，先安排到期日最早的工作。

最小松弛时间（Minimum Slack Time，MST），即工作顺序的安排是根据工作的最短松弛时间而决定的（松弛时间 = 交货日期 － 完成工作所需时间），先安排松弛时间最小的工作。

二、作业排序好坏的评价标准

对作业排序好坏的评价，主要有如下标准：

总完工时间（Make－span），是指加工完一项工作的所有工序或作业所需要的工作时间，即总工时。排序目标是希望总完工时间越短越好。

流程时间（Flow - time），是指一项工作在系统中停留的时间（包括加工时间和等待时间）。排序的目标是希望所有工作的平均流程时间越短越好。

滞后时间（Tardiness），是指一项工作的完成时间超出其到期时限的时间。排序的目标是希望所有工作的平均滞后时间越短越好，或滞后工作件数越少越好，或是使最大滞后时间最小。

三、排序常用名词与符号的定义

排序常用名词与符号的定义如下：

加工时间或处理时间（Processing Time；$t_j, j = 1, 2, \cdots, n$），指第 j 项工作需要加工（处理）的时间。

开始时间（Ready Time，r_j），指第 j 项工作可以开始的时点。

到期时限（Due Date，d_j），指第 j 项工作到期的时点。

完成时间（Completion Time，c_j），指第 j 项工作完成的时点。

由完成时间可得第 j 项工作的流程时间：$F_j = c_j - r_j$。

延误时间（Lateness，L_j）：指第 j 项工作的完成时间超出到期时限的时间，即 $L_j = c_j - d_j$。

滞后时间（Tardiness）：$T_j = \max\{0, L_j\}$，即只考虑第 j 项工作的完成时间超出到期时限的部分。如果在到期时限之前完成，则 $T_j = 0$。

上述各项时间之间的关系如图 10 - 11 所示。

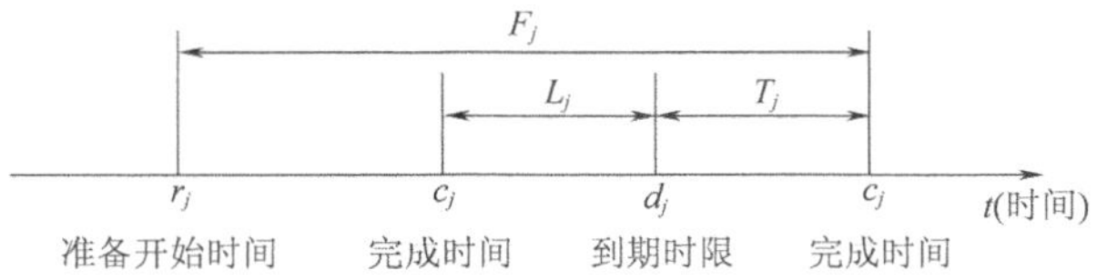

图 10 - 11　各项时间之间的关系

由上述定义可得出下列关系式：

$$\text{平均流程时间：}\bar{F} = \frac{1}{n\Sigma F_j} \tag{10-9}$$

$$\text{平均滞后时间：}\bar{T} = \frac{1}{n\Sigma T_j} \tag{10-10}$$

$$\text{最大流程时间：}F_{\max} = \mathrm{Max}\{F_j\},\ (1 \leqslant j \leqslant n) \tag{10-11}$$

$$\text{最大滞后时间：}T_{\max} = \mathrm{Max}\{T_j\},\ (1 \leqslant j \leqslant n) \tag{10-12}$$

$$\text{滞后工作件数：}N_T = \sum_{j=1}^{n} \delta(T_j),\begin{cases}\delta(T_j) = 1, \text{当 } T_j > 0 \\ \delta(T_j) = 0, \text{当 } T_j \leqslant 0\end{cases} \tag{10-13}$$

$$\text{平均延误时间：}\bar{L} = \frac{1}{n}\sum_{j=1}^{n} L_j = \frac{1}{n}\sum_{j=1}^{n}(c_j - d_j) \tag{10-14}$$

四、单机排序方法

单机排序是指 n 个工件通过一部机器或一个工作站的排序问题。它是最简单的排序问题，也是排序问题的基础。

一般的单机排序问题，通常有下述假定条件：

- 开始时间(r_j)假定为零，但已有 n 件彼此无关的工作等待加工，即：$r_j=0, j=1, 2, \cdots, n$。
- 加工时间(t_j)包括各种工装模具的准备时间，而且不因排序的不同有所影响，即：t_j = 常数。
- 加工时间(t_j)与到期时限(d_j)为已知。
- 当有工作等待加工时，机器不能空闲不用，而且可以持续使用至工作加工完毕为止。
- 排定的工作加工未完成时，不得中途停止去干别的工作。

【例 10－4】 单机排序方法的比较

设某项工作有 A、B、C、D、E 五个工件，先后顺序到达某工作站，其作业时间如表 10－6所示。试比较 FCFS、SPT、EDD、MST 四种方法的排序结果。

表 10－6 A、B、C、D、E 五个工件作业时间

到达顺序	作业时间(小时)	工作流程时间(小时)	要求完工时间(小时)
A	4	4	6
B	17	21	20
C	14	35	18
D	9	44	14
E	11	55	12

解：

(1)按 FCFS 排序，排序结果为 A→B→C→D→E，时间如表 10－6 所示，其评价如下：

$$\text{总完工时间} = 4+17+14+9+11=55 \text{ 小时}$$

$$\text{平均流程时间} = \frac{\text{全部工件流程时间总和}}{\text{工件总数}} = \frac{4+21+35+44+55}{5} = 31.8(\text{小时})$$

工件流程时间＝每个工件的加工时间＋等待加工的时间(即每个工件在系统中停留的时间)

在头 4 小时系统中有 5 个工件，从第 5 小时到 21 小时的 17 小时里系统中有 4 个工件，从第 22 至 35 小时内系统中有 3 个工件……所以

$$\text{单位时间在制品数量} = \frac{5\times4+4\times17+3\times14+2\times9+1\times11}{55} = 2.89(\text{件})$$

工件 A 在第 4 小时完成，而要求其完工时间是 6 小时，所以延误时间是 0；工件 B 在第 21 小时完成，而要求其完工时间为 20 小时，所以延误时间为 21－20＝1；其他以此类推(见表 10－7)。

表 10－7　FCFS 排序的延迟时间(小时)

工件	完工时间	要求完工时间	延误时间
A	4	6	0
B	21	20	1
C	35	18	17
D	44	14	30
E	55	12	43
合计			91

由表 10－7 和式(10－14)可得

$$\text{平均延误时间}=\frac{0+1+17+30+43}{5}=18.2(\text{小时})$$

先到先服务排序的优点是简单，从客户的观点看也“公平”，但从安排生产看则不太满意。

(2)按 SPT 排序，排序结果为 A→D→E→C→B，排序数据如表 12－8 所示。

表 10－8　SPT 排序数据

工作顺序	作业时间(小时)	工作流程时间(小时)	要求完工时间(小时)	延误时间(小时)
A	4	4	6	0
D	9	13	14	0
E	11	24	12	12
C	14	38	18	20
B	17	55	20	35

总完工时间＝55 小时

$$\text{平均流程时间}=\frac{\text{全部工件流程时间总和}}{\text{工件总数}}=\frac{4+13+24+38+55}{5}=26.8(\text{小时})$$

$$\text{单位时间在制品数量}=\frac{5\times4+4\times9+3\times11+2\times14+1\times17}{55}=2.44(\text{件})$$

$$\text{平均延误时间}=\frac{0+0+12+20+35}{5}=13.4(\text{小时})$$

(3)按 EDD 排序，排序结果为 A→E→D→C→B，排序数据如表 10－9 所示。

表 10－9　EDD 排序数据

工作顺序	作业时间(小时)	工作流程时间(小时)	要求完工时间(小时)	延误时间(小时)
A	4	4	6	0
E	11	15	12	3
D	9	24	14	10
C	14	38	18	20
B	17	55	20	35

总完工时间 = 55(小时)

$$平均流程时间 = \frac{全部工件流程时间总和}{工件总数} = \frac{4+15+24+38+55}{5} = 27.2(小时)$$

$$单位时间在制品数量 = \frac{5\times4+4\times11+3\times9+2\times14+1\times17}{55} = 2.47(件)$$

$$平均延误时间 = \frac{0+3+10+20+35}{5} = 13.6(小时)$$

(4)按 MST 排序，排序结果为 E→A→B→C→D，排序数据如表 10－10 所示。

表 10－10　MST 排序数据

工作顺序	作业时间(小时)	工作流程时间(小时)	要求完工时间(小时)	延误时间(小时)
E	11	11	12	0
A	4	15	6	9
B	17	32	20	12
C	14	46	18	28
D	9	55	14	41

总完工时间 = 55(小时)

$$平均流程时间 = \frac{全部工件流程时间总和}{工件总数} = \frac{11+15+32+46+55}{5} = 31.8(小时)$$

$$单位时间在制品数量 = \frac{5\times11+4\times4+3\times17+2\times14+1\times9}{55} = 2.89(件)$$

$$平均延误时间 = \frac{0+9+12+28+41}{5} = 18.0(小时)$$

(5)4 种排序结果的比较如表 10－11 所示。

表 10－11　4 种排序结果的比较

评价指标	FCFS	SPT	EDD	MST
总完工时间(小时)	55.0	55.0	55.0	55.0
平均流程时间(小时)	31.8	26.8	27.2	31.8
单位时间在制品数量(件)	2.9	2.4	2.5	2.9
平均延误时间(小时)	18.2	13.4	13.6	18.0

虽然 4 种排序结果的总完工时间相同，但 SPT 的平均流程时间最短。流程时间短意味着生产周期短，相同数目的流动资金循环次数就可增加。SPT 的单位时间在制品数量小于 FCFS，在制品数量少意味着占用流动资金和生产面积少。SPT 的平均延误时间最短，延误时间越短就有可能为客户提供优质服务。

从例 10－4 的单机排序结果比较可看出，SPT 在理论上是单机排序的最优解，但有时在实际中行不通。对客户来说是不“公平”的，先来的要等到最后。再有就是等接订单多了才安排生产，而不是接一个就安排一个。

一般而言，若符合单机排序的假定条件，根据以下不同情况使用不同方法：

第一,无到期时限,求平均流程时间最小的排序,可用最短加工时间(SPT)法。在单机排序中,如果不考虑到期时限,而欲求平均流程时间为最小,可用最短加工时间(SPT)法排序。

第二,有到期时限,求平均延误时间最小的排序,可用最短加工时间(SPT)法。当考虑到期时限时,根据所追求目标不同,排序方法亦不同。当求平均延误时间为最小时,用 SPT 法可得最佳排序。

第三,有到期时限,求最大滞后时间为最小的排序,可用最早到期时限(EDD)法。求最大滞后时间为最小的排序与每项工作的滞后时间有关,此时使用最早到期时限(EDD)法可得最佳的工作顺序。

第四,有到期时限,求延误时间为最小的排序,可用最小松弛时间法。

第五,有到期时限,求延误工作件数为最小的排序,可使用下述方法:

- 先用 EDD 法排序,若最多只有 1 项工作延误,则已达到延误工作件数为最小的目的。
- 如果用 EDD 法排序使延误工作件数超过 1 项,则须运用下述步骤:

首先,从 EDD 排序结果中(称为集合 E)找出第一个延误的工作,假设此项工作排列在第 k 位,用[k]表示。

其次,从排列在[K]工作以前的所有工作中(包括[K])找出加工时间最长的工作并将其移至另一个集合 L 内(L 开始为空集合)。

最后,计算新的工作顺序(E 集合内)的完工时间 c_j(即 F_j),看是否还有延误的工作。若有,返回第一步;若无,则得到最佳解。

在某些情况下,排序必须考虑工作站所增加的生产设置费用(即生产前准备费或变换工装具费用)。如果设置费用较大,就应将设置费用最小作为排序的一个目标。求设置费用最小的排序可用依次优先法 NB(Next Best Rule),它是直观推断法的一种,可以表述为:假设工作 i 正在加工,下一个尚未排定的工作 j 应选取设置费用最小的那项工作。

【例 10-5】 设置费用最小的排序

有 5 项工作要在一个工作站加工,假设工作①正在加工,其他工作的设置费用如表 10-12 所示,求设置费用最小的排序。

表 10-12 5 项工作的设置费用(元)

工作	①	②	③	④	⑤
①	0	29	20	18	24
②	0	0	14	19	15
③	0	35	0	37	26
④	0	15	10	0	10
⑤	0	18	16	40	0

解:

要想求得最优解,至少有 4! =24 种排法,最优解为 60 元。而用 NB 法本例只有两种排法，结果与最优解比较接近，而且省时省事。

使用 NB 法排序从费用矩阵的第一行开始。工作①加工完之后，若选②，则要支出 29 元，若选④，则要支出 18 元，因此应优先安排④。划掉第一行，再从第四行重复上述步骤，其余以此类推（见图 10－12）。

	①	②	③	④	⑤
①	0 —	29 —	20 →	18 —	24
②	0	0	14	19	15
③	0	35	0	37	26
④	0	15	10	0	10
⑤	0	18	16	40	0

排序：NB1＝{①→④}

→

	①	②	③	④	⑤
①	0 —	29 —	20 —	18 —	24
②	0	0	14	19	15
③	0	35	0	37	26
④	0 —	15 →	10 —	0 —	10
⑤	0	18	16	40	0

NB1＝{①→④→③}

→

	①	②	③	④	⑤
①	0 —	29 —	20 →	18 —	24
②	0	0	14	19	15
③	0 —	35 —	0 —	37 →	26
④	0 —	15 →	10 —	0 —	10
⑤	0	18	16	40	0

排序：NB1＝{①→④→③→⑤}

→

	①	②	③	④	⑤
①	0 —	29 —	20 →	18 —	24
②	0	0	14	19	15
③	0 —	35 —	0 —	37 →	26
④	0 —	15 →	10 —	0 —	10
⑤	0 →	18 —	16 —	40 —	0

NB1＝{①→④→③→⑤→②}

图 10－12　NB 法排序

费用：NB1＝{①→④→③→⑤→②}＝18＋10＋26＋18＝72 元。

同理，NB2＝{①→④→⑤→③→②}＝18＋10＋16＋35＝79 元。

比较 NB1 和 NB2，取其中费用最小的为排序结果：①→④→③→⑤→②。

五、多机排序方法

前面所讨论的主要是 n 项工作在一台机器或一个工作站内流动的排序方法。如果每项工作必须相继经多个工作站加工，则其排序需使用多机排序方法。本章只讨论双机与三机的排序问题。

（一）约翰森法则

设有 n 项工作均需要经过两个工作站的加工，而且工作顺序均为先经工作站Ⅰ再经工作站Ⅱ，排序目标为完成所有工作总工时最小或成本最低。此类排序问题由于约翰森提出解决方法被称之为约翰森法则（Johnson's Rule）。

设第 j 项在工作站Ⅰ的加工时间为 t_{j1}，在工作站Ⅱ的加工时间为 t_{j2}，排序步骤如下：

第一步：从所有工作的加工时间中找出最小的，即 $\min\{t_{j1}, t_{j2}\}$。

第二步：如果所选出的最小加工时间在工作站Ⅰ，将其所对应的工作排在第一位，并进行第三步。如果所选出的最小加工时间在工作站Ⅱ，则将其所对应的工作置于工作顺序的最后一位，并进行第三步。

第三步：将已排定顺序的工作删除，返回第三步，直至全部工作排定为止。

【例 10－6】　*n* 项工作顺序经过两个工作站的排序

已知 5 项工作需相继经过工作站Ⅰ和Ⅱ加工，顺序均为先Ⅰ后Ⅱ，其相关数据如表 10－13 所示，求总完工时间最短的排序。

解：

表 10－13　5 项工作在两个工作站的工作时间（小时）

工作(j)	工作站Ⅰ(t_{j1})	工作站Ⅱ(t_{j2})
A	4	5
B	4	1
C	10	4
D	6	10
E	2	3

（1）由表 10－13 中的数据可知，加工时间最短的工作 B 在工作站Ⅱ，因此将工作 B 置于工作顺序的最后一位。

____　____　____　____　B

（2）划掉工作 B 后，加工时间最短的工作 E 在工作站Ⅰ，故将其置于工作顺序的第一位。

E　____　____　____　B

（3）反复进行上述步骤，若有两项工作的加工时间相同，任选其中一项。排序结果为：

E　A　D　C　B

（4）做图表示两个工作站依次顺序工作总完工时间最短的排序结果如图 10－13 所示，此时总完工时间为 27 小时。

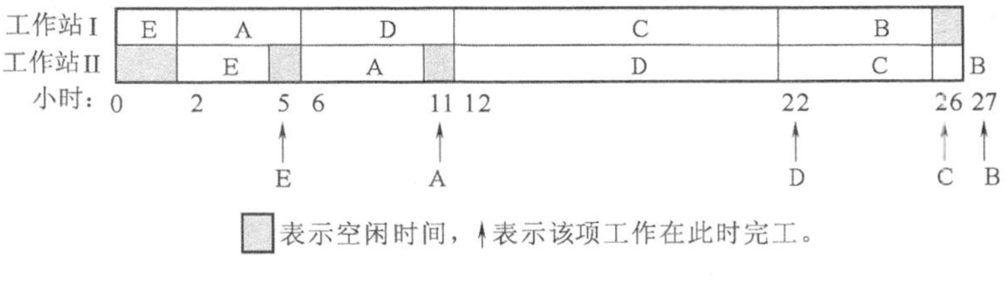

图 10－13　两个工作站依次顺序工作的排序

（二）杰克森修正法则

由于约翰森法则必须遵循先Ⅰ后Ⅱ的顺序，因此在解决双机排序问题时受到一定的限制。杰克森对约翰森法则进行了修正，使之能够解决不同工作顺序的双机排序问题。

杰克森法则(Jackson's Rule)的步骤如下:

第一步:将全部工作列出并加以分类,依其所需经过工作站(A,B)的顺序分为{A-B},{B-A},{A},{B}四类。

第二步:将需经两个工作站{A - B}和{B - A}加工的工作依约翰森法则排序。

第三步:将仅需经过一个工作站{A}或{B}的工作任意安排工作顺序。

第四步:根据经过两个工作站的优先次序作如下排序:

工作站 A:{A - B}→{A}→{B - A}

工作站 B:{B - A}→{B}→{A - B}

【例 10-7】 *n* 项工作任意顺序经过两个工作站的排序

已知有 10 项工作与两个工作站,其相关数据如表 10-14 所示,试求总完工时间最短的排序。

表 10-14　10 项工作与两个工作站的相关数据(小时)

工作	需经工作站	工作站 A(t_{jA})	工作站 B(t_{jB})
①	A	12	0
②	A - B	16	8
③	B - A	8	15
④	B	0	12
⑤	A - B	10	30
⑥	A - B	25	12
⑦	B	0	16
⑧	B - A	7	25
⑨	B - A	18	4
⑩	A	13	0

解:

(1)将 10 项工作分成{A - B} = {②,⑤,⑥},{B - A} = {③,⑧,⑨},{A} = {①,⑩},{B} = {④,⑦}四类。

(2){A-B}与{B-A}类依约翰森法则排序,得

{A-B} = {⑤→⑥→②},{B-A} = {⑧→③→⑨}

(3){A}与{B}类工作顺序任意安排,得

{A} = {①→⑩}或{⑩→①},{B} = {④→⑦}或{⑦→④}

(4)工作站 A 的工作顺序依{A - B}→{A}→{B - A}排序,得

⑤→⑥→②→①→⑩→⑧→③→⑨ 或 ⑤→⑥→②→⑩→①→⑧→③→⑨

(5)工作站 B 的工作顺序依{B - A}→{B}→{A - B}排序,得

⑧→③→⑨→④→⑦→⑤→⑥→②或⑧→③→⑨→⑦→④→⑤→⑥→②

(6)做图表示两个工作站任意顺序工作总完工时间最短的排序结果如图 12-14

所示，此时总完工时间为 122 小时。

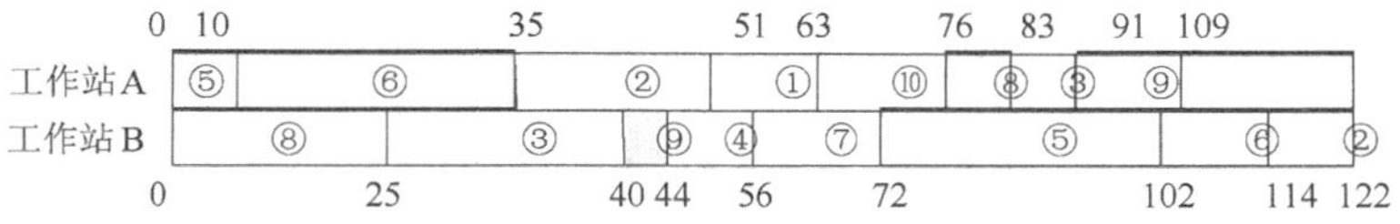

图 10－14　两个工作站任意顺序工作的排序

（三）三机排序（约翰森法则的扩展）

当需要进行 n 项工作在三个工作站Ⅰ、Ⅱ、Ⅲ相继顺序加工的排序时，可将约翰森法则加以扩展来求得总完工时间最短的排序，但必须满足下述条件：

$$\min_k\{t_{k1}\} \geq \max_k\{t_{k2}\} \text{或} \max_k\{t_{k2}\} \leq \min_k\{t_{k1}\} \tag{10-15}$$

即第二个工作站没有瓶颈。

运用约翰森法则时，还须将工作站Ⅱ的加工时间 t_{j2} 分别加上 t_{j1} 和 t_{j3}，得 $t_{j1}+t_{j2}$，$t_{j2}+t_{j3}$。

【例 10－8】　*n* 项工作顺序经过 3 个工作站的排序

已知有 5 项工作均需顺序经过 3 个工作站加工，相关数据见表 10－15，试求总完工时间最短的排序。

表 10－15　5 项工作顺序经过 3 个工作站的相关数据　　单位：小时

工作(j)	工作站Ⅰ(t_{j1})	工作站Ⅱ(t_{j2})	工作站Ⅲ(t_{j3})
①	9	3	5
②	6	5	6
③	7	2	4
④	8	4	3
⑤	6	1	2

解：

（1）由于 $\min\{t_{k1}\}=6 \geq \max\{t_{k2}\}=5$，因此可利用约翰森法则排序。

（2）将各项工作的 t_{j2} 分别加上 t_{j1} 和 t_{j3}，得表 10－16。

表 10－16　　单位：小时

工作(j)	$t_{j1}+t_{j2}$	$t_{j2}+t_{j3}$
①	12	8
②	11	11
③	9	6
④	12	7
⑤	7	3

(3)运用约翰森法则排序,得

②→①→④→③→⑤

(4)做图表示3个工作站依次顺序工作的排序结果如图10－15所示,此时的总完工时间为38小时。

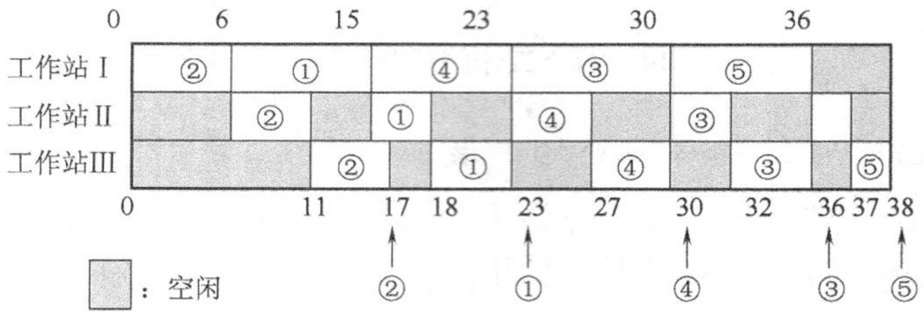

图10－15　3个工作站依次顺序工作的排序结果

(四)多机排序的Excel解法

【例10－9】　多机排序的Excel解法

4项工作在5个工作站上完成,需要的时间数据如表10－17所示,试安排各项工作,使完成所有工作的时间最短。

表10－17　时间数据　　单位:天

工作站	工作			
	1	2	3	4
1	14	5	8	7
2	2	12	6	5
3	7	8	3	9
4	2	4	6	10
5	5	5	4	8

解:

(1)输入:在工作表的C6:F10单元格区域中输入表10－16所示的数据。

(2)安排工作:在C15:F19区域中输入任意值,此区域数据在计算完成后反映的是各项工作和工作站的对应关系。

(3)在G15中输入＝SUM(C15:F15),然后在G16:G19区域自动填充公式,得到各个工作站的约束条件。

(4)在C20中输入＝SUM(C15:C19)并将公式复制到D20:F20区域,得到各项工作的约束条件。

(5)计算工作完成的总时间。在I11单元格中输入函数＝SUMPRODUCT(C6:F10,C15:F19),得到完成所有工作总共需要的时间。

(6)使用规划求解工具计算。选择I11单元格为目标单元格,“等于”选择最小,可变单元格选择 C15：F19 单元格区域。添加约束条件：G15：G19 < = I15：I19，C20：F20 > = C22：F22，C15：F19 > = 0，C15：F19 < = 1。

输入完成后单击“求解”按钮进行计算，得到计算结果，如图 10 - 17 所示。由图 10 - 16可知，最终的结果为：工作站2 完成工作4，工作站3 完成工作3，工作站4 完成工作1，工作站5 完成工作2。

	A	B	C	D	E	F	G	H	I
1									
2									
3									
4				工作					
5			1	2	3	4			
6	工作站	1	14	5	8	7			
7		2	2	12	6	5			
8		3	7	8	3	9			
9		4	2	4	6	10			
10		5	5	5	4	8			总时间
11									15
12									
13				工作					
14			1	2	3	4			
15	工作站	1	0	0	0	0	0	<=	1
16		2	0	0	0	1	1	<=	1
17		3	0	0	1	0	1	<=	1
18		4	1	0	0	0	1	<=	1
19		5	0	1	0	0	1	<=	1
20		工作完成	1	1	1	1			
21			<=	<=	<=	<=			
22			1	1	1	1			

图 10 - 16　规划求解结果

第四节　工作进度与控制

一、工作进度

在运营安排中，除了确定各个工作站的工作负荷和工作顺序外，还需确定各个工作站的工作进度或工作的时间进程。进度（Scheduling）是指安排各个工作站从分派工作的开始时间到完成时间的计划程序。进度强调的是工作时间，而排序强调的则是工作顺序。换句话说，排序是解决工作过程中先干什么和后干什么的问题，而进度则是解决什么时间开始干什么和什么时间将其完成的问题。

安排进度的方法可依其推演的方向而分为前向进度（Forward Scheduling）法和后向进度（Backward Scheduling）法。使用前向进度法的依据是顾客希望他们的订货越早完成越好。具体做法是按工作的优先顺序将第 j 项工作的加工时间由前向后（即从工作的开始时间向完成时间）插入第 i 项工作所经工作站的空闲时间。前向进度法的优点是各项工作一般可在规定的交货期之前完成，而缺点则是往往会增加库存量。如果顾客希望他们的订货恰好按期完成，则适用后向进度法。具体做法是按工作的优先顺序将第 j 项工作的加工时间由后向前（即从工作的完成时间向开始时间）插入其所经工作站的空闲时间。后向进度法的优点是一般恰好可在规定的交货期按期交货，而且存货量较小；其缺点是一旦所需原材料未按规定时间到达，工作就会衔接不上，从而造成损失。

【例 10－10】 前向进度与后向进度

设订货 A、B 先后到达工作站 1 和 2，排序原则为 FCFS，交货期为 8 小时，具体加工情况如表 10－18 所示，试用前向进度和后向进度两种方法安排工作进度。

表 10－18

订货 A			订货 B		
工序	工作站	工时	工序	工作站	工时
1	1	2	1	1	2
2	2	3	2	2	3
3	1	1			

解：

（1）前向进度。设 A1、A2、A3 分别为订货 A 第一、第二、第三道工序所需的单位加工时间；B1、B2 为订货 B 第一、第二道工序所需的单位加工时间；“→”表示进度安排方向。由于订货 A 先到达工作站 1，经工作站 2，再经工作站 1 完成加工工程，故订货 A 的进度安排如表 10－19 所示。

表 10－19 订货 A 的前向进度

时间	工作站 1	工作站 2
8		
7		
6	A3	
5		A2
4		A2
3		A2
2	A1	
1	A1	

我们看到，订货 A 在第 6 小时加工完毕，工作站 1 的空闲时间为第 3、4、5 小时和第 7、8 小时，工作站 2 的空闲时间为第 1、2 和第 6、7、8 小时。将订货 B 按其加工顺序插入上述空闲时间即可保证按期交货（见表 10－20）。

表 10－20 订货 B 的前向进度

时间	工作站 1	工作站 2
8		B2
7		B2
6	A3	B2
5		A2
4	B1	A2
3	B1	A2
2	A1	
1	A1	

图 10－17 订货 A 和 B 前向进度安排结果，此时总完工时间为 8 小时。

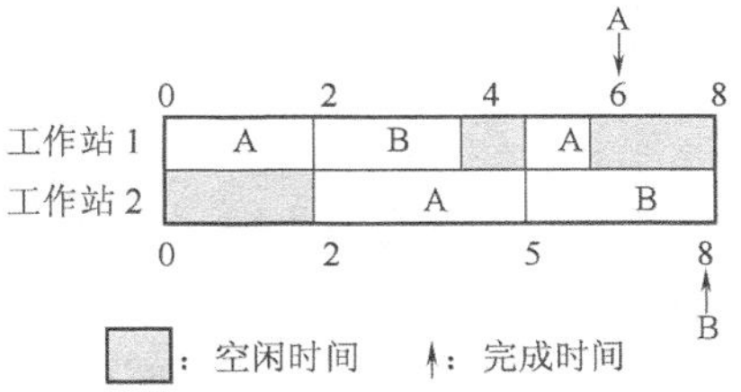

图 10－17 前向进度

(2)后向进度。后向进度从第 8 小时开始依次向前（开始时间，即第 1 小时）安排进度。由 FCFS 优先原则，先安排订货 A 的进度，如表 10－21 所示。

表 10－21 订货 A 的后向进度

时间	工作站 1	工作站 2
8	A3	
7		A2
6		A2
5		A2
4	A1	
3	A1	
2		
1		

再安排订货 B 的进度，如表 10－22 所示。

表 10－22　订货 B 的后向进度

时间	工作站 1	工作站 2
8	A3	B2
7		A2
6		A2
5		A2
4	A1	B2
3	A1	B2
2	B1	
1	B1	

图 10－18 订货 A 和订货 B 前向进度安排结果，此时总完工时间为 8 小时，且订货 A 和订货 B 同时完成。

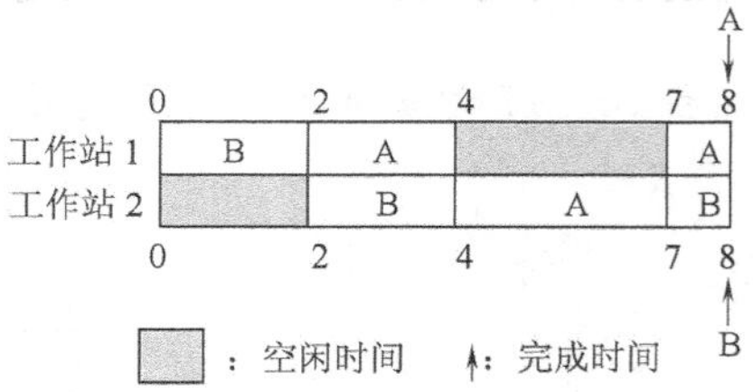

图 10－18　后向进度

二、工作催查与进度控制

（一）工作催查

工作一经分派即可按照进度时间开始生产，但能否确保按期完成，至此尚无任何保证，因此对于正在进行之中的工作必须实施工作催查（Follow－up）。所谓工作催查，是指对正在实施中的工作命令，从原材料开始直至变成成品为止，将其中各个环节的工作进度逐一进行检查。进行工作催查的目的是随时掌握工作不能按期完成的原因，以便进度控制。

工作不能按期完成的原因很多，但主要有以下几种：

1. 原定计划不正确。这并不完全是计划人员的过失，有时可能是初始条件发生变化，或是预测不正确，或是发生无法预料的技术问题。

2. 机器设备故障。因机器设备发生故障的次数和时间超出最初的估计或是停电等原因，致使工作经常停顿而不能按照计划进行。

3. 设计变更。由于顾客要求变更设计或因原料及技术问题不得不变更设计时，常会造成不能按计划进度按期完成。

4. 临时工作或特急订单的干扰。临时性工作或因各种关系允诺顾客的特急订单均打乱原生产计划而形成混乱。

5. 质量问题。由于原材料、技术或人为因素造成次品过多时，会因数量不足而延误交货期限。

6. 工作人员缺勤。工作人员缺勤过多时会使工作效率下降，从而延误进度。

上述情况无法完全防止其发生，因此只能随时掌握情况，设法采取补救措施。

（二）进度控制对象

在生产系统中，主要的控制对象如下：

1. 原材料采购。原材料按期到达是保证计划如期完成的首要因素。在订单发出后，生产管理人员应随时掌握供应厂商的工作进度，一旦发生变化，可随时采取补救措施。

2. 在制品或半成品数量。在制品数量也是按期完成计划的重要因素。控制的原则是在制品数量既不能太多，也不能太少。太多会降低资金流转速度，太少则没有任何补救意义。具体办法详见库存管理的有关章节。

3. 产品装配。产品装配是生产过程的最后一个环节，也是最易延误交货期的环节。装配之前各项工作的质量和进度，都会在这一环节中得到检验。不论是外购还是自制的零部件，其发生质量问题或不能按期到达，都会延误交货期限。

4. 质量检验。质量检验是整个进度管理中的主要项目，通过利用各种检验报告可获得生产过程中各个环节的工作进度资料。

（三）进度报告方式

一般企业常用的进度报告方式有：

1. 口头报告。口头报告多见于小型企业，由领班或班组长向运营管理人员报告进度情况，运营管理人员也可当面询问，并可随时作出变更指示。

2. 电话报告。规模较大的工厂，因走动费时，遇有紧急情况来不及写报告时可采用电话报告的方式。

3. 书面报告。书面报告是运营管理部门获知工作进度的正常方式，主要有：

(1)工作通知单。根据工作通知单回执即可获知该项工作何时开始及何时完成，有时检验人员也在上面注明完成数量及合格率。

(2)物料搬运单。物料搬运单由搬运人将原材料或半成品从一个工作场所运至另一工作场所，经接收人签章后交回生产管理部门即可获悉物料、半成品现在何处，进而反映工作进度处于何阶段。

(3)延误工作日报表。延误工作日报表通常由检查员填写并送至运营管理部门及有关人员，它反映工作进度中每天发生的延误情况及原因，便于运营管理人员采取补救措施。延误工作日报表的一般形式如表 10－23 所示。

表 10－23　延误工作日报表

单位：				日期：	
零部件号码	零部件名称	工作令号码	延误数量	延误时间	延误原因及补救措施
送至：				检查员：	

(4)综合周报表。综合周报表通常由运营管理部门将一周内的运营方面发生的问题、产生原因及采取的措施填报其上级主管，作为上级了解运营情况的资料之一。综合周报表的一般形式如表 10－24 所示。

表 10－24　综合周报表

<table>
<tr><td colspan="3">由：　　　　　　　　　　至：　　　　　　　　日期：</td></tr>
<tr><td colspan="3">本周运营情况小结：</td></tr>
<tr><td>主要问题及原因</td><td>建议改正措施</td><td>已采取的行动</td></tr>
<tr><td></td><td></td><td></td></tr>
<tr><td colspan="3">填报人：</td></tr>
</table>

三、进度控制方法

(一)平衡线法

平衡线法(Line of Balance)是一种对进度进行计划和控制的管理方法。它按订单规定的交货期和数量要求，通过绘制平衡线图表，使运营过程的各个环节在各运营阶段内的在制品数量保持平衡，并据此检查和控制进度。

平衡线法由美国固特异轮胎橡胶公司(Goodyear Tire & Rubber Co.)于 1941 年首创，后由美国海军用于北极星导弹的Ⅱ型潜望镜生产过程而闻名。它最适合用于重复生产，一次订货、分期交货，且合同期较短的生产项目。用平衡线法计划和控制生产进度，有利于维持运营系统各个环节的平衡，找出各环节实际进度和计划进度的差异，查明影响成品按期完工的原因，及时采取改正措施。

平衡线法通过产品装配计划图 (Product－Assembly Plan)、计划进度与实际进度累计图、进度控制图 (Process Chart)建立一条平衡线，此平衡线每天的移动反映当天的目标值，借此检验工作进度。现以例题的形式说明平衡线法的应用。

【例 10－11】　平衡线法的应用

某公司的主要产品为滑雪摩托，其生产流程及提前期如图 10－19 所示。该公司最近接到国外的大宗订货，预计交货期及 8 个月来的累计生产量分别如表 10－25 和表 10－26所示。试用已知资料绘制平衡线图，并对目前状况作出评价。

表 10－25　预计交货期

月份	交货数量(台)
1	1 000
2	1 000
3	1 000

续表

月份	交货数量(台)
4	1 000
5	1 000
6	2 000
7	2 000
8	2 000
9	2 000
10	2 000
11	2 000
12	2 000

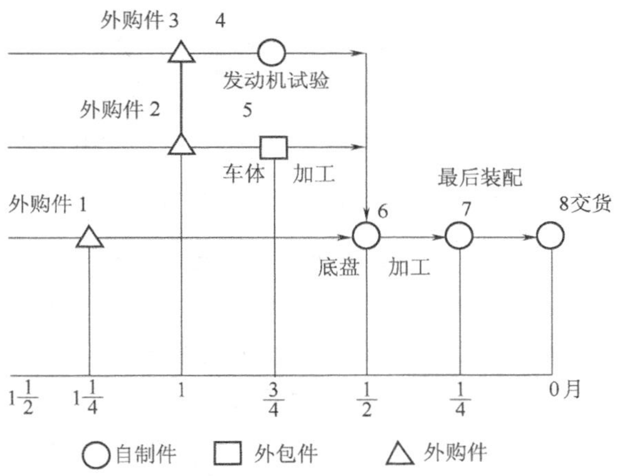

图 10－19

表 10－26　8 个月的累计产量

流程	阶段	累计量
交货	8	11 000
最后装配	7	11 000
底盘加工	6	11 500
车体加工	5	12 000
发动机试验	4	12 000
外购件	3	12 000
外购件	2	14 000
外购件	1	15 000

解：

(1)首先绘制累计目标进度图［见图10－20(a)］。

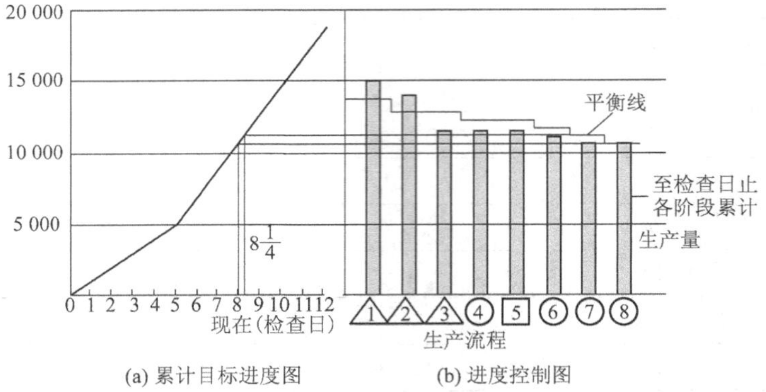

(a) 累计目标进度图　(b) 进度控制图

图10－20　平衡线图

由于1～5每月应生产1 000台，因此到了5月份其累计目标量为5 000台，6月以后则以每月2 000台的速度增加，到了12月份其目标量为19 000台。

(2)由检查日(8月份)向上划一条直线，碰到目标线后再向右划，一直划到流程的最后阶段8。由于阶段7与8之间相差$\frac{1}{4}$月，因此再从左图横坐标的8$\frac{1}{4}$月的位置向上划至目标线，再向右划至第7阶段的上方，这一横线即为阶段7的平衡线。

(3)对其他阶段均按同一方式划出其平衡线，然后将每一阶段的平衡线连接即可得到一阶梯状的平衡线图［见图10－20(b)］。平衡线图的形状不会变(因流程及各阶段的提前期不变)，但却随着左图中检查日的变化(向右移动)而向上升。

(4)从平衡线图可看出，阶段1和2的累计量均超过目标值，阶段8刚好没有问题，但是阶段3、4、5、6、7均落后于目标值。若再进一步研究流程则发现，阶段6、7落后系由于阶段4、5落后所致，而阶段4、5落后又是受阶段3落后的影响，因此进度控制应尽可能催赶阶段3、4、5的工作进度，才有可能保证如期交货。

(二)投入产出控制

投入产出控制是一种行之有效的生产能力管理技术，其主要控制过程包括：

第一，对每个工作站计划其在某个时段内可接受的投入与产出绩效范围。

第二，衡量与报告每个工作站的实际投入和产出。

第三，校正超出生产能力范围或失去控制的情况，可以控制等待中的工作、在制品和提前期，使运营管理人员能够决定应该采取何种行动来达到预定的产出。

1. 单一工作站的投入产出控制。单一工作站的投入产出控制适用于以下几种情况：

(1)生产现场只有一个工作站。

(2)该工作站是整个工作现场的瓶颈部分。

(3)位于运营系统入口的工作站。

(4)具有相同工作流程的工作站群。

(5)连续性和重复性生产线。

图 10-21 描述了单一工作站投入与产出之间的关系,即在制品由等待和加工中的工作组成。

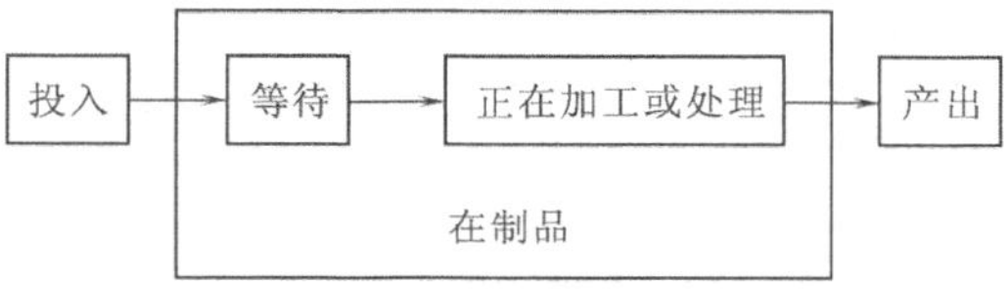

图 10-21 单一工作站投入与产出关系

表 10-26、表 10-27、表 10-28、表 10-29 分别指出投入产出控制的 4 种不同情况,有关计算如下:

$$ICD_i = ICD_{i-1} - PI_i + AI_i \tag{10-16}$$

$$OCD_i = OCD_{i-1} - PO_i + AO_i \tag{10-17}$$

$$PWIP_i = PWIP_{i-1} + PI_i - PO_i \tag{10-18}$$

$$AWIP_i = AWIP_{i-1} + AI_i - AO_i \tag{10-19}$$

$$\text{提前期} = \frac{\text{在制品}(WIP)}{\text{产出率}} \tag{10-20}$$

式中:i——时期;

PI——计划投入;

AI——实际投入;

PO——计划产出;

AO——实际产出;

ICD—— 投入累计偏差;

OCD——产出累计偏差;

$PWIP$——计划在制品;

$AWIP$——实际在制品。

表 10-27 指出正常情况下的投入产出控制。显然,实际投入产出与计划相差甚微,$PWIP$ 与 $AWIP$ 相差只有 5 小时表明了这一点。一般而言,管理人员常设定一个可接受的累计偏差,例如,在表 10-27 中设定可接受累计偏差为 20 小时,未超过 20 小时即可认为生产情况正常。

表 10-27 投入产出控制(正常情况) 单位:小时

3 月		12	13	14	15	16	17
投入	计划(PI)		16	16	16	16	16
	实际(AI)		12	19	22	10	15
	累计偏差(ICD)	0	-4	-1	5	-1	-2

续表

3月		12	13	14	15	16	17
产出	计划(*PO*)		16	16	16	16	16
	实际(*AO*)		17	15	17	18	15
	累计偏差(*OCD*)	0	1	0	1	3	2
期末在制品	计划(*PWIP*)	32	32	32	32	32	32
	实际(*AWIP*)	32	27	31	36	28	28

注：$ICD_{14} = -4 - 16 + 19 = -1$；$OCD_{14} = 1 - 16 + 15 = 0$；

$PWIP_{14} = 32 + 16 - 16 = 32$；$AWIP_{14} = 27 + 19 - 15 = 31$。

表10－28指出采取减少在制品的方法实施投入产出控制的情形。

表10－28　投入产出控制（减少在制品）　　单位：小时

3月		12	13	14	15	16	17
投入	计划(*PI*)		14	14	14	13	13
	实际(*AI*)		12	17	16	9	14
	累计偏差(*ICD*)	0	－2	1	3	－1	0
产出	计划(*PO*)		16	16	16	16	16
	实际(*AO*)		17	15	15	14	18
	累计偏差(*OCD*)	0	1	0	－1	－3	－1
期末在制品	计划(*PWIP*)	32	30	28	26	23	20
	实际(*AWIP*)	32	27	29	30	25	21

注：$ICD_{15} = 1 - 14 + 16 = 3$；$PWIP_{15} = 28 + 14 - 16 = 26$；$AWIP_{15} = 29 + 16 - 15 = 30$。

如果认为3月12日的*AWIP*太高，则于3月13日减少实际投入(*AI*)。为了保持固定的产出，应将目标在制品由32小时减至20小时。如此一来，实际的提前期可由2天（$=\frac{32\text{小时}}{16\text{小时/天,2班}}$）减至1.31天（$=\frac{21\text{小时}}{16\text{小时/天,2班}}$），这种情形一直持续到*PWIP*＝20小时，亦即当*PWIP*＝20小时后，投入恢复至正常水平。

表10－29和表10－30描述了两种失控情形。典型的失控原因与校正行动如下：

(1)等待时间过多。造成等待时间过多的原因有机器设备故障、作业效率太低及投入过多等，可采取减少投入或提高产出率加以校正。

(2)产出低于下限。形成原因与上述类似，通常以增加产出率为主要校正手段。

表10－29　投入产出控制（突发事件）　　单位：小时

3月		12	13	14		15	
投入	计划(*PI*)		16	16		12	
	实际(*AI*)		16	16			
	累计偏差(*ICD*)	0	0	0			

续表

3月		12	13	14		15	
产出	计划(*PO*)		20	20		16	
	实际(*AO*)		17	15			
	累计偏差(*OCD*)	0	−3	−8			
期末在制品	计划(*PWIP*)	32	28	24		28(=32 +12 −16)	
	实际(*AWIP*)	32	31	32			

注:$ICD_{13}=0-16+16=0$;$OCD_{13}=0-20+17=-3$;

$PWIP_{13}=32+16-20=28$;$AWIP_{13}=32+16-17=31$。

表10－29说明如何用投入产出技术处理突发事件。3月12日由于机器故障而使产出减少,但在制品却没有减少。原定计划希望在13日和14日两天每天加班2小时以使计划产出达到20小时或增加25%[=(20－16)/16],并且使在制品降至24小时。但由于13、14日两天机器不能正常运转,使实际产出较计划产出少。由于存在超额在制品,解决此类突发事件须从减少投入开始,因为若维持原有投入水平只会增加在制品。因此,从15日开始将投入减至12小时,此时的计划产出为16小时。此时由于有在制品的供应,仍可维持正常运转。

表10－30则是投入水平不足以生产计划产量的情况。应从3月17日开始增加投入水平,以免影响计划产出,否则工作站会出现闲置现象。

表10－30　投入产出控制(不适当的投入)　　单位:小时

3月		12	13	14	15	16	17
投入	计划(*PI*)		16	16	16	16	16
	实际(*AI*)		12	12	13	12	
	累计偏差(*ICD*)	0	−4	−8	−11	−15	
产出	计划(*PO*)		16	16	16	16	16
	实际(*AO*)		15	15	13	13	
	累计偏差(*OCD*)	0	−1	−2	−5	−8	
期末在制品	计划(*PWIP*)	20	20	20	20	20	20
	实际(*AWIP*)	20	17	14	14	13	

注:$ICD_{16}=-11-16+12=-15$;$OCD_{16}=-5-16+13=-8$;

$PWIP_{16}=20+16-16=20$;$AWIP_{16}=14+12-13=13$。

投入产出控制的原则如下:

(1)计划产出须考虑现有人力和设备的生产能力的限制。

(2)若计划投入和实际投入大于实际产出,会增加在制品,加长提前期。

(3)若累计偏差(不论是投入还是产出)过大,则说明生产现场发生问题,应尽快找出原因并采取校正行动。

2. 多工作站的投入产出控制。图10－22表示典型的多工作站流程。其中,A1和

A2 称为入口工作站,B1、B2、B3 与 C1、C2、C3 称为中间工作站,D1 和 D2 称为出口工作站;在别的工作站之后者称为下游工作站,反之则称为上游工作站。

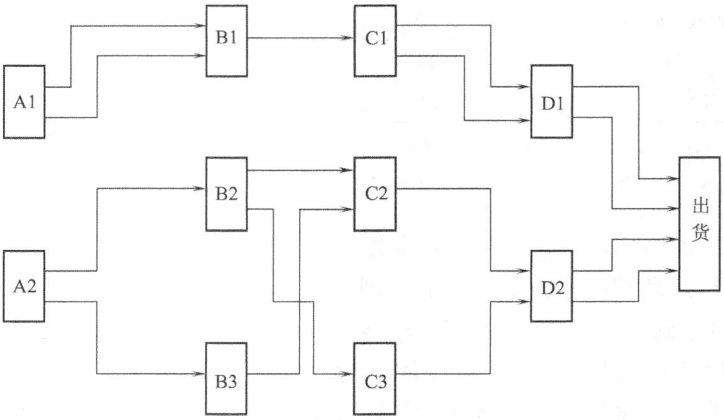

图 10 - 22　多工作站流程

多工作站的主要控制原则如下:

(1)入口工作站的控制。通常,入口工作站在投入、产出及在制品方面的控制可由工作令的发出来管理。如果工作站的加工进行得很顺利,则其产出必然在控制之内,从而影响下游工作站的投入。此外,入口工作站等待时间较短不但可减少在制品,还会减少以后的控制工作。

(2)下游工作站的控制。下游工作站的投入与等待大多由上游工作站的产出来控制。例如图 12 - 23 中的 C3 如果已经没有什么工作可干(即空闲),而 C2 却有许多工作在等待加工,此时 B2 的产出应先派至 D3。简而言之,应随时掌握下游工作站的情况,通过调节上游工作站的产出使资源运用得最有效率。

(3)出口工作站的控制。出口工作站的控制会直接影响生产出货、交货期承诺及现金流量,当然是考核运营管理绩效的主要指标之一。适当的零部件、总装配的投入是做好出口工作站投入控制的关键。

本章小结

运营安排是综合计划的延续,也是运营管理的短期计划工作。制定运营安排的方法与生产方式相关。批量生产的运营安排常用预计耗尽时间法,亦即存货最可能先用完的品种批量优先安排生产,以免出现缺货现象。间歇生产的运营安排较批量生产的复杂,其主要内容包括工作分派、作业排序、进度安排和进度控制。

工作负荷的确定主要有图表法和指派法,前者使用甘特图辅助生产管理人员确定各个工作站的工作量,后者则利用线性规划的特殊形式来指派不同的工作至不同的工作站，以求最低成本的负荷安排。

作业排序应先确定适当的优先原则，然后根据不同的原则运用不同的方法。

生产进度有前向进度和后向进度之分，前者的依据是顾客希望他们的订货越早完成越好，而后者的依据则是顾客希望他们的订货刚好按期完成。

安排好工作先后顺序和时间进度之后应对工作进展情况进行催查并加以适当的控制。比较常用的控制方法有平衡线法和投入产出控制，当然也可运用甘特图进行粗略的控制。

习题

1. 什么是运营安排？它与综合计划有何关系？

2. 怎样拟订成批重复生产系统的运营安排？

3. 什么是期量标准？最常用的期量标准有哪些？

4. 什么叫工作站负荷？怎样分派工作负荷？

5. 什么是作业排序？作业排序的原则有哪些？它们各有什么优缺点？

6. 什么叫生产进度？有哪几种安排进度的方法？它们各有什么条件和特点？

7. 为什么需要对生产进度进行控制？怎样控制？

8. *运营安排的标准包括(　　)，是制定运营安排的依据。

A. 生产周期　B. 投入期　C. 产出期　D. 提前期

E. 在制品定额

9. *确定工作负荷的方法包括(　　)。

A. 直觉　B. 图表法　C. 指派法　D. 线性规划法

10. *作业排序的优劣评价，可以用哪些指标？(　　)

A. 总完工时间　B. 流程时间　C. 加工时间　D. 滞后时间

11. 作业排序有前向进度和后向进度之分，因此无法预先确定优先原则。(　　)

12. 运营安排是运营管理的短期计划，长期计划是生产能力计划，中期计划是综合计划。(　　)

13. 不同行业的生产方式不同，但运营安排内容大致相同。(　　)

14. 在制品定额是指为保证正常生产，生产过程中需占有的在制品常规数量。(　　)

15. 有4项工作分派给4部机器加工，各项工作在不同机器上加工由于机器的生产效率不同而成本不等。4部机器加工4项工作的成本如表10－31所示，求出最佳工作指派。

16. 设某项工作有A、B、C、D、E、F六个工件，先后顺序到达某工作站，其作业时间如表10－32所示。试根据FCFS、SPT、EDD原则分别排序，并比较3种不同原则的排序结果。

表 10－31

工作	机器Ⅰ	机器Ⅱ	机器Ⅲ	机器Ⅳ
A	8	6	2	4
B	6	7	11	10
C	3	5	7	6
D	5	10	12	9

表 10－32

到达顺序	作业时间(天)	要求完工时间(天)
A	2	7
B	8	16
C	4	4
D	10	17
E	5	15
F	12	18

17. 一组6件的工作将进行两阶段的作业。第一个作业是去除油污，第二个作业是上油漆。它们的作业时间如表10－33所示。求能降低该组工作总完工时间的排序，并做出包括各工作中心完成时间和空闲时间的排序结果图。

表 10－33

工作	工作中心Ⅰ	工作中心Ⅱ
A	5	5
B	4	3
C	8	9
D	2	7
E	6	8
F	12	15

第十一章

库存管理

★ 学习要点与要求 ★

任何企业为维持运营的正常进行,都希望有足够多的库存,同时又要为降低成本而努力减少库存。如何才能实现"鱼"与"熊掌"的兼得,就是库存管理的核心内容。本章首先介绍库存和库存管理系统的相关概念,在此基础上重点讨论各种独立需求的库存管理模型及其应用。读完本章以后,你应能:

1. 了解库存和库存的分类、作用。
2. 掌握库存成本的划分和计算。
3. 区分单周期库存问题和多周期库存问题、独立需求和相关需求。
4. 理解库存管理系统的概念和内涵,分清库存策略的种类。
5. 运用 ABC 分类法对库存项目进行分类。
6. 重点掌握常见的库存管理模型:经济订货批量模型、经济生产批量模型和价格折扣模型。
7. 掌握在随机需求下如何实施单周期和多周期库存管理。

第一节 库存

一、库存的定义及种类

(一)库存的定义

库存(Inventory)是指一个组织为满足未来需要而储备的资源。一般而言,人、财、物、信息等资源都有库存问题。

库存是以将来使用为目的而暂时闲置的资源。闲置的资源可以是在仓库里、生产线上或车间里，也可以是在运输中。由此看来库存与其所处的运动或静止的状态没有任何关系，对于资源来说只要存在着闲置的状况，我们都可以将其视为库存。

（二）库存的种类

库存按照其作用可以分为周转库存、安全库存、预期库存和在途库存，如图 11－1 所示。

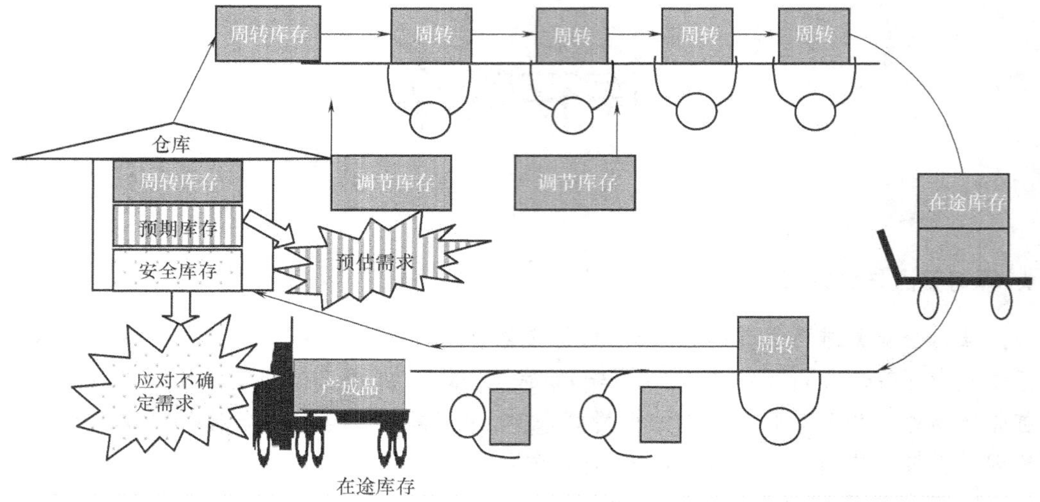

图 11－1　生产过程中基于库存作用的库存状态

1. 周转库存。周转库存的发生基于这样的成本节约：当生产或订货是以每次一定数量，而不是以每次一件的方式进行时，单位生产或订货成本就低，同时还有可能享受价格折扣。这种由生产或订货批量，周期性地形成的存货就是周转库存。每次的订货量越大，两次订货之间的间隔即订货周期越长，周转库存也就越大。

2. 安全库存。安全库存又称为缓冲库存，是为了应对需求、生产或者供应的不确定性，预防由此而产生的缺货损失而设置一定数量的库存。例如，订货未能按照预定的时间到货，生产过程中由于意外使得生产不能按计划进行等。设置安全库存的方法一般有两种，其中一种就是规定储存一定时间的供应量作为不时之需。例如，假设从发出订单到货物到位需要 20 天，如果提前 30 天发出订单，那么安全库存量就是 10 天的需求量。另一种方法是每次的订货量适当大于库存周期内的需求量，多余部分就是安全库存。

3. 预期库存。预期库存也称为调节库存、季节性库存，许多产品的需求或供应（生产）在一年中有可以准确预测的季节性需求变化，为了调节这种不均衡，而在各个时期确定不同的库存，就是预期库存。例如，季节性需求产品（如空调、煤炭），为了保持生产能力的均衡，在需求淡季（冬季、夏季）生产的产品作为预期库存，以满足旺季的需求。有些季节性较强的原材料也需要设置预期库存。

4. 在途库存。在途库存是指处于相邻两个工作地点、相邻两级销售组织之间的库存，包括处于运输状态的库存。在途库存一般取决于在此期间的需求速度和运输时间。

二、库存的作用

所有的企业都要保持一定的库存，其原因大致如下：

第一，保证生产的连续性。现代生产条件下，生产过程的各个阶段都要求按照精确规定的时间和数量取得生产物资，这就需要在不同的生产环节和岗位上设立一定的缓冲，储备一定数量的物资（原材料、在制品和成品）。

第二，满足市场需求的变化。市场需求是不断变化的，企业不能事先准确预测，所以必须保持安全库存以防范需求的突然变化。

第三，增强生产计划的柔性。产品的需求往往是随时间变化的，库存能够减轻需求旺季的生产压力。这样在制定生产计划时，就可以通过扩大或缩小生产批量使生产流程更加有条不紊，并降低生产成本。

第四，利用批量订购（生产）的好处。由于订货需要一定的费用，所以需要一件采购一件，可能是不经济的。如果一次采购一批，分摊到每件物品上的订货成本就能减少。对生产过程，采用批量加工可以同样起到分摊生产准备成本的作用。另外，批量采购很多时候还可以获得价格折扣的优惠。

第五，避免价格上涨。有时实际物价要上涨，为了避免增加成本，企业就会以超过平时正常水平的数量进行采购。

库存虽然有如此重要的作用，但不是库存越多越好。因为过多的库存会占用大量资金，增加管理成本，同时还会增加损坏变质的可能性，因此库存管理要使库存不断减少，力争在尽可能低的库存水平（库存成本）下满足需求。

三、库存成本

库存管理中，在满足需求的条件下，一般以库存成本的大小作为标准来评价来确定库存方案。实际计算时，常用一年或一个生产计划期（库存周期）内的总成本或单位时间内的平均成本来衡量。库存成本可以分为储存成本、订货成本、生产准备成本和缺货成本。

（一）储存成本

储存成本的范围较为广泛，包括货物占用资金的机会成本以及存储设施的使用成本、保管费用、货物损坏变质的损失、保险费、折旧费用等。显然，储存成本高则应保持较低的库存量并经常补充库存。

（二）订货成本

订货成本包括两项费用：一项是订购费用（固定费用），如手续费、差旅费等，它与订货次数有关而与订货数量无关；另一项是货物的采购成本，如货物本身的价格、运费等，它与订货的数量有关。在多数情况下，采购成本与一次订货的数量无关，即无论每次的订货量是多少，全年所要支付的采购成本都是一样的（等于货物单价乘以年需求量），因此在确定最优订货量时可以不予考虑。

（三）生产准备成本

补充库存时，如果不需要从外部订货，而是由企业自行生产，这时需要支付两项费用:其一是装置调整费用,如组织或调整生产线的有关费用,添置某些专用设备的费用,它和组织生产的次数有关,而和每次生产的数量无关;其二是与产品的数量有关的费用,如材料费、加工费、人工费等。本章讨论库存问题时,与产品的数量有关的生产准备成本不计入其中。

(四)缺货成本

缺货成本是指当库存供不应求时所造成的缺货损失,如失去销售机会的损失、停工待料的损失、延期交货的额外支出以及不能履行合同所交纳的罚款等。

四、库存管理的分类

(一)单周期需求和多周期需求

对商品、货物的需求可以分为单周期需求与多周期需求。所谓单周期需求,即需求只发生在比较短的一段时间内,或库存时间不太长的需求。偶尔发生的需求(如对新年贺卡的需求),虽然经常发生但生命周期短且需求数量不确定的产品需求(如报童问题),都属于单周期需求。单周期需求的库存管理问题实质上是一种一次性订货问题,其关键是如何确定一个合理的订货量,以保证既不会因为订货量大于需求量而造成积压损失,又不会因为订货量小于需求而造成缺货损失。

多周期需求是指在一定时间内对某种物品的重复的、连续的、需要多次建立库存的需求,即每次库存消耗完毕后需要重新补充的库存。多周期库存问题一般比单周期库存问题更为普遍。多周期库存管理的关键是“什么时候订货”和“每次订多少货”。前者为订货点决策,后者为订货批量决策。所谓订货点,是指进行订货时的库存水平,记为 ROP(Recorder Point),可以根据订货提前期 LT(Lead Time,从发出订单到货物到达的时间间隔)和需求速度 D 来计算。

(二)独立需求和相关需求

在库存管理中,因为库存决策的基础在于区分需求是来自以某物品为原料或配件的最终产品还是物品本身,所以必须分清独立需求和非独立需求。

独立需求是指对某种库存物品的需求与其他库存物品无关,具有独立性。从库存管理的角度去理解,独立需求是指那些不确定的、随机的、企业自身不能控制而是由市场决定的需求,其主要特征就是需求的数量和对象不确定。为了确定独立需求的数量,企业经常依赖营销部门、市场研究部门,通过诸如顾客调查、历史销售数据分析、经济和社会发展趋势预期,并结合适当的预测方法的使用等手段对未来的需求进行预测。由于预测误差的存在,所以库存中必须留有额外的数量作为缓冲。

相关需求是指对任意一种物品的需求常常是对其他物品(如最终产品)需求的直接结果,如新汽车对车轮的需求。如果每辆汽车有 4 个车轮,那么对车轮的需求就是 4 乘以汽车的需求数量。在库存管理中,车轮与汽车的需求是相关的;而对汽车的需求是独立的——由市场决定的,与其他产品的需求无关。

我们这一章主要解决的就是独立需求的库存管理问题。

第二节 库存管理系统

一、库存管理系统

库存管理系统是指根据企业自身条件和外部变化因素制定的,用来监控库存水平、确定补充时间以及订购量大小的一整套制度和管理手段。一个完整的库存管理系统包括库存体系、输入、输出、约束条件和库存策略5个方面,如图11－2所示。库存体系由库存单元组成,复杂的库存体系由多个库存单元以某种方式组成,如制造业的库存体系,从原材料进厂到成品出厂存在着多级串联库存单元:原材料库、零件库、半成品库、成品库。从库存管理系统输入和输出的就是库存的各种资源,输入是为了确保系统的输出(满足用户对产品或服务的需求)。约束条件包括库存资金的约束、空间的约束、时间的约束等。库存策略就是对何时进行库存补充及补充多少进行决策。常见的库存策略将在下面介绍。

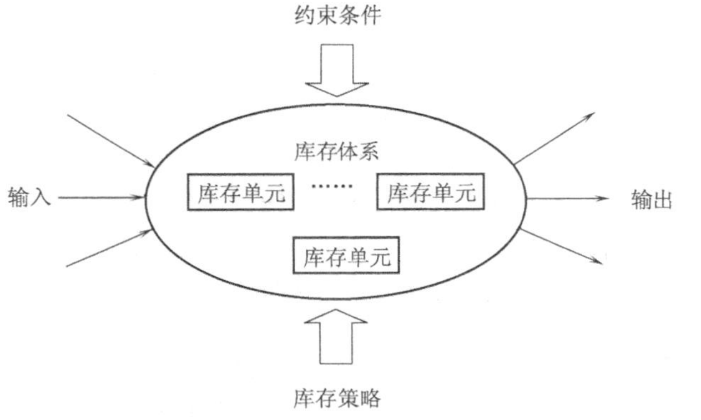

图11－2　库存管理系统

库存量由于满足需求(输出)而减少,通过补充(输入)而增加,一般都是随机的、不可控的。库存管理的基本问题就是,对于特定的需求类型和输入条件,以怎样的方式进行补充,即“什么时候订货”、“订货量是多少”,才能最好地实现库存管理的目标。由于库存管理中经常以库存管理系统的经济性作为管理的目标,在尽量满足系统输出的条件下使库存总成本最小,所以成本分析是判断库存管理系统优劣与否的基本方法和手段。

二、库存策略

常见的库存策略有:定期订货策略、定量订货策略、定期－定量混合订货策略。

（一）定期订货策略

定期订货策略是一种以定期检查和订货为基础的库存管理策略。这种策略是不论实际的库存状态如何，总是每隔周期 T 对库存量进行一次补充，将现有库存量补充到一个目标库存量 S，补充的数量为目标库存 S 与库存量 L 之差。其运行机理如图 11－3 所示，LT 为订货提前期。这种策略不存在固定的订货点，但有固定的订货周期；每次订货没有固定的数量，但有预期的固定目标。目标库存 S 和订货周期 T 是事先确定的主要参数。订货周期 T 可以通过经济订货量公式推算，而目标库存 S 的确定主要依赖于订货周期与订货提前期期间的库存消耗量。

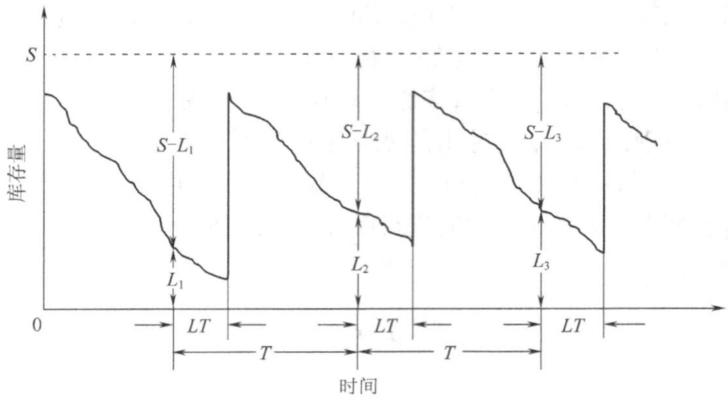

图 11－3　定期订货策略

定期订货策略的优点是可以省去许多库存检查工作，在规定订货的时候检查库存，简化了工作，而且还节省了储存成本。其缺点是当某一时期需求突然增大时，会发生缺货。因此，它主要用于重要性较低货物的库存管理。

（二）定量订货策略

定量订货策略是一种订货点和订货量都为固定值的库存策略。连续不断地监视库存量的变化，当库存量 L 降到订货点 ROP 时就提出订货，定货量为固定值 Q。经过订货提前期，订货到达，库存得到补充。其运行机理如图 11－4 所示。定量订货策略的主要参数是订货量 Q 和订货点 ROP，前者可以根据经济订货批量模型来确定，后者可以根据订货提前期的货物消耗量推算。

定量订货策略具有对库存量进行连续观测，订货点和订货量是固定的，订货时间和进货时间是不固定的特点。其优点是能够经常掌握库存的变化情况，及时订货，不易发生缺货；每次订货量固定，能采用经济订购批量。缺点是要求必须及时检查、记录库存的变化，并随时进行订货，工作量较大。它一般适用于重要货物的库存管理。

为了减少管理的工作量，一般采用“两仓系统（Two－bin System）”，即将库存放置在两处（仓库、容器等），其中第一处的数量正好与订货点相等；平时使用第二处库存。

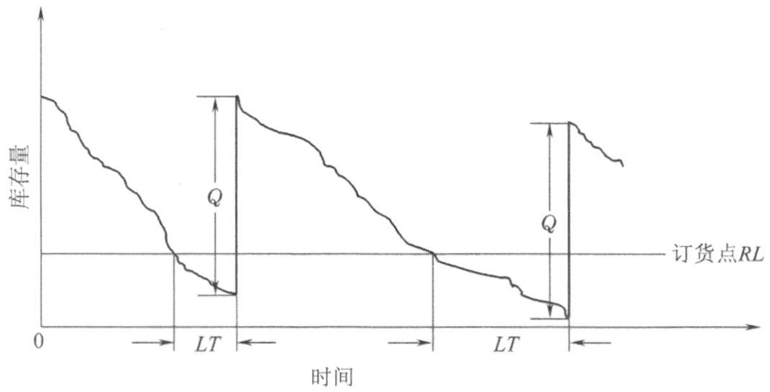

图 11 －4　定量订货策略

当第二处库存使用完之后，再使用第一处库存，并立即进行订货。货物到达后，仍将货物分为两处存放使用。

以上两种库存策略的比较分析，如表 11 －1 所示。

表 11 －1　定期订货策略和定量订货策略的比较

	定期订货策略	定量订货策略
订货量	变化的	固定值 Q
何时订货	根据固定的订货周期 T	根据固定的订货点 ROP
对库存量的管理	定期盘点、检查	随时监控
库存水平	高	低
适用对象	重要货物	一般货物

（三）定期 － 定量混合订货策略

定期 － 定量混合订货策略是综合定期订货策略和定量订货策略优点的一种库存策略。每隔 T 时间检查库存量 L，若库存量 $L >$ 订货点 s，则不对库存进行补充；若 $L \leqslant s$，则对库存量进行补充，使之达到目标库存 S。其运行机理如图 11 －5 所示。订货点 s 可由订货提前期内的需求和安全库存确定。

每隔时间 T 对库存量进行一次观察，库存量降到 L_1，如果 L_1 小于 s，则订货，订货量为 $S - L_1$，经过时间 L_T 到货；再经过时间 T，库存量降到 L_2，如果 L_2 大于 s，则不订货；再经过时间 T，库存量降到 L_3，如果 L_3 小于 s，则订货，订货量为 $S - L_3$，经过时间 LT 到货；……如此循环下去，如图 11 －5 所示。

三、库存管理的重点选择——ABC 分类法

为了减少库存检查和管理的工作量，可以采用 ABC 分类法对库存进行分类管理。

1906 年，意大利经济学家帕累托（Vilfredo Pareto）发现，在资本主义社会，少数人拥有全社会的大多数财富，他把这种关系描绘成一条曲线，这就是著名的帕累托曲线。随

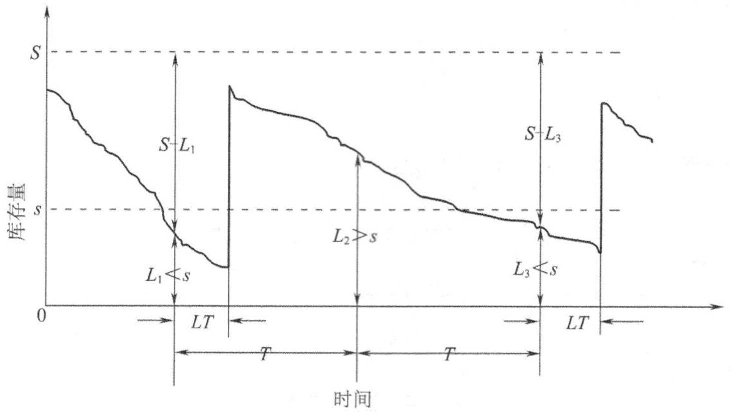

图 11－5　定期－定量混合订货策略

后，研究企业管理的专家们发现，帕累托曲线实际上代表着组织中的一种规律。例如，在企业众多的产品中，真正为企业创造大多数利润的只是其中的少数几种产品。同样，在多数企业的库存中，库存量与资金占用量之间也存在着同样一种关系：少数的库存品种占用着大部分资金；相反，大多数库存品种只占用小部分资金。因此，对少数占用资金比重大数量少的货物进行有效管理，可以起到很好的效果。而 ABC 分类法就是一种能够起到对库存品种按照占用资金多少进行有效分类的有效手段。

ABC 分类法的基本原理是这样的：在全部库存中，占用库存资金 60% ～70% 而其品种数占库存货物总品种数目 15% ～20% 的货物视为 A 类；占用库存资金 5% ～10% 而其品种数占库存货物总品种数目 50% ～70% 的货物视为 C 类；其余为 B 类，如图 11－6所示。

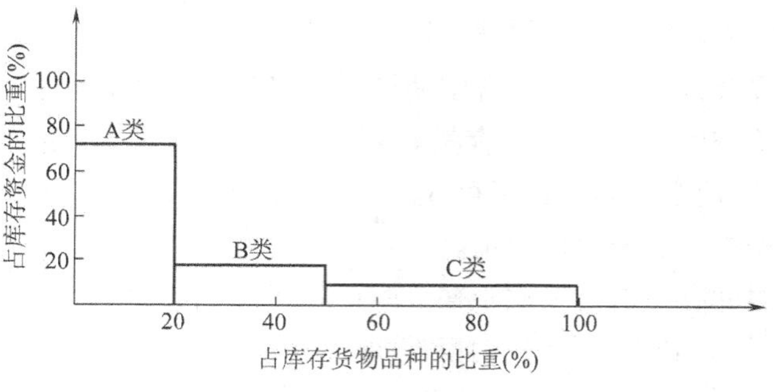

图 11－6　ABC 分类法

对货物进行 ABC 分类，其目的在于根据分类结果对每类货物采取不同的库存管理策略。例如，对于 A 类货物采取定量订货策略，并且可以结合适当地增加采购资金、加强库存量的监控、采取精确的方法预测需求、寻找可靠的供货商等措施来加强管理；对 C 类货物采取定期订货策略即可，如每年 1 ～2 次的盘点、检查、订货；对 B 类货物实施正常管理。

ABC 分类管理是一种适用于各种类型的库存的重要管理手段。但是 ABC 分类法也有其弊端,由于 ABC 分类法是以货物占用资金成本的比例来分类的,所以并不能反映库存品种的利润贡献、重要性等方面的情况,而在某些情况下 C 类货物缺货所带来的损失也可能十分严重,对此在实际运用 ABC 分类法时应予以充分重视。

第三节 确定性需求下的库存管理模型

实际上,库存管理的一项重要内容就是根据现有库存量,决定"何时订货"、"订多少货",以达到既能使生产运营正常进行,又能使库存成本尽可能低的目的。这时,可以借助于从实际问题中抽象、化简而来的库存管理模型。库存管理模型根据需求的特征可以分为:确定性需求下的库存管理模型和随机性需求下的库存管理模型。如果需求是已知的、平稳的、连续的,且订货提前期也是已知的、平稳的、连续的,则为确定性库存管理模型;否则,便为随机性库存管理模型。我们这一节主要讨论多周期情形下的确定性库存模型。

一、经济订货批量模型

经济订货批量(Economic Order Quantity,EOQ)模型是哈理斯(F. W. Harris)于 1915 年提出的,是科学管理库存的最古老方法之一。

模型的假设条件如下:①缺货费用无穷大,即不允许缺货;②需求是连续、均匀的,且为常数;③每次订货量、订货费不变;④单位货物价格与订货量无关;⑤订货提前期已知,为常量;⑥单位储存成本不变;⑦缺货可以立即补充,全部订货一次交付。

在以上假设条件下库存量的变化如图 11－7 所示。从图 11－7 可以看出,最大库存量为 Q,库存以大小为 D 的需求速度减少,最小库存量为 0。当库存水平降到订货点 DL 时,就应该按照固定订货量 Q 进行订货,经过 LT 时间到货。

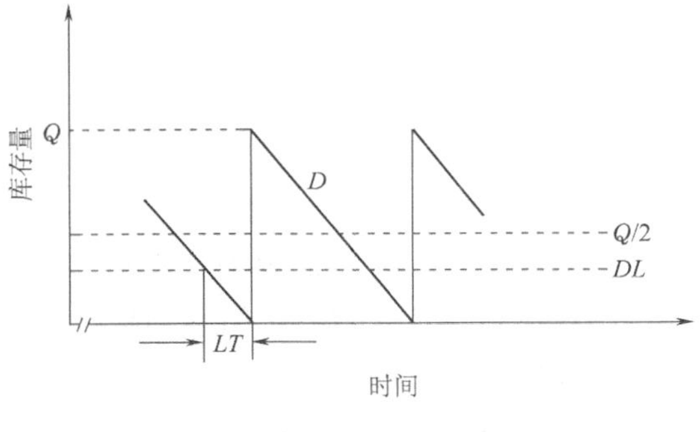

图 11－7 经济订货批量模型

我们研究库存管理的目的是降低库存成本，因此研究应该从如何使一定时期，如一年内的总成本最低着手。

假定一次订货量为 Q，那么为了满足全年的需求，一年内的订货次数为 D/Q。如果订货成本为 k，那么全年的订货成本为 kD/Q。

由几何知识可知，库存量在一个周期内的平均值为三角形高的 1/2，所以货物的年均库存量可以近似地认为是 $Q/2$。因此，如果一件商品保存一年的费用为 h，那么年储存成本可以表示为 $hQ/2$。则，年总成本为

$$C(Q)=k\frac{D}{Q}+\frac{1}{2}hQ \tag{11-1}$$

从式(11－1)可以看出，年储存成本随着订货量 Q 的增加而增加，而年订货成本却随着订货量 Q 的增加而减少，如图 11－8 所示。

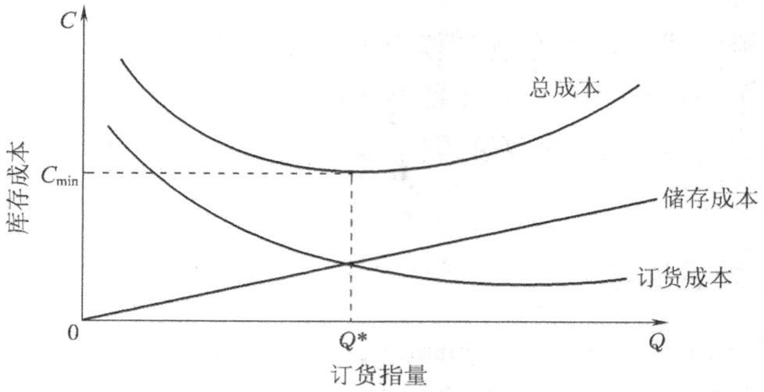

图 11－8　年库存成本曲线

Q 为何值时才能使年总成本最小呢？可以通过对式(11－1)求极值的方法确定。令

$$\frac{dC(Q)}{dQ}=-\frac{kD}{Q^2}+\frac{1}{2}h=0 \tag{11-2}$$

化简整理得

$$Q^*=\sqrt{\frac{2kD}{h}} \tag{11-3}$$

则年总成本为：

$$C(Q^*)=\frac{kD}{\sqrt{\frac{2kD}{h}}}+\frac{1}{2}h\sqrt{\frac{2kD}{h}}=\sqrt{2hkD} \tag{11-4}$$

式(11－3)就是著名的经济订货批量公式，简称 EOQ 公式。

因为模型假定需求和提前期不变，即不需要安全库存，所以当库存水平降到 DL 时，就应该按照固定订货量 Q^* 进行订货，经过 LT 时间到货，LT 为订货提前期。

【例 11－1】　EOQ 公式的直接应用

某汽车配件经销商每年大约销售 700 个某品牌的轮胎，每个轮胎的年储存成本为 20 元，订货成本为 600 元，轮胎购入价格为 1 000 元。如果每次订货的提前期为 1 周，试求经济订货批量、年总成本和订货点。

解：

这是一个可以直接用 EOQ 公式求解的问题。

已知 $D=700$ 个/年，储存成本 $h=20$ 元/(个·年)，订货成本 $k=600$ 元/次，所以经济订货批量

$$Q^*=\sqrt{\frac{2kD}{h}}=\sqrt{\frac{2\times600\times700}{20}}=205(\text{个})$$

年总成本(不包括采购成本)

$$C^*=\sqrt{2hkD}=\sqrt{2\times20\times600\times700}=4\ 098.78(\text{元})$$

订货点(设一年有 52 周)

$$DL=(D/52)\times(LT)=700/52\times1=14(\text{个})$$

二、经济生产批量模型

EOQ 模型假设整批订货在某一时刻同时到达，补充速度无限大，但事实并非如此，特别是企业的生产加工过程更是如此。一般情况下，在进行某种产品生产时，成品是以一定的速度生产出来的，由于生产速度大于需求速度，库存会逐渐增加，当库存达到一定量时，就停止生产一段时间。那么生产多少是最经济的呢？这就是经济生产批量(Economic Production Lot，EPL)模型，又称为经济生产量(Economic Production Quantity，EPQ)模型。其假设条件除库存补充需要一定时间外，其余都与经济订货批量模型相同。此状态下的库存状态变化如图 11－9 所示。

假设生产批量为 Q，最大库存量为 S，生产速度为 P，生产数量 Q 的时间为 t，一个生产周期的长度为 T。

由于时间 t 内的产量 $Q=P\times T$，消耗量为 $D\times t$，所以最大库存量 S 为 $S=t\times(p-D)$，平均库存量为：

$$\frac{1}{2}S=\frac{1}{2}t(P-D)=\frac{Q}{2}(P-D) \tag{11-5}$$

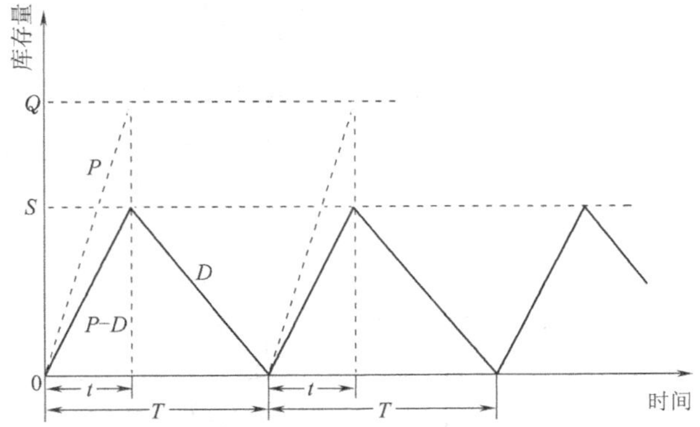

图 11－9　经济生产批量模型

因此，与生产批量 Q 有关的全年成本为

$$C(Q)=\frac{kD}{Q}+\frac{hQ}{2}\frac{P-D}{P} \tag{11-6}$$

求式(11－6)的极值。令

$$\frac{\mathrm{d}C(Q)}{\mathrm{d}Q}=-\frac{kD}{Q^2}+\frac{h}{2}\frac{P-D}{P}=0 \tag{11-7}$$

可得

$$Q^*=\sqrt{\frac{2kD}{h}\cdot\frac{P}{P-D}} \tag{11-8}$$

最小生产成本为

$$C(Q^*)=\sqrt{2hkD\frac{P-D}{P}} \tag{11-9}$$

生产结束时的最高库存量为：

$$S=Q^*\frac{P-D}{P}=\sqrt{\frac{2kDP}{h(P-D)}}\frac{P-D}{P}=\sqrt{\frac{2kD(P-D)}{hP}} \tag{11-10}$$

由式(11－8)可知，生产准备费 k 越大，经济生产批量越大；单位储存成本 h 越大，经济生产批量越小。

【例 11－2】 最优生产批量的确定

某企业生产一种玩具，其中的某个部件 M 每天需要 200 个。该部件由企业自行制造，每天可以生产 800 个。若一年有 250 个工作日，每个部件 M 的年储存成本为 2 元，每次生产的生产准备成本为 600 元。试求经济生产批量、最高库存量、年生产次数和年总成本。

解：

这是一个 EPL 问题。由题意可知

$$D=50\ 000\text{ 个/年},P=200\ 000\text{ 个/年},k=600\text{ 元/次},h=2\text{ 元/(个·年)}$$

$$\text{最优生产批量 }Q^*=\sqrt{\frac{2\times600\times50\ 000}{2}\cdot\frac{200\ 000}{(200\ 000-50\ 000)}}=6\ 325(\text{个})$$

$$\text{生产结束时的最高库存量 }S=\sqrt{\frac{2\times600\times50\ 000(200\ 000-50\ 000)}{2\times200\ 000}}=4\ 743(\text{个})$$

$$\text{年生产次数 }n=D/Q*=200\ 000/6\ 325=31.6(\text{次})$$

$$\text{年总成本 }C(Q^*)=\sqrt{2\times2\times600\times50\ 000\frac{(200\ 000-50\ 000)}{200\ 000}}=9\ 486.8(\text{元})$$

三、价格折扣模型

在前面的模型中我们都假定货物价格是常量，而实际的经营管理中，经常会遇到这样的情况：供应商为刺激客户的需求，提出订货数量超过某一数值时，在价格上给予一定的优惠，即价格折扣。一般情况下，订货量越大货物价格越低。设货物的单价为 $p(Q)$，按照 3 个数量等级变化，如图 11－10 所示。当订货量小于 Q_1 时，单价为 p_1；当订货量大于或等于 Q_1 而小于 Q_2 时，单价为 p_2；当订货量大于或等于 Q_2 时，单价为 p_3。

在价格有折扣的情况下，由于每次的订货量大，订货次数减少，年订货成本自然会

降低，而且还能够享受价格优惠的好处；但是，随着订货数量的提高，储存成本就会提高。因此，是否接受价格优惠还需要具体问题具体分析。

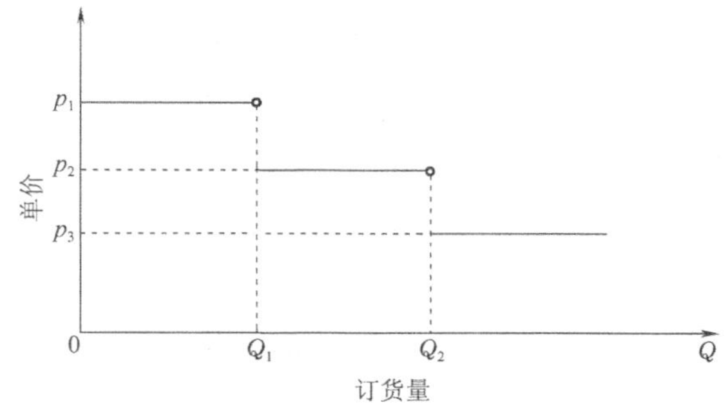

图 11－10　有折扣的价格曲线

由前面的推导可知：当订货量为 Q 时，一年内库存总成本（包括采购成本）为：

$$\frac{1}{2}hQ+k\frac{D}{Q}+p(Q)D \tag{11-11}$$

所以，当 $Q<Q_1$ 时，有

$$C^{(1)}(Q)=\frac{1}{2}hQ+k\frac{D}{Q}+p_1D \tag{11-12}$$

当 $Q_1\leqslant Q<Q_2$ 时，有

$$C^{(2)}(Q)=\frac{1}{2}hQ+k\frac{D}{Q}+p_2D \tag{11-13}$$

当 $Q\geqslant Q_2$时，有

$$C^{(3)}(Q)=\frac{1}{2}hQ+k\frac{D}{Q}+p_3D \tag{11-14}$$

其关系如图 11－11 所示。

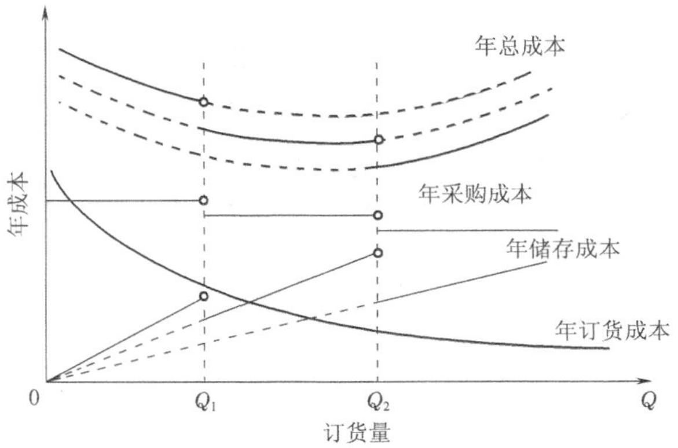

图 11－11　不同价格下的年成本

从图 11－11 可知，总成本曲线不连续。因此，令导数为 0 求极值的方法无法使用。求有价格折扣的最优订货批量 Q^* 问题的大致步骤如下：

(1)不考虑价格折扣,按照 EOQ 公式求出订货量 Q_0。

(2)如果 $Q_0 < Q_1$,计算如下年库存总成本:

$$C^{(1)}(Q) = \frac{1}{2}hQ_0 + k\frac{D}{Q_0} + p_1 D \tag{11-15}$$

$$C^{(2)}(Q) = \frac{1}{2}hQ_1 + k\frac{D}{Q_1} + p_2 D \tag{11-16}$$

$$C^{(3)}(Q) = \frac{1}{2}hQ_2 + k\frac{D}{Q_2} + p_3 D \tag{11-17}$$

那么 $\text{Min}\{C^{(1)}(Q_0), C^{(2)}(Q_1), C^{(3)}(Q_2)\}$ 对应的 Q 值就是最优订货批量 Q^*。例如,$\text{Min}\{C^{(1)}(Q_0), C^{(2)}(Q_1), C^{(3)}(Q_2)\} = C^{(2)}(Q_1)$,则 $Q^* = Q_1$。

(3)若 $Q_1 \leqslant Q_0 < Q_2$,则计算 $C^{(2)}(Q_0)$、$C^{(3)}(Q_2)$,$\text{Min}\{C^{(2)}(Q_0), C^{(3)}(Q_2)\}$ 对应的 Q 值是最优订货批量 Q^*。

(4)若 $Q_0 \geqslant Q_2$,则 $Q^* = Q_0$。

以上方法可以推广到价格折扣分为 m 级的情况:

$$p(Q) = \begin{cases} p_1 & Q < Q_1 \\ p_2 & Q_1 \leqslant Q \leqslant Q_2 \\ \vdots & \vdots \\ p_i & Q_{i-1} \leqslant Q \leqslant Q_i \\ \vdots & \vdots \\ p_m & Q_{m-1} \leqslant Q \end{cases}$$

年库存总成本为:

$$C^{(i)}(Q) = \frac{1}{2}Q + k\frac{D}{Q} + p_i D \quad i = 1, 2, \cdots, m \tag{11-18}$$

首先不考虑价格折扣,按照 EOQ 公式求出订货量 Q_0。如果 $Q_{i-1} \leqslant Q_0 < Q_i$,则求解 $\text{Min}\{C^{(i)}(Q_0), C^{(i+1)}(Q_i), \cdots, C^{(m)}(Q_{m-1})\}$。设最小值为 $C^{(j)}(Q_{j-1})$,则最优订货批量 $Q^* = Q_{j-1}$。

【例 11-3】 是否接受价格折扣的最优订货量问题

某公司每年需要某种元件 1 500 个,每次订货的费用为 80 元,每个元件的年储存成本为 4.5 元。元件供货商给出如下的价格折扣:

$$p(Q) = \begin{cases} 35.00\text{ 元} & Q < 250 \\ 32.50\text{ 元} & 250 \leqslant Q < 350 \\ 30.00\text{ 元} & 350 \leqslant Q \end{cases}$$

试求最优订货量。

解:

这是一个有价格折扣的经济订货量问题。

首先利用 EOQ 公式计算

$$Q_0 = \sqrt{\frac{2kD}{h}} = \sqrt{\frac{2 \times 80 \times 1\,500}{4.5}} = 231(\text{个})$$

计算订货量为 231 个、250 个和 350 个时的年总成本:

$$C^{(1)}(231)=\frac{1}{2}\times 4.5\times 231+80\times\frac{1500}{231}+35.00\times 1\ 500=53\ 539.23(\text{元})$$

$$C^{(2)}(250)=\frac{1}{2}\times 4.5\times 250+80\times\frac{1500}{250}+32.50\times 1\ 500=49\ 792.50(\text{元})$$

$$C^{(3)}(350)=\frac{1}{2}\times 4.5\times 350+80\times\frac{1500}{350}+30.00\times 1\ 500=46\ 130.36(\text{元})$$

因为 $\text{Min}\{C^{(1)}(231),C^{(2)}(250),C^{(3)}(350)\}=C^{*}(350)$，所以最优订货批量为 350 个，即接受价格折扣。

四、允许缺货的经济订货批量模型

EOQ 模型与 EPQ 模型是在不允许缺货的情况下推导出来的。如果允许缺货(缺货随后需要补足)，那么企业就可以在库存量降至 0 以后，还可以等待一段时间再订货。这样做可以使企业少支付几次订货费和一些储存费。一般来说，当顾客的缺货损失为 0，或损失很小，而企业除支付少量缺货费用外也没有其他损失时，缺货可以使企业在一定程度上达到降低生产经营成本的目的。

允许缺货的经济订货批量模型的假设条件，除允许缺货外，其余与 EOQ 模型相同。我们考虑长度为 T 的一个周期内库存状态的变化情况，如图 11－12 所示。

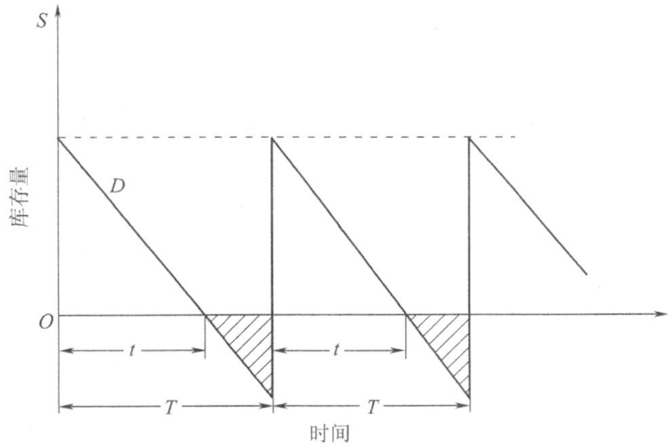

图 11－12　允许缺货的经济订货批量模型

假设开始时的库存量为最高水平 S，若需求速度为 D，则可以满足时间 t 内的需求，即 $S=Dt$；在时间 $(T-t)$ 内库存量持续为 0，发生缺货，平均缺货量为 $\frac{1}{2}D(T-t)$ 。

假设单位货物的储存成本为 h，每次的订货成本为 k，单位缺货成本为 k，那么，在时间长度为 T 的一个周期内的各项成本如下：

储存成本为：$\frac{1}{2}Sht$

缺货成本为：$\frac{1}{2}D(T-t)r(T-t)=\frac{1}{2}Dr(T-t)^2$

订货成本为:k

所以,T 时间内的总成本为:$\frac{1}{2}Sht+\frac{1}{2}Dr(T-t)^2+k$。又由于 $S=Dt$,即 $t=\frac{S}{D}$,因此 T 时间内的平均总成本为

$$C(T,S)=\frac{1}{T}\left[\frac{1}{2}h\frac{S^2}{D}+\frac{1}{2}r\frac{(DT-S)^2}{D}+k\right] \tag{11-19}$$

根据多元函数求极值的方法,有

$$\begin{cases}\frac{\partial C(T,S)}{\partial T}=-\frac{1}{T^2}\left[\frac{1}{2}h\frac{S^2}{D}+\frac{1}{2}r\frac{(DT-S)^2}{D}+k\right]+\frac{1}{T}r(DT-S)=0\\ \frac{\partial C(T,S)}{\partial S}=\frac{1}{T}\left[h\frac{S}{D}-r\frac{(DT-S)}{D}\right]=0\end{cases} \tag{11-20}$$

对式(11-20)化简整理有

$$\begin{cases}-hS^2-r(DT-S)-2kD+2DrT(DT-S)=0 & ①\\ S=\frac{rDT}{h+r} & ②\end{cases} \tag{11-21}$$

将式(11-21)中的②代入①可以得到

$$T^*=\sqrt{\frac{2k(h+r)}{hrD}} \tag{11-22}$$

于是

$$S^*=\sqrt{\frac{2rkD}{h(h+r)}} \tag{11-23}$$

把式(11-22)和式(11-23)代入到式(11-19),可以得到 T 时间内的平均最小总成本

$$C^*(T,S)=C(T^*,S^*)=\sqrt{\frac{2hrkD}{h+r}}=\sqrt{2hkD\cdot\frac{r}{h+r}} \tag{11-24}$$

T 时间内的总订货量

$$Q^*=D\cdot T^*=\sqrt{\frac{2kD}{h}\cdot\frac{h+r}{r}} \tag{11-25}$$

若不允许缺货,即 $r\to+\infty$,这时 $\frac{r}{h+r}\to 1$,于是,$S^*=Q^*=\sqrt{\frac{2kD}{h}}$,$C^*=\sqrt{2hkD}$。这时,该模型就与 EOQ 模型相同了。

【例 11-4】 允许缺货的经济订货批量的确定

接例 11-1,问如果允许缺货,且假设每只轮胎的全年缺货成本为购入价格的 10%,那么这时的经济订货批量、年总成本是多少?

解:

这是一个在允许缺货的前提下确定经济订货批量的问题。

已知 $D=700$ 个/年,储存成本 $h=20$ 元/(个·年),订货成本 $k=600$ 元/次,缺货成本 $r=100$ 元/(个·年),所以经济订货批量

$$Q^*=\sqrt{\frac{2kD}{h}\cdot\frac{h+r}{r}}=\sqrt{\frac{2\times600\times700}{20}\cdot\frac{20+100}{100}}=224\ (个)$$

年总成本(不包括采购成本)

$$C^* = \sqrt{\frac{2hrkD}{h+r}} = \sqrt{\frac{2 \times 20 \times 100 \times 600 \times 700}{20+100}} = 3741.66(\text{元})$$

与例 11 – 1 比较，由于允许缺货，虽然每次的订货量有所增加，但带来了年总成本的降低。

五、用 Excel 求解库存模型

库存控制问题是每个企业都会面临的问题，在这一部分我们根据实际情况将 EOQ(经济订货批量)模型分成 3 部分：基本 EOQ 模型、存在折扣的 EOQ 模型和允许缺货的 EOQ 模型。下面通过例题分别介绍其解法。

(一)基本 EOQ 模型

【例 11 – 5】　用 Excel 求解基本 EOQ 模型问题

某商场每年销售数码相机 1 200 台，一年之中每个月的需求都是稳定的。订单发出之后，需要一周的时间将相机运到。订单的准备成本(每次订购所需的费用)为 35 元，单位产品的订货价格为 100 元，销售价格为 130 元，商场的资金成本为 10%，试确定订货周期及每次订货的订货数量。

	A	B
1	经济订货批量模型	
2		
3		
4		
5	准备成本	$35.00
6	单位产品年库存成本	$0.00
7	年资金成本	10.00%
8	单位产品进货价格	$100.00
9	单位产品销售价格	$130.00
10	年需求量	1 200
11	订货提前时间（年）	0.019 2
12		
13		
14		
15	订货数量	92.00
16	订货间隔（年）	0.077
17	年订货次数	13.04
18		
19		
20	年准备成本	$456.52
21	年储存成本	$460.00
22	总成本	$916.52
23		
24		
25	年购买成本	120 000
26	年收入	$156 000.00
27		
28	年利润	$35 083.48
29		
30	进货点	23

图 11 – 13

解：

(1)输入基本数据。在 B5:B11 单元格区域输入，如图 11 – 13 所示。这里产品的库存成本为 0，我们在 B6 单元格中照样输入，这样在库存成本不为 0 时，本例所建立的数据清单仍然适用；另外，订货提前期为 1 周，按年算应为 1 年的 1/52，因此在 B11 单元格中输入公式“ =1/52”。

(2)输入计算数据。在 B15 单元格中输入任意值作为订货数量，在 B16 单元格中输入订货间隔，计算公式为“ = B15/B10”，在 B17 单元格中输入公式“ = 1/B16”，作为年订货次数。

(3)计算各种受订货量影响的成本。在 B20 单元格中输入公式“ = B5 * B17”计算年准备成本，B21 单元格中输入公式“ = (B6 + B7 * B8) * B15/2”计算年储存成本，B22 单元格中输入公式“ = SUM(B20:B21)”计算总成本。

(4)不受订货量影响的成本或收入。在 B25 单元格收入公式“ = B8 * B10”得到年购买成本，在 B26 单元格输入“ = B9 * B10”计算年收入。

(5)在 B28 单元格中输入公式“ = B26 – B25 – B22”，计算年利润。

(6)在 B30 单元格中输入“ = MOD(B11 * B10，B15)”，计算进货点。

(7)使用规划求解工具进行计算。

我们的目标是使总成本最小，因此，目标单元格为 B22，“等于：”选择最小值；选择 B15 单元格为可变单元格，添加约束条件，使 B15 大于等于 0 并且为整数。

单击“求解”按钮，进行计算，得到的结果如图11－13所示。

（二）存在折扣的 EOQ 模型

【例 11－6】 用 Excel 求解存在折扣的 EOQ 模型问题

某公司每年需要购买 5 000 盒可刻录光盘（每盒 10 张）来存储公司业务信息，并且在一年中消费光盘的速度是稳定的。光盘经销商提供了如下优惠：一次订购 500 盒以下，每盒价格为 10 元；500～799 盒，每盒价格 9.5 元；800 盒以上，每盒价格 9.25 元。每次订货的准备成本为 25 元，公司的年资金成本 12%，没有库存成本。试确定最优的订货批量及相应的年成本。

解：

假设每次订货的数量为 Q，$C(Q)$ 为购买 Q 盒光盘的费用。假设 D 为年需求量，那么每年订货的次数为 D/Q，所以年准备成本与购买成本之和为 $[K+C(Q)]D/Q$。其中，K 为每次订货的准备成本；假设 i 为资金成本，由于库存从 0 到 Q 均匀变化，资金占用也为从 0 到 $C(Q)$ 均匀变化，因此，年平均资金占用为 $[c(Q)+0]/2$，年储存成本为 $i[c(Q)+0]/2=ic(Q)/2$；总成本应为年准备成本、购买成本和年储存成本之和，即：

$$总成本=[K+C(Q)]D/Q+ic(Q)/2$$

使用 Excel 计算所建立的工作表格式及计算结果如图 11－14 所示。由于 3 个价格区间的计算步骤相似，我们只讲解订货数量在 500～799 盒时最低成本的计算过程。

	A	B	C	D	E	F
1						
2	存在折扣的EOQ模型					
3						
4	输入数据			无折扣时的订货数量分析		
5						
6	准备成本（K）	$25.00		订货数量	456	
7	单位产品年库存成本（s）	$0.00		年订货次数	11	
8	资金成本（i）	12%		次订货费用	$4 560.00	
9	年需求量（D）	5 000		年准备成本	$274.12	
10	折扣前订购价格（c1）	$10.00		年购买成本	$50 000.00	
11	打折扣的订货起点量（q1）	500		年储存成本	$273.60	
12	折扣价格（c2）	$9.50		年总成本	50 547.72	
13	折扣数量（q2）	800				
14	最低折扣价格（c3）	$9.25				
15						
16	存在折扣时的订货数量分析			最低折扣时的订货数量分析		
17						
18	订货数量	500		订货数量	800	
19	年订货次数	10		年订货次数	6.25	
20	次订货费用	$4 750.00		次订货费用	$7 400.00	
21	年准备成本	$250.00		年准备成本	$156.25	
22	年购买成本	$47 500.00		年购买成本	$46 250.00	
23	年储存成本	$285.00		年储存成本	$444.00	
24	年总成本	48 035.00		年总成本	46 850.25	
25						
26	最优订货数量	800				
27	最低总成本	46 850.25				

图 11－14

（1）在 B6：B14 区域输入已知数据。

(2)在 B18 单元格中输入任意值作为订货数量，在 B19:B24 区域中输入如下计算公式：

=B9/B18

=B12 * B18

=B6 * B19

=B9 * B12

=B7 * B18/2 + B8 * B20/2

=SUM(B21:B23)

(3)使用规划求解工具计算。在“目标单元格”中选择 B24 的最小值，在“可变单元格”中选择 B18；约束条件为 B18 > =500、B18 < =799 和 B18 为整数。输入完成后单击“求解”按钮计算得到订货数量在 500 ~ 799 盒时的最优结果。

同理可以求出另外两种情况的最优结果。

得到 3 个价格区间的最优解之后，我们只需在 3 个最优解中选择值最小的 1 个，即为最终的最优解。我们可以通过自己的判断选择，也可以使用 Excel 中的 MIN 函数和 IF 函数自动判断最低成本及最佳订货量。

在 B27 单元格中输入函数 =MIN(E12,B24,E24)计算最低成本，在 B26 单元格中输入公式 =IF(E12 =B27,E6,IF(B27 =B24,B18,E18))，即可得到最优的订货数量。

(三)允许缺货的 EOQ 模型

【例 11 -7】　允许缺货的 EOQ 模型问题

某个音像制品公司在网上销售 CD 唱片，每年可销售 50 000 张，每一张 CD 发货前都使用包装盒进行包装；包装盒每次订货的准备成本为 100 元，每个包装盒的价格为 0.5 元，资金的使用成本为 10%，每个包装盒的年储存价格为 0.5 元，公司估计单位产品的年缺货成本为 52 元，试确定最优的订货数量和成本，并分析订货数量和缺货数量对缺货成本的敏感程度。

解：

本题中所需要计算的结果比前面例题多出了两个：年库存成本和缺货成本，其计算公式分别为：

$$年库存成本 = h[(Q-b)/2][(Q-b)/D](D/Q) = h(Q-b)^2/(2Q)$$

$$年缺货成本 = r(b/2)(b/D)(D/Q) = rb^2/2Q$$

各种符号的含义详见图 11 -15。

(1)在 B5:B10 单元格区域输入已知数据。

(2)订货数量和最大缺货数量为两个变量，也就是说它们应该作为规划求解工具中的可变单元格。在 B14 和 B15 单元格中分别输入任意值作为这两个变量的临时值。

(3)计算订货周期和每年的订货次数。在 B16 单元格中输入公式 =B14/B10，得到的结果为订货周期；在 B17 单元格中输入公式 =1/B16，得到每年的订货次数。

(4)计算成本。在 B20:B24 区域中计算受两个变量(订货数量和最大缺货数量)影响的成本。在 B22 单元格中输入 =B6 * (B14 - B15)^2/(2 * B14)，可以得到年库存成本；在 B23 单元格中输入 = B9 * B15^2/(2 * B14)，可以得到缺货成本。准备成本和资金占用成本的计算方法和前面介绍的两种 EOQ 模型相同。

(5)使用规划求解工具计算。选择 B24 为需要最小化的目标单元格，由于年购买成本(B26 单元格)不受两个变量的影响，我们也可以选择 B27 为目标单元格；选择 B14:B15 区域为可变单元格，同时在约束条件中将其限制为非负数(也可以加上两个变量为整数的约束条件)；单击“求解”按钮，得到如图 11－15 所示结果。

	A	B
1	**允许缺货的EOQ模型**	
2		
3	**原始数据**	
4		
5	准备成本 (k)	$100
6	单位产品年库存成本 (h)	$0.50
7	资金成本 (i)	10%
8	产品单价 (c)	$0.50
9	单位产品年缺货成本 (r)	$52
10	年需求量 (D)	50 000
11		
12	**计算结果**	
13		
14	订货数量 Q	4 283
15	最大缺货数量 b	41
16	订货间隔	0.086
17	年订货次数	11.7
18		
19	**成本统计**	
20	年准备成本	$1 167.41
21	年资金占用成本	$107.08
22	年储存成本	1 050.35
23	年缺货成本	10.20
24	受变量影响的年总成本	$2 335.03
25		
26	年购买成本	$25 000.00
27	年总成本	$27 335.03

图 11－15

(6)订货策略与缺货成本的敏感程度分析。由于上面的缺货成本是一个估计值，不能确定其准确性，因此我们还要通过计算不同缺货成本下的订货数量、最大缺货数量和总成本，来观察各个值对缺货成本的敏感程度。在图 11－14 的数据清单中将缺货成本(B9 单元格)的值修改，取值为 10、30、50、70、90、110，然后分别使用规划求解工具计算最优解，可得如表 11－2 所示的结果及图 11－16 所示的变化趋势图。

表 11－2

缺货成本($)	订货数量	最大缺货	总成本($)
10	4 359	208	2 294
30	4 296	70	2 328
50	4 283	42	2 335
70	4 278	30	2 338
90	4 275	24	2 339
110	4 273	19	2 340

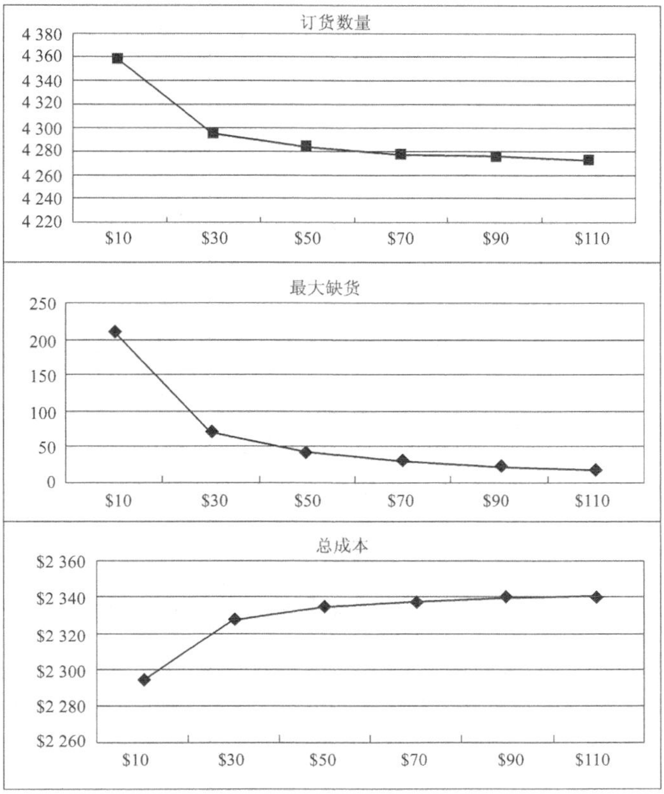

图 11 – 16

由图 11 – 14 可知，除非缺货成本非常小，否则订货数量、最大缺货数量和总成本对缺货成本的变化不是很敏感，对缺货成本估计值的准确程度不是影响计算结果的关键。

第四节 随机性需求下的库存管理模型

上节介绍的库存管理问题的共同特点是需求被认为是确定的，但现实中，需求往往具有随机性，特别是服务性行业；另外，由于种种原因订货提前期也会出现波动。因此，确定性模型就不再适用。这一节将介绍在随机性需求下如何有效地对单周期需求和多周期需求实施有效管理。

一、单周期库存管理模型

单周期需求问题在零售业领域最为常见，如圣诞树、新年贺卡、新鲜糕点、时令瓜果和蔬菜、报纸杂志等的订货问题，单周期需求问题实质上是一种一次性订货问题。因为需求是不确定的，所以如果订货量大于需求量，那么所有未出售的商品只能低价出售，甚至丢弃；如果订货量小于需求量，就会失去销售机会，造成顾客流失，导致机会损失。

因此这类问题的关键是如何确定一个合理的订货量，以保证既不会因为供过于求而造成积压损失，又不会因为供小于需而造成销售机会的丧失。我们通过最为典型的"报童问题"来介绍求解思路和方法。

报童问题：报童每天能够出售的报纸份数是一个随机变量，根据以往的经验，出售 d 份报纸的概率为 $p(d)$，且 $\sum_{d=0}^{\infty} p(d) = 1$。假设每卖出一份报纸可赚 C_u 元，如果不能出售，只作为废旧报纸处理，每份损失 C_o 元。问报童最好订购多少份报纸？

我们首先假设报童的最优订购数量为 Q。

当实际需求 $d \leqslant Q$ 时，会有一部分报纸卖不出去，报童因此会遭受损失，其损失的期望值为：$\sum_{d=0}^{Q} C_o(Q-d)p(d)$；当实际需求 $d > Q$ 时，会有一部分顾客流失，报童因此会遭受机会损失，其损失的期望值为：$\sum_{d=Q+1}^{\infty} C_u(d-Q)p(d)$。

因此，在订购量为 Q 的情况下，报童损失的期望值为：

$$E_L(Q) = C_o \sum_{d=0}^{Q} (Q-d)p(d) + C_u \sum_{d=Q+1}^{\infty} (d-Q)p(d) \tag{11-26}$$

这是一个离散函数，不能通过导数法求极值来确定最优订购量，一般通过边际分析法来求解。由于 Q 是最优订购量，因此必有式(11-27)和式(11-28)同时成立

$$E_L(Q) \leqslant E_L(Q-1) \tag{11-27}$$

$$E_L(Q) \leqslant E_L(Q+1) \tag{11-28}$$

由式(11-27)有

$$C_o \sum_{d=0}^{Q} (Q-d)p(d) + C_u \sum_{d=Q+1}^{\infty} (d-Q)p(d) \leqslant C_o \sum_{d=0}^{Q-1} (Q-1-d)p(d) + C_u \sum_{d=Q}^{\infty} (d-Q+1)p(d)$$

化简整理可以得到：

$$\sum_{d=0}^{Q-1} p(d) \leqslant \frac{C_u}{C_o + C_u} \tag{11-29}$$

由式(11-28)有

$$C_o \sum_{d=0}^{Q} (Q-d)p(d) + C_u \sum_{d=Q+1}^{\infty} (d-Q)p(d) \leqslant C_o \sum_{d=0}^{Q+1} (Q+1-d)p(d) + C_u \sum_{d=Q+2}^{\infty} (d-Q-1)p(d)$$

化简整理可以得到：

$$\sum_{d=0}^{Q} p(d) \geqslant \frac{C_u}{C_o + C_u} \tag{11-30}$$

因此报童的最优订购数量为 Q 应满足：

$$\sum_{d=0}^{Q-1} p(d) < \frac{C_u}{C_o + C_u} \leqslant \sum_{d=0}^{Q} p(d) \tag{11-31}$$

同样，也可以通过赢利期望值最大的方法确定最优订购量，其结论是一样的。

【例 11 -8】　单周期随机需求库存管理问题

某鲜花礼品店准备在圣诞节期间出售圣诞树，每售出一棵可以赢利 70 元。圣诞树如果在圣诞节期间不能售出，只能低价处理，每棵损失 40 元。根据以往的销售记录，市场需求的概率见表 11 -3。问订购多少棵圣诞树最好？

表 11 -3　圣诞树的市场需求

需求量 d	0	10	20	30	40	50
概率 $p(d)$	0.05	0.10	0.25	0.35	0.15	0.10

解：

由题意可知 $Cu = 70$ 元，$Co = 40$ 元，所以根据式(11 -31)有

$$\frac{C_u}{C_u + C_0} = \frac{70}{70 + 40} = 0.636$$

$$\sum_{d=0}^{20} p(d) = 0.40 < 0.636 < \sum_{d=0}^{30} p(d) = 0.75$$

所以，花店应该订购 30 棵圣诞树。

二、多周期库存管理模型

随机性需求问题的需求和订货提前期虽然都具有不确定性，但是在多周期内（即一个较长的时间段）观察，它们往往具有某种统计特征，如正态分布、泊松分布等。因此，可以利用统计规律来进行库存管理。

库存管理就是要解决“何时订货”、“订多少货”的问题，在随机性需求情况下依然如此。为了解决问题的方便，订货数量 Q 的计算通常按照经济订货模型求解；而“何时订货”转化为如何确定订货点的问题。订货点应满足订货提前期内需求的期望值。由于存在不确定性，一旦需求或订货提前期发生变化，实际需求就可能超过需求的期望值，发生缺货。因此，为了降低缺货风险，还需要增加一个安全库存（见图 11 -17），即订货点 ROP 由订货提前期内需求的期望值和安全库存决定：

$$ROP = \text{订货提前期内需求的期望值} + \text{安全库存} \qquad (11-32)$$

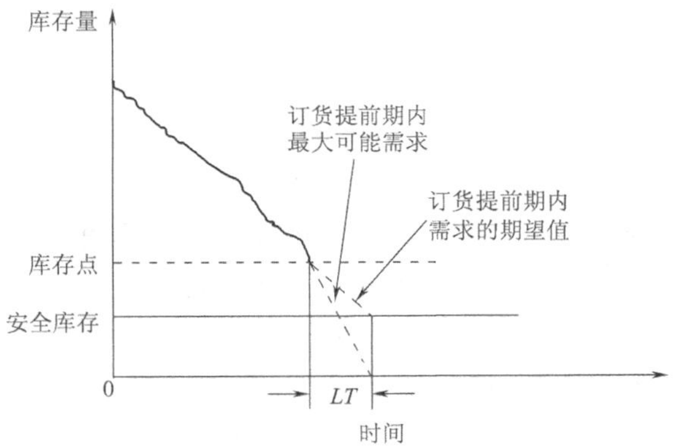

图 11 -17　安全库存降低订货提前期内缺货风险

安全库存越大，缺货风险越小，但相应的库存成本也随之增加。因此安全库存不是越大越好。安全库存一般取决于3个方面的因素：①需求的均值和订货提前期的均值；②需求的方差和订货提前期的方差；③允许缺货的水平（概率）。

对于某一允许缺货的水平（概率），需求和订货提前期的变化越大，所需的安全库存也越大。同样，对于特定的需求和订货提前期的变化程度，降低允许缺货的水平（概率），也需要增加安全库存。如果订货提前期内的需求服从正态分布（或近似正态分布），如图11－18所示，则订货点为：

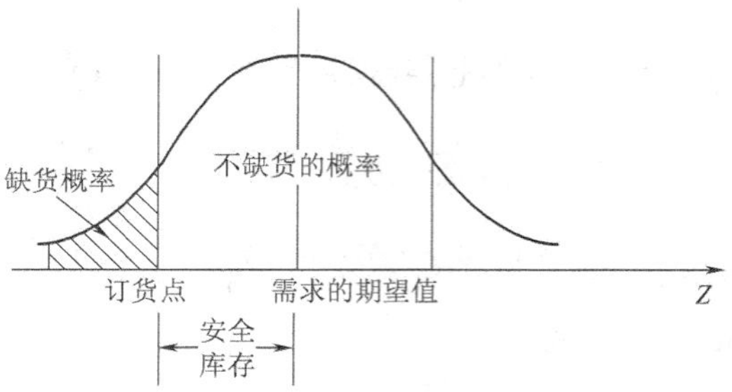

图11－18　订货提前期内需求服从正态分布情况下的订货点

$$ROP = \text{订货提前期内需求的期望值} + Z \cdot \sigma_{dLT} \tag{11-33}$$

式中：Z——允许缺货概率下的标准正态分布值（可以从标准正态分布数值表查得）；

σ_{dLT}——订货提前期内需求的标准差。

【例11－9】　多周期随机需求库存管理问题——历史数据充分情况下的订货点确定

一家桶装水供水站从历史需求记录中发现，订货提前期内矿泉水需求量近似服从均值为50桶，标准差为5桶的状态分布。假设水站愿意承担的缺货风险不超过5%，问：

(1)应该有多少桶的安全库存？

(2)订货点是多少？

解：

首先查标准正态分布数值表，确定Z值。可知$Z=1.65$。所以

(1)安全库存$=Z \cdot \sigma_{dLT}=1.65\times5=9$（桶）

(2)订货点ROP＝订货提前期内需求的期望值＋安全库存$=50+9=59$（桶）

估计出需求和订货提前期的分布函数，需要掌握大量的历史数据。如果数据不充分，然而可以从每天/每周，或一个订货提前期的需求中得到我们所需数据，那么可以根据需求和订货提前期的随机性，分3种情况计算订货点（假设需求和订货提前期的分布是独立的）。

第一种情况，如果只有需求随机变化，则

$$ROP = \bar{d} \cdot LT + Z \cdot \sqrt{LT} \cdot \sigma_d \tag{11-34}$$

式中：$\bar{d}$——平均日/周需求；

σ_d——日/周需求的标准差；

LT——订货提前期。

第二种情况，如果只有订货提前期随机变化，那么 $\sigma_{dLT}=d\cdot\sigma_{LT}$，则

$$ROP=\bar{d}\cdot\overline{LT}+Z\cdot d\cdot\sigma_{LT} \qquad (11-35)$$

式中：$\bar{d}$ ——平均日/周需求；

$\overline{LT}$——订货提前期的平均数；

σ_{LT}——订货提前期的标准差。

第三种情况，如果需求和订货提前期都随机变化，那么 $\sigma_{dLT}=\sqrt{LT\cdot\sigma_d^2+\bar{d}^2\cdot\sigma_{LT}^2}$，则：

$$ROP=\bar{d}\cdot\overline{LT}+Z\cdot\sqrt{LT\cdot\sigma_d^2+\bar{d}^2\cdot\sigma_{LT}^2} \qquad (11-36)$$

式(11－36)中各符号含义与式(11－34)、式(11－35)相同。

【例 11－10】 多周期随机需求库存管理问题——历史数据不充分情况下的订货点确定

一酒吧每天可以卖出某品牌的啤酒 50 听，标准差为 3 听，且服从正态分布。订货提前期为 2 天。如果酒吧愿意承受不超过 10% 的缺货风险，那么其订货点为多少？

解：

首先查标准正态分布数值表，确定 Z 值。可知 $Z=1.28$。所以订货点

$$ROP=\bar{d}\cdot LT+Z\cdot\sqrt{LT}\cdot\sigma_d=50\times2+1.28\times\sqrt{2}\times3=106\text{(听)}$$

本章小结

库存管理是企业运营管理过程中的重要内容，目的是如何在一个合理的库存成本范围内，使企业的生产运营的正常进行。独立需求下的库存管理问题是本章的中心议题。

库存管理问题是一个复杂的系统问题，可以通过 ABC 分类法对库存品种进行分类管理。

在确定性需求下，可以采过经济订货批量模型、经济生产批量模型、价格折扣模型和允许缺货的经济订货批量模型来确定“什么时候订货”、“订货量是多少”之类的问题。

随机性需求下，多周期需求实质上是订货点的确定问题。订货点要保证订货提前期内的需求，并把缺货概率控制在一个可以接受的范围内，因此订货点由订货提前期内需求的期望值和安全库存决定。单周期库存模型主要适用于需求只发生在较短的一段时间内，或库存时间不太长的商品的库存管理。

本章所涉及的模型，虽然都是对实际问题的抽象和简化，但依然有很高的应用价值。借助于计算机软件，如 Excel，可以简化求解的过程，减少工作量。

习题

1. 什么是库存？怎样认识库存的作用？

2. 不同类型的库存有哪些特点？

3. 3 种库存策略的含义是什么？

4. 简述 ABC 分类法的基本原理。

5. 不确定性需求下如何确定订货点？

6. 关于“库存”以下说法不正确的是(　　)。

A. 库存就是仓库里存放的东西

B. 库存是一种闲置的资源

C. 库存不仅浪费资源，还会掩盖管理中的问题

D. 人、财、物、信息等资源都有库存问题

7. 为了应付需求、生产周期或供应周期等可能发生的不测变化而设置的一定数量的库存是(　　)。

A. 独立需求库存　　B. 相关需求库存　　C. 安全库存　　D. 调节库存

8. 那些随机的、企业自身不能控制而是由市场所决定的需求产品的库存称为(　　)。

A. 独立需求库存　　B. 相关需求库存　　C. 安全库存　　D. 调节库存

9. *库存的作用有(　　)。

A. 能有效地缓解供需矛盾　　B. 改善服务质量

C. 节省订货费用　　D. 节省作业交换费用

E. 提高人员与设备的利用率

10. *按在生产过程和配送过程中所处的状态，库存可分为(　　)。

A. 独立需求库存　　B. 原材料库存　　C. 在制品库存

D. 相关需求库存　　E. 完成品库存

11. *随库存量增加而减少的成本是(　　)。

A. 缺货成本　　B. 储存成本　　C. 机会成本　　D. 损耗成本

E. 订货成本

12. 在库存管理的 ABC 分类法中，应尽可能从严控制的是(　　)。

A. A 类物品　　B. B 类物品

C. C 类物品　　D. B 类物品和 C 类物品

13. 固定间隔期订货系统的特点是(　　)。

A. 间隔固定、订货量固定　　B. 间隔固定、订货量不固定

C. 间隔不固定、订货量固定　　D. 间隔不固定、订货量不固定

14. 经济订货批量基本模型不包括下述哪项假设？(　　)

A. 一次订货费或调整准备费是常量　　B. 根据平均库存计算维持库存费

C. 库存回报是库存的减函数　　　　　　　　D. 提前期为常量

15. 因为平均库存水平低,定量订货系统更适用于低价格产品。(　　)

16. 按照 ABC 分类法,得出的 A 类物资总是占少数。(　　)

17. 价格折扣模型中,按最低价求得的经济订货批量如果可行,则一定是最佳订货批量(同时相应的总费用最低)。(　　)

18. 某机电公司每年大约使用 35 000 个芯片。每片芯片的年储存成本为 1 元,订货成本为 200 元。试求经济订货量。

19. 某企业生产中需要的某种配件自行生产,其年需求量为 24 000 个,每月可以生产 2 000 个。每次生产的准备费为 1 000 元,每个配件的年储存成本为 1.5 元。求生产的最佳批量。

20. 某快递公司每年使用某种规格的纸箱 18 000 个。每个纸箱的年储存成本为 0.5 元,订货成本为 70 元。供应商提出如表 11－4 的优惠条件。试求最优订货批量。

表 11－4

数量(个)	单价(元)
1 000 ~ 1 999	12.5
2 000 ~ 4 999	12.0
5 000 ~ 9 999	11.8
10 000 以上	11.5

21. 根据历史记录,春节期间某种礼品鲜花的市场需求量和相应概率如表 11－5 所示。设花店的进价为 7 元/盆,销售价为 12 元/盆。如果春节期间不能售出,就要以 2 元/盆的低价处理。问花店的最优订货量是多少?

表 11－5

需求量 d	0	10	20	30	40	50	60
概率 $p(d)$	0.05	0.10	0.15	0.25	0.20	0.15	0.10

22. 超市经过市场跟踪调查,某种品牌的冰激凌的日需求量近似于状态分布,均值为 210 盒/天,标准差为 20 盒/天。订货提前期为 2 天。假设超市愿意承担的缺货风险不超过 3%,问:应该有多少盒的安全库存?订货点是多少?

第十二章

现代生产方式

★ 学习要点与要求 ★

随着市场需求向着多样化、多变化方向发展，生产方式经过了“传统的大量生产方式—准时化生产方式—精益生产方式—敏捷制造和 CIMS”这样一个不断演进的过程。本章主要介绍现代生产方式的相关问题。读完本章后，你应能：

1. 了解各种生产方式的产生与发展。
2. 知晓准时化生产方式的基本含义与构成体系。
3. 清楚准时化生产方式的基本目标与实施方法。
4. 理解推式系统与拉式系统。
5. 掌握看板管理的基本原理。
6. 把握信息通信技术变革下生产方式的未来趋势。

第一节　现代生产方式概述

一、现代大量生产方式的兴起

制造业最初的生产方式是一种典型的手工单件生产方式。以汽车制造业为例，在其诞生的 1886 年后的 20 多年中，一直是以单件生产方式进行。汽车制造商根据顾客的要求，逐辆进行设计和生产制造。由于生产中没有标准，各辆汽车的零件尺寸、外形各不相同，不仅汽车的生产成本高昂，而且由于零件间不具有通用性和互换性，汽车的维修也相当困难。这种生产方式造成生产效率低、产量少、成本高，而且缺乏可靠性，易出故障。

1908 年，美国的亨利 · 福特推出了 T 型汽车，并且还基于零件的互换性和装配的简单化，提出了像生产别针和火柴那样生产 T 型车的“单一产品原理”。于是，福特汽车公司的生产方式发生了重大变革,这种变革后的生产方式被称为为大量生产方式。大量生产方式具有以下特点:对生产过程实行产品、工艺、装配的标准化和专业化;采用移动装配线装配汽车,以高效生产机床代替手工生产零件,并使用传送带输送汽车配件和总装;在劳动组织上对工厂操作进行广泛的技术分工,用熟练工代替技术工,并对工人进行技术培训;改革工厂组织结构,追求纵向一体化,把一切与制造汽车相关的工作都归并到工厂。

这种大量生产方式,使得福特汽车公司的劳动生产率大幅度提高,汽车成本也随之大为降低。如一辆 T 型车的生产时间从 1908 年的 514 分钟减少到 1913 年的 2.3 分钟,进而减少到 1914 年的 1.19 分钟;价格从 1908 年的 850 美元下降到 1926 年的 290 美元。所以,这种大量生产方式很快在汽车生产中取代了单件生产方式,成为主导。而且,由于成本的降低使市场对汽车的需求激增,又进一步推动了汽车工业的发展壮大。与此同时,福特的大量生产方式也在其他制造业领域得到发展和应用,使得制造业的生产方式发生了革命性的变革。美国也因此全面提高了劳动生产率,最终成为经济最发达的国家。

大量生产方式使产品的大量、快速生产成为现实,也使成本随着产量的增加而降低,从而满足了日益增长的社会需求。但是,这种生产方式也存在着明显的缺陷。

首先,生产缺乏柔性,难以适应市场对产品需求的变化。大量生产的生产观念以企业为出发点,而不考虑市场和顾客,只生产几种标准化的产品。另外,由于大量生产所需要的生产系统是以针对少数特定产品的庞大专用设备体系为主设计的,要生产其他产品就必须投入大量的人力、物力、财力进行大规模改造,困难极大。

其次,由于大量生产中产品的设计、生产以及工艺流程的制定均由工程师负责,工人的劳动分工过于简单、明确,不需要专门的技能要求,使得工人变成了“会说话的机器”,扼杀了工人的积极性。

因此,当市场需求日益向着多样化和多变化、社会向着人性化方向发展时,这种生产方式的弱点就日渐显露。

二、准时化生产方式的产生与发展

准时化生产方式的基本思想就是“只在需要的时候,按需要的数量,生产所需要的产品”,也就是“Just In Time(JIT)”一词所要表达的本来含义。这种生产方式的核心是追求一种无库存,或库存达到最小的生产系统,为此开发了包括“看板管理”在内的一系列具体方法,并逐渐形成了一套独具特色的生产经营方式。

第二次世界大战之后,日本确立了通过工业化实现全民就业的全国性目标,并在某些特定生产领域确立了赢得市场主导地位的战略目标定位,汽车工业首当其冲。日本汽车工业的技术设备虽然都是从美国引进的,但是并未完全照搬美国的生产方式。以丰田汽车公司的丰田英二和大野耐一为代表的工程师们通过对福特汽车公司工厂的参观与考察,意识到了大量生产方式的弱点,认为它不适于日本的国情:日本没有也不可能花费巨额的资金和外汇去购买大量的美国技术设备来建大规模生产的工厂;日本的国内汽车市场很小，但需求品种却相当多。所以，他们决定走一条适合日本国情的新路——准时化(JIT)生产方式。

汽车的生产需要大量的钣金件，美国汽车公司都采用“大批量生产—库存—使用”的模式。这不仅需要昂贵的设备、专门的技术人员，而且库存量极大，但又不能避免不合格产品的出现。丰田公司以此为突破口，通过大野耐一开发的快速换模技术实现了钣金件的小批量、低成本生产，打破了“批量小、效率低、成本高”的固有思维模式。

随后，丰田公司经过不断探索，又创造了具有独特风格的“看板管理”。大野耐一受超级市场的管理结构和工作程序的启发，认为可以把超级市场看作是生产线上的前一道工序，顾客作为后一道工序。当顾客(后一道工序)到超级市场(前一道工序)购买所需数量的所需商品(零件)时，超级市场可以通过一定的信息媒介及时掌握顾客所购买商品的品种和数量，及时发现货架上商品的变化，并通过及时补充商品确保“非常及时”地满足顾客对商品的需要。通过看板来实现“只在需要的时候，按需要的数量，生产所需要的产品”，这就是看板管理的基本思路。丰田公司首先在机械工厂试行看板管理，1962 年在全公司范围内推广，形成了独具特色的准时化生产方式(JIT)。丰田公司的准时化生产方式也伴随着看板管理一起在日本迅速、广泛地传播、应用开来。日本的其他汽车公司，如日产、东洋工业、三菱、本田等多家公司纷纷结合自己的实际情况仿效和学习准时化生产方式，逐渐形成了日本企业所共有的日本式汽车生产方式，带动了日本汽车工业及其相关产业的发展。到 1980 年，日本汽车年总产量达到了 11 000 多万辆，超过美国，取得了世界汽车市场的领先地位。

准时化生产方式是经过多年的反复试行而形成的包括经营理念、管理原则、生产作业计划以及人力资源管理等丰富内容的一整套完整理论与方法体系。随着市场环境向多样化方向的发展、竞争的加剧以及能源和原材料价格的持续上涨、工资水平的不断提高，准时化生产方式凭借其出色的应变能力以及对产品质量、成本、生产周期的有效控制，在越来越多地影响着汽车工业，以及整个制造业，带来了制造业生产方式的又一次革命性变革。

三、准时化生产方式的升华——精益生产方式

精益生产方式(Lean Production，LP)是美国在全面研究以准时化生产方式为代表的日本式汽车生产方式及其在其他国家的应用情况后，于 1990 年所提出的一种生产经营管理理论。

20 世纪 80 年代，市场环境发生了重大变化。一方面，资源价格继续上涨；另一方面，市场需求向多样化和个性化方向发展，产品生命周期越来越短，但对产品质量的要求却越来越高。这迫使企业的生产系统、制造技术必须适应这种新的形式。80 年代后期，随着日本汽车和其他许多行业竞争力超越美国，源于日本独特社会、经济、文化背景下的准时化生产方式日益受到美国和其他国家的重视。从 1985 年起，以美国麻省理工学院(MIT)教授为首、由日美欧各国 53 位专家组成的国际汽车项目(International Motor Vehicle Program，IMVP)，花费 500 万美元巨资，历时 5 年，先后调查了 15 个国家的 90

个汽车制造厂,对传统的大量生产方式与JIT生产方式进行了全面的比较和研究,并由James P. Womack、D. T. Jones和D. Roos在1990年出版了《改变世界的机器》(The Machine That Changed the World)一书,对精益生产方式进行了详细、全面的阐述。书中提出了一种较为完整的生产经营管理理论——精益生产理论,得出了精益生产方式是一种"人类制造产品的非常优越方式",它能够广泛适用于世界各个国家的各种制造企业,将成为21世纪制造业的标准生产方式。

四、敏捷制造(AM)和计算机集成制造系统(CIMS)/现代集成制造系统(CIMS)

(一)敏捷制造

20世纪90年代,信息化浪潮汹涌而来,知识经济方兴未艾。美国意识到必须夺回在制造业上的优势,才能保持国际上的领先地位。同时,由于文化背景和社会条件的差异,精益生产方式在美国企业的实施总是不尽如人意,美国便开始探讨新的生产方式和制造模式。

1991年,美国国会提出要为国防部拟定一个长期的制造技术规划,以解决国防制造能力问题。于是委托美国理海(Lehigh)大学亚科卡(Iacocca)研究所制定一个能同时体现工业界和国防部共同利益的中长期制造技术规划框架。理海大学为此邀请了国防部、工业界和学术界的代表,建立了以13家大公司为核心的、有100多家公司参加的联合研究组,并由通用汽车公司、波音公司、IBM、得州仪器公司、AT&T、摩托罗拉等15家著名的大公司和国防部代表共20人组成核心研究团队,长期在亚科卡研究所工作。联合研究组在1991年提交了名为《21世纪制造企业战略》的研究报告,首次提出了一种面向21世纪的新型生产方式——敏捷制造(Agile Manufacturing, AM)。报告的结论性意见是:全球性的竞争使市场变化太快,单个企业依靠自己的资源进行自我调整的速度很难赶上市场的变化速度。为了解决这个影响企业生存与发展的世界性问题,报告提出了以虚拟企业(Virtual Enterprise)或动态联盟为基础的敏捷制造模式。敏捷制造面对的是全球化的激烈竞争的买方市场,采用可以快速重构的生产单元构成扁平组织结构,以充分自治的、分布式的协同工作代替金字塔式的多层管理结构,注重发挥人的创造性,变企业间你死我活的竞争关系为既有竞争又有合作的"共赢(Win - win)"关系。

(二)计算机集成制造系统(CIMS)/现代集成制造系统(CIMS)

我们这里提到的CIMS包括计算机集成制造系统(Computer Integrated Manufacturing System, CIMS)和现代集成制造系统(Contemporary Integrated Manufacturing System, CIMS)。

1. 计算机集成制造系统(CIMS)。计算机集成制造系统是美国的约瑟夫·哈林顿(Joseph Harrington)博士1974年在《计算机集成制造(Computer Integrated Manufacturing)》一书中首次提出的,是20世纪80年代得到发展与成熟起来的一种先进的制造业生产模式。CIMS是通过计算机和自动化技术把企业的经营、销售、开发、设计、生产管理和过程控制等过程组合在一起的计算机集成制造系统。

CIMS 首先强调企业生产经营的各个环节,从市场需求、产品开发、加工制造、管理、销售到服务的一个整体,要紧密结合,系统考虑。其次,企业生产经营过程的实质是信息的采集、传递和加工处理的过程。CIMS 便是在这种理念指导下,通过生产、经营各个环节的信息集成,支持技术、经营管理的集成,进而由技术的集成进入人、组织的集成,最后达到物流、信息流、资金流的集成并优化运行。CIMS 是用信息技术、现代管理技术改造传统企业、提高企业市场竞争能力的一种生产方式。具体说,就是以企业选定的产品为龙头,在产品的设计过程、管理决策过程、加工制造过程、产品的质量管理和控制等过程采用各种计算机辅助技术和先进的科学管理方法;在计算机网络和数据库的支持下,实现信息集成,进而使企业优化运行,达到产品上市快、质量好、成本低和服务好的目的,以此提高产品的市场占有率和企业的市场竞争能力。

2. 现代集成制造系统(CIMS)。现代集成制造系统是我国科技人员在“863 计划”10 多年的实践基础上,从计算机集成制造系统发展起来的。它是将信息技术、现代管理技术和制造技术相结合,应用于企业产品全生命周期的各个阶段,通过信息集成,过程优化及资源优化,实现物流、信息流和价值流的集成和优化运行,达到人(组织)、经营和技术 3 要素的集成,以改善企业新产品开发的时间(T)、质量(Q)、成本(C)、服务(S)、环境(E),从而提高企业的市场应变能力和竞争能力。

与美国的 CIMS 相比,可以说,我国的 CIMS 无论在广度上还是在深度上都大大超过了哈林顿博士当初所设想的 CIMS。但是,很多时候也并不严格区分这两个“CIMS”。进入 21 世纪后,处于新技术革命浪潮冲击下的制造业正逐步向全球化、网络化、虚拟化方向发展,生产方式必将在此基础上继续发展。

(三)对等生产方式

我们所描述的对等生产(Peer Production),是哈佛大学法学教授尤查·本科勒(Yochai Benkler)用来描经济生产的一种新模式。这种模式强调的是通过大量人群的彼此协作来完成有价值的工作。这种生产方式是建立在一个优秀的信息平台基础之上的。维基百科是这种生产方式的典型表现。对等生产与公司生产完全不同,传统的公司生产强调由权力层级命令或者由市场来引导公司组织集中式生产。然而对等生产借助于网络信息平台,人们完全出于自我喜好,本质上不是为了获利而是为了让事物变得更美好而进行主动的生产。这种生产方式是互联网经济时代(尤其移动互联时代)一种崭新的生产方式。过去我们熟悉的等级体系在对等生产方式下已经难以适应快速变革的环境。对等生产意味着生产者自愿贡献生产组件,这些组件凭借使用者的自我整合进而形成一个有效的产品。生产者自愿生产的行为在信息高速发展的今天已经变得相当普遍,微博、微信等社交圈中的共享内容、新浪共享资料网中诸多免费的电子图书、相关创造社区所提供的很多专业的解决方案等都彰显着对等生产的价值。社会行为的价值性逐渐在网络平台上得以体现,本科勒认为“那些社会姿态惯常在空中消散,现在却变成了经济产品”。由个人及或松散或紧密的合作者进行的非市场化、非专有化的生产,在信息、知识和文化交换中所起的作用日益加大。这种生产方式自有其局限,例如很难依靠它建成铁路、种植谷物、运营核电站或者是创作伟大的小说,然而这种协作很容易在共享的产品如信息、知识和媒介中发挥力量。

推动协作的是新兴的网络技术。第一代万维网并没有依此而构建，对于比较大的互联网服务供应商来说，网络终端的人们只是网络商务的消费者，不参与网络的设计，利用“客户端/服务器”的等级架构，由集中化的服务器进行“一对多”的内容传送。然而今天，对等服务又回到了互联网。正式地讲，对等网络就是对互联网边缘资源的一种利用。文件共享、集体编辑、社交网络等社会性技术，使得网络中的个人能够自由地合作并打造集体智能。企业已经发现了对等生产的妙处：通过同遍布全球的用户分享自己的资源和知识，无论在研发、生产和销售等各个层面，它们都可以极大地提高生产力。为宝洁提供很大帮助的有一家叫做 InnoCentive 的网站，这个网站详细列出了一系列需要解决的科学难题，此外还附有报酬说明，谁能为这些难题提供行之有效的解决方法，将获得丰厚的现金报酬。这意味着，你只需在 InnoCentive 上注册，就可以和来自全世界的其他 9 万名科学家共同帮助宝洁和其他公司解决研发方面的难题，并得到现金回报。而 InnoCentive 只是众多将科学家和公司在寻求革新的过程中所遇到的研发挑战联系起来的创新性工作场所之一。宝洁和其他几千家公司需要从这些工作场所得到思想、发明和人才来创造市场中的新价值。已经被全球诸多国家和谷歌(Google)等跨国公司采用的开放源代码软件证明，即使在没有市场激励的条件下，那些可以向微软发起挑战的操作系统和网络浏览器依然可以被编制出来，对等生产的应用也远远超出了软件开发。

社会和文化上的对等生产是人类运用参与性工具改变社会、经济和文化系统的具体方法。如果对等生产是公司和市场之外的第三种组织经济运行的主要方式，那么新生产系统的本质是什么？对于 21 世纪的我们来说，它对人类的生活和精神有何影响？这些都是值得人们长久思之的问题。

第二节 准时化生产方式

准时化(JIT)生产方式，其实质是一种生产管理技术，是各种管理思想和方法的集合，而且这些方法都从各个方面来实现其基本目标。所以，准时化生产方式具有一种反映其“目标－方法”关系的体系。这个体系包括准时化生产方式的基本目标以及实现这些目标的各种方法，也包括这些目标与方法之间的相互内在联系，如图 12－1 所示。

一、准时化(JIT)生产方式的基本目标

准时化生产方式把获取利润作为公司的基本目标，而基本目标的实现有赖于成本的降低，也就是彻底消除浪费的实现程度。

准时化生产方式推行者大野耐一的信条是：“企业现有生产能力＝产出＋浪费”。这个公式不是要求我们去仔细核算企业的生产能力，而是要我们去发现和消除浪费及

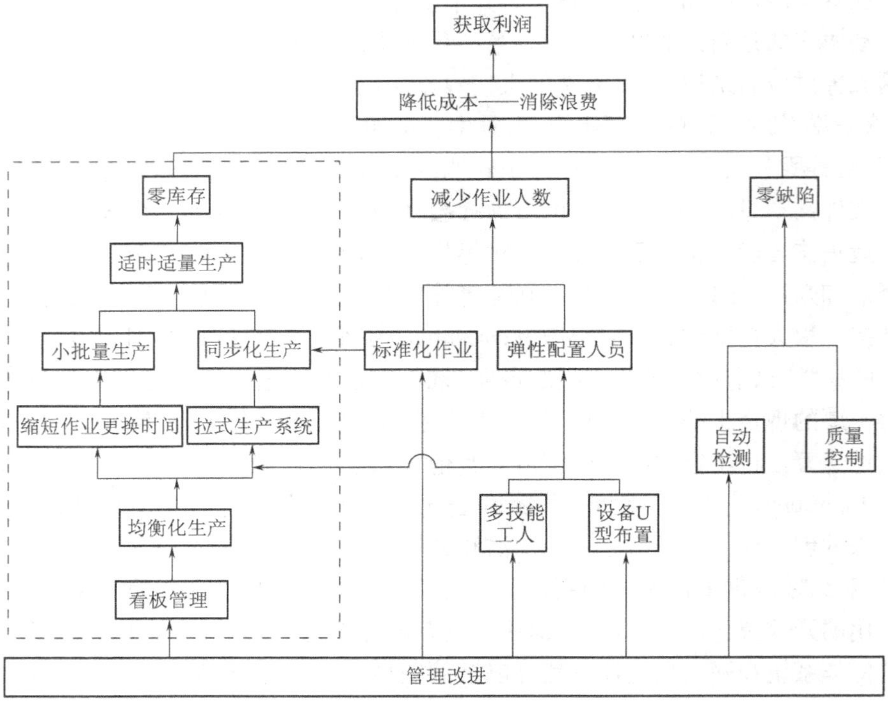

图 12－1　JIT 生产方式的构成体系图

其根源。准时化生产方式就是靠不断消除浪费来实现效率、效益最大化的。

在 JIT 理念中,浪费就是“除对生产不可缺少的最小数量的设备、原材料、零件和工人工作时间外的任何东西”。具体说,浪费主要包括:①过量生产的浪费;②等待时间的浪费;③运输的浪费;④库存的浪费;⑤动作的浪费;⑥工序(过程)的浪费;⑦产品缺陷的浪费;⑧管理的浪费。

消除浪费需要借助于一定的方法。

二、准时化生产方式的基本方法

为了达到消除浪费、降低成本而获得利润的目标,准时化生产方式的基本方法可以概况为以下几个方面。

(一)零库存

传统的观点认为,库存可以在生产过程中起缓冲作用,物流中断、设备故障、出现不合格产品时,库存可维持生产的连续性。而准时化生产方式认为,库存是对资源的闲置,不仅会造成浪费,还会将许多管理不善的问题掩盖起来,使问题得不到及时解决,就像水掩盖了水中的石头一样。例如,设备经常出现故障、设备调整时间过长、设备能力不平衡、工人缺勤、备件供应不及时等问题,由于库存水平高,不易被发现。零库存虽然不可能完全做到,但是持续减少库存应该是没问题的。准时化生产方式要通过不断减少各种库存来暴露管理中的问题，进行无休止的改进。

适时适量生产就是针对零库存目标提出的，具体方法有以下几种：

1. 生产均衡化。在准时化生产方式中，生产均衡化是实现适时适量生产的前提。所谓生产均衡化，就是要求企业的物流完全与市场需求同步，即从采购、生产到发货各个阶段的任何一个环节都要与市场合拍。只有实现生产均衡化，才能持续减少以至消除原材料、外购件、在制品与成品的库存。

要供给与需求完全同步，是十分困难的。实施混合生产方式有利于实现均衡化。例如，按市场需求，某企业一个月要生产 A、B、C、D 四种产品，产量分别是 800、600、400、200 件。如果一个月内按 A、B、C、D 的次序每种产品各生产一次，虽然可以节省作业更换时间，但存在很大缺陷：一方面，由于一些产品一时供大于求，销售不出去，造成积压；另一些产品一时供小于求，很难满足市场需求。所以，无论如何都会造成浪费和损失。另一方面，由于一段时间内只集中生产一种产品，可能一部分车间、设备高负荷运行，一部分工人加班加点，某些原材料和外购件供应不足。相反，另一部分车间、设备负荷不足，工人无事可干，某些原材料和外购件大量积压，造成浪费。如果减少批量，每天生产 A 产品 32 件、B 产品 24 件、C 产品 16 件、D 产品 8 件，相当于一个月（25 个工作日）重复 25 次，情况会明显好转。进一步，如果按照“4A－3B－2C－1D”的顺序生产，0.125 个工作日重复一次，一个月重复 200 次。这就是混合生产。再进一步，如果能够按照单件产品进行安排，就有利于实现 JIT 的适时适量生产，达到生产均衡化的要求。

2. 生产同步化。生产同步化，就是各道工序之间不设置仓库，某一工序加工结束后，便立即转到下一工序，装配线与机械加工几乎同步进行，产品被一件一件地连续加工出来。在铸造、锻造、冲压等必须成批生产的工序，则通过尽量压缩作业变换时间来竭力缩小生产批量。

生产的同步化可以通过“拉式生产系统”（后面将详细阐述）来实现，即“每道工序只有在需要的时候才到前工序领取零件进行生产，而前工序只按被领走的数量和品种进行生产”。这时的最后工序，即总装配线，成为生产的出发点。生产计划只需下达给总装配线，以装配为起点，在需要的时候向前工序领取必要的零件，前工序在提供了必要零件后，为了补充被领走的量，再向更前一道工序领取所需要的零件。这样一层一层向前工序领取，直到粗加工以及原材料部门，把各道工序都连接起来，实现同步化生产。

同步化生产还需要通过采取相应的设备布置方法以及人员配置方法来实现。与机械工厂中通常所采用的按照车、铣、刨、钻、磨、镗等工业专业的生产组织形式不同，采取对象专业化的组织形式，按照产品的加工顺序对设备进行 U 型布置，同时安排“多面手”型工人操作。

还需要指出的是，在多品种和需求不均衡的条件下实行小批量混合生产时，由于生产工艺路线不同，很容易发生瓶颈作业。这时，可以从改进产品设计和工艺入手，提高零件的通用性和标准性，推行成组技术；同时，通过专用设备通用化（所谓专用设备通用化，是指在专用设备上添加一些夹具使之能够加工多种不同的零件或产品）和标准化作业（标准化作业，就是将作业环节内每一个作业人员所应承担的作业内容标准化）

来使成组加工单元的设备具有一定的柔性。这样就可以使瓶颈作业和瓶颈环节数量大大减少，为同步化生产创造条件。

3. 缩短作业更换时间。小批量生产的理想状态是零件（产品）在各工序一件一件地进行生产，一件一件地运往下道工序直至总装配线，即单件生产单件运输。这在装配线以及机加工工序是较易做到的，但在铸造、锻造、冲压等工序就不得不以批量进行。这几种工序若用单件生产方式生产，其生产的单件成本极高、工期也长。为了实现全部生产过程的准时化，需要根据这些工序的特点，尽量减少生产批量。但这样会使得作业变换频繁，因此，缩短作业变换时间就成了实现小批量生产的关键。

一般认为，缩短作业更换时间是一个技术问题，其实不尽然。准时化生产方式的实践表明，至少50%的作业更换时间的节省，不需要技术方法，仅采用管理方法就能达到。作业更换时间主要包括内部更换作业、外部更换作业和调整所花费的时间，如果能够按如下的原则有效安排，就可以达到预期的目的：

（1）区分内部更换作业和外部更换作业。所谓内部更换作业，是指必须使机器停下来进行调整、装卸等的作业更换工作；而外部更换作业，是无须使机器停止的作业更换准备工作，如模具、工夹具的准备、整理等。这是一种最基本的区分，越是能够更多地区分出外部更换作业工作，缩短作业更换时间的效果就越显著。

（2）将内部更换作业转化为外部更换作业。这方面也有许多潜力可挖，例如，必要时用增加并列设备的方法，在并列的设备上进行作业更换准备工作，然后在两台设备间进行切换，从而将内部更换作业完全转化为外部更换作业。

（3）省去调整环节。理想的状态是只安装、不调整。在机械加工中，调整夹具、定位往往占去许多时间，而采用模具，就可将大部分调整时间省去，还能确保加工质量。另外，还应在关键工作中心采用数控机床和数控加工中心，以自动完成定位、换刀和加工程序的转换。

准时化生产方式实践表明，缩短作业更换时间，是实现小批量以至单件流水生产的关键。例如，一般认为冲压工序的作业更换时间是比较长的，因而加工批量较大。但丰田汽车公司的冲压工序的作业更换时间，1954 年以前为 2 ~ 3 小时；到了 1964 年减少到 15 分钟；而 1974 年以后，减少到 3 分钟，因而实现了小批量加工生产。作业更换时间的缩短，带来了生产批量的缩小，使工序之间的在制品库存量减少，生产周期缩短，同时还可起到降低资金占有率、节省保管空间、降低成本、减少不合格品的作用。

（二）减少作业人员

在人力成本越来越高的今天，降低工资成本也是降低成本的一个重要方面，可以通过减少作业人员的方法达到这一目的。具体说，就是实行标准化作业和弹性配置人员。弹性配置人员，即“少人化”，就是根据计划生产量的变动，随时增减各道工序、各条生产线上的作业人数以及用尽量少的人力完成较多的生产。实现少人化可以从两个方面着手：其一是利用设备的布置方式使一人看管多台设备，如设备的 U 型布置；其二就是培养工人成为具有多种技能的、对各道工序都熟悉的“多面手”。培养多面手的方法很多，其中“岗位定期轮换”是主要方法。

设备的U型布置模型，如图12－2所示。U型布置的本质在于生产线的入口和出口在同一个位置，灵活增减人员主要靠此来实现。

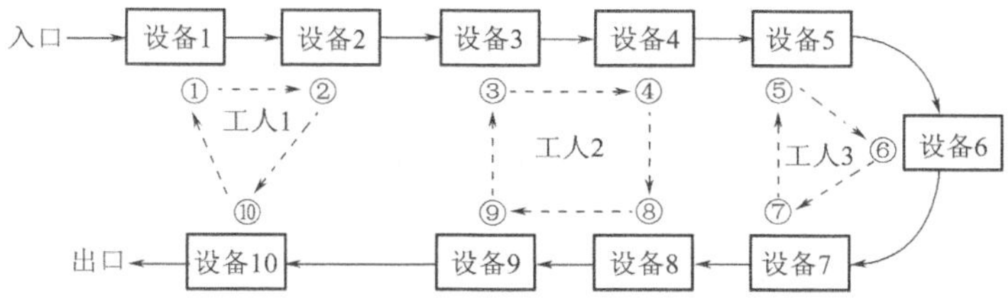

图12－2　设备的U型布置图

在这种布置中，当一个加工完了的产品从出口出来时，一个单位的原材料也被从入口投入了，两方面的作业是由同一作业人员按同一生产节拍进行的，既实现了生产线的平衡，也使生产线内待加工的产品数保持恒定。另外，由于已经明确规定了各道工序待加工的产品数，即使出现不平衡的情况，也能很快发现并及时调整。

（三）零缺陷

传统质量管理方法认为，质量与成本之间具有强相关性，要提高质量就要用人力、物力来保证，所以不合格产品的产生是不可以避免的，只要将其控制在允许的范围内即可。但在准时化生产方式中，却一反这一思维定式，认为通过把质量管理贯穿于每一道工序是能够使提高质量和降低成本同时实现的，其方法是实现质量检验的“自动化”。即在生产组织中融入以下两种机制：其一，使设备或生产实践能够自动检测不合格产品，一旦发现异常或不合格产品就自动停止设备（生产线）运行。为此在设备（生产线）上开发、安装了能使设备（生产线）随时停止运行的产品质量检测装置；其二，贯彻一种“以人为中心”的管理思想，设备（生产线）上的作业人员有权自行停止运行出现质量问题的设备（生产线）。这样不合格产品一出现就会马上被发现，防止不合格产品的重复出现或累积出现，从而避免可能由此造成的更大的浪费。而且一旦发生异常，生产线或设备就立即停止运行，易于找到发生异常的原因，从而能够及时采取有针对性的措施，防止类似异常情况的再次发生。

在通常的质量管理中，对产品的检验是在最后一道工序进行的。如有不合格产品则进行返工或作其他处理，而尽量不让生产线中途停止。但是，在准时化生产方式中却认为这恰恰是不合格产品大量或重复出现的主要原因。因为如果发现问题后不立即停止的话，问题就得不到暴露和解决，以后也难免再出现类似问题。反之，如果一旦发现问题就使设备（生产线）停止运行，并立即对异常现象进行分析，就能把问题解决在萌芽状态。

三、看板控制系统

看板管理是在大量重复性生产中实现适时适量生产的一种简单而又有效的方法。看板管理最初由丰田公司在20世纪五六十年代首先提出并在全公司内推广，到70年代已经扩展到汽车工业以外的其他制造业。虽然在具体实施中的做法有所不同，但其基本思想是一致的。看板管理采取了与传统的生产环境不同的拉式系统。

（一）推式系统与拉式系统

制造业的产品一般采用加工装配方式进行生产，产品大都由许多零件构成，每个零件要经过多道工序加工。要组织生产，生产指令的发送方式一般分为推式系统（Push System）和拉式系统（Pull System）两类，如图 12－3 所示。

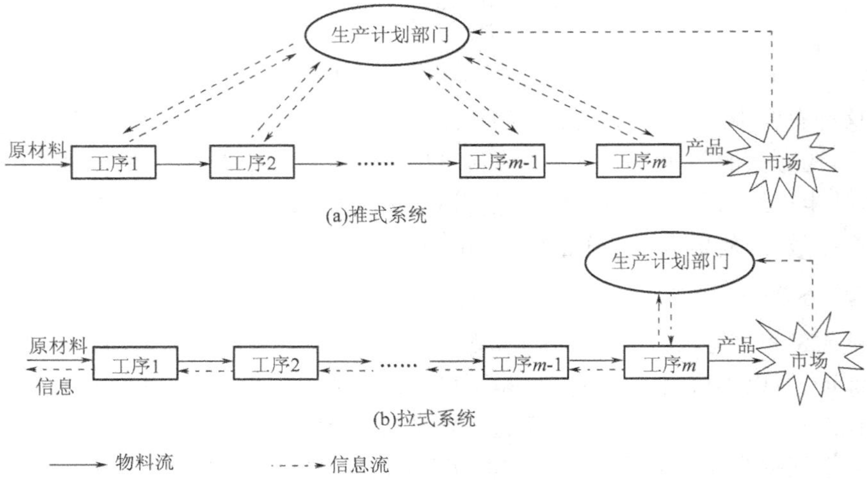

图 12－3　推式系统与拉式系统

1. 推式系统。推式系统，是一种在传统生产环境下广为采用的生产系统，如图 12－3(a)所示。企业的计划部门根据市场对产品的需求，逐一计算每种零件的需求量和生产提前期，确定相应的投入产出计划，并按照计划向每道工序（车间、生产运作中心）发出生产和订货指令；而每道工序都按照计划进行生产，在不知后续工序是否需要的情况下，将加工完的零件“推”到后续工序，同时将实际完成情况反馈到生产计划部门。MRP 系统就是典型的推式系统。

2. 拉式系统。准时化生产方式采用的拉式系统与之相反，由市场需求信息拉动产品装配，再由产品装配拉动零件加工，如图 12－3(b)所示。生产计划部门根据市场需求信息向最后一道工序下达生产计划，而最后一道工序按照当时的需要向前工序提出要求、发出生产指令，前工序只按照这些指令进行生产，其余依此类推。这样的生产过程实际上是根据工艺按照顺序逐一“拉动”前面的工序，直至拉动“工序 1”，甚至是原材料的供应商。在这种拉式系统中，“拉动”是靠看板管理来实现的，看板起到了生产指令的作用。

从理论上讲，在推式系统环境下，计划部门按照市场需求统一安排生产计划并下达生产指令的方式，能够很好地按照计划完成生产任务。但是，实际上，由于误差和不确定性因素的影响，即使是比较完善的 MRP 系统也很难做到适时适量生产。

在拉式系统下，每道工序都根据需要进行生产，以动态响应模式建立联系。“每道工序只有在需要的时候才到前工序领取物料进行生产，而前工序只按被领走的数量和品种进行生产。”推而广之，原材料供应商或协作厂都按照这样的逻辑方式在正确的时间、按照所需要的品种与数量进行生产，就可以逐步实现准时化生产。

（二）看板管理

看板管理是一种生产运作现场的物流控制系统，是实现适时适量生产的管理工具和手段。看板管理涉及看板、组织方式、使用规则和要求等内容。

1. 看板的类型。看板，又称传票卡，其实就是一种记录并传递生产信息的工具。实际生产中，小卡片、小圆球、计算机终端都可以作为看板来使用。常用的看板主要有两种：移动看板（取货看板）和生产看板。

（1）移动看板。移动看板用于指挥零件在前后两道工序之间移动。当放置零件的容器从前工序的出口存放处运到后工序的入口存放处时，移动看板就附在容器上。当后工序开始使用其入口存放处容器中的零件时，移动看板就被取下，放在移动看板盒中。当后工序需要补充零件时，移动看板就被送到前工序出口存放处的相应容器上，同时将该容器上的生产看板取下，放在生产看板盒中。移动看板只是在前工序出口存放处与后工序的入口存放处之间来回移动。每个移动看板只对应一种零件和一定的标准容器，其形式如图 12－4（a）所示。

前工序：________ 出口存放处号：___	零件号：____________ 零件名称：__________ 单位容器容量：________ 看板号：第X张/共计Y张	后续工序：_______ 入口存放处号：___

(a)移动看板

送： __________ 工序 ___ 号入口存放处	零件号：____________ 零件名称：__________ 数量：____________	其他相关信息：

(b)生产看板

图 12－4　看板形式示意图

（2）生产看板。生产看板用于指挥工作地的生产，规定所要生产零件的种类和数量，只在工作地和工作地的出口存放处之间往返。当后工序转来的移动看板与其出口存放处容器上的生产看板对上号时，生产看板就被取下，放入生产看板盒内，同时该容器（放满零件）连同移动看板一起被送到后工序（即需方）入口处存放。该工作地的工人按顺序从生产看板盒内取走生产看板，并按生产看板的规定，从该工作地的入口存放处取出需要加工的零件进行加工，等加工完规定的数量后，把生产看板挂到容器上，在出口存放处存放。生产看板的形式如图 12－4（b）所示。

2. 看板组织生产的方式。我们这里以图 12－5 来说明看板如何组织生产。假设生产只有 3 个工作地，其中的 3 号工作地为最后的装配工作地。

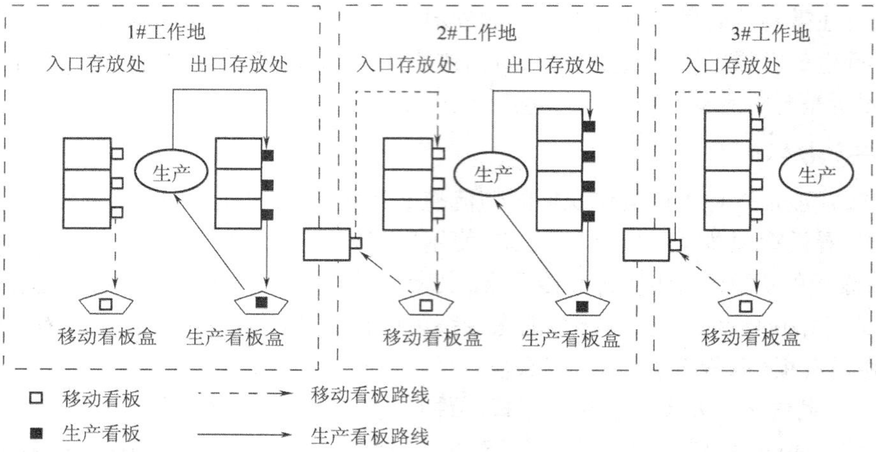

图 12－5　看板组织生产的方式原理图

产品的装配是按照由市场需求信息所确定的生产计划进行的。当需要装配某产品时，3 号工作地就发出移动看板，按移动看板规定的工作地及出口存放处号，找到存放所需零件的容器。将容器上挂着的生产看板取下，放到 2 号工作地的生产看板盒中，并将移动看板挂到该容器上，将容器运到 3 号工作地的入口存放处的相应位置，供装配使用。2 号工作地的工人从生产看板盒中取出一个生产看板，按生产看板的规定，到 2 号工作地的入口存放处找到放置所需零件的容器，将该容器上的移动看板放入 2 号工作地的移动看板盒中，在工作地从容器中取出零件进行加工。当生产的数量达到标准容器的要求时，则将生产看板挂到该容器上，将容器放于 2 号工作地的出口存放处规定的位置。同样，将 2 号工作地的移动看板送到 1 号工作地的出口存放处，取走相应的零件。按同样的方式，逐步向前推进，直到原材料或其他外购件的供应地点。

3. 看板数量的确定。实行看板管理还需要确定看板的数量。生产某种零件的看板数由移动看板数和生产看板数两部分组成，其计算公式如下：

$$\begin{cases} N = N_m + N_p \\ N_m = DT_w(1 + A_w)/C \\ N_p = DT_p(1 + A_p)/C \end{cases} \tag{12-1}$$

式中：N——看板数量；

N_m——移动看板数量；

N_p——生产看板数量；

D——零件的日需求量；

T_w——零件的等待时间（日），即移动看板的循环时间；

T_p——零件的加工时间（日），即生产看板的循环时间；

C——标准容器的容量，即容器中能够放置零件的数量；

A_w——等待时间的最大延迟；

A_p——加工时间的最大延迟。

【例 12－1】 看板数量的确定

假设某车间每天生产运行 8 小时。零件 A 的需求量 $D=10\ 000$ 件/天，标准容器的容量 $C=200$ 件/箱。如果 $T_w=4$ 小时，$T_p=2$ 小时，且 $A_w=A_p=0.2$，试求所需的看板数。

解：

由题意可知，$T_w=4/8=0.5$ 天，$T_p=2/8=0.25$ 天，所以，根据式(12－1)有

$$N_m=10\ 000\times0.5\times(1+0.2)/200=30(\text{张})$$

$$N_m=10\ 000\times0.25\times(1+0.2)/200=15(\text{张})$$

即：需要移动看板 30 张，生产看板 15 张，共计 45 张。

4. 实行看板管理的前提条件、基本要求及其原则。实行看板管理有助于适时适量生产的实现，但却有一定的条件、要求和原则。

(1)实行看板管理的前提条件。实行看板管理需要满足一定的前提条件，其中最基本的就是要求对设备重新安排和布置，使每个零件只有一个来源，零件在加工过程中要有明确的移动路线，并且每个工作地要设置两个存放处——入口存放处和出口存放处，把仓库搬到生产现场。这是实行看板管理的一个基本前提，深入探讨请看下一节。

(2)实行看板管理的基本要求。看板管理的基本要求主要包括以下几个方面：

一是后工序的取货人员在前工序的出口存放处领取零件之后，应立刻将挂在容器上的生产看板取下，并按照取下的顺序放到生产看板盒内。取件人员同时还要将必要数量的空容器放置在前工序的指定存放位置。

二是取货人员每取下一张生产看板，必须相对应地挂上一张移动看板。当这两种看板在交换之际，取货人员必须小心核对，以确保取到的零件与要取的零件一致。

三是后工序在开始进行生产时，必须将容器上的移动看板取下并放入移动看板盒内。

四是前工序在生产时必须依照生产看板盒内生产看板的顺序、数量进行生产。

五是加工完的零件应放置在相应的容器中，容器装满后应挂上生产看板，放到出口存放处的指定存放位置，以便后工序取货人员能在任何需要的时刻取到。

(3)实行看板管理的原则。实行看板管理还要坚持如下原则：

一是后工序只有在必要的时候才向前工序领取必要数量的零件。为了实行这一原则须做到不见看板不发货；领取的零件数不得超过看板规定的数目；看板必须跟着零件走，无看板不生产不搬运。

二是前工序应该只生产适当的数量，以补充后工序取走的零件。为实现这一原则，必须使生产的零件数目不超过看板上的数目。当前工序生产多种零件时，必须按照看板送来的先后顺序安排生产，以防耽误后工序对其他零件的需求。

三是要使用标准容器，不允许使用非标准容器或虽使用标准容器但不按标准数量放置零件。

四是不合格的零件不能送往后工序。因为后工序无零件储备，而一旦后工序发现不合格零件，又必须立即停止生产线找出不合格零件，所以向后工序输送不合格零件必

将影响整个生产线的运行。

五是看板的使用数目应尽量减少。一种看板的使用数目决定了该种零件的最大储备(库存)量,而库存量大于必要库存标准时,就会产生浪费。

只有如此,才能形成拉式生产系统,才能使每道工序都为后工序适时适量地提供所需要的零件,每道工序才能适时适量地从前工序得到所需的零件,使物料从原材料加工到成品的最终装配同步进行,实现准时化生产。

第三节　实施准时化生产方式的基本条件

准时化生产方式作为先进的生产管理技术和管理理念在世界上广为流传,我国也不例外。许多企业在日益激烈的竞争中急于寻找出路,准时化生产方式因其具备既能降低成本(零库存)又能缩短交货期(准时化)的特点受到许多企业管理层的重视。但是,学习和实践国外的先进管理技术需要对其实施条件进行分析与研究。

准时化生产方式通常被称为丰田生产方式,其目标是使企业实现"只在需要的时刻,按需要的数量,生产所需要的产品"。丰田生产方式的管理思想从理论上讲既可适用于任何类型的制造业,也可适用于服务业中的各种组织。但是丰田生产方式毕竟是从一家企业的实践经验总结出来的,它不可避免地与丰田公司的经营条件有着密切的联系。认识不到这一点,盲目地照搬模仿,有可能付出不必要的代价。

一、均衡化生产

均衡化生产是实施准时化生产方式的第一个基本条件。均衡化生产的含义是单位时间生产的品种和数量保持恒定。

丰田公司的生产系统是典型的拉式系统,即用后道工序"拉"前道工序的方法取代传统的用前道工序"推"后道工序的方法。传统的生产系统是推式系统。推式生产系统的缺点是:生产出零件推向下一道工序,部件组装推到总装。如果每道工序都顺利,全部零部件都能顺利完成,总装就可按期完成,但是只要一道工序出现延误,就会使总装延误,因此需要留有缓冲时间和缓冲存货,很难实现在制品的零库存。

而拉式生产系统正好相反,根据总装的需要从前道工序取所需数量的部件,部件装配向前道工序取适当数量的零件,这样一步步"拉"到原材料供应。如果是外购零部件,就"拉"到供应商。工序间是"供-求"关系,前道——供、后道——求,后道不取、前道不供,从销售到总装,反推到进料、供应商。如果后道工序取料的时间、数量、品种经常无规律地变动,就会使前道工序无所适从,这时就不得不准备充足的存货以应付变动。为了避免发生这样的变动,就必须使最后一道工序的变动最小才能实现准时化。然而最后一道工序是销售,也就是说,必须使销售量的变动最小,或者说,企业可以控制市场。如果市场需求量的波动太大,均衡化生产很难保证。一般企业做不到这一点,既要生产均衡化,又要零库存,只有一种情况才能够实现,即生产出来的产品不愁卖不出去。

二、完善的质量控制体系

完善的质量控制体系是实施准时化生产方式的第二个基本条件。生产系统中的每一道工序和每一个环节都会对产品的制造质量产生直接的影响。如果在生产过程中出现次品、废品、残品,同样需要留有缓冲时间和缓冲存货,既不能实现零库存,也不能实现准时化。因此,要保证准时化生产的实现,就必须在产品的制造过程之中保证质量,要求从原材料到半成品再到产成品的全部过程具备完善的质量控制体系,确保每一道工序向下道工序输送100%合格的零部件在制品。在零部件在制品"零库存"的生产系统中,只有确保每一个在制品的质量合格,才能实现准时化生产。

丰田生产方式的质量控制体系是通过自动化(Jidoka)和自律化(Autonomation)实现的。这里的自动化不是指加工装配的自动化,而是指在生产过程中即将出现问题或不良品时自动报警,即生产警报系统,其通过高悬在工作现场上方的一组灯对将要发生的问题自动发出警报。这组灯叫"行灯"(Andon)。行灯,也称"安童",当生产出现问题时指示灯变黄或红。黄灯表示出了问题或短时延误,红灯表示发生较严重的问题使生产线停止。

自律化意指自动识别生产过程中的缺陷。自律化也是实现丰田生产方式的重要方面,因为准时化生产方式高度依赖没有延迟的生产过程,所以生产无缺陷零部件至关重要。又由于没有应付生产停顿的缓冲库存,因此出现不良品会导致生产过程的停顿甚至造成生产秩序的混乱。自律化可保证一旦在生产过程中产品出现缺陷或出现不合格品,就会自动/手动停止整个生产系统的运作。

自律化分为自动化生产条件下的自律化和非自动化生产条件下的自律化。自动化生产条件下的自律化是指在自动化生产线中的一连串自动作业中有许多自动检查装置,每当出现缺陷,"自动化"就停止作业,同时启动开关使车间上方的"行灯"变成红色。此时整个生产线都会停下来,直到找到原因并解决完问题之后才继续运转。"行灯"提醒员工注意问题而不是扩大问题。当"行灯"亮时,不是一两个人的责任,而是工作现场所有员工的责任。一般"行灯"只亮几秒钟。如果一个车间或生产线的"行灯"亮的时间过长,说明那个车间还不具备实行准时化生产的条件。

非自动化生产条件下的自律化是指在手工作业的生产系统中主要靠工人自检和互检,即检查上道工序。如果一个工人通过目测或仪器测量发现缺陷,就要停止作业,启动开关使生产线停下来,同时行灯自动变成红色(而不是将不良品挑出来再接着干)。直到全体人员找到原因解决完问题为止。手工作业运行良好的车间"行灯"也很少有亮10秒钟以上的时候。如果"行灯"总是亮,也表示还不具备实行准时化生产的条件。

试想一下,如果一个工人发现了一个不良品将其挑出来而不停止生产线的运作,他就需要往生产线上添加一个合格品,否则就不能实现"在需要的时刻,按照需要的数量,生产需要的合格产品"。而添加合格品则需要事先建立合格在制品库存,这又违背了"零库存"的管理理念。如果一个生产系统不能实现无缺陷生产,"行灯"总是亮个不停,生产线不断停顿,也不能实现“在需要的时刻,按照需要的数量,生产需要的合格产品”。

三、最终产品生产企业与分包协作企业所处地域相对集中

最终产品生产企业与分包协作企业所处地域相对集中是实施准时化生产方式的第三个基本条件。尽管现代运输技术使货物运输的可靠性大为提高,但是天气、自然灾害、事故等不可预见因素的存在使运输的准时性不可能达到100%,距离越远,准时性越差。如果总装配厂与零部件协作配套工厂的距离太远,零部件的运输无法保证100%按时到达,零库存和准时化也就无法实现。

丰田汽车约80%的零部件是由分包协作企业生产供应的,但是这些分包协作企业大都坐落在丰田汽车公司的所在地——爱知县的丰田市。丰田市的市区东西宽22公里,南北长24公里,是爱知县境内面积仅次于名古屋的新兴工业城市。丰田市没有所谓的闹市,除了银行和几家商店以外,其余的一切都与丰田有关。丰田市拥有分属于144家公司的160个工厂,其中86家公司的104个工厂是生产汽车及汽车零件的。这些工厂以丰田汽车公司总厂为中心一环一环地分布,形成了一个直径10公里,面积80平方公里的丰田工业区。区内公路纵横交错,很便利地将丰田公司的汽车总装配厂与生产汽车零部件的工厂连接起来。

丰田公司在这种特殊的地理条件下形成自己的生产组织体系,整个生产过程被专业化分工分割为数目众多的生产加工单元(工序及协作企业)。这些数目众多的生产加工单元又由在一个相对狭小的地域内的专业化协作环紧密地连接起来,从而形成一个相距不远,但又分属不同经济实体的有机整体。这样的生产组织体系使丰田公司的库存大幅度降低。根据美国MIT国际汽车研究小组的调查,丰田汽车公司任何零部件在制品的库存时间只有2~3小时,而且库存备用品几乎为零。其次,丰田公司的产品生产周期被大大缩短了。同样的调查表明,丰田汽车公司每部汽车的平均总装时间为19小时,而美国厂家需要27小时,西欧厂家平均需要36小时。

尽管这样的生产组织形式具有很高的效益,但这同时也增加了丰田公司对其分包协作企业的依赖性。因为,生产体系中无论哪个环节出现问题,都会影响生产体系的整体功能。1997年2月1日,为丰田公司制造刹车和离合器踏板的唯一一家工厂失火,丰田公司由于零件短缺被迫停产两天,一周后的汽车产量还未恢复到原有水平。

由此可见,任何企业要想实现准时化生产,则每一个生产加工单元都必须严格地按照“在必要的时刻、按必要的数量生产必要的产品(或零部件)”的原则进行工作。换言之,要在总装厂实现“在市场需要的时刻,按照需要的数量,装配出市场需要的汽车”的要求,就必须要求各生产工序和各协作企业做到“在总装厂需要的时刻,按照需要的数量,加工生产所需要的零部件”,这就从客观上要求分包协作企业群不能距离最终产品生产企业太远。如果太远则很难实现准时化生产。

丰田公司以“工厂集中”为特征的地域性分工协作,为实施准时化生产提供了一个无法替代的天然基础,它所产生的“集中效应”对于准时化生产方式来说是非常难得的。反观我国,像丰田公司那样的地域性分工协作很少,企业为了寻求成本优势,零部

件的分包协作企业与最终产品生产企业越来越远。同时,由于受交通运输条件的制约,原材料、零部件不能按时送达的情况时常出现,从而使企业出现停工待料。这样"零库存"、"准时化"就很难实现。

上述3个条件如果同时存在,准时化生产方式方可实施并能产生良好的效果,否则就得冒效果不良或失败的风险。

第四节 其他现代生产方式

我们这里将就精益生产方式、敏捷制造、CIMS和大规模定制作一简单介绍。

一、精益生产方式

(一)精益生产方式的基本思想

精益生产,即Lean Production,其中"Lean"的本意是"消瘦的、没有肉或脂肪的,瘦的",其引申含义是"无多余,包含很少富余或损耗的;少量的"。这深深体现了对精益生产方式基本思想的概括。其实,精益生产方式的基本思想都是与"Lean"相联系的:

1. 减少管理层次,缩短决策路径,把责任和权力下放到生产第一线。
2. 杜绝一切浪费,制止盲目生产和无效劳动。
3. 持续改进,追求卓越。
4. 以用户为导向,与协作厂商建立长期的、稳定的供应链。

(二)精益生产方式的主要内容

精益生产方式的内容范围不仅是生产系统内部的运营管理,而且包括从市场预测、产品开发、生产制造管理(涉及生产计划与控制、生产组织、质量管理、设备保全、库存管理、成本控制等多项内容)、零件供应直至营销与售后服务等一系列活动。其内容可以概括如下:

1. 产品开发。精益生产的产品开发是一种通过"主查"制矩阵式组织形式,依托标准部件和模块化设计,以并行工程(Concurrent Engineering,CE)方式进行的同步式产品开发。

(1)"主查"制矩阵式组织形式。这实际上是一种项目管理方式,"主查"就是项目负责人。项目组成人员分为核心成员与非核心成员两种,前者始终参与开发活动,后者只在需要时才参与开发。矩阵式组织形式有利于协调各部门资源,提高开发效率,缩短开发周期。

(2)标准部件和模块化设计。采用标准部件可以减少需要处理的部件种类,模块化设计可以简化采购、生产和装配工作,以便降低成本、提高效率。但是,标准化和模块会影响产品的多样化,对此精益生产采用"延迟差别"策略应对,即在部件的同一位置留下插口,以便根据用户的不同需求安装相应的组件,而且还可以在接到订单后立即安装,快速交货。

(3)并行工程。传统的产品开发一般采用顺序工程方法,即在对用户需求进行分析后进行产品设计,然后再由下游部门进行各种过程设计。这样就随之带来了产品开发周期长、质量难以保证、成本高等问题。而并行工程的原则是在进行上游部门工作的同时,尽可能地考虑下游部门的工作。需要强调的是,并行工程要求同时进行产品设计和下游制造过程设计,而不是同时或交叉进行设计和改造。并行工程强调设计工程要在产品正式生产开始前就完成。

2. 生产过程。精益生产方式在生产过程管理方面的指导思想是:增加利润的主要途径是降低成本,而降低成本的主要方法是消除各种浪费;消除浪费的主要途径有零库存、零缺陷、减少无效性等。这其实也是准时化生产方式的精髓。

3. 与供应商的关系。在传统的大量生产方式下,汽车装配厂的供应商数通常在 1 000 至 2 500 家之间。面对如此众多的供应商,装配厂要花费大量的宝贵资源与之进行协调。但是,由于供应商不了解整个产品,甚至也不了解与其制造的零件相关的部件,当然也就不知道如何保证整个产品的质量。在精益生产式下,装配厂与供应商是一种合作伙伴关系。在新产品开发初期,供应商就可以参加进来;按承担的任务不同,将供应商按不同层次组织起来,装配厂只与第一层供应商发生直接联系。第一层供应商一般承包一个独立的部件设计和制造;如果需要,第一层供应商再将零件给第二层供应商承包;以此类推。装配厂只与较少数量的第一层供应商打交道,大大简化了与供应商的协调工作。

这样做可以简化装配厂与供应商之间的关系,但这只是建立长期的、稳定的供应链的第一步。精益生产方式还要求决定零件价格时,装配厂根据市场行情确定汽车的目标价格,然后与第一层供应商一起考虑合理利润,推算各部件的目标成本;然后,第一层供应商同装配厂协商如何达到目标成本并使供应商获得合理利润。同理,协商还可以在第一层供应商与同它(它们)的供应商之间进行。由于降低成本可以给供应商带来更多的利润,供应商的积极性得以调动,不仅有利于改进产品质量、降低产品成本、提高产品竞争力,而且还有利于供求关系的长期稳定。

4. 与用户的关系。精益生产方式要求,通过市场的细分,对不同用户采用不同的销售策略、提供不同的产品和不同的服务,适应用户分层次、多样化的需求,提供更灵活的服务,如按时交货、最短的供货期、最好的保养和维修服务等。在提供针对性服务的同时,企业与用户建立了信任关系,了解了市场变化的趋势,可以及时采取对策,使销售成为生产的新起点。

二、敏捷制造

(一)敏捷制造的基本思想

作为一种面向 21 世纪的新型生产方式,敏捷制造与其说是一种生产方式,不如说是一种哲理,一种蕴涵着新思想、新方法的哲理。因此,至今还没有一个公认的定义。

不过，其中的一些基本思想，特别是柔性和虚拟，还是得到了普遍认可。

1. 产品要在其生命周期的全过程满足用户要求。敏捷制造采用柔性化、模块化的产品设计方法和可重组的工艺设备，使产品的功能和性能可根据用户的具体需要进行改变，并借助仿真技术让用户很方便地参与设计，从而很快地生产出满足用户需要的产品。对产品质量，不仅要求其在产品整个设计生产过程达到用户满意，而且还要持续跟踪到产品报废，甚至直到产品的更新换代。

2. 采用多变的动态组织结构。敏捷制造理论认为，21 世纪衡量竞争优势的准则在于企业对市场反应的速度和满足用户的能力。而要提高这种速度和能力，必须以最快的速度把本企业的优势和其他企业（组织）的优势集合在一起，组成灵活的经营实体，即虚拟企业。

所谓虚拟企业，是一种利用信息技术由两个以上的企业组成的一种超越时空界限的，建立在有限的相互依赖、相互信任、相互合作基础上的新型企业组织形式。虚拟企业一般是某个企业为了以最小的投资、最快的速度应对市场需求和市场机遇而与供货商、销售商、设计单位或设计师，甚至于用户所组成的企业联合体。选择这些合作伙伴的主要依据是它们的专长、竞争能力和商誉等。这样，虚拟企业就能把与预期产品（或服务）有关的各领域的精华力量集中起来，形成各个企业所无法比拟的绝对优势。既定任务一旦完成，虚拟企业即行解体；出现新的市场机会时，再重新组建新的虚拟企业。

3. 战略着眼点在于长期获取经济效益。传统的大批量生产企业，其竞争优势在于规模生产，即依靠大量生产同一产品，减少每个产品所分摊的制造费用和人工费用，来降低产品的成本。敏捷制造采用先进制造技术和具有高度柔性的设备进行生产，这些具有高柔性、可重组的设备可用于多种产品，不需要像大批量生产那样要求在短期内回收专用设备及人工等费用，而且变换容易，可在一段较长时间内获取经济效益。所以它可以使生产成本与批量无关，做到完全按订单生产，充分把握市场中的每一个获利时机，使企业长期获取经济效益。

4. 建立新型的标准基础结构，实现柔性生产技术、人力资源和管理的集成。敏捷制造要求企业充分利用分布在全球、全国的各种资源，要求把这些资源集成在一起，以及把企业中的柔性生产技术、人力资源和管理集成到一个相互协调的系统中。为此，必须建立新的标准基础结构来支持这一集成。这些标准基础结构包括大范围的通信基础结构、信息交换标准等硬件和软件。

（二）敏捷制造的基本要素

敏捷制造是一种借助于现代信息技术发展成果，充分利用企业内外资源，以应对世界范围内激烈市场竞争的策略。其目标是“将柔性生产技术，有技术、有知识的劳动力与能够促进企业内部和企业之间合作的灵活管理集成在一起，通过建立共同基础机构，对迅速改变的市场需求和市场机遇作出迅速响应”。由此可见，敏捷制造目标的实现离不开生产技术、人力资源和管理这 3 个基本要素。

1. 生产技术要素。敏捷性所需要的生产技术具有柔性，其在设备上要求企业使用由可改变结构、可量测的模块化制造单元构成的可编程的柔性机床组；采用“智能”制造过程控制装置；用传感器、采样器、分析仪与智能诊断软件相配合对制造过程进行闭环监视，等等。柔性生产技术要求在产品开发和制造过程中，采用柔性化、模块化的产品设计方法；利用计算机设计产品、模拟产品特性和制造过程；应用并行工程，加快开发速度；吸收与产品整个生命周期有关的各方，特别是用户，参加设计，尽快开发出产品。

2. 人力资源要素。敏捷制造还以人力资源为关键要素，即在动态竞争环境中，关键的因素是人。柔性生产技术和柔性管理要使敏捷制造企业的人员能够实现他们自己提出的发明和合理化建议。知道此类企业的唯一不变原则，是提供必要的物质资源和组织资源，支持人的创造性和主动性。敏捷制造企业要最大限度地发挥人的主动性，重视人的作用。由于有知识的人是敏捷制造企业中唯一的最宝贵的财富，因此，不断地对员工进行人力资本投资，不断提高人员素质，是企业的一项长期任务。只有这样，每一个雇员才能更好地消化吸收信息，对信息中出现的可能性作出创造性响应的能力才越强，企业取得成功的可能才越大。无论对于管理人员还是生产线上具有技术专长的工人都是如此。让科学家和工程师参加战略规划和业务活动，对敏捷制造企业来说是决定性的因素。在产品研究开发与制造过程的各个阶段，工程专家的协作是非常重要的。敏捷制造企业是连续发展的制造系统，该系统的能力仅受人员的想象力、创造性和技能的限制，而不受设备的制约。管理者与雇员之间必须建立相互信赖的关系。

3. 管理要素。敏捷制造还要靠先进的组织和管理手段来支撑。敏捷制造的实现有赖于虚拟企业的组建。这就决定了敏捷制造企业在管理方面不仅有组织上的柔性，还强调用分数决策代替集中控制，用协商机制代替递阶控制机制。虚拟企业的基础组织是“多学科群体”，是以任务为中心的一种动态组合。把权力下放到项目组，提倡“基于统观全局的管理”模式，要求各个项目组都能了解全局的远景，胸怀企业全局，明确工作目标和任务的时间要求，但完成任务的中间过程则由项目组自主决定。

以上 3 个要素集成在一起的共同基础是信息技术，依靠严密的通用数据交换标准、相应软件与网络，将分散在企业各部门、各合作企业、用户的信息迅速传输、共享，即时沟通，确保敏捷制造的实现。

三、CIMS

第一节我们已就 CIMS 的产生、计算机集成制造系统和现代集成制造系统的内涵以及主要区别进行了分析，这里再就 CIMS 的基本构成作一简单介绍。

CIMS 的具体构成会因企业的不同和企业生产特点的不同而不同，但是通常包括功能分系统和支撑分系统。

（一）功能分系统

功能分系统主要由管理信息子系统、工程设计子系统、制造自动化子系统和质量保证子系统组成。

1. 管理信息子系统。管理信息子系统以企业资源计划 ERP（ERP 以前是 MRPⅡ）为核心，包括预测、经营决策、各级生产计划、生产技术准备、销售、供应、财务、成本、设备、工具、人力资源、供应商、质量控制等管理信息功能。通过信息的集成，达成缩短产品生产周期、降低资金占用、提高企业应变能力的目的。它可以被认为是整个 CIMS 系统的神经中枢,指挥与控制着各部分有条不紊地工作。

2. 工程设计子系统。工程设计子系统是在产品开发过程中引入的计算机技术,包括产品的概念设计、工程与结构分析、详细设计、工艺设计与数控编程等。通常是指 CAD、CAPP、CAM 三大部分的集成。其中,CAD 系统可进行产品结构设计、产品变型设计和模块化结构的产品设计,CAPP 系统则完成详细工作指令的准备工作(这些详细工作指令是将原材料加工成符合计算机设计要求的产品所需要的),CAM 系统通常进行刀具路径的规划、刀位文件的生成、刀具轨迹方针以及数控代码的生成。

工程设计子系统在接到管理信息子系统下达的产品设计指令后,进行产品设计、工艺过程设计和产品数控加工编程,并将设计文档、工艺规程、设计信息、工时定额返回管理信息子系统,将数控加工指令送给制造自动化子系统,从而大大提高产品开发工作的质量和效率。

3. 制造自动化子系统。制造自动化子系统能在计算机的控制与调度下,按照数控代码将一个毛坯加工成合格的零件,再装配成部件以至产品,并将制造现场信息实时地反馈到相应部门。制造自动化子系统要生成作业计划,进行优化调度控制,生成工作、刀具、夹具需求计划,进行系统状态监控和故障诊断处理,以及完成生产数据采集及评估等。制造自动化子系统是 CIMS 中信息流和物料流的结合点,是 CIMS 最终产生经济效益的聚集地,可以由数控机床、加工中心、清洗机、测量机、运输小车、立体仓库、多级分布式控制计算机等设备及相应支持软件组成。其目的是使产品制造活动优化、周期短、成本高、柔性高。

4. 质量保证子系统。质量保证子系统的功能是,在系统集成的整体安排下,实施全面质量管理。该子系统能够保证从产品设计、制造、检验到售后服务的整个过程实现产品的高质量与低成本的统一,保证产品能很很好地满足顾客的需求,提高企业的竞争力。

(二)支撑分系统

支撑分系统主要由计算机通信网络子系统和数据库子系统组成。

1. 计算机通信网络子系统。计算机通信网络子系统是一个支持 CIMS 各个子系统的开放型网络通信系统。它采用国际标准和工业标准规定的网络协议,实现异机互联、异构局域网及多种网络的互联,以实现不同条件下的通信,满足其他子系统对网络支持服务的不同需求,支持系统集成。

2. 数据库子系统。数据库子系统是一个支持 CMS 各子系统的、涵盖企业全部信息的数据库系统。这个数据库在逻辑上应该是统一的、物理上是分散的,这样才能实现数据共享与信息集成。

四、大规模定制

大规模定制(Mass Customization)是斯坦 · 戴维斯(Stan Davis)在其《未来理想》一书中提出的。随着技术的快速发展以及客户需求多样化的日益凸显,大规模定制成为

21 世纪主流的生产方式。大规模定制是一种以满足客户个性化需求为目标,以顾客愿意支付的价格,并能够获取一定利润的成本,高效率地进行定制,从而提高企业适应市场需求变化的灵活性和快速响应能力的先进生产方式。丰田汽车公司、戴尔公司等先行者已经借助大规模定制首先抢占市场,成为行业标杆。

(一)大规模定制的类型

大规模定制一般分为如下四种类型:

1. 合作型定制。客户与企业直接沟通交流,表达对产品的具体要求,企业据此设计并制造满足客户需求的个性化产品。

2. 透明型定制。客户全程不参与,企业自行预测或推测客户需求,为其提供具有个性化的产品。

3. 装饰性定制。企业为不同客户提供产品相同但包装不同的产品。这种方式适用于顾客对产品无特殊要求而更关注个性化的包装。

4. 适应性定制。企业提出可进行定制调整的标准化产品,客户需要时提供产品要求,企业据此对产品进行调整进而满足客户需求。

(二)实施大规模定制的基本思想和方法

大规模定制,顾名思义,对不同客户而言,产品是定制的,个性化的。但于企业而言,产品却依旧主要采用大批量生产方式制造出来。大规模定制的基本思想是通过产品维和过程维的优化,采用先进的制造技术和管理方法,把定制生产产品全部或部分地转化为产品的批量生产,即以大批量生产的成本和效率来获取个性化的产品。

"大规模"和"定制化"无疑对立的,需二取其一,而要想把两者统一起来,只能采用设计与制造的模块化和定制的延迟化来实现。要想把这两个策略应用好,依赖四个条件:以客户需求深度调查为基础的客户关系管理,以最先进信息技术为支撑的电子商务,以价值链为核心的供应链管理以及基于流程优化或流程再造的精益六西格玛。

借助客户需求的深度调查,明确客户的个性化需求,方便把客户需求整合到产品或服务中去。同时,诸如顾客需求的深度调查,对客户即时需求做出快速反应,生产及配送系统柔性的提高,企业技术创新能力的提升等无一不对信息技术的应用提出更高的要求。延迟定制点并非一个企业能够完成,需要同供应链上下游伙伴通力合作,发展以价值链为核心的供应链管理。而若要设计与制造的模块化与定制的延迟化相匹配,对企业最直接最根本的要求就是流程优化。精益生产和六西格玛相结合,能够提高顾客满意度、降低成本、提高质量,加快流程速度和改善资本投入,是实现大规模定制的最好方法。

本章小结

随着顾客需求的多样化和个性化,传统的大量生产方式已逐渐为准时化(JIT)生产方式、精益生产方式以及敏捷制造和 CIMS 等现代化生产方式所替代。但是,"离我们最近”的依然是准时化或精益生产方式。

准时化生产方式主要用于制造业的生产系统，它把获得利润作为基本目标，而这一目标的实现有赖于成本的降低。其基本方法可以概括为通过适时适量生产降低库存，通过弹性配置作业人员和标准化作业减少作业人员，通过质量保证实现产品零缺陷等。实行看板管理是实现适时适量生产的有效途径。

实施准时化生产方式的基本条件主要包括：均衡化生产、完善的质量控制体系、最终产品生产企业与协作企业所处地域相对集中等。

习题

1. 现代生产方式有哪些？精益生产方式为何称为准时化生产方式的升华？

2. 准时化生产方式的基本目标是什么？如何实现？

3. 比较推式系统和拉式系统的异同。

4. 简述如何用看板组织生产。

5. 学习完本章后，你对制造业生产方式的演化有何感想？准时化生产方式或精益生产方式能否为服务业所借鉴？为什么？

6. 敏捷制造的基本要素是什么？

7. CIMS 系统由哪些基本子系统构成？

8. 准时制的宗旨是(　　)。

A. 消除浪费　　B. 减少在制品　　C. 消除不均衡　　D. 使过程平稳化

9. JIT 生产方式起源于(　　)。

A. 美国福利特汽车公司　　B. 德国奔驰汽车公司

C. 日本丰田汽车公司　　D. 日本本田汽车公司

10. 准时制生产方式的最终目标是(　　)。

A. 降低成本　　B. 提高生产率　　C. 获取利润　　D. 消除浪费

11. 精益生产方式最显著的特点是(　　)。

A. 实现少人化　　B. 看板方式　　C. 设备 U 形布置　　D. 缩短作业更换时间

12. 丰田公司所讲的“准时”的概念是指(　　)。

A. 从供应商到企业库存的过程中，物料要按照需要按时离开和到达指定地点

B. 从供应商到企业生产的全部环节中，物料要按照需要按时离开和到达指定地点

C. 在企业生产的环节中，物料要按照需要按时离开和到达指定地点

D. 在企业销售的环节中，物料要按照需要按时离开和到达指定地点

13. *准时生产的实现是通过(　　)。

A. 拉动式的生产系统　　B. 推进式生产系统

C. 看板控制　　D. 按时生产

E. 均衡生产

14. *准时生产的特征有(　　)。

A. 拉动式的生产方式　　B. 零废品和零库存
C. 具有多个制造单元　　D. 生产具有柔性
E. 同供应商建立良好合作关系

15. JIT 的理念认为，必须加快生产过程中的物流速度，以压缩制造提前期，适应基于时间的竞争。(　　)

16. JIT 更多地是强调企业内部一种持续改善的思想，精细生产则是从关注外部顾客开始的。(　　)

17. 按照精细生产不断降低成本的要求，选择供应商首先应考虑价格。(　　)

18. 推行 JIT 一定要从降低库存做起。(　　)

19. 某企业对某种零件的日需求量为 40 000 件，标准容器可以放置 200 个该零件。生产实行两班制，每班 8 小时。已知：$T_w=1$ 小时，$T_p=0.5$ 小时，且 $A_w=A_p=0.2$，试求所需的看板数。

第十三章

设备管理

★ 学习要点与要求 ★

设备是现代工业生产的重要物质基础和技术手段，是构成企业生产力的要素之一。设备管理的目的就是通过对设备全过程实行全面综合管理，以达到设备寿命周期内费用最低、综合效率最高的目的。设备管理包括设备选择、设备使用、设备维修和设备更新等内容。学习完本章后，你应能：

1. 掌握设备管理的概念，知晓设备管理的主要内容和任务。
2. 了解设备管理的产生、发展、现状及趋势。
3. 清楚设备选择的操作流程，设备选择的技术评价和经济评价的指标、方法。
4. 掌握设备的磨损规律和故障规律，了解如何合理使用设备、检查和监控设备、修理设备。
5. 掌握通过求解设备经济寿命的方法确定设备更新方案。
6. 了解设备现代化改装、设备租赁等新的设备更新方法。
7. 清楚企业资产管理(EAM)系统的产生与发展，了解典型 EAM 系统的构成和应用流程。

第一节　设备管理概述

一、设备管理

随着科学技术的迅猛发展，制造业生产主体正由人力逐渐向设备转移，一些企业设备投资已经占到企业全部投资的一半以上，设备已经成为企业赖以生存和发展的物质技术基础。搞好设备管理对于保证企业生产的正常进行、促进产品开发、改进产品质量、提高经济效益都有着重要的意义，同时还有利于推动全社会的技术进步和环境保护。因此，设备管理是企业生产运营管理的一个重要方面。那么什么是设备？什么是设备管理呢？

设备是对企业在生产中所需要的机械、装置、仪器和设施等物质资料的总称；它至少要满足下列条件之一：

- 可以让企业使用一年以上，或者长期使用并基本保持原有的实物形态。
- 单位价值在固定资产财务规定的限额以上。
- 在企业生产过程中，能独立为完成一道生产工序提供某种功能的机器。

所谓设备管理，是对设备寿命周期全过程的管理，即依据企业生产经营目标选择设备、使用设备、维修设备以及更新设备的全部管理工作。设备的运动过程可以分为物质运动形态和资金运用形态。设备的物质运动形态是指设备从研究、设计、试制、制造（或从选购、验收）投入生产开始，经过使用、维修、更新，直至报废为止的全过程，对这个过程的管理称为设备的技术管理。设备的资金运动形态，包括设备的最初投资、运行费用支付、折旧、收益、残值回收以及更新资金的筹措和运用等，对这个过程的管理称为设备的经济管理。

设备管理既包括设备的技术管理，又包括设备的经济管理。因此，设备管理的主要任务有：①根据企业的经营目标和生产需要制定设备规划；②选择和购置所需设备（或自行组织、设计和制造设备）；③安装、调试；④对投入运行的设备正确、合理地使用；⑤精心维护、保养并及时检修，保证设备的正常运行；⑥合理确定设备的经济寿命，科学地进行设备更新。

二、设备管理的历史沿革

（一）设备管理的产生和发展

设备管理从产生发展至今已有百年历史，其发展过程可以大致划分为事后修理、预防维修和设备综合管理3个阶段。

1. 事后修理阶段。蒸汽机的使用标志着工业革命的到来，生产开始由手工向机器加工转化。在工业革命初期，机器数量较少，结构简单，设备的使用与修理都不需要专门的技术，全部由操作工人负责。工业革命后期，随着机器数量和种类的逐渐增加，生产规模扩大，工场（工厂）中出现了专门负责设备检查修理的“特种雇佣工人”，设备维修工作由此单独分离出来。这一时期，设备管理的主要特点是设备发生故障后再进行修理，即事后修理（又称故障修理）。在进行修理时，生产被迫停止。由于事先不知道故障什么时候发生，所以缺乏修理的必要准备工作，因此修理的时间可能会很长；而且由于修理无计划，常常打乱正常的生产计划，影响交货日期，由此造成的损失往往较大。这种设备管理方法在西方工业发达国家一直持续到20世纪二三十年代。

2. 预防维修阶段。随着科学技术的不断发展，设备越来越复杂，在生产中的作用也越来越重要，所以故障修理所占用的时间直接影响到生产能否按计划进行，产品能否如期交货。为了不影响产品的交货期，特别是第二次世界大战期间的军工产品的交货期，美国、前苏联等国产生了预防修理的设备管理新理念，事后修理开始向定期维修转变，出现了设备的预防维修。预防维修要求在设备的使用过程中做好维护保养工作，加强日常检查和定期检查，及时了解设备的运行情况，在机器设备发生故障之前就对容易磨损和容易发生故障的部位有计划地安排维修或更换,尽可能地把设备的突发性故障产生的可能性降到最低。

这种预防修理制度的实施,不仅能使设备的磨损速度减缓,延长了设备的寿命,而且由于维修的计划性,便于调整生产计划,从而减少了设备修理对生产的不利影响。

这一时期成为设备管理发展史上的第一个里程碑,也是经验管理与科学管理的分水岭。设备管理在理论上也日臻完善与成熟,形成了两大学派:美国的预防维修制度和前苏联的计划预修制度。我国在 20 世纪 50 年代,接受了前苏联的计划预修制度,并积极学习和推广,也取得了较为显著的社会效益和经济效益。

3. 设备综合管理阶段。预防维修可以认为是设备综合管理的萌芽阶段。在此基础上,英国设备综合工程中心的丹尼斯·帕克斯(Dennis Parkes)从系统论、控制论和信息论的观点出发,于 1971 年提出了全新的设备管理理论——设备综合工程学(Terotechnology),又称设备综合管理科学,其特点就是对设备实行全面管理。该理论随后在欧美各国广泛流行。同一时期,日本在引进、学习设备综合工程学的基础上,结合自己丰富的生产维修经验,创建了颇具日本特色的全员生产维修制度(Total Productive Maintenance,TPM)。

1979 年,我国在机械工业领域中开始引进这一现代设备管理理论和方法,并逐步推广。如宝钢的全员生产维修制度就别具特色,但我国设备管理的整体水平还相对落后于欧美、日本等工业发达国家。

随着计算机技术、信息处理技术等的发展和广泛使用,互联网、局域网的普及,设备管理也在发生着重大变化,出现了基于状态维修(Condition - based Maintenance)和智能维修(Intelligent Maintance)等设备管理的新方法。有理由相信,这些以网络为依托、计算机为手段、信息同步处理为核心的设备管理新方法、新理论将成为 21 世纪设备管理的发展趋势,最终将被广泛应用。

(二)设备综合工程学和全员生产维修制度

设备的综合管理将传统的设备管理发展到一个全新阶段,它主要包括设备综合工程学和全员生产维修制度(TPM)。

1. 设备综合工程学。设备综合工程学,“是这样一门学科,它对适用于固定资产的工程技术、管理、财务等实际业务进行综合研究,以求实现设备寿命周期费用的最大限度节约。工厂机械、装置、建筑物的可靠性和有关可靠性的方案设计、使用和费用的信息反馈,都属于它的研究范畴。”

概括起来,设备综合工程学的主要特点及研究内容如下:

(1)设备综合工程学以设备寿命周期费用为研究目标,并追求寿命周期费用的最低。设备寿命周期费用包括设备的购置费用和运行费用两部分。设备的购置费用一般包括研究、设计、制造、安装、调试以及有关设备使用和维修技术资料等项费用的总和;对于外购设备,购置费用包括设备价款、运输、安装及保险等项费用。设备的运行费用是从设备投入运行到报废为止的全部费用,如能源消耗费用、维护修理费、操作人员工资等。

（2）设备综合工程学综合了与设备相关的工程技术、财务、管理等方面的内容，对设备从技术、经济、组织管理等方面进行综合管理。

（3）设备综合工程学提出了进行设备可靠性、维修性设计的理论和方法。设备的研究设计对其可靠性、维修性以及生产效率、环境保护等起着先天的决定作用，所以设备综合工程学要求尽一切可能，把有碍设备可靠性和维修性的缺陷消灭在设备的前期管理阶段，从而确保设备以后能在生产中正常运行，接近理想的“无维修设计”。

（4）设备综合工程学以设备寿命周期为管理和研究范围，从设备系统的角度改善和提高每一个环节的技能。也就是说，对设备的设计（选择）、使用、维修、更新等各个阶段进行全面的系统的技术、经济管理，实现从每一个工作环节的优化到整个系统的全面优化。

（5）设备综合工程学是关于设计、使用效果和费用信息反馈的管理，要求建立相应的信息交流和反馈系统。这种信息交流和反馈是指设备的使用部门（企业）将设备使用过程中出现的问题，特别是缺陷、维修的情况以及与设备使用有关的费用等都一一进行记录，并反馈给设计制造部门（企业），以便进行生产或重新设计时改进。

2. 全员生产维修制度。全员生产维修制度（TPM）是由欧洲的设备综合工程学演化来的、在日本企业中广泛推行的一种设备维修与管理体制。其主要特点是：

（1）把如何使设备的总效率最高作为设备管理的目标。

（2）建立以设备整个寿命周期（设备一生）为对象的生产维修系统。

（3）涉及与设备管理有关的所有部门，如设备研究规划部门、使用部门、维修部门等。

（4）从公司的最高领导到一线的操作工人都要参加。

（5）加强设备生产、维修、保养的思想教育，开展以小组自主活动为目标的管理活动。

全员生产维修制度的中心就是“三全”，即全效率、全系统和全员参与。

全效率，又称综合效率，即设备整个寿命周期的输入和输出之比，计算公式为：

$$\text{设备综合效率} = \frac{\text{设备的输出}}{\text{设备的输入}} \tag{13-1}$$

其中，设备的输入是指设备寿命周期内的总费用；设备的输出是指在满足安全、无公害、作业环境良好、成本低、质量高、按期交货和操作人员劳动情绪饱满等条件下的设备寿命周期内的总产量。

全系统，就是把设备从购置、使用、维修直到报废的全部过程都作为管理研究的对象，并使之系统化。

全员参与，是指所有与设备管理有关的部门和人员，不论是企业的最高领导还是第一线的生产工人，都参与设备的管理工作，并以小组自主活动的方式分别承担相应的职责。

全员生产维修制度的主要内容包括：设备的日常检查、定期检查、专题检查、计划修理、改善性修理、故障修理，记录并分析维修情况，以及开展5S活动，即Seiri（整理）、Seition（整顿）、Seisoh（清洁）、Seiketsu（清扫）、Shitsuke（教养）。

许多日本公司从开展全员生产维修制度中获益。例如，曾获全员生产维修制度优秀企业奖的丰田公司，在获奖前的 3 年时间内，因为开展全员生产维修制度活动而使产量增加 60%，设备费用降低 40%。

第二节　设备的选择与购置

设备综合管理把设备的选择与购置也纳入其中，而且成为首要的一个关键环节，无论是新建企业选择的设备，老企业用来进行更新的设备，还是自行设计、制造的专用设备，都必须做到技术上先进，经济上合理。为此，设备选择时必须从技术、经济两个方面对设备进行评价。

一、设备选择的技术评价

设备选择的技术评价就是从以下几个方面对备选设备进行定性分析，从中选择出一台（套）或若干台（套）技术上先进、生产上适用的设备以进行经济评价。

（一）生产性

生产性即设备的生产效率，一般指单位时间的产量或功率、速度等。自动化、大型化、电子化的高效率设备适用于大批量的连续生产，但设备投资额大、能耗高，对相关的配套设施和技术人员等的要求苛刻，而且要有较高的综合管理水平。企业要结合当前和预期的企业、市场发展趋势，根据主客观条件进行合理选择。

（二）可靠性

可靠性即设备在规定的条件和要求下，无障碍运行的概率。其一般是指设备性能的保持性和运行的安全性以及零部件的耐用性等。显然，要选择可靠性高的设备。

（三）维修性

设备的维修性好，是指设备的结构简单、零部件组合合理，进行维修时零部件容易拆卸、便于检查，实行标准化通用标准、互换性好等。维修性好的设备，不仅能够缩短维修时间，提高设备的利用率，而且还能够降低维修成本。

（四）环保性

环保性即设备使用过程中产生的噪声和排放的有毒有害物质（“三废”）对环境的污染程度。选择设备时，要把噪声和“三废”控制在国家相关法律法规允许的范围以内，并要求配有治理“三废”的附属设备和配套工程。这样，不仅可以因降低污染治理成本而获得直接的经济效益，而且还能因良好的公众形象而获得间接的社会效益。

（五）节约性

节约性即设备的使用过程中对能源和原材料的消耗要低。设备的能源消耗就是设备在满负荷运行中单位时间内的能源耗费量。设备的原材料消耗量就是在正常生产条件下，设备生产单位产品所耗费的原材料数量。从全世界的范围看，能源和原材料总量有限，价格不断上涨，所以要选择那些能源消耗低、原材料加工利用程度高的设备以节约成本。

（六）配套性

配套性即设备的关联和配套水平，这是形成设备生产能力的前提条件。设备的配套可以分为：单机配套、机组配套和项目配套。单机配套，是指一台设备中的各种随机工具、附件、备用件等要配备成套。机组配套，是指一套设备的主机、辅机、控制设备等要配备成套。项目配套，是指一个新建项目正常运行所需的各种设备要配备完整齐全，如加工设备、动力设备以及其他所有相关辅助生产设备的相互配套。特别是在引进国外设备时，首先要清楚项目对设备配套性的要求，然后才能订货。既要避免"不成套"，又要防止"过度成套"。

（七）适应性

适应性即指设备适应不同生产环境、原材料品质、产品规格等的能力，主要体现在以下几个方面：①当生产对象固定时，设备能够适应不同的工作条件和生产环境以及不同品质的原材料；②当生产对象可变时，设备能够具有多种性能，通用性强；③设备的结构紧凑、重量轻、体积小、作业面积小、移动方便。从目前机器设备的发展趋势看，正向大型化、自动化、高级化和小型化、轻型化、简易化两个相反的方向发展，企业要从生产实际出发，作出合理选择。

以上就是对设备进行技术评价时所要考虑的一些主要因素，当然还有诸如供应商的信誉、售后服务等。要根据企业的实际需求，综合考虑这些因素，统筹兼顾，从众多备选设备中选择出若干台（套）设备再进行经济评价。另外，对设备进行技术分析时，要尽可能地多请相关的专业技术人员参与，并增加设备的选择渠道。

二、设备选择的经济评价

通过技术评价的设备具有技术上的先进性，但是不是满足经济上的合理性还需要进行以定量分析为主的经济评价。进行经济评价时，不仅要考虑设备的投资额，而且还要考虑寿命期内的运行成本，即把设备寿命期内的全部相关费用作为评价依据。设备的投资额包括设备的购置费、运输费、安装调试费等。设备在投入使用后，每年必须支付能耗费、维修保养费、税金、保险费等，这些就构成了所谓的设备运行成本。

常用的经济评价方法有以下几种：

（一）投资回收期法

购买设备需要支付一笔初始投资，这笔资金越早收回越好。设备投入使用后，同旧设备相比，会扩大产量、提高质量、降低能源原材料消耗、减少停工损失等，由此会形成一个增量收益额。如果是新建项目,那么设备使用带来的净收益就是销售收益与运行成本之差。假设每年的收益增加额(或净收益)相等,那么设备的投资回收期就是:

$$投资回收期=\frac{设备投资额}{年收益增加额(年净收益)} \tag{13-2}$$

设备选择实质上是企业的投资活动,设备投资是企业诸多投资项目中的一个,因此设备的投资回收期首先要满足企业对项目投资回收期的要求,即要小于等于标准投资回收期。一般情况下,如果满足标准投资回收期要求的各个设备的其他条件相同,那么投资回收期最短的设备就是最优设备。

需要指出的是,由于没有考虑资金的时间价值,投资回收期一般都不单独使用,或者只作为初选方法。

(二)净现值法和净年值法

资金具有时间价值,所以不同时点发生的收益或费用不能直接进行代数运算,而要借助于资金等值计算。所谓等值资金,就是特定利率下不同时点上数额不等而经济价值相等的若干资金;而将某一时点或某些时点上的资金等值到另一时点或某些时点称为资金等值计算。银行的借贷利息计算是资金等值和资金等值计算的典型。

例如,现在的1 000元与1年后的1 100元在票面上并不相等;但如果利率为10%,则两者相等。这是因为,现在的1 000元,一年后的本利和为

$$1\ 000\times(1+10\%)=1\ 100(元)$$

而一年后的1 100元等于现在的1 000元,即

$$\frac{1\ 100}{1+10\%}=1\ 000(元)$$

如果现在的资金为P,n年后的本利和为F,在利率i下它们的时间价值相等,则存在以下的关系:

$$F=P\times(1+i)^n$$

或者

$$P=F\times(1+i)^{-n}$$

设备投入使用后,如果寿命期内每年产生的收益增加额或净收益能够较为准确地估算出来,那么不同设备之间的优劣就可以通过计算净现正值(Net Present Value,NPV)的方法来进行比较。净现值就是把每年的收益增加额或净收益以及费用支出等值计算到现在的代数和。

净现值的计算公式为:

$$NPV=\sum_{t=0}^{n}R_t(1+i)^{-t}-I \tag{13-3}$$

式中:R_t——设备第t年运行的收益增加额或净收益;

n——设备的寿命期;

I——设备的投资额;

i——折现率。

所有备选设备中,净现值最大且大于等于零的设备为最优设备①。

如果每年的收益增加额或净收益都相等,则式(13-3)可以化简为:

$$NPV = R \cdot \frac{(1+i)^n - 1}{i(1+i)^n} - I \tag{13-4}$$

【例 13-1】 A、B、C、D 四种设备都可以满足某企业的生产需求,寿命期均为 10 年,其相应的初始投资额、年运行成本、年收益如表 13-1 所示。若最低折现率为 15%,问企业应该选择哪种设备?

表 13-1　4 种设备的初始投资、年运行成本和收益数据表　　单位:万元

	设备 A	设备 B	设备 C	设备 D
初始投资	200	250	310	385
年运行成本	15	25	30	42
年收益	48	82	108	130

根据式(13-4),各设备的净现值计算如下:

$$NPV_A = (48-15) \cdot \frac{(1+15\%)^{10} - 1}{15\%(1+15\%)^{10}} - 200 = -34.4(\text{万元})$$

$$NPV_B = (82-25) \cdot \frac{(1+15\%)^{10} - 1}{15\%(1+15\%)^{10}} - 250 = 36.0(\text{万元})$$

$$NPV_C = (108-30) \cdot \frac{(1+15\%)^{10} - 1}{15\%(1+15\%)^{10}} - 310 = 81.5(\text{万元})$$

$$NPV_D = (130-42) \cdot \frac{(1+15\%)^{10} - 1}{15\%(1+15\%)^{10}} - 385 = 56.7(\text{万元})$$

由此可见,设备 C 最优,其次为 D 和 B,但无论什么情况下都不能选择设备 A,因为其净现值小于零。

利用净现值法选择设备有一个前提条件,即各备选设备的预期使用年限是相等的;否则,就要使用净年值法(Net Annual Value,NAV),就是通过资金等值换算将设备的净现值分摊到寿命期内的各年。其表达式为:

$$NAV = NPV \cdot \frac{i(1+i)^n}{(1+i)^n - 1} \tag{13-5}$$

式中的 NPV 为设备的净现值,可以通过式(13-3)或式(13-4)计算;其余同式(13-3)。

所有设备中,净年值最大且大于等于零的设备为最优设备。

仍以例 13-1 为例,如果采用净年值法则有:

① 净现值是投资项目经济评价的主要指标。净现值等于零,表示项目刚好达到预定的收益率(即基准折现率);净现值大于零,表示项目除保证得到预定的收益率外,尚可获得更高的收益;净现值小于零,表示项目达不到预定的收益率水平。因此,所有可以选择设备的净现值都必须大于等于零。

$$NAV_A = NPV_A \cdot \frac{15\%(1+15\%)^{10}}{(1+15\%)^{10}-1} = -34.4 \times 0.199\ 25 = -6.9(\text{万元})$$

$$NAV_B = NPV_B \cdot \frac{15\%(1+15\%)^{10}}{(1+15\%)^{10}-1} = 36.0 \times 0.199\ 25 = 7.2(\text{万元})$$

$$NAV_C = NPV_C \cdot \frac{15\%(1+15\%)^{10}}{(1+15\%)^{10}-1} = 81.5 \times 0.199\ 25 = 16.2(\text{万元})$$

$$NAV_D = NPV_D \cdot \frac{15\%(1+15\%)^{10}}{(1+15\%)^{10}-1} = 56.7 \times 0.199\ 25 = 11.3(\text{万元})$$

设备C的净年值大于零，且在所有设备中最大，所以设备C最优，其次是D和B，设备A不可行。

(三)费用现值法和费用年值法

如果多台(套)设备的产出价值相等，或者都能够满足企业的需要，但其产出效益难以用货币计量(如温控设备、环保设备、实验设备等)，那么就不能使用净现值法选优。这时，可以通过对多台(套)设备费用现值的比较来确定最优设备。

费用现值法，就是把每台(套)设备的初始投资额、寿命期内每年的运行费用都等值变换到现在，求取其代数和，即费用现值(Present Cost，PC)；费用现值最小的设备就是最优设备。其计算公式为：

$$PC = \sum_{t=0}^{n} C_t (1+i)^{-t} + I \tag{13-6}$$

式中的 C_t 为设备第 t 年的运行成本；其余同式(13－3)。

如果每年的运行费用相等，则式(13－6)可以化简为：

$$PC = C \cdot \frac{(1+i)^n - 1}{i(1+i)^n} + I \tag{13-7}$$

【例13－2】 3台设备A、B、C都满足某企业的生产需要。设备的寿命期均为10年，其初始投资额、年运行成本如表13－2所示。在折现率为10%的情况下，试选择最优设备。

表13－2　3台设备的费用数据表　　单位：万元

	初始投资额	年运行成本
设备A	200	60
设备B	240	50
设备C	300	35

解：

根据式(13－7)，各设备的费用现值计算如下：

$$PC_A = 60 \cdot \frac{(1+10\%)^{10}-1}{10\%(1+10)^{10}} + 200 = 568.6(\text{万元})$$

$$PC_B = 50 \cdot \frac{(1+10\%)^{10}-1}{10\%(1+10\%)^{10}} + 240 = 547.2(\text{万元})$$

$$PC_C = 35 \cdot \frac{(1+10\%)^{10}-1}{10\%(1+10\%)^{10}} + 300 = 515.0\text{(万元)}$$

由此可见设备 C 最优,B 次之,A 最差。

同样的道理,在备选设备寿命不等的情况下,也不能用费用现值法选优。这时可以通过比较费用年值的方法选择出最优设备。费用年值的表达式为

$$AC = PC \cdot \frac{i(1+i)^n}{(1+i)^n-1} \tag{13-8}$$

式中的 PC 为设备的费用现值,可以通过式(13-6)或式(13-7)计算;其余同式(13-3)。

【例 13-3】 某公司需要某种设备,经过技术分析后 A、B 两种设备能够满足企业的生产需要,其初始投资、年运行成本和寿命期如表 13-3 所示。如果折现率为 10%,哪种设备最优?

表 13-3 设备 A、B 的费用数据表 单位:元

	初始投资额	年运行成本	预期寿命(年)
设备 A	40 000	14 000	15
设备 B	24 000	16 000	10

根据式(13-8),各设备的费用年值计算如下:

$$AC_A = PC_A \cdot \frac{i(1+i)^n}{(1+i)^n-1} = \left[C \cdot \frac{(1+i)^n-1}{i(1+i)^n} + I\right]\frac{i(1+i)^n}{(1+i)^n-1} = C + I \cdot \frac{i(1+i)^n}{(1+i)^n-1}$$

$$= 14\,000 + 40\,000\frac{10\%(1+10\%)^{15}}{(1+10\%)^{15}-1} = 19\,258.8\text{(元)}$$

同理

$$AC_B = 16\,000 + 24\,000\frac{10\%(1+10\%)^{10}}{(1+10\%)^{10}-1} = 19\,906.8\text{(元)}$$

由此可见,设备 A 优于设备 B。

第三节 设备的使用、维护与修理

一、设备的合理使用

显然,设备寿命的长短、生产效率的高低、性能的优劣、能源原材料耗费的多少等主要取决于设备的先天设计制造过程,但在一定程度上又取决于设备的后天使用。经验表明,如果能够正确、合理地使用,设备就能够有效地减少不必要的磨损、长时间保持应有的技术性能、延长使用寿命;另外,还可以降低修理的强度、密度,节约修理成本,减少停机时间。所以设备的合理使用也是设备管理的主要内容之一。

合理使用设备要坚持如下的原则:

第一,根据产品或生产对象的特点和工艺流程要求,合理配备各种类型的机器设备,并根据进度及时调整。

第二,根据各种设备自身的结构、性能、精度、加工范围等技术特点,科学合理地安排任务和设备的工作负荷。

第三,配备与设备相适应的操作人员和维修人员,科学制定并严格执行设备使用和维护方面的规章制度。

第四,根据设备要求,创造适宜的工作环境和工作条件。

第五,对员工进行合理使用和爱护设备的经常性教育与培训,并进行适当的物质奖励和精神奖励。

二、设备的磨损规律和故障规律

设备投入使用后,零部件会不断遭受磨损,磨损累积到一定程度,设备就会发生故障。这其中是有一定规律的,即设备的磨损规律和故障规律。

(一)设备的磨损规律

设备在其寿命期内会遭受有形磨损和无形磨损,而其中由于使用(或闲置)过程中发生的实体磨损称为有形磨损。

设备的有形磨损过程大致可以分为3个阶段:初期磨损阶段、正常磨损阶段和急剧磨损阶段,其正常磨损曲线如图13-1所示。

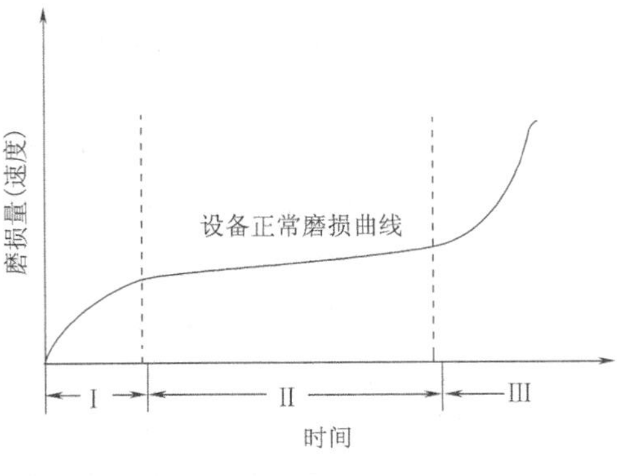

图13-1 设备正常磨损曲线图

第Ⅰ阶段即为初期磨损阶段。在该阶段设备刚刚开始运行,会使零部件的微观几何形状发生明显变化,表面的粗糙不平迅速被磨去,磨损速度很快。这是设备进入正常使用的必经阶段,也就是大家常说的“磨合”、“跑合”。这一阶段的持续时间一般都很短。

第Ⅱ阶段即为正常磨损阶段。在该阶段,经过磨合后的设备进入最佳技术状态。只要条件允许,设备的磨损速度将趋于缓慢,磨损量也很小。这一阶段也将决定着设备的使用寿命。因此要求合理使用,加强日常保养并及时清洁润滑,尽可能地延长这一段时间。

第Ⅲ阶段即为急剧磨损阶段。在该阶段，设备的零部件磨损超过一定限度后，磨损快速增加，设备的技术状态也大幅降低。如果不停止使用进行修理，那么设备就会因此而被损坏，甚至导致报废。对设备进行管理的目的之一就是使设备的磨损程度不进入这一阶段。

（二）设备的故障规律

设备运行过程中难免会发生故障，实践表明，设备的故障发生也是有规律可循的。图 13－2 就是设备故障曲线，又称“浴盆曲线”。

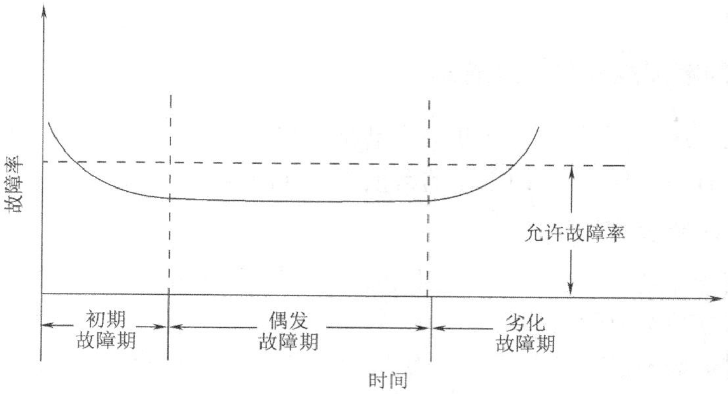

图 13－2　设备故障曲线图

从图 13－2 可以看出，设备故障发生率经历 3 个阶段：初期故障期、偶发故障期、劣化故障期。

在初期故障期，设备的故障主要是由于设计、制造的缺陷以及操作的不熟练造成的。通常这一时期开始时故障发生率较高，随后会逐渐下降，并趋于稳定。这一时期要做好操作培训，并及时反馈设计制造的缺陷。

到偶发故障期，设备就进入正常运行阶段，故障一般是由于维护不合理或操作失误等因素引起的，发生率一般较低，且具有偶然性。这一时期持续时间长，决定着设备的使用寿命。所以应严格按操作规程进行操作，做好日常维护保养工作。

劣化故障期又称为磨损故障期或耗损故障期，这一时期的故障主要是由于某些长时间使用而磨损、老化的零部件引起的，同设备的急剧磨损阶段相对应。这一时期开始时故障率逐渐上升，随后急剧增加。这时必须及时停机检查，修理、更换损坏的零部件，恢复设备的原有技术性能。这一时期，除应加强对设备的检查、检测，实行预防性维修和改善性维修外，也可以考虑是否进行设备更新。

对设备进行检查、维护保养和修理是保持设备正常运行和延长使用寿命的主要手段，所以应该根据设备的磨损规律和故障规律，对设备及时检查，掌握其运行状态，实施有效的维护保养计划，进行合理的修理。

三、设备的检查与监测

如果能及时了解设备的运行状况，准确判断设备运行处于正常、异常或故障状态，就可以及时发现隐患，以便采取针对性措施，消除潜在故障；同时，还能结合设备的运行状况，制定合理的维修计划，达到提高维修质量、缩短维修时间的目的。

对设备运行状况的获知有两种方式：其一为设备检查，其二为设备监测。前者是一种建立在主观经验基础上的、静态的了解方式，后者是一种建立在客观仪器、方法分析基础上的实时动态跟踪方式。

（一）设备检查

设备检查就是对设备的工作精度、零部件磨损老化程度进行测度和检验。我们首先来了解一下设备检查的类别与形式。

1. 按照时间间隔，可以分为日常检查和定期检查：

（1）日常检查。就是在交接班时由操作人员按照一定的顺序对规定的项目（部位）逐一进行检查，并同规定的标准进行对比，记录检查结果。日常检查能及时发现异常问题，简单问题可自行解决，疑难、复杂问题应马上报告。

（2）定期检查。就是按照计划，在操作人员的参与下，由专业维修人员全面检查设备的性能和零部件的实际磨损、老化程度，以便全面掌握设备的技术状况，确定是否进行修理。

2. 按照检查的内容，可以分为性能检查和精度检查：

（1）性能检查：就是对设备的各项性能进行检查与测定，以便确定设备性能的缺损情况。

（2）精度检查：就是对设备的加工精度进行检查与测定，以便确定设备加工精度的劣化状况。

3. 按照检查的方法，可以分为直观检查和工具检查：

（1）直观检查：就是由操作人员或专职维修人员凭借感觉（视觉、听觉、嗅觉、触摸）和简单工具进行人工检查。

（2）工具检查：就是专职维修人员利用专用工具（或仪器仪表）进行检查。

在对设备的实际检查中，这些方法一般要综合使用。

（二）设备监测

设备监测是在设备检查的基础上发展而来的、在设备运行过程中进行实时动态检查的一种新兴工程技术方法。这种方法近年来受到国内外普遍的关注与重视。其核心就是通过现代科学技术手段与方法获取、分析设备运行数据，以便准确全面地把握设备的磨损、老化、劣化、腐蚀的部位、程度以及其他情况，在此基础上对设备运行状况进行预测与跟踪。

设备监测包括设备状态诊断技术、检测技术和监测方法等。

诊断技术有凭借人体感官和经验的原始诊断、借助仪器仪表的简易诊断和精密诊断；监测技术主要有传感技术、信息处理技术、征兆识别技术、故障预测技术等；监测方法有铁谱分析法、声发射技术法、振动测量法、电气设备绝缘状况监测法、超声波无损探伤法、应力测定法、流量测定法等。

设备监测往往需要大量的资金和专门的技术人员，企业应根据实际情况理性选择。一般来说，只有在设备状态监测所需费用低于故障维修费用或安全因素应予特别考虑时才有必要实施设备监测。

四、设备的维护保养

设备的维护保养根据工作的深度、广度和工作量的大小，可以分为日常保养（或称例行保养）、一级保养、二级保养和三级保养：

（一）日常保养

日常保养是维护保养的基础，主要内容是班前班后对设备进行清洁、润滑、紧固已经松动的部位，检查零部件状况等。日常保养一般由操作工人负责。

（二）一级保养

一级保养主要包括消除螺钉松动、保持设备清洁，经常进行润滑以及进行部分调整工作和消除细小故障。一级保养也由操作工人负责。

（三）二级保养

二级保养的主要内容是定期对设备重要部位进行解体检查、更换少数零部件和设备的内部清洁、润滑等。二级保养在专职维修人员的指导下，以操作人员为主进行。

（四）三级保养

三级保养主要是定期对设备的主体部分进行解体检查和调整，更换已经磨损的零部件，对设备进行全面清洁，另外，还要对主要零部件的磨损情况进行检测、鉴定和记录，以便为编制设备维修计划提供依据。三级保养以专职维修人员为主来进行，并由操作人员协助。

如何对设备进行维护，要针对设备的现状和累计运行时间的长短，对工艺流程的要求，以及行业内部、企业内部的维修惯例来制定。

五、设备的修理

设备修理，就是修复在设备使用（或闲置）过程中由于使用或自然力的原因而造成的设备损坏或性能劣化的技术活动，包括修复和更换已经磨损、老化、腐蚀的零部件等。设备的修理和保养是设备管理过程中的两个不能相互替代的方面，应相互配合、相互补充。

（一）设备修理的种类

根据修理范围的大小、间隔时间的长短、修理费用的高低，设备修理可以分为小修理、中修理和大修理。

1. 小修理。小修理是指设备使用过程中为保证其工作能力而进行的调整、修复或更换个别零部件的修理工作。小修理的工作量小,次数多,一般由专职维修人员来完成。小修理可以结合设备的日常维护和检查进行。

2. 中修理。中修理是对设备进行的一种局部解体修理过程。其主要内容包括:更换或修复部分估计不能用到下次修理的磨损零部件,检查整个机械系统,紧固所有机件,校正设备基准等。经过这样修理、调整后的设备,能基本恢复到出厂时的性能水平和工艺要求。中修理的特点是:次数较多,间隔和修理时间都较短,工作量不大,费用适中。

3. 大修理。大修理是对设备进行的全面修理。大修理通过对设备的全部解体,修理耐久部分,更换全部损坏的零部件,修复所有不符合要求的零部件,全面清除设备缺陷,以使大修理后的设备无论在生产效率、精确度、速度等方面都达到或基本达到设备出厂时的标准。大修理的特点是:次数少,间隔时间长,工作量大,修理时间较长,费用较高。

(二)设备修理的方法

人们根据设备的磨损规律和故障规律,摸索总结出如下 3 种设备修理方法:

1. 标准修理法。其也称强制修理法,这种方法是根据设备零部件的预期磨损状况,事先规定设备的修理日期、类别和内容;到了规定的时间,不论零部件的磨损情况严重与否,都要进行强制更换修理。标准修理法有利于做好设备修理前的准备工作,缩短停机修理时间,能有效预防突发故障,保证设备的正常运转。但是,其效果如何,主要依赖于能否对零部件的磨损情况进行准确的判断与估计。这种方法一般适用于要求严格保证安全运行的设备和特别重要的设备,如流水线上的设备、提供动力的设备等。

2. 定期修理法。其是指根据零部件的磨损程度、设备运行情况的相关资料,确定修理的日期、内容和工作量,然后根据每次修理前对设备实际检查的结果再对修理工作进行有针对性的调整。定期修理法既能做好修理前的准备工作,缩短因修理而造成的停机时间,又能提高修理质量,节约修理费用。这种修理方法在我国应用比较普遍。

3. 检查后修理法。这种方法首先要根据相关资料制定设备的检查计划,并如期对设备进行检查,然后根据每次的检查结果确定具体的修理期限、类别和内容。这种方法因为能够使零部件得到充分利用,所以修理费用较低,但是修理的计划性较差,不容易做好修理的准备工作,而且由于修理与否的决策完全建立在人们的主观判断之上,所以容易引起失误,从而延长设备修理时间,影响生产计划的顺利执行。

(三)设备维修制度

设备维修制度,是指在设备检查、维护保养和修理过程中,根据设备磨损规律和故障规律以及企业的目标取向而规定实施的一系列技术组织措施。现在,较为普遍实行的维修制度有计划预修制度、计划保修制度、预防维修制度 3 种。

1. 计划预修制度,又称计划修理制度。它是我国企业 20 世纪 50 年代从苏联引进并普遍推行的一种设备维修制度。计划维修制度是根据设备的磨损规律,按照预防为主的原则,制定设备的日常维护保养、检查和修理计划,并严格执行,以达到预防设备意外损坏、保证设备经常处于完好技术状态的目的。其基本内容包括：日常维护、定期清洁换油、计划修理（小、中、大修理）。这种制度的特点在于预防性和计划性，也就是在设备未曾发生故障时就进行有计划的预防性修理。

2. 计划保修制度。它是我国20世纪60年代在计划预修制度的基础上形成的一种由一定类别的保养和一定类别的修理所组成的一种设备修理制度。其主要特点是操作人员也参与设备的修理活动，承担起部分设备修理工作，从而更好地贯彻了预防为主的设备修理方针。其主要内容包括：日常保养、一级保养、二级保养和计划大修理。计划保修制度是我国机械行业企业普遍采用的一种维修制度。

3. 预防维修制度。它是20世纪80年代，我国在学习和借鉴美国的预防维修和日本的全员生产维修的基础上，从计划预修制度和计划保修制度演化形成的一种设备维修制度，目前在我国的众多行业领域内广泛实行。其主要内容可以概括为以下几点：

（1）定期检查、维护设备。

（2）对非重点设备和事先无法准确预测的偶发故障进行事后维修（或称故障维修）。

（3）对重点设备和一般设备的重点部位进行预防性维修，把故障遏止在萌芽状态，以避免突然事故的发生。

（4）事后维修和生产维修相结合，即预防维修。

（5）对设备上经常发生故障的部位进行改善性维修，即在修理的同时对设备进行改装、改造，以提高设备的性能、减少故障的发生。

（6）对精尖设备整体或关键部位进行预防维修，即对设备进行定期（或实时）监测和诊断，再根据设备的状态进行针对性的必要维修。这实际上是从设备监测技术基础上发展而来的一种针对性很强的维修方式。

（7）在设备的设计、制造和选择阶段就考虑如何提高设备的可靠性、维修性，即所谓的维修预防。

（四）设备大修理的技术经济分析

对设备进行大修理，可以恢复设备的全部或近似全部的功能，而且在一定限度内，大修理与购置新设备相比往往具有优越性，这突出表现在经济合理性方面。因此，企业可以选择大修理方式以延长设备的使用期限。

设备在使用（或闲置）过程中，由于各部分之间的摩擦及材料的疲劳和老化，性能会逐渐劣化。修理的方法可以使这种物理的劣化或者性能的劣化得到全面或局部的补偿。但是修理是有技术经济限度的，如图13－3所示。

图13－3中，OA表示设备的标准性能线，事实上设备在使用过程中其性能是沿AB_1线下降的，如不修理仍继续使用，寿命一定很短。如在B_1点进行修理，设备的性能又恢复至B点。自B点起使用，其性能又继续劣化，当降至C_1点时，又要进行第二次大修理，其性能可恢复至C点。这样经过修理后的性能又能恢复到某种程度，但经过使用又会下降……如此下去，最终至G点，设备就不能再修理了，其物理寿命即宣告结束。把图中A、B、C、D、E、F、G各点相连，就形成一条曲线，这条曲线就是设备使用过程中的性能劣化曲

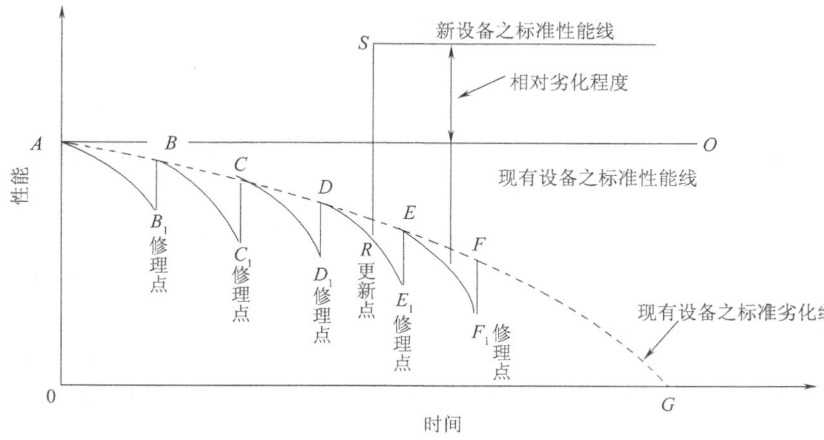

图 13－3　大修理后设备的性能劣化图

线。从这条曲线可以看出，设备的修理不是无止境的，而是有限度的，对现有设备长期无止境地修理，将会使设备性能持续下降，最终不能满足生产的技术要求。

此外，随着技术进步的加速，修理的经济性质将会发生变化，修理不可能总是经济的，还必须为大修理确定一个合理的经济界限。

对设备进行大修理，首先要确保大修理后的设备能够满足生产对设备性能的要求；其次还要符合如下的经济条件：

第一，大修理的费用不能超过购置同种新设备所需费用。这是大修理经济合理性的起码条件，或称最低经济界限。

第二，设备大修理后的单位产品成本不能高于同种新设备的单位产品成本，否则大修理不具有经济合理性。原因在于大修理后的设备的综合性能只能基本达到出厂时的水平，在诸如生产加工速度、精度、能源原材料消耗等方面必然存在部分或全面差异，同新型设备相比差距会更加明显，所以即使满足第一个条件的情况下，大修理也可能是不经济的。

第四节　设备更新

一、设备磨损及其补偿方式

设备在使用（或闲置）过程中会遭受磨损。前面介绍的这些磨损主要是由于使用或者自然力的作用（金属部件生锈、橡胶和塑料部件的老化）原因造成的，我们称之为有形磨损（或者物质磨损）。其中生产过程中的使用所引起的磨损称为第Ⅰ种有形磨损；自然力作用造成的磨损称为第Ⅱ种有形磨损。有形磨损的后果（主要是技术后果）是设备的使用价值降低，磨损积累到一定程度就会导致设备使用价值的完全丧失。

同时，设备还会遭受无形磨损，即设备在价值形态上遭受损失，故又称经济磨损。

有形磨损的后果(主要是经济后果)是设备的原始价值贬值,甚至完全丧失。导致无形磨损的主要原因有两个:其一是由于制造工艺的不断改进,劳动生产率的不断提高,生产同样机器设备所需的社会必要劳动消耗减少,导致原有机器设备的价值相应贬值,这是第Ⅰ种无形磨损;其二是由于技术进步,生产出结构更先进、性能更优越、效率更高、能源原材料消耗更少的机器设备,从而使原机器设备的生产率可能低于社会平均水平,继续使用将使个别产品成本远高于社会平均成本,这是第Ⅱ种无形磨损。

实际上两种磨损会同时作用在机器设备上,同时发生的两重磨损称为综合磨损。要维持企业生产的正常进行,就必须对磨损进行补偿。由于设备遭受磨损的形式不同,补偿磨损的方式也就有所不同。补偿可以分为局部补偿和完全补偿。有形磨损的局部补偿就是修理,无形磨损的局部补偿是设备的现代化改装;有形磨损和无形磨损的完全补偿是设备更换,如图 13－4 所示。

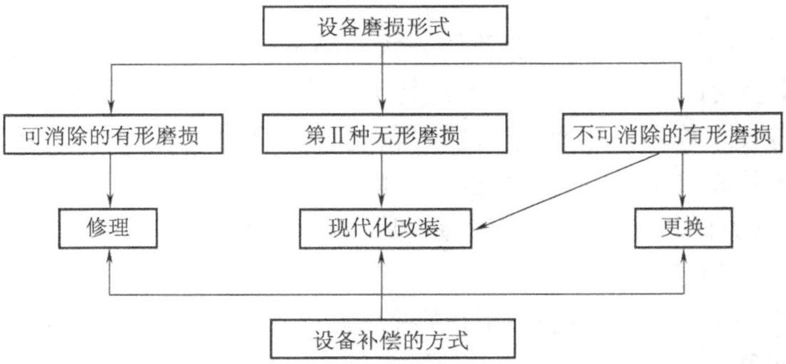

图 13－4　设备磨损形式与补偿方式之间的关系

二、设备更新及其意义

设备更新可以分为广义设备更新和狭义设备更新。广义设备更新主要包括:设备修理、设备更换、设备更新、设备现代化改装(或称设备改造)和设备租赁。狭义设备更新则是指以新设备去代替物质上不能继续使用以及经济上、技术上不宜继续使用的旧设备。在实际应用中,狭义设备更新有两种形式:一种是用相同的设备去更换有形磨损严重,不能继续使用的旧设备。这种更新只是解决设备的损坏问题,不具有更新技术的性质,不能促进技术的进步。另一种是用技术更先进,结构更完善、效率更高、性能更好、耗费能源和原材料更少的新型设备来更换那些技术上不能继续使用或经济上不宜继续使用的旧设备。这后一种更新不仅能解决设备的损坏问题,而且能解决设备技术落后的问题,在当今技术进步很快的条件下设备更新应该主要是后一种。

无论是广义设备更新还是狭义设备更新,对于提高企业生产效率,改进产品质量,促进技术进步,进而加速国民经济发展等都起着重要作用。从发达国家经济发展的经验可以看出,落后的生产设备是经济发展的严重障碍。第一次世界大战以前,英国是世界经济强国之一,但由于在技术已经进步的条件下,未能及时更新已陈旧落后的机器装备,致使英国经济失去了世界领先地位;而同一时期,美国和德国积极采用新技术、新机器,先后超过了英国。最近几十年,日本由于将国民收入的大部分用作改善和更新设备的投资,经济有了突飞猛进的发展。反观我国,许多20世纪中叶建成的国有大中型骨干企业,由于不重视技术改造和设备更新,普遍存在设备役龄过长,低负荷运行,构成素质差等方面的问题,导致企业长期陷入高耗费,低质量和产品性能多年如一日的落后状态,严重阻碍了企业的发展。因此,对现有企业的设备更新与改造势在必行。

但是,并不是在任何条件下的设备更新都是有利的,应该根据设备磨损规律、故障规律以及设备在使用过程中其费用变化的经济规律,对设备更新进行技术经济分析,才能正确确定设备的经济寿命和最佳更新方案、更新方式、更新时机。

三、设备的经济寿命

对设备实行更新不仅要考虑促进技术进步,同时也要求获得较好的经济效益。对于一台具体设备来说,应该不应该更新,应在什么时间更新,应选用什么样的设备来更新,主要取决于更新的经济效果。

设备更新的时机,一般取决于设备的技术寿命和经济寿命。

技术寿命是从技术的角度看设备最合理的使用期限,它是由无形磨损决定的。具体来说是指从设备开始使用到因技术落后而被淘汰所延续的时间,也就是使现有设备过时的新设备出现之前的一段时期。它与技术进步的速度有关。

经济寿命是从经济角度看设备最合理的使用期限,它是由有形磨损和无形磨损共同决定的。具体来说是指能使一台设备的年平均使用成本最低的年数或年净收益最高的年数。换言之,经济寿命即一台设备的从开始使用直到在经济分析中不如另一台设备更有效益而被替代时所经历的时间。

设备的使用成本是由两部分组成,一是设备投资额的年分摊额,二是设备的年运行成本(如操作费、维修费及能源耗费等)。设备的使用时间越长,年分摊额越低;但是,年运行成本会随着设备使用年限的延长而增加。

四、原型设备更新

有些设备在其使用期间并不过时,但又遭到严重有形磨损不能再用(大修理已不合算)时,就需要利用完全相同的设备(原型设备)进行更换,这时可以通过求解设备经济寿命的方法来确定设备的合理使用年限,即设备的更新方案。根据是否考虑资金的时间价值,确定设备经济寿命的模型有两种:静态重置模型和动态重置模型。

(一)静态重置模型

一般情况下,设备的运行成本每年都以某种速度递增。为简单起见,首先假定运行成本呈线性增长(设其值为 λ,称之为劣化值)。若设备使用 t 年,则第 t 年时的运行成本为:

$$C_t = C_1 + (t-1)\lambda \tag{13-9}$$

式中:C_1——运行成本的初始值;

t——设备使用年数。

那么 t 年内运行成本的平均值为：

$$C_1 + \frac{t-1}{2}\lambda \tag{13-10}$$

除运行成本初始值及其劣化值外，在年均总费用（AC）中还有逐年分摊的设备投资额，其年分摊额为：

$$\frac{K_0 - V_L}{t} \tag{13-11}$$

式中：K_0——设备的原始价值；

V_L——设备处理时的残值。

随着设备使用时间的延长，每年分摊的设备投资是逐年下降的，而年运行成本却逐年线性上升。一般来说，设备使用的年均总费用的变化规律是先降后升，呈"U"字型曲线关系如图 13－5 所示。

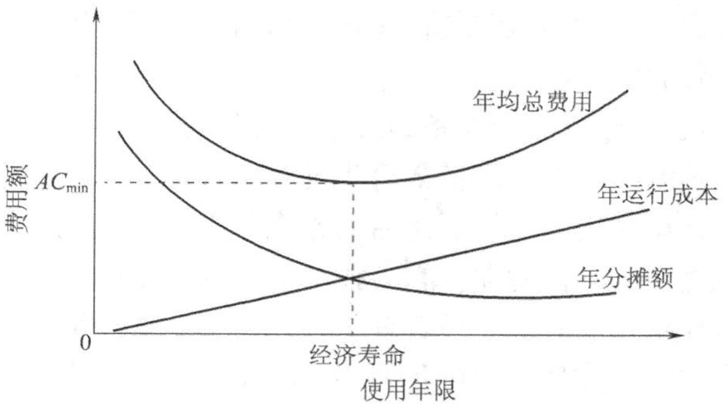

图 13－5　设备的经济寿命

年均总费用的计算公式为：

$$AC = \frac{K_0 - V_L}{t} + C_1 + \frac{t-1}{2}\lambda \tag{13-12}$$

若 V_L 接近 0 或维持不变，可以用求极值的方法得到设备的经济寿命。

令

$$\frac{d(AC)}{dt} = -\frac{K_0 - V_L}{t^2} + \frac{\lambda}{2} = 0 \tag{13-13}$$

由式（13－13）可以得到设备的经济寿命计算公式：

$$T_{opt} = \sqrt{\frac{2(K_0 - V_L)}{\lambda}} \tag{13-14}$$

【例 13－4】　某设备的初始投资额 $K_0 = 100\ 000$ 元，残值 $V_L = 10\ 000$ 元，运行成本初始值 $C_1 = 5\ 000$ 元/年，运行成本劣化值 $\lambda = 3\ 200$ 元/年，试求设备的经济寿命。

解：

由式（13－14）可知设备的经济寿命为

$$T_{opt} = \sqrt{\frac{2(K_0 - V_L)}{\lambda}} = \sqrt{\frac{2(100\ 000 - 10\ 000)}{3\ 200}} = 7.5(\text{年})$$

如果运行成本劣化值不呈线性增长，各年不同，而且设备残值随使用年限而发生变化，式(13－14)就不能再使用了。这时可根据企业的记录或者对其实际情况进行预测，然后用列表法来判断设备的经济寿命。

【例 13－5】 某设备的初始投资为 10 000 元，物理寿命为 10 年，运行成本初始值为 1 000 元，运行成本劣化值见表 13－4。求设备的经济寿命。

表 13－4 设备经济寿命的计算表

使用年限	运行成本劣化值	运行成本初始值与其劣化值之和	运行成本和劣化值的年平均值	年末残值	年平均设备费用	年平均总费用
①	②	③＝1 000＋②	$④=\frac{\sum ③}{①}$	⑤	$⑥=\frac{10\ 000-⑤}{①}$	⑦＝④＋⑥
1	0	1 000＋0＝1 000	1 000	7 200	2 800	3 800
2	150	1 000＋150＝1 150	1 075	5 300	2 350	3 425
3	200	1 000＋200＝1 200	1 117	3 500	2 167	3 284
4	300	1 000＋300＝1 300	1 163	2 200	1 950	3 113
5	450	1 000＋450＝1 450	1 220	1 100	1 780	3 000
6	650	1 000＋650＝1 650	1 292	900	1 517	2 809
7	900	1 000＋900＝1 900	1 379	700	1 329	2 708
8	1 200	1 000＋1 200＝2 200	1 481	500	1 188	2 669
9	1 550	1 000＋1 550＝2 550	1 600	300	1 078	2 678
10	2 100	1 000＋2 100＝3 100	1 750	100	990	2 740

由表 13－4 可知年均总费用在第 8 年时最低，其值为 2 669 元，故该设备的经济寿命为 8 年。

上述经济寿命的计算忽略了资金的时间价值，故称为静态重置模型。

(二)动态重置模型

考虑资金时间价值因素的设备重置可以通过动态重置模型来实现。如果设备初始投资为 K_0，使用年限为 n 年，设备第 j 年的残值为 V_{Lj}，第 j 年的运行成本为 C_j，则 t 年内的年均总成本为：

$$AC_t = \left[K_0 + \sum_{j=1}^{t}\frac{C_j}{(1+i)^j} - \frac{V_{Lj}}{(1+i)^t}\right]\frac{i(1+i)^t}{(1+i)^t-1} \quad j=1,2,\cdots,t$$

$$AC_t = \left[K_0 + \sum_{j=1}^{t}\frac{C_j}{(1+i)^j} - \frac{V_{Lt}}{(1+i)^t}\right]\frac{i(1+i)^t}{(1+i)^t-1} \quad j=1,2,\cdots,t \tag{13-15}$$

经济寿命 T_{opt} 是使 AC_t 为最小值的 $t(0 \leqslant t \leqslant n)$。

如果初始投资为 K_0，使用年限为 n 年，设备第 j 年的残值为 V_{Lj}，第 j 年的净收入为 R_j，则 t 年内的年均收益为：

$$AW_t = \left[\sum_{j=1}^{t}\frac{R_j}{(1+i)^j} + \frac{V_{Lj}}{(1+i)^t} - K_0\right]\frac{i(1+i)^t}{(1+i)^t-1} \quad j=1,2,\cdots,t$$

$$AW_t = \left[\sum_{j=1}^{t}\frac{R_j}{(1+i)^j} + \frac{V_{Lt}}{(1+i)^t} - K_0\right]\frac{i(1+i)^t}{(1+i)^t-1} \quad j=1,2,\cdots,t \tag{13-16}$$

经济寿命 T_{opt} 是使 AW_t 为最大值的 $t(0 \leqslant t \leqslant n)$。

【例 13－6】 如果例 13－5 中的设备考虑资金时间价值因素，假定折现率 i 为 10%，试重求该设备的经济寿命。

解：

根据式（13－15）计算，结果示于表 13－5。

表 13－5 折现率为 10%时设备经济寿命的计算

年限	初始值 (1)	劣化值 (2)	现值系数 (3)	运行成本劣化值现值 (4)	运行成本劣化值的累计 (5)	资金回收系数 (6)	运行成本劣化值年均值 (7)	设备残值 (8)	设备残值的现值 (9)	年均设备费用 (10)	年均总费用 (11)
1	1 000	0	0.909 1	909.1	909.1	1.100 0	1 000.0	7 000	6 363.7	3 999.9	4 999.9
2	1 000	150	0.826 4	950.4	1 859.5	0.576 2	1 071.4	5 000	4 132.0	3 381.1	4 452.6
3	1 000	200	0.751 3	901.6	2 761.0	0.402 1	1 110.2	3 500	2 629.6	2 963.7	4 073.9
4	1 000	300	0.683 0	887.9	3 648.9	0.315 5	1 151.2	2 000	1 366.0	2 724.0	3 875.3
5	1 000	450	0.620 9	900.3	4 549.2	0.267 8	1 218.3	1 000	620.9	2 511.7	3 730.0
6	1 000	650	0.564 5	931.4	5 480.7	0.229 6	1 258.4	800	451.6	2 192.3	3 450.7
7	1 000	900	0.513 2	975.1	6 455.7	0.205 4	1 326.0	600	307.9	1 990.8	3 316.8
8	1 000	1 200	0.466 5	1 026.3	7 482.0	0.187 4	1 402.1	400	186.6	1 839.0	3 241.2
9	1 000	1 550	0.421 4	1 074.6	8 556.6	0.173 6	1 485.4	200	84.3	1 721.4	3 206.8*
10	1 000	2 100	0.385 5	1 195.1	9 751.7	0.162 8	1 587.6	100	38.6	1 621.7	3 209.3

注：现值系数即 $\frac{1}{(1+i)^t}$；资金回收系数即 $\frac{i(1+i)^t}{(1+i)^t-1}$；(4)＝(1)×(3)＋(2)×(3)；(5)＝Σ(4)；(7)＝(5)×(6)，(9)＝(8)×(3)，(10)＝[10 000－(9)]×(6)；(11)＝(7)＋(10)。

从表 13－5 第 11 栏可以看出：

（1）年均总费用最小值为 3 206.8 元，也即设备使用 9 年最为经济，与忽略时间价值因素相比，经济寿命增加了 1 年。

（2）设备使用 8 年或 9 年，甚至 10 年，年均总费用的差异并不悬殊。因此，对设备经济寿命计算不必过于精细，静态重置模型就可以胜任。

五、设备的现代化改装

设备的现代化改装，又称设备的改造，是应用现代技术成就和先进经验，根据生产的实际需要，给旧设备更换新部件、新装置以改变旧设备的落后结构，改善旧设备的技术性能，使之全部或局部达到新设备的水平。设备现代化改装其实质是一种设备的局部更新，由于设备更新换代的典型情况就是在原有基础上对其进行完善，使之具有较好的技术特性。所以对原有设备进行现代化改装并使之达到或接近先进水平的可能性是完全存在的，尤其是对生产实际需要的满足，往往是新设备所不能企及的。另外，在多数情况下，设备现代化改装的投资要少于购置新设备，而且所花费的时间往往要比设计制造一台新设备节省得多，因此在急于发展生产而又缺乏资金，或市场上不能提供所需设备的情况下,实施设备现代化改装能迅速获取所需设备,并能改变现有设备的技术陈旧状态,消除第Ⅱ种无形磨损,促进技术进步。

是否实施设备现代化改装要通过与达到同样目标的其他设备更新方案比较而定。一般情况下,与设备现代化改装并行的方案有:旧设备继续使用、旧设备大修理、用原型新设备更换、用高效率新设备更换。设备更新方案的比较,就是看一看工作年限内哪个方案的总费最低。各方案总费用的计算公式如下:

$$TC_0 = \frac{1}{\beta_0}\left[\sum_{j=1}^{n} C_{0j}(1+i)^{-j} - V_{0L}(1+i)^{-n}\right]$$

$$TC_0 = \frac{1}{\beta_0}\left[V_{00} + \sum_{j=1}^{n} C_{0j}(1+i)^{-j} - V_{0L}(1+i)^{-n}\right] \quad (13-17)$$

$$TC_n = \frac{1}{\beta_n}\left[K_n + \sum_{j=1}^{n} C_{nj}(1+i)^{-j} - V_{00} - V_{nL}(1+i)^{-n}\right] \quad (13-18)$$

$$TC_h = \frac{1}{\beta_h}\left[K_h + \sum_{j=1}^{n} C_{hj}(1+i)^{-j} - V_{00} - V_{hL}(1+i)^{-n}\right] \quad (13-19)$$

$$TC_m = \frac{1}{\beta_m}\left[K_m + \sum_{j=1}^{n} C_{mj}(1+i)^{-j} - V_{mL}(1+i)^{-n}\right]$$

$$TC_m = \frac{1}{\beta_m}\left[K_m + V_{00} + \sum_{j=1}^{n} C_{mj}(1+i)^{-j} - V_{mL}(1+i)^{-n}\right] \quad (13-20)$$

$$TC_r = \frac{1}{\beta_r}\left[K_r + \sum_{j=1}^{n} C_{rj}(1+i)^{-j} - V_{rL}(1+i)^{-n}\right]$$

$$TC_r = \frac{1}{\beta_r}\left[K_r + V_{00} + \sum_{j=1}^{n} C_{rj}(1+i)^{-j} - V_{rL}(1+i)^{-n}\right] \quad (13-21)$$

式中:TC_0、TC_n、TC_h、TC_m、TC_r 分别为继续使用旧设备、用原型设备更新、用新型高效设备更新、进行现代化改装和进行大修理等各种方案 n 年内的总费用;

K_n、K_h、K_m、K_r 分别为用原型设备更新、用新型高效设备更新、进行现代化改装和进行大修理等各种方案所需的投资;

C_{0j}、C_{nj}、C_{hj}、C_{mj}、C_{rj} 分别为继续使用旧设备、用原型设备更新、用新型高效设备更新、进行现代化改装和进行大修理等各种方案在第 j 年的运行成本;

V_{0L}、V_{nL}、V_{hL}、V_{mL}、V_{rL} 分别为旧设备、原型新设备、新型高效设备、现代化改装后的设备及大修理后的设备到第 n 年的残值;

V_{00} 为原有旧设备在决策年份的可售价值;

β_0、β_n、β_h、β_m、β_r 分别为继续使用旧设备、用原型设备更新、用新型高效设备更新、进行现代化改装和进行大修理等各种方案的生产效率系数,可将 β_n 作为基准参数取 $\beta_n = 1$;

i 为折现率。

六、设备租赁

随着经济的发展,一种全新的设备更新方案——设备租赁也产生发展起来。设备租赁就是设备使用方(承租人)向设备所有方(出租人)租借设备,并在规定的时间内支付一定的租金以换取设备使用权的经济活动。设备的种类、数量、用途、租赁期限、租金和租金支付期限、租赁期间设备的维修保养、违约责任、合同期满后设备的处置等问题都要在租赁双方的合同中明确规定。

设备租赁有两种基本形式:经营租赁和融资租赁。

经营租赁就是传统意义上的设备租赁,即租赁双方事先约定,在合同规定的时间内设备使用方(承租人)向设备所有人(出租人)分期支付租金,期满后出租人收回设备的租赁活动。其特点是设备的所有权不发生变化。对设备技术过时风险大、保养维修复杂、使用时间短的设备宜采用这种租赁方式。

融资租赁,就是承租人事先选定所需要的设备,出租人用银行提供的资金按谈妥的条件向设备供应商购买设备,然后承租人长期租赁该设备并支付租金,出租人将收回的资金偿还银行的租赁方式。其特点是租赁期满后,设备归承租人所有,设备的所有权发生了变化。技术过时风险小、使用时间长的大型专用设备多采用这种租赁方式。

设备租赁对于承租人来说具有许多优越性,主要表现在以下几个方面:①节省设备的一次性投资,企业在资金紧张的情况下依然能够得到急需的设备;②降低设备过时的风险,并能及时利用新技术;③手续简便,方式灵活,设备到位速度快;④减少税金支付。一般情况下,当采用租赁时,租赁费直接计入成本,降低了税前利润。设备租赁的不足之处则在于:①租赁设备的总费用一般要比购置设备费用高;②租赁过程中长年支付租金,会形成长期负债;③租赁合同规定严格,毁约要赔偿损失,罚款较多等。总而言之,设备租赁有利有弊,在租赁前要进行慎重的决策分析。

第五节　企业资产管理系统

一、企业资产管理系统的产生和发展

随着计算机技术和网络技术的不断成熟,全球信息化进程的不断加速,越来越多的企业开始实施企业资源计划(ERP)项目,以提高管理水平和竞争力。但是,很多资产密集型企业,如石油、化工、电力、污水处理等,在实施 ERP 后,效果并不显著,甚至还出现了一些新问题,如:设备可靠性不高、计划外停机频繁、设备维修费居高不下、配件库存占用资金庞大、难以准确评估设备绩效及核算设备成本、无法完整而有效地记录设备维修历史以积累维修经验、维修计划编制难,等等。产生这些问题的原因在于 ERP 管理的重心是企业财务、采购、销售和原材料、半成品、产成品的组织及生产过程、相关的成本核算和预算控制,ERP 并不能提供保障设备、设施可靠性和完好性的整体解决方案,也没有办法帮助企业累积设备维修经验,甚至无法准确核算维修成本。所以,20 世纪 80 年代初,旨在提高企业资产完好性和可靠性、降低维修成本和规范维修作业的企业资产管理(Enterprise Asset Management,EAM)系统(软件)便应运而生了。一般认为,EAM 是在计算机控制的设备管理系统(Computerized Maintenance Management System,CMMS)基础上发展起来的,其理论基础是英国的设备综合管理工程学、美国的预防维修制度与前苏联的计划预修制度、日本的全员生产维修制度以及起源于20世纪60年代后期美国民航业的以可靠性为中心的维护管理(Reliability Centered Maintenance,RCM)。

EAM系统可以非常专业地解决资产密集型企业面临的设备台账动态更新、维修(维护)、计划编制、备件采购、备件库存、人力资源管理、维修经验积累、建立故障体系等问题,从而为企业,特别是资产密集型企业,提供了一套系统解决方案。与此同时,许多ERP厂商和EAM厂商都提供了ERP和EAM间的标准接口,可以实现两套系统的无缝对接。近年来,部分ERP厂商也开始在原有的ERP模块中添加类似于EAM的功能,以弥补自身产品的缺陷与不足。

随着EAM系统的使用与推广,企业的要求也在不断提高。最初只是以设备资产台账为基础,以工单的提交、审批、执行为主线并综合设备采购管理、库存管理、人力资源管理的EAM解决方案以及设备的全生命周期管理。现在的EAM系统已演变成一个专业化、实时化和智能化的资产管理系统,即系统要和企业的设备紧密集成,通过集成将设备的运行现状直接呈现在管理者面前,并依据设备运行状态自动触发维修决策。

关于EAM的定义,目前国内外还没有一个统一的认可。比较流行的还是美国Garkner Group咨询公司对EAM的定义:在资产密集型企业的新建、在建与运行维修中,在不明显增加维修费用下,采用现代信息技术降低停机时间,增加生产产量的一套企业资源计划系统。

二、EAM系统的构成

一个典型的EAM系统由以下8个相互联系、相互作用的功能模块组成:

(一)设备模块

通过设备模块可以知道每一台设备的详细信息,如设备的功能、规格、位置、供应商、所需要的备件、已编制的预防性维护和故障代码,以及该预防性维护或故障操作对应的作业流程和安全计划、所属的检修路线等。在运行位置上可以查看到有什么设备、相关的安全计划和检修路线等。故障代码需要在实际应用过程中编制,通过故障代码工程师可以获得故障设备的相关信息。

(二)计划模块

计划模块中有标准作业计划、检修路线、安全计划、安全危害、安全预防措施和隔离标记等多个组成部分。标准作业计划就是工程师对某一种设备进行维护操作所采取的标准步骤。检修路线则是专业工程师对负责区域内同种设备进行维护的过程。其他几个应用部分都涉及工作中需要注意的安全问题,指明了操作中可能面临的危险,提醒工程师如何采取预防性措施。

(三)预防性维护模块

预防性维护需要通过针对某个具体的设备或设备链进行编制,根据标准作业计划和检修路线,通过设定程序可以在预定的时间或状态自动产生工单,对设备进行日常维护保养。

(四)工单模块

工单就是工作的任务。工单来自于预防性维护或故障维修申请。工单一般应该包括:维修的设备、设备位置、需要消耗的备件、作业流程、作业人、安全计划、作业时间、作业成本等全方位的管理信息。一旦 EAM 系统建立,对于设备管理人员来说工单就是日常的主要工作。

（五）库存管理模块

库存管理模块对库存的物资进行统一管理,在工单完成审批后,库存管理模块将对工单中申请的物料进行发放。通过库存管理系统就能知道库存的情况,减轻管理人员的负担。在日常工作中还可以实现库存日常管理、库存规划、库存成本核算等多项管理工作。

（六）采购模块

在标准的采购模块中,公司需要在购买设备或备件的时候,先填写采购申请,在采购申请被核准后依照询价单让采办人员询价。经过询价结果对比,选择供应商填写采购单,然后完成合同审批工作。在采购单审批结束后签订合同,在货物接收以后可以开具发票并完成付款。这只是一个标准的采购模式,可以根据实际需要进行修改。

（七）报表模块

报表是一个统计的模块,EAM 系统提供了专业的报表制作和管理手段,可以在完成报表的同时实现实时统计。

（八）资源模块

资源模块是一个公司在运作过程中对需要和可以调用的各种资源进行管理的模块,涉及员工、员工小组、工种和外联的公司、外协服务合同等多种信息。在以工单的状态为主线的 EAM 系统中,资源模块能够为其他模块提供人员、工具及日程安排等方面的信息。

三、EAM 系统的应用流程

EAM 系统的应用流程大致可以分为以下 12 个步骤:

1. 创建工单。工单的创建可以由数据采集与监视控制(Supervisory Control and Data Acquisition,SCADA)系统或时间主导的自动触发预防性维护来创建,也可由设备管理人员根据预防性维护手工创建,亦可纯手工创建。一个完备的工单将包括如下信息:

(1)设备信息,包括设备编码、设备名称、位置地点、规格型号、相关部门、相关图纸档案、维修记录等。

(2)工作内容,包括工作原因、工作来源(时间驱动记录预防性维护档案、SCADA 驱动记录事件时间和事件数据)、工作目标、涉及专业、优先级别、成本归属对象、负责人等。

(3)操作步骤,包括作业流程、单步操作人、单步监督人等。

(4)可能的危险和安全规范(安全事项、配备装备)。

(5)物料清单,包括工单消耗物料的编码、数量、等级、品牌、仓储信息、成本信息等,以及耗用资源等信息。

2. 审批工单。工单根据优先级别和危险等级,自动判定审批等级和流程,系统将记录每步审批内容和结果。

3. 系统判断工单是否有物料需求。若无,转步骤 10;若有,转步骤 4。

4. 判断库存是否满足需求。若满足，则转步骤10；若不满足，转步骤5。

5. 系统创建采购申请。

6. 审批采购申请，并可根据需要由采购申请创建询价单，然后共同决定供应商。系统将记录供应商决定的过程。

7. 采购人员根据采购申请创建采购单，并根据需要签订采购合同。

8. 库存管理人员根据采购单收货，对物料验收入库。

9. 财务人员记录发票信息。

10. 库存管理人员对设备管理人员发料。

11. 设备管理人员按照工单执行维护。

12. 设备管理人员填写维护总结，系统自动记录设备维护记录，维护总结将根据需要完善标准作业流程和安全规范，维护记录将自动关联到设备和位置，通过查询设备可获取设备维护记录。

图13－6是某电力企业EAM系统的应用流程示意图①。

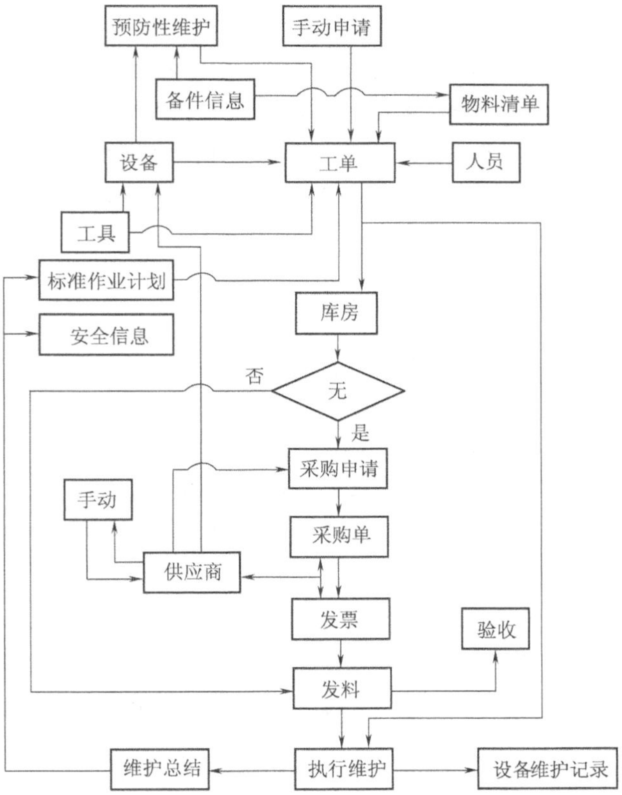

图13－6　EMA系统流程示意图

① 李惠玲，盛万兴，曹添海，等．企业资产管理系统在电力企业的应用[J]．电网技术，2008，32(3)：22－26.

本章小结

设备管理的目的就是通过对设备寿命周期全过程实行全面综合管理，以达到设备寿命周期内费用最低、综合效率最高的目的。设备管理包括设备的选择与购置、设备使用、设备维修和设备更新，以及由设备更新外延出的设备现代化改装和设备租赁等。

企业所选择与购置的设备必须做到技术上先进、经济上合理，所以要进行技术、经济评价。设备的良好技术性能表现在生产性、可靠性、维修性、环保性、节约性、配套性、适应性等多个方面。设备的经济评价可以根据实际情况选择投资回收期法、净现值(或净年值)法、费用现值(费用年值)法等。

设备的使用与维护，就是以设备的磨损规律和故障规律为依据，对设备进行必要的维护与保养，并根据设备的性能状况选择合理的修理方式：小修理、中修理或大修理。无止境地进行大修理是不合理的。

当设备大修理在经济上不合理时就需要进行更新，典型的设备更新时机可以根据经济寿命确定。设备更新的方式还有现代化改装和设备租赁等。

通过 EAM 系统，资产密集型企业可以实现设备的信息化管理。EAM 系统就是，在资产密集型企业的新建、在建与运行维修中，在不明显增加维修费用下，采用现代信息技术降低停机时间，增加生产产量的一套企业资源计划系统。

习题

1. 什么是设备管理？其包括哪些内容、任务？

2. 试述设备的磨损规律和故障规律。

3. 设备大修理的经济条件是什么？

4. 什么是设备的经济寿命？如何确定设备的经济寿命？

5. 资产密集型企业为什么要创建 EAM 系统？EAM 系统为这类企业提供的系统化解决方案涉及哪些方面？

6. 如下关于设备综合工程学的说法不对的是(　　)。

A. 设备综合工程学以设备寿命周期为管理和研究范围

B. 设备综合工程学要求建立信息交流和反馈系统，是对设计、使用效果以及费用信息反馈的管理

C. 设备综合工程学以最小化设备购置费用为目标

D. 设备综合工程学综合了工程技术、财务、管理等方面的内容

7. *下列哪些是设备选择的定性评价指标？(　　)

A. 维修性　　B. 配套性　　C. 可靠性　　D. 生产性

E. 环保性

8. * 设备更新方法包括(　　)。

A. 原型设备更新　　B. 设备的现代化改装

C. 设备维修　　D. 设备租赁

9. 设备管理先后经历了设备维修阶段、预防维修阶段和设备综合管理阶段。(　　)

10. 设备综合管理是基于设备综合工程学和全员生产维修制度发展的。(　　)

11. 日常所说的“磨合”是指设备的正常磨损阶段。(　　)

12. 设备 A、B、C 都能满足生产需要,其具体情况如表 13－6 所示。如果折现率为 10%,设备使用年限为 8 年,选择哪种设备最优?

表 13－6　　单位:万元

	设备 A	设备 B	设备 C
初始投资	200	250	300
年运行成本	36	30	25
设备残值	10	15	20

13. 某型号设备的原始价值为 90 000 元,处置时无残值。设备的年运行成本为 4 000 元,劣化值为 3 200 元,且从第 2 年起逐年增加,求该设备的经济寿命。

第十四章

排除论——服务系统规则

★ 学习要点与要求 ★

排队是运营管理中经常要面对的事情，本章把排队问题作为主要研究内容。排队系统规划就是通过排队论的相关理论、模型来研究服务系统的运行状态、运行指标以及系统优化等。读完本章后，你应能：

1. 了解服务系统在服务业中的重要性。
2. 熟悉排队系统的构成、衡量指标和标记符号。
3. 重点掌握5种常见的排队论模型的应用。
4. 清楚如何通过确定最优服务水平和服务台数使服务系统得到优化。

第一节　排队系统的基本概念

一、服务组织与排队现象

（一）服务组织

随着经济的飞速发展，无论从产值还是就业人数上看，服务业已经成为衡量一个国家或地区经济发展水平的重要指标。同时，制造业劳动生产率的提高使人们的生活质量得到明显改善，人们对精神生活质量的要求也越来越高。而精神生活质量往往又与服务业的服务水平有着密切的关系。这就使得服务业的运营管理日益受到重视，如何提高服务业的服务效益和效率正成为生产运营管理中的一个焦点问题。同制造业一样，服务业在运营中也存在着如何以低成本、高质量、按期交付的方式为顾客提供各种满意服务的问题。

现代服务管理理论认为，顾客是服务业所有决策与行动的着眼点，即顾客是所有事情（服务策略、服务系统和服务人员）的中心，如图 14－1 所示。服务组织为服务于顾客而存在，服务系统和服务人员为服务过程的实施而存在。但是，由于服务业的最大特点是顾客的到达时间和服务时间一般都是随机的，所以在制定作业计划时就与制造业有所不同。

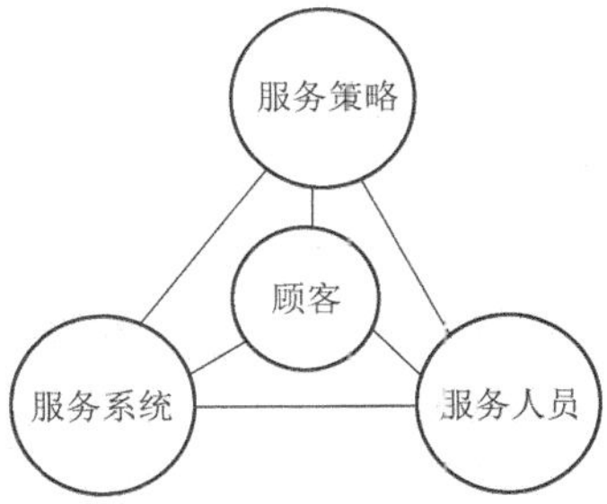

图 14－1　服务三角形

（二）排队现象

排队是我们在日常生活和生产中经常遇到的现象，如顾客在超市收银台结账、病人到医院看病等常常要排队，由于故障停止运转的机器等待修理人员修理、码头的船只等待装卸货物等也要排队。此时，要求服务的顾客数量超过了服务系统的服务能力，到达的顾客不能立即得到服务，所以出现了排队现象。而且由于顾客的到达时间和服务时间都是随机的，排队几乎是不可避免的。要提高服务水平，就需要增加投资，使服务成本增加；如果服务水平过低，排队要求服务的顾客就会更多，顾客的排队时间也会因此而延长，使得等待成本（既包括顾客的时间价值成本、机会成本，也包括相对企业而言的顾客流失成本等）增加。这就构成了设计服务系统结构的一对矛盾。排队论（Queuing Theory）也称随机服务系统理论，就是解决这类问题的一种有效方法。排队论是 1909 年丹麦工程师爱尔朗（A. K. Erlang）在研究电话系统时创立的，经过多年的发展，其应用领域越来越广泛，理论也越来越完善。

二、排队系统的构成

实际的排队系统，无论是有形的还是无形的，一般都有 3 个基本组成部分：输入过程、服务规则和服务台，如图 14－2 所示。

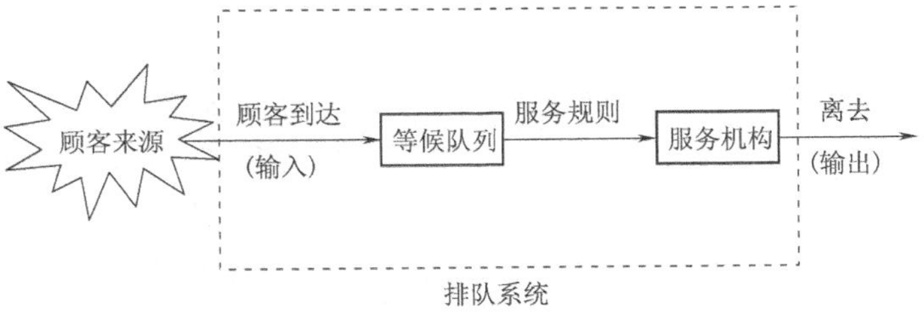

图 14－2　排队系统示意图

（一）输入过程

输入过程就是顾客以怎样的规律到达排队系统的过程。一般可以从顾客总体、顾客的到达方式和顾客流的概率分布这 3 个方面来描述一个输入过程。

1. 顾客总体，又称顾客源，也就是顾客的来源。顾客源可能是有限的，也可能是无限的。理论上讲，只有当服务不受限制时顾客源才是无限的，如超级市场、银行、餐厅、剧院、娱乐中心、收费桥梁等。当潜在顾客数量有限时，顾客源才是有限的，如护士护理一间拥有 6 张病床的病房内的患者、公司的修理部门负责随时修理生产车间的 10 台设备等。

2. 顾客的到达方式，就是顾客以怎样的方式到达系统，是一个一个达到，还是成批到达。例如，到餐厅就餐的顾客有单个到来的就餐者，也有参加宴会的成批客人。我们这里只研究顾客单独到达的情形。

3. 顾客流的概率分布，或称顾客相继到达时间间隔的概率分布。顾客流的概率分布也可以理解为在一定的时间间隔内到达 $k(k=1,2,3,\cdots)$ 个顾客的概率有多大。顾客到达的时间间隔可以是确定型的，也可以是随机型的。例如，在流水线上装配的各种部件必须按确定时间间隔到达装配点，其概率分布为确定型的；大多数服务业的顾客流都是随机的，其概率分布多为随机型的，如泊松分布、二项式分布、爱尔朗分布等。

(二) 服务规则

服务规则就是服务台从等候队列中选取顾客进行服务的顺序，一般有以下 4 种规则：

1. 先到先服务(FCFS)，即按照顾客的到达次序提供服务，这是最常见的情形。

2. 后到先服务(LCFS)，如仓库中叠放在一起的钢板，后放上去的往往最先使用。

3. 随机服务，指服务台空闲时，随机地从等候队列中选取一个顾客进行服务，而不管到达时间，如电话交换台接通呼叫电话就是如此。

4. 优先权服务，如医院对危重病人进行优先治疗，老人、儿童优先上下公共汽车、火车，公司收到的加急订单等。

(三) 服务台

服务台可以从以下几个方面进行描述：

1. 服务台的数量和构成形式。从数量上看，服务台可以分为单服务台和多服务台；从构成形式上看，服务台可以平行排列(并列)，也可以前后排列(串列)，还可以混合排列，如图 14－3 所示。

2. 服务方式。就是某一时刻接受服务的顾客数量，一般有单个服务和成批服务两种。例如，公共汽车对候车乘客就进行成批服务。这里我们只讨论单个服务方式。

3. 服务时间的概率分布。服务时间也可以分为确定型和随机型两种。自动汽车清洗装置的清洗(服务)时间就是确定型的，但多数情形的服务时间是一个随机变量，其概率分布有负指数分布、爱尔朗分布等。

三、排队系统性能的衡量指标

在评价现有排队系统或筹建系统的性能时，主要观察以下几个指标：

(一) 队长和排队长

队长指系统中顾客的平均数(排队等待顾客数与正在接受服务顾客数之和)，排队长指系统中排队等待服务顾客的平均数。

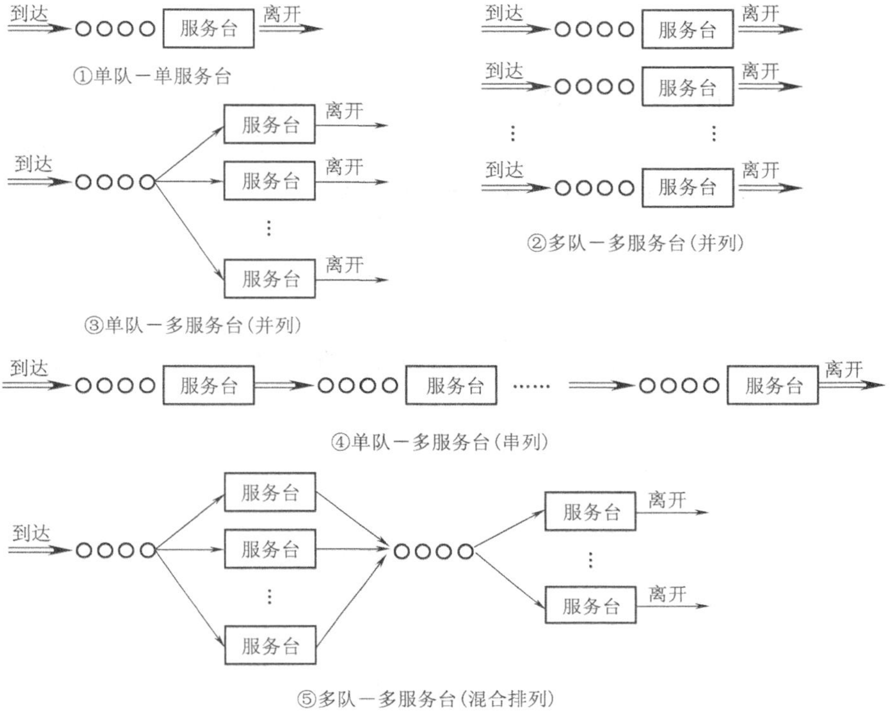

图 14－3　服务台的常见构成形成

(二)逗留时间和等待时间

逗留时间是指一个顾客在系统中停留的平均时间,而等待时间是指一个顾客在系统中排队等待服务的平均时间。它们之间存在如下关系:"逗留时间 = 等待时间 + 服务时间"。在服务性行业中,顾客最为关心的是等待时间。

(三)系统利用率

系统利用率也称服务强度,是服务系统单位时间内的平均服务时间。以上这些指标中,系统利用率反映了排队系统的忙碌程度,是管理部门最关心的。从表面上看,管理部门似乎应该追求 100% 的利用率,但是系统利用率的提高往往是以队长(排队长)和等待时间(逗留时间)的增加为代价的,100% 的利用率是不切实际的。

四、排队系统的标记符号

为了便于区分,都以国际上通用的"Kendall 记号"来标记各种排队系统:

$$X/Y/Z/A/B/C \tag{14-1}$$

式中:X——顾客相继达到时间间隔的分布;

Y——服务时间的分布;

Z——服务台的数目(超过一个服务台时,只考虑并列的情况);

A——系统容量限制；

B——顾客源数目；

C——服务规则。

其中，顾客到达间隔时间和服务时间服从负指数分布用 M 表示，确定型用 D 表示，k 阶爱尔朗分布用 Ek 表示。可以证明，顾客到达的间隔时间独立且服从负指数分布与输入过程为泊松流是等价的，所以 Kendall 记号中都用 M 表示。

约定，如果略去后 3 项，即指 $X/Y/Z/\infty/\infty$/FCFS 排队系统。

第二节　排队模型

一、常用排队模型

排队模型有很多种，在此我们列出 5 种较为常用的模型。即：

模型 1：$M/M/1$ 模型

模型 2：$M/M/r$ 模型

模型 3：$M/D/1$ 模型

模型 4：$M/M/1/m/\infty$ 模型

模型 5：$M/M/r/m/\infty$ 模型

为了方便模型的使用，表 14 -1 给出了与模型有关的符号及其意义。

表 14 -1　排队模型相关符号及其意义表

符号	意　义
λ	顾客到达速度，即单位时间顾客的到达数目
μ	服务速度，即单位时间能为多少顾客提供服务
L_q	排队长，即等待服务顾客的平均数
L_s	队长，即系统中顾客的平均数
W_s	等待时间，即顾客在队列中等待服务的平均时间
W_q	逗留时间，即顾客在系统中的平均停留时间
ρ	系统利用率，或服务强度，要求 $\rho<1$
λ_e	系统的有效到达率

二、模型 1：$M/M/1$ 模型

$M/M/1$ 模型是最简单的排队模型。假定顾客流为泊松流，服务时间服从负指数分布，系统只有一个服务台，容量和顾客来源均无限，执行先到先服务规则。这时系统的

服务强度 $\rho=\lambda/\mu$。

$M/M/1$ 模型的相关公式如下：

系统空闲的概率

$$P_0=1-\rho \tag{14-2}$$

系统中有 $n(n\geq 1)$ 个顾客的概率

$$P_n=(1-\rho)\rho^n \tag{14-3}$$

系统中顾客的平均数

$$L_s=\frac{\lambda}{\mu-\lambda}=\frac{\rho}{1-\rho} \tag{14-4}$$

队列中等待服务顾客的平均数

$$L_q=\frac{\lambda^2}{\mu(\mu-\lambda)}=\frac{\rho^2}{1-\rho} \tag{14-5}$$

系统中顾客的平均逗留时间

$$W_s=\frac{1}{\mu-\lambda} \tag{14-6}$$

顾客在队列中等待服务的平均时间

$$W_q=W_s-\frac{1}{\mu}=\frac{\rho}{\mu-\lambda} \tag{14-7}$$

上述 4 个指标之间存在如下关系：

$$\begin{cases} L_s=\lambda W_s \\ L_q=\lambda W_q \\ W_s=W_q+\dfrac{1}{\mu} \\ L_s=L_q+\dfrac{\lambda}{\mu} \end{cases} \tag{14-8}$$

式(14－8)又称李特尔(D. C. Little)公式。当系统到达平稳状态时，上述公式适合于本节的全部排队模型，只是在系统容量有限制时(模型 4、模型 5)需要将顾客到达率 λ 换为有效到达率 λ_e。

【例 14－1】 $M/M/1$ 模型的应用

某商业银行准备开展一项新的信用卡业务，其中的一个计划是在一条商业街设立一个咨询、办理柜台。根据以往经验，顾客流为泊松流，咨询或业务受理平均每小时 15 次；服务时间平均每次为 3 分钟，服从负指数分布。试求：

(1)系统利用率。

(2)柜台前顾客的平均数和等待服务顾客的平均数。

(3)顾客的平均逗留时间和等待时间。

(4)顾客到达就能接受服务的概率。

解：

这是一个 $M/M/1$ 型排队系统。由题意知 $\lambda=15$ 人/小时，$\mu=20$ 人/小时，所以

(1)系统的利用率

$$\rho=\lambda/\mu=15/20=75\%$$

(2)顾客平均数

$$L_s=\frac{\lambda}{\mu-\lambda}=\frac{15}{20-15}=3(\text{人})$$

等待服务顾客的平均数

$$L_q=\frac{\rho^2}{1-\rho}=\frac{0.75^2}{1-0.75}=2.25(\text{人})$$

(3)顾客的平均逗留时间

$$W_s=\frac{1}{\mu-\lambda}=\frac{1}{20-15}=0.2(\text{小时}),\text{合 12 分钟}$$

等待时间

$$W_q=\frac{\rho}{\mu-\lambda}=\frac{0.75}{20-15}=0.15(\text{小时}),\text{合 9 分钟}$$

(4)顾客到达就能接受服务的概率,也就是系统空闲的概率

$$P_0=1-\rho=1-0.75=0.25$$

【例 14-2】 *M/M/*1 模型的 Excel 解法

一个小镇的邮局中只有一名雇员,受理顾客业务平均每小时 30 次,间隔时间服从负指数分布,平均服务时间为 1.5 分钟,服从负指数分布;试求:

(1)系统服务强度。

(2)柜台前顾客的平均数和等待服务顾客的平均数。

(3)顾客的平均逗留时间和等待时间。

(4)顾客到达就能接受服务的概率(系统空闲的概率)。

解:

(1)由已知条件可得到顾客的到达速度和服务速度。以分钟为单位,顾客的到达速度为 0.5,在 B5 单元格中输入;服务速度为 1/1.5,在 B6 单元格中输入公式可得服务速度为 0.67。

(2)平均时间和服务强度。平均到达时间和平均服务时间为相应频率的倒数,因此,在 B10 单元格中输入公式 =1/B5,并将公式复制到 B11 单元格中,然后在 B12 单元格中计算服务强度 ρ,其公式为 =B5/B6。

(3)计算指标。在 B15:B19 单元格区域中输入如下公式:

```
=B12/(1-B12)
=B12^2/(1-B12)
=B15/B5
=B16/B5
=1-B12
```

得到的计算结果分别为系统中顾客平均数(L_s)、等待服务顾客的平均数(L_q)、顾客的平均逗留时间(W_s)、等待时间(W_q)、系统空闲的概率(P_0)。

(4)计算系统中有 $n(n\geq1)$ 个顾客的概率和等待时间的概率。我们使用 E11 和 F11 单元格计算系统中有 $n(n\geq1)$ 个顾客的概率,只需要在 F11 单元格中输入公式 =(1-$B$12)*$B$12^E11,E11 中输入要计算概率的顾客数;在 H11 单元格输入等待时间,

在 I11 单元格中输入公式 = \$B\$12 * EXP(- \$B\$6 * (1 - \$B\$12) * H11)，即可得到该等待时间的概率。

在上面两个公式中使用到了绝对引用，是为了方便计算不同顾客数和不同等待时间下的概率，只需要在 E 列(E11 单元格下方)和 H 列(H11 单元格下方)的单元格中输入相应的值，然后在 F 列和 I 列对应的单元格中复制公式即可。

计算结果见图 14－4。我们可以把本例中的工作表作为模板，对不同的 $M/M/1$ 类型的问题，只需要输入 λ 值和 μ 值，相关的指标会自动计算完成。

	A	B	C	D	E	F	G	H	I	J
1	**M/M/1模型**									
2										
3	**原始数据**									
4										
5	到达频率 λ	0.500	人/分钟							
6	服务频率 μ	0.667	人/分钟							
7										
8	**中间结果**									
9					**系统中有n个顾客的概率**			**等待时间的概率**		
10	平均到达间隔	2.000	分钟		n（顾客数）	P_n		t（分钟）	P（等待时间>t）	
11	平均服务间隔	1.500	分钟		3	0.105		1	0.635	
12	服务强度 ρ	0.750								
13										
14	**计算指标**									
15	系统中顾客平均数 Ls	3.000	人							
16	等待服务顾客的平均数 Lq	2.250	人							
17	顾客的平均逗留时间 Ws	6.000	分钟							
18	等待时间 Wq	4.500	分钟							
19	系统空闲的概率 P_0	25.00%								

图 14－4　$M/M/1$ 模型的 Excel 解法

三、模型 2：$M/M/r$ 模型

$M/M/r$ 模型假定顾客到达的时间间隔服从负指数分布，且排成一个等待队列，服务时间服从负指数分布；系统有 r 个相互独立的服务台(不搞协作)且平均服务效率相同，执行先到先服务规则，容量和顾客来源均无限。这时系统的服务强度 $\rho=\lambda/r\mu$。

$M/M/r$ 模型的相关公式如下：

系统空闲的概率

$$P_0=\left[\sum_{k=0}^{r-1}\frac{1}{k!}\left(\frac{\lambda}{\mu}\right)^k+\frac{1}{r!(1-\rho)}\left(\frac{\lambda}{\mu}\right)^r\right]^{-1}\tag{14－9}$$

系统中有 n 个顾客的概率

$$P_n=\begin{cases}\dfrac{1}{n!}\left(\dfrac{\lambda}{\mu}\right)^n P_0 & (n\leqslant r)\\[2ex] \dfrac{1}{r!\ r^{n-r}}\left(\dfrac{\lambda}{\mu}\right)^n P_0 & (n>r)\end{cases}\tag{14－10}$$

队列中等待服务顾客的平均数

$$L_q=\frac{\lambda\mu}{(r-1)!\ (r\mu-\lambda)^2}\left(\frac{\lambda}{\mu}\right)^r P_0=\frac{(r\rho)^r\rho}{r!\ (1-\rho)^2}P_0\tag{14－11}$$

系统中顾客的平均数

$$L_s = L_q + \frac{\lambda}{\mu} \tag{14-12}$$

顾客在队列中的平均等待时间

$$W_q = \frac{L_q}{\lambda} \tag{14-13}$$

顾客在系统中的平均逗留时间

$$W_s = \frac{L_s}{\lambda} \tag{14-14}$$

上述计算公式计算起来比较繁琐，现已有专门的数值表格供使用。

【例 14 -3】 *M/M/r* 模型的应用

某银行营业处设有 3 个受理业务效率相同的柜台，顾客到达的间隔时间服从负指数分布，平均每小时 9 人，服务时间服从负指数分布，平均每小时 4 人。顾客到达后排成一队，依次到空闲的柜台办理业务，如图 14 -5(a)所示。试求：营业处空闲的概率和顾客到达后必须等待的概率，营业处内顾客的平均数和等待服务顾客的平均数，以及顾客的平均逗留时间和等待时间。

解：

这是一个 $M/M/r$ 型排队系统。由题意可知：$r=3$，$\lambda=9$ 人/小时，$\mu=4$ 人/小时，则 $\lambda/\mu=9/4=2.25$，系统的服务强度 $\rho=\lambda/c\mu=\frac{9}{3\times4}=75\%$。

由式 14 -9 到式 14 -14 有：

营业处空闲的概率

$$P_0=\left[1+\frac{1}{1}\cdot2.25^1+\frac{1}{2!}\cdot2.25^2+\frac{2.25^3}{3!\ (1-0.75)}\right]^{-1}=0.075$$

顾客到达后必须等待的概率，也就是营业处内有 3 名及 3 名以上顾客的概率

$$P(n\geqslant3)=1-P_0-P_1-P_2=1-0.075-\frac{1}{1!}\times2.25^1\times0.075-\frac{1}{2!}\times2.25^2\times0.075=0.566$$

等待服务顾客的平均数

$$L_q=\frac{(3\times0.75)^3\times0.75}{3!\ (1-0.75)^2}\times0.075=1.709(\text{人})$$

顾客的平均数

$$L_s=L_q+\frac{\lambda}{\mu}=1.709+2.25=3.959(\text{人})$$

顾客的平均等待时间

$$W_q=\frac{L_q}{\lambda}=\frac{1.709}{9}=0.190(\text{小时})\text{，合 }11.4\text{ 分钟}$$

顾客的逗留时间

$$W_s=\frac{L_s}{\lambda}=\frac{3.959}{9}=0.440(\text{小时})\text{，合 }26.4\text{ 分钟}$$

现假定例 14 -3 中排队方式发生改变，顾客到达后在每个柜台前各排一队，即形成 3 个队列，且接受服务前不再换队。这时每个队列的到达率为 3 人/小时，如

图 14－5(b)所示。这实际上是 3 个 $M/M/1$ 型的子系统，按 $M/M/1$ 模型求解，结果见表 14－2。

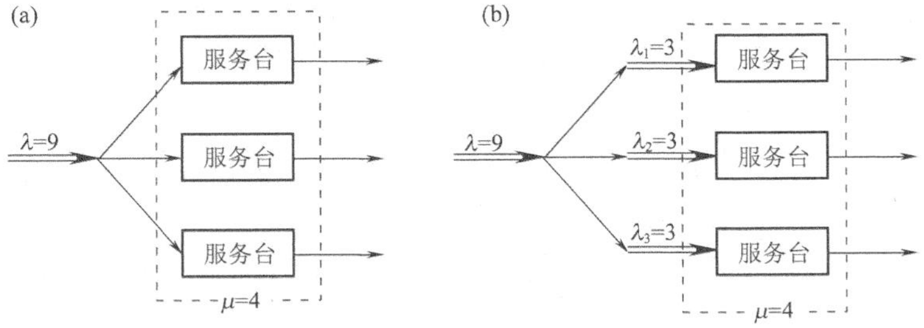

图 14－5　$M/M/r$ 型系统与 r 个 $M/M/1$ 型系统的比较

表 14－2　$M/M/r$ 型系统与 r 个 $M/M/1$ 型系统状态概率与指标值的比较

	$M/M/r$ 型系统	r 个 $M/M/1$ 型系统
空闲概率 P_0	0.075	0.25(一个子系统)
顾客必须等待的概率 $P(n\geqslant3)$	0.566	0.75(一个子系统)
等待服务顾客的平均数 L_q	1.709 人	2.25 人×3
系统中顾客的平均数 L_s	3.959 人	3 人×3
平均逗留时间 W_s	26.5 分钟	60 分钟
平均等待时间 W_q	11.5 分钟	45 分钟

从表 14－2 可以看出，同样的资源，只是排队方式发生了变化，但 $M/M/r$ 型系统比 r 个 $M/M/1$ 型系统具有明显的优越性。这一点在实际工作中应该给予充分重视。

【例 14－4】　$M/M/r$ 模型的 Excel 解法

某银行的一个分行中，顾客的到达服从泊松分布，平均每小时有 150 位顾客；该分行有 6 名出纳为顾客服务，每名出纳服务一位顾客的平均时间为 2 分钟，并且服务时间服从负指数分布。顾客到来后排成一队，依次到空闲的柜台办理业务。

试求：营业处空闲的概率和顾客到达后必须等待的概率，营业处内顾客的平均数和等待服务顾客的平均数，以及顾客的平均逗留时间和等待时间。

解：

(1)由题目可知，到达频率为 150 人/小时，每个柜台的服务频率为 60/2＝30 人每小时，柜台数为 6，在 B5:B7 区域输入这些值。

(2)在 B11：B13 单元格区域输入公式：

＝1/B5

＝1/B6

＝B5/(B6＊B7)

计算平均时间和服务强度。

(3)计算系统空闲的概率。根据题目中的已知条件,可知 $r=6,\lambda=150$ 人/小时,$\mu=30$ 人/小时,则 $\lambda/\mu=150/30=5$,系统的服务强度 $\rho=\lambda/r\mu=\frac{150}{6\times30}=83.3\%$;将这些值代入 $M/M/r$模型中计算系统空闲时间的公式 $P_0=\left[\sum_{k=0}^{r-1}\frac{1}{k!}\left(\frac{\lambda}{\mu}\right)^k+\frac{1}{r!(1-\rho)}\left(\frac{\lambda}{\mu}\right)^r\right]^{-1}$,可得$P_0=0.5$。

我们可以在工作表中输入计算公式,求得 P_0,但是由于计算 P_0的公式中 $\sum_{k=0}^{r-1}\frac{1}{k!}\left(\frac{\lambda}{\mu}\right)^k$ 部分的形式会跟着 r 的变化发生比较大的变化,如果将来 r 发生了变化,P_0的值必须重新输入公式计算;另外,我们希望所建立的工作表能作为解决 $M/M/r$ 模型问题的模板,对相同类型的不同问题,只需要修改工作表中的 r 、λ 和 μ 值,即可方便地求得各种结果。

为了达到上面的目的,我们建立一个求解 P_0 的宏命令,并在工作表中添加一个按钮(见图 14－7 中 B16 单元格右面的按钮),在 B5∶B7 区域输入已知条件之后,单击按钮,会触发宏命令进行计算,并将结果存入 B16 单元格中;如果我们输入的值有问题,使得 ρ 的值超出了 0～1 的范围,宏命令还会弹出提示框提示我们进行检查。

要在工作表中建立一个按钮,首先要打开“窗体”工具栏,具体方法为在“视图”菜单中选择“工具栏”子菜单,然后选中里面的“窗体”即可,窗体菜单如图 14－6 所示。

图 14－6　窗体菜单

“窗体”菜单中,左面数第四个图标为添加按钮,单击它,然后在工作表中按住鼠标左键拖动鼠标,即可添加一个按钮。在弹出的“指定宏”对话框中单击“新建”按钮,即可打开 Visual Basic 编辑器编辑新建的宏命令。在打开的编辑器中输入如下代码:

```
Sub 按钮 1_单击( )
  Sheet19. Select
  Dim AR As Integer                  'Arrival Rate 到达频率(λ)
  Dim SR As Integer                  'Service Rate 服务频率(μ)
  Dim r As Integer                   '服务台数目(r)
  Dim Intensity                      '服务强度(ρ)
  Dim k As Integer
  Dim m1,m2,m2r                      '定义中间变量
  AR = ActiveSheet. Cells(5,2)       '下面 4 行为变量赋值
  SR = ActiveSheet. Cells(6,2)
  r = ActiveSheet. Cells(7,2)
```

```
  Intensity = ActiveSheet. Cells(13,2)
  If Intensity > 0 And Intensity < 1 Then  '检验ρ的值是不是合理
    For k = 0 To r - 1
      m1 = m1 + F_m1(k,AR,SR)     'm1 变量值为计算 P0 公式的第一部分
    Next k
    m2r = 1
    For r1 = 1 To r
      m2r = m2r * (AR / SR)
    Next
    m2 = m2r /(fac(r) * (1 - Intensity))  'm2 变量值为计算 P0 公式的第二部分
    ActiveSheet. Cells(16,2) = 1 /(m1 + m2) '将计算结果存到 B16 单元格中
  Else
    MsgBox("ρ值应该在 0 至 1 之间,请检验后再计算!")
    Exit Sub
  End If
End Sub
Private Function F_m1(i1 As Integer,FAR As Integer,FSR As Integer)
    Dim kj As Long
    kj = fac(i1)
    x = 1
    For m = 1 To i1
      x = x * (FAR / FSR)
    Next
    F_m1 = x / kj
End Function
Public Function fac(ByVal num As Integer)  'fac 函数用来计算阶乘
    Dim jc
    Dim m As Integer
    jc = 1
    If num = 0 Then
    Else
      For m = 1 To num
      jc = jc * m
      Next
    End If
    fac = jc
End Function
```

输入完成后存盘退出编辑器，单击工作表中的按钮即可计算 P_0；计算其他排队论问题中的 P_0 值，只需输入 r,λ 和 μ 值，然后单击按钮，结果即可在B16单元格中显示。

如果不在工作表中添加按钮，我们可以在菜单中运行相应的宏命令。在“工具”菜单中选择“宏”，在它的子菜单中选择“宏”命令，可以打开“宏”对话框，选择相应的宏并单击“执行”按钮即可执行相应的宏命令。

关于宏命令和VBA编程问题，有兴趣的读者可以参考相关书籍，这里不再赘述。

（4）计算各种指标。在B17单元格中输入公式 =(B5/B6)^B7 * B16/(FACT(B7) * (1 - B13))，可以计算顾客到达后必须等待的概率；然后在B18：B22区域输入如下公式：

= B19 + B5/B6

= B17 * B13/(1 - B13)

= B18/B5

= B19/B5

= 1 - B17

可求得Ls、Lq等指标的值。

B17单元格中用到了fact函数，其功能为返回一个数的阶乘。

（5）计算系统中有 $n(n\geqslant 1)$ 个顾客的概率和等待时间的概率。与例14－2类似，我们希望当在E12单元格中输入等待人数时，在F12单元格中能够自动得出相应的概率。要达到这一要求，只需在E13单元格中输入如下公式：

= IF(E12 < = $B$7,($B$7 * $B$13)^E12 * $B$16/FACT(E12),
($B$7 * $B$13)^E12 * $B$16/(FACT($B$7) * $B$7^(E12 - $B$7)))

在I12单元格中输入公式 = $B$17 * EXP(- $B$7 * $B$6 * (1 - $B$13) * H12)，可以在H12中输入等待时间，在I12中计算等待时间的概率。

最终结果见图14－7。

	A	B	C	D	E	F	G	H	I
1									
2									
3	**原始数据**								
4									
5	到达频率 λ	150	人/小时						
6	每个柜台的服务频率 μ	30	人/小时						
7	柜台数	6							
8									
9	**直接输出的结果**								
10					**系统中有n个顾客的概率**			**等待时间的概率**	
11	平均到达间隔	0.007	小时		n（顾客数）	P_0（概率）		t（小时）	P（等待时间>t）
12	平均服务间隔	0.033	小时		3	0.094		0.02	0.322
13	服务强度 p	0.833							
14									
15	**计算指标**								
16	系统空闲概率 P_0	0.005	计算系统空闲概率						
17	到达后必须等待的概率	58.75%							
18	系统中顾客平均数 Ls	7.938	人						
19	等待服务顾客的平均数 Lq	2.938	人						
20	顾客的平均逗留时间 Ws	0.053	小时						
21	等待时间 Wq	0.020	小时						
22	到达后不必等待的概率	41.25%							

图14－7 最终结果

四、模型 3：*M/D/1* 模型

*M/D/*1 模型假定顾客到达时间间隔服从泊松分布，系统只有一个服务台，系统容量和顾客源均无限制，先到先服务，但是服务时间是一个确定的常数。

*M/D/*1 模型的主要公式如下：

队列中等待服务顾客的平均数

$$L_q = \frac{\lambda^2}{2\mu(\mu-\lambda)} = \frac{\rho^2}{2(1-\rho)} \tag{14-15}$$

系统中顾客的平均数

$$L_s = L_q + \frac{\lambda}{\mu} = L_q + \rho \tag{14-16}$$

顾客等待服务的平均时间

$$W_q = \frac{L_q}{\lambda} \tag{14-17}$$

顾客的平均逗留时间

$$W_s = \frac{L_s}{\lambda} \tag{14-18}$$

M/D/1 型系统与 M/M/1 型系统相比，无论是顾客数指标，还是时间指标均减小了一半。也就是说，减小服务时间的随机性，系统的性能就可以大为改进；同样，如果能够使顾客到达时间间隔变得确定或更为平滑，也能使系统效率提高。

【例 14－5】　*M/D/*1 模型的应用

火车票自动销售机能够在 3 分钟内完成一次售票任务。如果旅客以每小时 15 人的速度来购票，到达间隔近似服从负指数分布。试求：等待购票的旅客数和旅客的平均逗留时间。

解：

这是一个 *M/D/*1 型服务系统。已知：$\lambda = 15$ 人/小时，$\mu = 20$ 人/小时，由式(14－15)有

$$L_q = \frac{\lambda^2}{2\mu(\mu-\lambda)} = \frac{15^2}{2\times 20(20-15)} = 1.125(\text{人})$$

由式(16－15)、式(16－18)有

$$W_s = \frac{L_s}{\lambda} = \frac{L_q + \frac{\lambda}{\mu}}{\lambda} = \frac{1.125 + \frac{15}{20}}{15} = 0.125(\text{小时})，合 7.5 分钟$$

五、模型 4：*M/M/1/m/∞* 模型

模型假设系统的最大容量为 m（有 1 名顾客接受服务，同时容纳 $m-1$ 名顾客排队等待），其余同模型 1。

*M/M/*1/*m/*∞ 模型的相关公式：

系统空闲的概率

$$P_0=\frac{1-\rho}{1-\rho^{m+1}}\quad(\rho\neq1)\tag{14-19}$$

系统中有 $n(n\leqslant m)$ 个顾客的概率

$$P_n=\frac{1-\rho}{1-\rho^{m+1}}\rho^n\tag{14-20}$$

由于系统容量为 m，当系统中有 m 个顾客时，再达到的顾客就不能进入系统排队等待服务。这就意味着顾客进入系统的概率为 $1-P_m$，即可求出系统的有效到达率为 $\lambda(1-P_m)$。可以证明，系统的有效到达率满足如下关系：

$$\lambda_e=\lambda(1-P_m)=\mu(1-P_0)\tag{14-21}$$

系统中顾客的平均数

$$L_s=\frac{\rho}{1-\rho}-\frac{(m+1)\rho^{m+1}}{1-\rho^{m+1}}\quad(\rho\neq1)\tag{14-22}$$

系统中等待服务顾客的平均数

$$L_q=L_s-(1-P_0)\tag{14-23}$$

系统中顾客的平均逗留时间

$$W_s=\frac{L_s}{\lambda_e}\tag{14-24}$$

顾客在队列中等待服务的平均时间

$$W_q=W_s-\frac{1}{\mu}\tag{14-25}$$

【例 14-6】 $M/M/1/m/\infty$ 模型的应用

某单人美容店有 4 个座位供客人等待服务，一旦满座后来的顾客不进店就离开。已知顾客的平均到达间隔时间为 80 分钟，服从负指数分布；美容服务时间为 50 分钟，服从负指数分布。试求：顾客到达就能接受服务的可能性，顾客的有效到达率，美容店内顾客的平均数和等待顾客的平均数，顾客的平均逗留时间和等待服务的平均时间，顾客的损失率。

解：

这是一个 $M/M/1/m/\infty$ 型排队系统。由题意知 $m=5$，$\lambda=0.75$ 人/小时，$\mu=1.2$ 人/小时，则系统利用率 $\rho=\lambda/\mu=0.75/1.2=62.5$。

顾客到达就能接受服务的可能性，也就是美容店空闲的概率

$$P_0=\frac{1-0.625}{1-0.625^6}=0.399$$

顾客的有效到达率

$$\lambda_e=\mu(1-P_0)=1.2(1-0.399)=0.721(\text{人/小时})$$

美容店内顾客的平均数

$$L_s=\frac{0.625}{1-0.625}-\frac{6\times0.625^6}{1-0.625^6}=1.28(\text{人})$$

等待美容顾客的平均数

$$L_q=1.286-(1-0.399)=0.685(\text{人})$$

顾客的平均逗留时间

$$W_s=\frac{1.286}{0.721}=1.784\text{(小时)，合 107 分钟}$$

等待美容的平均时间

$$W_q=1.784-\frac{1}{1.2}=0.951\text{(小时)，合 57 分钟}$$

顾客损失率，也就是美容店内有 5 人的概率

$$P_5=\frac{1-0.625}{1-0.625^6}\times 0.625^5=3.8\%$$

六、模型 5：*M/M/r/m/∞* 模型

模型假定系统有 r 个效率相同的并列服务台，其余条件与模型 2 相同。这时系统的服务强度为 $\rho=\lambda/r\mu$。

系统的状态概率：

$$P_0=\left[\sum_{k=0}^{r}\frac{(r\rho)^k}{k!}+\frac{r^r}{r!}\cdot\frac{\rho(\rho^r-\rho^m)}{1-\rho}\right]^{-1}\quad(\rho\neq 1)\tag{14-26}$$

$$P_n=\begin{cases}\dfrac{(r\rho)^n}{n!}P_0 & (0\leqslant n\leqslant r)\\[2ex] \dfrac{r^r}{r!}\rho^n P_0 & (r\leqslant n\leqslant m)\end{cases}\tag{14-27}$$

系统的运行指标：

$$\begin{cases}L_q=\dfrac{\rho(r\rho)^r}{r!\ (1-\rho)^2}[1-\rho^{m-r}-(m-r)\rho^{m-r}(1-\rho)]P_0\\ L_s=L_q+r\rho(1-P_m)\\ W_q=\dfrac{L_q}{\lambda(1-P_m)}\\ W_s=W_q+\dfrac{1}{\mu}\end{cases}\tag{14-28}$$

特别当 $m=r$ 时，就是所谓的损失制情形。例如，影剧院、旅馆、停车场客满就不能排队等待空位。这时的状态概率为：

$$\begin{cases}P_0=\left[\sum_{k=0}^{r}\left(\dfrac{r\rho}{k!}\right)^k\right]^{-1}\\ P_n=\dfrac{(r\rho)^n}{n!}P_0\quad 0\leqslant n\leqslant r\end{cases}\tag{14-29}$$

损失制系统的运行指标为：

$$\begin{cases}L_q=0\\ W_q=0\\ W_s=\dfrac{1}{\mu}\\ L_s=r\rho(1-P_r)\end{cases}\tag{14-30}$$

【例 14-7】　*M/M/r/m/∞* 模型的应用

某路边加油站可同时为 2 辆汽车加油，同时还可以容纳 4 辆汽车等待，超过此限制时就不能再等待。加油汽车到达间隔时间和加油时间近似服从负指数分布，平均每小

时到达 16 辆，加油的平均时间为 6 分钟。试求加油站的状态概率和运行指标。

解：

这是一个 $M/M/2/6/\infty$ 型排队系统。由题意知 $r=2, m=6, \lambda=16$ 辆/小时，$\mu=10$ 辆/小时，则系统利用率

$$\rho=\lambda/r\mu=\frac{16}{2\times 10}=80\%$$

加油站的运行状态概率

$$P_0=\left[1+\frac{(2\times 0.8)^1}{1}+\frac{(2\times 0.8)^2}{2!}+\frac{2^2}{2!}\cdot\frac{0.8(0.8^2-0.8^6)^1}{1-0.8}\right]^{-1}=0.145$$

$$P_6=\frac{2^2}{2!}\times 0.8^6\times 0.145=0.076$$

加油站的运行指标

$$L_q=\frac{0.8\times(2\times 0.8)^2}{2!\ (1-0.8)^2}\times[1-0.8^6-2-(6-2)\times 0.8^{6-2}\times(1-0.8)]\times 0.145$$
$$=0.975(辆)$$

$$L_s=0.975+2\times 0.8\times(1-0.076)=2.453(辆)$$

$$W_q=\frac{0.975}{16\times(1-0.076)}=0.066(小时)，合 4.0 分钟$$

$$W_s=0.066+\frac{1}{10}=0.166(小时)，合 10.0 分钟$$

第三节　排队系统的优化

一、排队模型优化的概念

以完全消除排队现象作为系统状态优化的目标是不现实的，那会造成服务人员和服务设施的严重浪费（服务成本增加）；但是，如果服务人员和服务设施以及服务效率达不到应有的水平，又将引起太多的等待，从而导致生产和社会性损失（等待成本增加）。排队系统的优化就是如何确定一个合理的服务水平使系统总成本（服务成本和等待成本之和）最小，或者使纯收入（服务收入与服务成本之差）最大。服务成本是服务水平的递增函数，而等待成本是服务水平的递减函数，其关系如图 14－8 所示。

服务水平可以通过不同的形式来表示，主要有平均服务率 μ（代表服务系统的服务能力和经验等）、服务设备数 r（也就是服务台数）以及系统的空间大小 m（系统的容量限制）等。本节仅就服务率 μ 和服务台数 r 的独立优化问题进行一些简单的探讨，以使读者能够了解排队系统优化的基本思想。

二、$M/M/1$ 型系统的最优服务率 μ^*

设 w_1 为 $\mu=1$ 时服务系统单位时间的服务成本，w_2 为每个顾客在系统中逗留单位

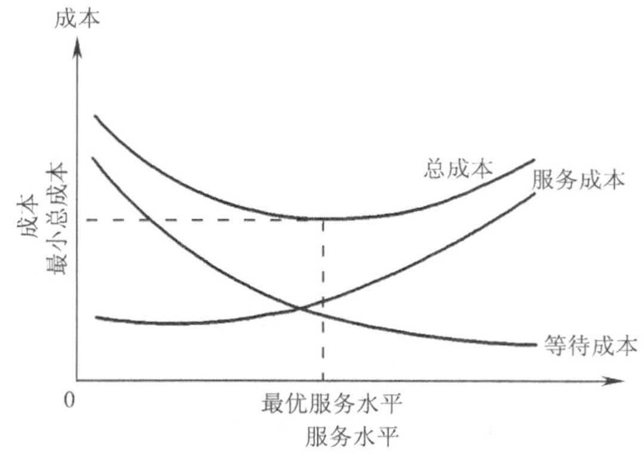

图 14－8　成本与服务水平的关系

时间的等待成本，则服务系统单位时间内的总成本 $f(\mu)$ 为：

$$f(\mu)=w_1\mu+w_2L_s \tag{14－31}$$

将式（14－4）的 L_s 代入式（14－31）得

$$f(\mu)=w_1\mu+w_2\frac{\lambda}{\mu-\lambda} \tag{14－32}$$

求式（14－32）的极小值，令 $\frac{\mathrm{d}f(\mu)}{\mathrm{d}\mu}=0$，则

$$\frac{\mathrm{d}f(\mu)}{\mathrm{d}\mu}=w_1-w_2\frac{\lambda}{(\mu-\lambda)^2}=0 \tag{14－33}$$

即

$$\mu^*=\lambda+\sqrt{\frac{w_2}{w_1}\lambda} \tag{14－34}$$

由于 $\left.\frac{\mathrm{d}^2f(\mu)}{\mathrm{d}\mu^2}\right|_{\mu=\mu^*}=\frac{2w_2\lambda}{(\mu-\lambda)^3}>0$，所以式（14－34）就是使系统总成本最小的最优服务水平 μ^*。

三、$M/M/r$ 型系统的最优服务台数 r^*

设 w_1' 是每个服务台单位时间的服务成本，w_2 是每个顾客在系统中逗留单位时间的等待成本，则服务系统单位时间的总成本 $g(r)$ 为

$$g(r)=w_1'\cdot r+w_2\cdot L_s(r) \tag{14－35}$$

由于 r 只能取整数，$g(r)$ 不连续，不能用微分法求解最小值，只能用边际分析的方法。如果 r^* 是使系统总成本最小的服务台数，则有

$$\begin{cases}g(r^*)\leqslant g(r^*-1)\\ g(r^*)\leqslant g(r^*+1)\end{cases} \tag{14－36}$$

将式（14－35）代入式（14－36），整理后可得如下关系

$$\begin{cases}w_1'\cdot r^*+w_2\cdot L_s(r^*)\leqslant w_1'\cdot(r^*-1)+w_2\cdot L_s(r^*-1)\\ w_1'\cdot r^*+w_2\cdot L_s(r^*)\leqslant w_1'\cdot(r^*+1)+w_2\cdot L_s(r^*+1)\end{cases} \tag{14－37}$$

化简式(14－37),得

$$L_s(r^*)-L_s(r^*+1)\leqslant\frac{w_1'}{w_2'}\leqslant L_s(r^*-1)-L_s(r^*) \tag{14-38}$$

依次求出与 $r(r=1,2,3,\cdots)$ 对应的 $L_{s(r)}$ 的值以及 $L_{s(r)}$ 与 $L_{s(r+1)}$ 之差,根据 w_1'/w_2 落在哪个差值之间,就可以确定 r^*。

【例 14－8】 最优服务台数的确定

某航空公司计划在一新开业的商业大厦设立售票处。估计顾客购票或咨询平均每小时48人次,间隔时间服从负指数分布。服务时间假定服从负指数分布,根据以往经验,平均为2.4分钟。假设顾客的等待成本为每小时20元,一个服务台的相关服务成本为每小时8元。问应该设置几个服务台使得系统总成本最小。

解:

由题意可知 $w_1'=8$ 元/小时,$w_2=20$ 元/小时,$\lambda=48$ 人次/小时,$\mu=25$ 人次/小时,则 $w_1'/w_2=0.4$。

设服务台数为 r,根据相关公式求解 $L_s(r)$ 和 $L_s(r)-L_s(r+1)(r=2,3,\cdots)$,结果见表14－3。

表 14－3 $r=2,3,\cdots$ 时的值 $L_s(r)$ 以及 $L_s(r)-L_s(r+1)$ 值表

r	2	3	4	5	…
$L_s(r)$	18.507	2.608	2.056	1.950	…
$L_s(r)-L_s(r+1)$	15.899	0.552	0.106	…	…

由表14－3可知

$$L_s(4)-L_s(5)=1.106<\frac{w_1'}{w_2'}<L_s(3)-L_s(4)=0.552$$

所以,设置4个服务台可使系统总成本最小。

四、某商业银行××分理处排队系统优化[①]

(一)简介

某商业银行××分理处开展了多种业务,客流量相对较大而且比较平稳,其营业厅主要有主要营业区、主营业区和理财服务区。主要营业区现有5个营业窗口,办理相对复杂的业务,排队现象最为严重,经常有顾客抱怨。以下研究只针对主要营业区。

(二)服务系统模型建立

1. 相关参数的估计。该银行的服务系统,估计属于 $M/M/r$ 类型,需要根据所调查数据分别测定、验证顾客流是否为泊松流,服务时间是否服从负指数分布。

为此,我们对进入主营业区的顾客进行了连续3天的观察,时间为9∶00～17∶30,

① 本小节内容引自天津财经大学2005级本科生王俊同学的毕业论文。这里进行了部分修改。

每半小时记录人数，共得到 51 组数据，如表 14－4 所示。目标窗口的服务人数的观测数据如表 14－5 所示。

表 14－4　顾客到达情况

时　间	3 月 31 日	4 月 1 日	4 月 2 日	时　间	3 月 31 日	4 月 1 日	4 月 2 日
9:00～9:30	13	14	10	13:30～14:00	8	5	2
9:30～10:00	18	17	23	14:00～14:30	11	12	13
10:00～10:30	22	19	15	14:30～15:00	8	10	12
10:30～11:00	16	20	18	15:00～15:30	13	11	9
11:00～11:30	12	14	9	15:30～16:00	14	9	17
11:30～12:00	20	19	15	16:00～16:30	10	12	12
12:00～12:30	13	13	21	16:30～17:00	8	6	11
12:30～13:00	18	16	20	17:00～17:30	10	12	15
13:00～13:30	7	10	9				

表 14－5　窗口的服务人数

时　间	3 月 31 日	4 月 1 日	4 月 2 日	时间	3 月 31 日	4 月 1 日	4 月 2 日
9:00～9:30	6	4	2	13:30～14:00	5	3	2
9:30～10:00	5	4	5	14:00～14:30	1	2	1
10:00～10:30	7	4	4	14:30～15:00	5	4	2
10:30～11:00	6	6	5	15:00～15:30	8	4	1
11:00～11:30	2	6	3	15:30～16:00	1	5	6
11:30～12:00	4	3	3	16:00～16:30	3	3	4
12:00～12:30	7	8	5	16:30～17:00	2	2	3
12:30～13:00	7	6	8	17:00～17:30	3	3	6
13:00～13:30	2	3	5				

首先用极大似然估计法估计泊松分布中包含的未知参数：

设样本总体 X 服从泊松分布 $P(x=k)=\frac{\lambda^k}{k!}e^{-\lambda}, k=0,1,2,\cdots$，则参数 λ 的似然函数为

$$L(\lambda)=\prod_{i=1}^{n}P(x=x_i)=\prod_{i=1}^{n}\frac{\lambda^{x}}{x_i!}e^{-\lambda}=\frac{\lambda\sum\limits_{i=1}^{n}x_i}{x_1!x_2!\cdots x_n!}e^{-n\lambda} \tag{14-39}$$

两边取对数得

$$\ln L(\lambda)=-n\lambda+\ln\lambda\sum_{i=1}^{n}x_i-\sum_{i=1}^{n}\ln(x_i!) \tag{14-40}$$

得似然方程

$$\frac{\mathrm{dln}L(\lambda)}{\mathrm{d}\lambda} = -n + \frac{1}{\lambda}\sum_{i=1}^{n} x_i = 0 \tag{14-41}$$

解得

$$\hat{\lambda} = \frac{1}{n}\sum_{i=1}^{n} x_i = \bar{x} \tag{14-42}$$

又可算得

$$\frac{\mathrm{d}^2 \ln L(\lambda)}{\mathrm{d}\lambda^2}\bigg|_{\lambda=\bar{x}} = -\frac{\overline{nx}}{\lambda^2}\bigg|_{\lambda=\bar{x}} = -\frac{n}{\bar{x}} < 0 \tag{14-43}$$

故参数 λ 的极大似然估计量为 $\hat{\lambda}=\bar{x}$。因为调查所取得时间间隔为半小时，所以最终结果根据表 14－4 数据可得 $\hat{\lambda}=\bar{x}=26$ 人/小时。

为了验证顾客流是否为泊松流，我们将表 14－4 的数据进行整理，得到表 14－6。

表 14－6　顾客到达数的皮尔逊检验

组数	到达数	观测频数	理论频率	理论频数	残　差	相对残差平方
1	2～4	1	0.003 7	0.188 7	0.811 3	3.488 117 064
2	5～7	3	0.050 3	2.565 3	0.434 7	0.073 661 595
3	8～10	10	0.197 7	10.082 7	－0.082 7	0.000 678 319
4	11～13	14	0.321 4	16.391 4	－2.391 4	0.348 889 903
5	14～16	10	0.262 4	13.382 4	－3.382 4	0.854 901 196
6	17～19	7	0.121 8	6.211 8	0.788 2	0.100 012 756
7	20～22	5	0.035 0	1.785 0	3.215 0	5.790 602 241
8	23～25	1	0.006 7	0.341 7	0.658 3	1.268 243 752
9	26 以上	0	0.001 0	0.051 0	－0.051 0	0.051 000 000
总计		51		51		11.976 106 83

取检验水平为 0.05，可知 $V(7)=14.067$。因为 $11.976<14.067$，所以通过假设，可认定 $\hat{\lambda}=\bar{x}=26$ 人/小时。

综上所述，在检验水平为 0.05 的情况下，银行该分理处的顾客流可以认为是参数为 26 的泊松流。

同理，对于表 14－5 的数据有 $\hat{\mu}=\bar{x}=8$ 人/小时。为了检验服务时间是否为负指数分布，我们对表 14－5 的数据进行整理，得到表 14－7。

表 14－7　窗口服务人数的皮尔逊检验

组　数	服务数	观测频数	理论频率	理论频数	残　差	相对残差平方
1	1	4	0.091 578 19	4.670 487 9	－0.670 487 9	4.908 963 854
2	2	7	0.146 525 11	7.472 780 7	－0.472 780 7	1.525 482 95
3	3	10	0.195 366 81	9.963 707 6	0.036 292 44	0.006 741 89

续表

组　数	服务数	观测频数	理论频率	理论频数	残　差	相对残差平方
4	4	10	0.195 366 81	9.963 707 6	0.036 292 44	0.006 741 89
5	5	8	0.156 293 45	7.970 966	0.029 033 96	0.005 393 512
6	6	6	0.104 195 63	5.313 977 4	0.686 022 64	4.516 763 687
7	7	3	0.059 540 36	3.036 558 5	-0.036 558 5	0.022 447 351
8	8 以上	3	0.051 133 61	2.607 814 2	0.392 185 82	3.007 996 427
总计		51		51		14.000 531 56

取显著性水平 0.02，可知 $V(6)=15.033$。因为 $14.00<15.033$，所以，通过假设，可认定 $\hat{\mu}=\bar{x}=8$ 人/小时。

综上所述，在检验水平为 0.02 的情况下，银行窗口服务时间服从参数 8 的负指数分布。

2. 最优服务台数的确定。由于 $\lambda=26$ 人/小时，$\mu=8$ 人/小时，所以若窗口少于 4 个，将会出现排队无穷长的局面，或者造成顾客的大量流失。因此，起始讨论的服务窗口为 4。但是，如果窗口过多，如超过 9 个，那么银行的服务成本会大为提高，而且还会有资源闲置和浪费问题的出现。相关结果如表 14－8 所示。

表 14－8　不同服务窗口数的相关指标

指标 窗口数	ρ	P_0	λ_e	L_q	L_s	W_q（分钟）	W_s（分钟）
4	0.812 5	0.023	7.816	3.027	6.277	23.237	48.186
5	0.650 0	0.033	7.736	0.615	3.865	4.770	29.977
6	0.541 7	0.036	7.712	0.174	3.424	1.354	26.639
7	0.464 3	0.037	7.704	0.052	3.302	0.405	25.717
8	0.406 3	0.037	7.704	0.015	3.265	0.117	25.428

从表 14－8 可以看出，随着服务窗口的增多，系统的服务强度逐步降低，服务窗口越多，顾客需要等待的时间越少。平均队长并没有随着服务台的增多而明显变短，但是平均排队长的变化比较明显，这种不协调主要是由系统的到达率与服务率的比值较大产生的。国内外不少学者都曾利用费用模型对系统进行优化，一般假定顾客的等待成本、流失费用是已知的或者是可以估计的。但在实际中，一方面估计相关成本费用所必需的数据和资料比较匮乏，难以获得；另一方面又不大可能对不同顾客的等待时间用固定的货币值进行度量，因此利用费用模型进行优化是不合适的。所以，我们在实际操作过程中选择时间指标进行优化。行为科学研究表明：等候超过 10 分钟，人们情绪开始急躁；超过 20 分钟，情绪表现厌烦；超过 40 分钟，常因恼火而离去。所以设置 4 个窗口肯定是不可取的，因为这时的排队时间超过了 23 分钟。现在该分理处

设置 5 个窗口，表面上看能够满足顾客要求。但是，这是建立在理想情况下的，即所有工作人员每天 9：00 ~ 17：30 都在工作，不吃饭、不休息，而且顾客流到达非常平稳。另外，考虑到该商业银行刚刚开展居民个人业务，需要不断改进服务水平，提高在顾客心目中的形象，因此建议这个分理处应当在现有 5 个窗口的基础上再适当增加 1 ~ 2 个服务窗口。

本章小结

排队系统设计是服务系统规划的一个重要方面。由于顾客到达时间和系统服务时间的随机性，排队几乎是不可避免的。排队系统设计的重点就是有效地确定一个适当的服务水平，以便把顾客等候时间控制在一个可以容许的范围内，或使整个系统的服务成本和顾客等候成本最小。这就需要掌握排队系统的相关指标，如队长和排队长、逗留时间和排队时间、系统利用率等，这些指标可以借助于相应的排队模型进行求解。

常见的排队模型有 5 种，其中 4 种顾客源无限，1 种顾客源有限。一般而言，模型都假定顾客到达时间间隔服从负指数分布，服务时间服从负指数分布。

习题

1. 排队系统性能的衡量指标有哪些？它们之间存在什么关系？

2. 排队论的 Kendall 记号的格式是怎样的？

3. 某医院手术室根据病人来诊和完成手术时间的记录，经统计分析算出每小时有 2.1 名病人平均到达，间隔时间服从负指数分布。每次手术平均时间为 0.4 小时，即平均服务率是 2.5 人/小时，服从负指数分布。求：

(1)病房中病人的平均数。

(2)排队等待手术病人的平均数。

(3)病人在病房中平均逗留时间，病人排队等待时间。

4. 集装箱装卸码头的船只到达率平均每天为 15 艘，呈泊松分布；服务时间呈负指数分布，一个泊位平均一天可以装卸 5 艘船。如果一艘船停留一天的成本是 10 000 元，而一个泊位一天的相关运行费用为 2 000 元。

问：最好设几个泊位？

第十五章

质量管理

★ 学习要点与要求 ★

本章就质量、质量管理、全面质量管理、ISO9000族标准与质量认证、管理和服务质量管理等进行了探讨。重点分析了质量和质量管理的基本概念、全面质量管理的指导思想,介绍了质量管理的新/老七种工具;着重梳理了服务质量的经典研究成果,介绍了服务质量差距分析模型及其应用。读完本章后,你应能:

1. 理解质量和质量管理的基本概念。
2. 了解质量管理的发展历程。
3. 掌握全面质量管理的基本定义、特征和基本方法,熟知各质量管理大师的主要观点。
4. 熟练运用质量管理的新老七种工具。
5. 了解ISO9000族标准的内容与质量认证程序。
6. 清楚6σ管理的内涵,掌握如何组织实施6σ管理。
7. 清楚服务质量的概念,熟悉服务质量差距模型,能够熟练应用SERVQUAL量表。

第一节　质量与质量管理概述

一、质量

质量作为一个术语被广泛应用,但是在不同的历史时期对质量的定义却不尽相同。在相当长的一段时间内,人们普遍把质量理解为"符合性",即产品符合规定要求,或者说符合设计要求的程度。现代质量管理认为,必须从用户的角度对质量下定义。美国著名质量管理权威约瑟夫·朱兰(J. M. Juran)给出了"质量就是适用性(Fitness for Use)"的定义。这个有关质量的定义被全世界普遍接受。所谓适用性,就是产品和服务满足顾客要求的程度。但是,这里的适用性或满足顾客要求是较为抽象的概念,为此

美国的质量管理专家戴维·戈文(David Garvin)将适用性具体化为以下8个方面的含义:

1. 性能:即产品主要功能达到的技术水平和等级,如立体声音响的信噪比、灵敏度等。

2. 附加功能:即为使顾客更加方便、舒适等所增加的产品功能,如电视机的遥控器、照相机的自动卷片功能。

3. 可靠性:即产品和服务完成规定功能的准确性和概率,比如燃气灶、打火机每次一打就着火的概率,快递信件在规定时间内送达顾客手中的概率等。

4. 一致性:即产品和服务符合产品说明书和服务规定的程度,如汽车的百公里油耗是否超过说明书的规定、饮料中的天然固形物的含量是否达到所规定的百分比等。

5. 耐久性:即产品和服务达到规定的使用寿命的概率,比如电视机是否达到规定的服务故障使用小时、烫发发型是否保持规定的日数等。

6. 维护性:即产品是否容易修理和维护。

7. 美学性:即产品外观是否具有吸引力和艺术性。

8. 感觉性:即产品和服务是否使人产生美好联想,甚至妙不可言,如服装面料的手感、广告用语给人的感觉和使人产生的联想等。

以上这8个方面是适用性概念的具体化,从而也就更容易从这8个方面明确顾客对产品和服务的要求,并将这种要求转化为产品和服务的各种标准。

美国著名作业管理专家理查德·J. 施恩伯格(Richard J. Schonberger)认为,上述8个方面的质量含义,偏重于制造企业及其产品,而对于服务企业来说,还应进一步补充下列质量内容:

9. 价值:即服务是不是最大限度地满足了顾客的希望,使其觉得钱花得值。

10. 响应速度:尤其对于服务业来说,时间是一个主要的质量性能和要求。有资料显示,超级市场出口处的顾客等待时间超过5分钟,就显得很不耐烦,服务质量就会大打折扣。

11. 人性:这是服务质量中一个最难把握但却非常重要的质量要素。人性不仅仅是针对顾客的笑脸相迎,还包括对顾客的谦逊、尊重、信任、理解、体谅和与顾客进行有效的沟通。

12. 安全性:即无任何风险、危险和疑虑。

13. 资格:即具有必备的能力和知识以提供一流的服务,如导游的服务质量就在很大程度上取决于导游人员的外语能力和知识素养。

从以上关于质量及其含义的表述可以看出,人们对质量的理解在不断变化,一直向着更深化、更透彻和更全面的方向发展。例如,国际标准ISO9000:2000从朱兰的定义出发,指出“质量是产品、体系或过程的一组固有特性满足顾客和其他相关方面要求的程度”。应该说,到目前为止,学术界对有关质量的定义还是有一定分歧的。

二、质量管理

质量管理是“指导和控制某组织与质量有关的彼此协调的活动”，也就是“确定与建立质量方针、目标和职责，并在质量体系中通过质量策划、质量控制、质量保证和质量改进等使其实现的所有管理职能的全部活动。”由此可见，质量管理包括以下具体内容：

（一）制定质量方针和质量目标

质量方针是企业的最高管理者正式颁布的该企业总的质量宗旨和方向，如产品质量达到的水平、对企业质量管理活动的要求等。质量目标，是与质量有关的、所追求或作为目的的事物。质量目标一般是建立在质量方针基础上具体的、定量的要求，是可测的，如不合格产品下降水平、故障成本占总成本的比重等。

（二）建立质量体系

质量体系是为了实施质量管理所需的组织结构、程序、过程和资源。质量体系既包括人力资源和物质资源的硬件内容，也包括组织体制、执行程序等软件内容，一般涉及领导职责与质量管理职能，质量结构的设置，各质量机构的质量职能、职责以及它们之间的纵向与横向关系，质量工作网络和质量信息传递与反馈，等等。建立质量体系时，还应形成必要的体系文件，如质量手册、管理性程序文件、技术性程序文件、质量计划、质量记录等。所以，建立质量体系的意义不仅在于建立组织机构，更重要的在于明确组织机构的职责范围和工作方式；不仅在于使企业各方面的质量管理工作有效地开展，更重要的在于工作间的相互协调。

（三）开展质量策划、质量控制和质量保证活动

质量策划是指质量管理中致力于设定质量目标并规定必要作业过程和相关资源以实现其质量目标的那部分组织管理活动，是企业领导和管理部门的质量职责之一。企业要在市场竞争中处于优胜地位，就必须根据市场信息、用户反馈意见、国内外发展动向等因素，对老产品的改进和新产品的开发进行策划，就研究什么样的产品、产品应具有什么样的功能、功能达到什么样的水平提出明确的目标和要求，并进一步策划出如何从技术、组织等方面达到这样的目标和要求。例如，为了满足产品的质量要求，企业根据现有设计、制造能力，提出生产技术组织实施计划，包括引进设备和技术、工艺攻关、设备改造、人员培训，并为此开展一系列的筹划和组织活动，提出明确的目标和要求，以及实施的进度安排等。以上这些筹划活动都属于质量策划。

质量控制是指质量管理中致力于达到质量要求所采取的作业技术和活动。质量控制的作用就是根据质量标准，监视质量形成的各个环节，使其在受控状态下运行，从而及时排除和解决所产生的问题，保证满足质量要求。其具体包括确定控制计划与标准、实施控制计划与标准，并在实施过程中进行连续监视和验证、纠正不符合计划与程序的现象、排除质量形成过程中的不良因素与偏离范围现象，恢复其正常状态。

质量保证是指为了使人们确信某实体能满足质量要求，在质量体系内开展并按需

要进行证实的有计划和有系统的全部活动。质量保证要求是企业就是否具有满足质量要求的能力提供充分必要的依据，并接受第三方权威机构客观的、公正的评价。质量保证分为内部质量保证和外部质量保证。前者是企业向顾客所作的一种质量担保，就是使顾客确信产品或服务的质量满足其规定的要求；这是企业取得顾客信任的一种手段。后者是企业为了确保其产品或服务的质量满足规定要求所进行的活动；这是一种管理手段。

（四）进行质量改进

质量改进是指为了向企业自身及其顾客提供更多的收益，在企业内所采取的旨在提高活动和过程效益、效率的各种措施。质量改进是（全面）质量管理的精髓。任何一个企业都应不断地进行质量改进，提高质量管理水平，实现、保持、提高产品质量，使企业和顾客同时受益。

由此可见，质量管理是企业组织管理活动的一个重要方面，应该由企业的最高管理者来推动，各级管理者也应负有相应的职责，而且需要全体职工共同参与，只有这样才能搞好质量管理。

三、质量管理的发展

质量管理是伴随着产业革命的兴起而发展起来的，迄今已有百年历史。从 20 世纪初的质量检查到四五十年代的统计质量管理，再到 60 年代以后的全面质量管理以及 80 年代的 ISO9000 族标准与质量认证和 90 年代的六西格玛管理，质量管理的观念和方法一直在不断更新发展。从质量管理的形成和发展来看，大致可以分为 4 个阶段：质量检验阶段、统计质量管理阶段、全面质量管理阶段和后全面质量管理阶段。

（一）质量检验阶段

20 世纪初，受泰罗“科学管理”理论的影响，美国企业开始设置产品质量检验部门，由专职检验人员根据产品的技术标准对产品和半成品进行检查，以防止不合格产品流入下一工序或出厂，从而使得劳动生产率和经济效果普遍提高。这种由专职检验人员进行质量管理的做法在 30 年代风行一时。但是，这一时期的质量管理还局限于事后检验，不能预防不合格产品的产生。

1924 年，美国贝尔实验室的工程师和数理统计专家休哈特（W. A. Showhart）博士提出了控制生产过程进行产品缺陷预防的质量管理方法，即“3σ 图法”，也就是现在还被广泛使用的质量控制图。他认为产品质量的特性值总是波动的，这种波动可以分为两大类：偶然因素造成的偶然波动和系统性因素造成的异常波动。前者是不可避免的，但对产品质量的影响较小；后者对产品质量的影响较大，但却是可以避免的。质量控制能够及时发现异常波动，起到产品质量预防的作用。

1929 年，同属贝尔实验室的道奇（H. F. Doge）和罗米格（H. G. Roming）一起提出了适用于破坏性检验场合的“抽样检查表”，建立了相应的抽样检验方法，解决了不能采用全数检验（破坏性检验）和不宜采用全数检验的产品如何进行统计抽样检验的问题。

与此同时，瓦尔德（A. Wald）提出了序贯抽检（逐次抽检）的统计检验方法。

1931 年，休哈特又将小样本统计学应用于改善制造工序的工序质量。至此，控制图、抽验检验和小样本统计学成为对产品质量进行控制的主要方法，奠定了统计质量管理的理论基础。

当时，一些企业，如通用电气公司、福特汽车公司，由于在质量管理中采用了休哈特等人提出的统计检验方法而取得了显著成效。但是，由于 20 世纪 30 年代前后资本主义世界经济危机的冲击，这些方法未能得到广泛应用，即使到了 40 年代初，绝大多数企业仍然采用事后检验的质量管理方法。

（二）统计质量管理阶段

统计质量管理就是运用数理统计的方法原理管理整个生产过程的质量，它始于第二次世界大战。战争的需要使得美国大批民用公司转为生产军需品，但是由于当时的质量检验是事后检验，所以无法控制军需品的质量，造成很多意外事故。再由于检验工作太繁琐，往往使得军需品不能如期交货，传统的质量检验方法的缺点暴露无遗。为此，美国政府大力提倡推广统计质量管理方法。休哈特等用数理统计原理与方法制定的战时质量管理标准，即《质量控制指南》（Guide for Quality Control）、《数据分析用的控制图方法》（Control Chart Method of Analyzing Data）、《生产中质量管理用的控制图》（Control Chart Method Controlling during Production），由国防部强制推行，成效显著。第二次世界大战后，这些战时军需品生产公司转入民用品的生产后，仍然采用这些方法，同样取得了良好的效果。这使得其他企业也竞相效仿，并且很快在欧洲和其他国家推广开来。

这一阶段，由于采用了数理统计方法对生产质量进行控制，改变了过去陈旧的检验方式，同时也突破了事后检验的局限，强调对生产过程的预防性控制。这就使质量管理由单纯依靠质量检验的事后把关，发展到突出质量的预防性控制与事后检验相结合的生产工序管理，使得质量管理工作向前迈进了一大步。

但是，由于统计质量管理过程过分强调统计方法的应用，因而产生了忽视组织管理和生产者能动性的缺点，使人们认为“质量管理好像就是数理统计方法”、“质量管理是少数数学家和学者的事情”。由此，对质量管理产生了一种高不可攀、望而生畏的感觉，影响了质量管理方法的应用与普及。

（三）全面质量管理阶段

20 世纪 50 年代后，随着社会生产力的迅速发展，科学技术日新月异，工业生产手段越来越现代化，工业产品的更新换代也越来越频繁。产品性能的高级化、结构的复杂化、品种规格的多样化对产品质量，尤其是可靠性和安全性提出了越来越高的要求。但是，提高产品的可靠性与安全性单纯依靠统计方法对生产过程进行控制是难以解决的，还需要一系列的组织管理工作，要对产品设计、试验、制造、销售和使用的各个环节都进行管理。

这一时期，梅约的“行为科学”和西蒙的“决策理论”对企业管理产生了重大影响。

这些理论都强调企业管理中人的主观能动性作用，主张实现“工业民主”。受这些理论思潮的影响，质量管理中也相应出现了“依靠工人”、“自我控制”的“无缺陷运动”和“QC 小组活动”等，使得质量管理逐渐成为一项大家共同参与的管理活动。

此外，50 年代末开始，由于“保护消费者权益”活动的产生和发展，迫使政府制定相关法律法规制止企业生产质量低劣、影响安全、危害健康的产品。企业不但要提供性能符合质量标准的产品，而且还要保证售后正常使用过程中的安全性、可靠性和经济性等。于是，质量保证和质量责任就成了质量管理中的突出问题。这就要求企业必须建立全过程的质量保证体系，对产品质量实施全面管理。

基于上述 3 方面的主要原因，美国通用电气公司的阿德曼·费根鲍姆（A. V. Feigenbaum）率先提出了全面质量管理（或称为综合质量管理）的思想。费根鲍姆在其 1961 年出版的《全面质量管理》一书中，主张应改变过去单纯强调数理统计方法的偏见，把统计方法的应用与改善组织管理密切结合起来，建立一套完整的质量管理体系。另外，他还指出执行质量职能是全体员工的责任，应该使全体员工都具有质量意识和承担质量管理的责任。随后，费根鲍姆和朱兰等质量管理专家建议用全面质量管理代替统计质量管理。全面质量管理的提出符合生产发展和质量管理发展的要求，很快为世界各国的企业所接受，并得到迅速的普及和推行。经过多年的发展和实践，全面质量管理的理论已日臻完善，效果也格外显著。

（四）后全面质量管理阶段

从某种意义上讲，后全面质量管理阶段应该属于全面质量管理阶段。在全面质量管理理论不断地发展变化、思想内容不断地完善与提高的同时，20 世纪 80 年代产生了第一部质量管理的国际标准——ISO9000 族标准。ISO9000 族标准是为了适应国际贸易和质量管理的需要，在总结以英美为代表的世界各国质量管理体系经验的基础上建立起来的，其目的是提供一把国际统一的评判企业质量管理水平的“标尺”。与此同时，以国家质量评奖准则为代表的“卓越绩效模式”也迅速推广开来。“卓越绩效模式”是国际三大质量奖（日本戴明奖、美国马尔科姆·波多里奇国家质量奖和欧洲质量奖）的评价准则——《卓越绩效评价准则》（Criteria for Performance Excellence）所体现的一套综合的、系统化的质量管理模式，是对全面质量管理的标准化和实施细则。20 世纪 90 年代，以提高顾客满意度和降低企业成本为出发点的六西格玛管理又在全球掀起了新的热潮。

可以说，全面质量管理已经不再局限于质量领域，而是演变成为一套以质量管理为中心的、综合的、全面的管理理念和管理方式；其实践已经从过程控制发展到通过一个超越组织边界的“系统”来实施的过程。

第二节 全面质量管理

一、全面质量管理的定义

全面质量管理(Total Quality Control,TQC)的概念提出至今经历了近半个世纪的时间,但是还没有一个公认的定义,我们这里只是罗列出几个较有代表性的定义。

费根鲍姆对TQC的定义为:“为了能够在最经济的水平上考虑到充分满足顾客要求的条件下,进行市场研究、制造、销售和服务,把企业内部各部门的研制质量、维持质量和提高质量的活动构成为一种有效的体系。”

中国质量管理协会在《质量管理名词术语》(1982年)中对全面质量管理内涵的表述为:“全面质量管理是企业全体职工及有关部门同心协力,综合运用管理技术、专业技术和科学方法,经济地开发、研制、生产和销售用户满意产品的管理活动。”

国际标准中将全面质量管理称为TQM(Total Quality Management),并将TQM定义为:“以质量为中心建立在全员参与上的一种管理方法,其目的在于长期获得顾客满意和组织成员与社会利益。”其中的全员参与是指所有部门和各层次人员,TQM以包括质量在内的所有管理目标为对象,并强调最高层强有力的领导和对全员教育及培训的必要性。TQM涉及管理学中的运筹学、系统工程学、价值工程学、生产管理、项目管理、成本管理和组织行为学等,以及概率论与数理统计、试验设计、控制、优化、测量、数据处理、计算机、信息和人工智能等多种技术和学科。

二、全面质量管理的特点

同传统的质量管理相比,全面质量管理具有以下特点:

(一)全面的质量管理

全面质量管理的对象不单单指产品质量,还包括过程质量、服务质量和工作质量等。例如,任何产品都是由企业员工设计制造的,如果产品设计制造过程的质量以及工人的工作质量不高,就难以保证产品的高质量。全面质量管理强调过程质量和工作质量的重要性,要求以过程质量、工作质量来保证产品质量。所以,全面质量管理从产品的质量保证入手,通过有效地改善对产品质量有影响的诸多因素,如设计、制造、交货、使用、服务等,达到改善产品质量的目的,因此,它是“全面”的质量管理。

(二)全过程的质量管理

所谓“全过程”,是指与产品质量产生、形成和实现有关的全过程,具体包括:市场调研、开发设计、物资供应、生产制造、检验、包装、储存、运输、销售和售后服务等的各个环节。通过对产品质量形成全过程各个环节的管理,力争形成一个综合性的质量保证体系,全面落实以预防为主的质量管理方针。

(三)全员参与的质量管理

产品质量是全体员工工作质量的具体反映,提高产品质量需要企业全体人员的共同努力。所以,必须在全体员工中牢固树立质量意识,充分发挥每个员工在工作中的积极性和创造性,鼓励他们积极参与质量管理。其具体做法包括广泛开展质量小组(QC小组)活动、全员把关、质量教育等。

(四)管理方法全面的质量管理

随着现代化大生产和科学技术的发展,以及企业生产规模的扩大和生产效率的提高,影响产品质量的因素也越来越复杂:既有物质因素,又有人的因素;既有生产技术因素,又有管理技术因素;既有企业内部因素,又有企业外部因素。要把如此多的影响因素系统地、全面地控制起来,不仅要运用质量检验、数理统计方法,还要运用包括组织管理、专业技术及其他科学技术等多种方法。

三、全面质量管理的指导思想

进行全面质量管理必须有相应的指导思想,这里我们将一些著名质量管理大师的有关质量管理和质量控制的观点、思想整理归纳如下。

(一)戴明的质量管理 14 条原则

爱德华兹·戴明(Edward Deming)曾是美国纽约大学的统计学教授,第二次世界大战后前往日本传播质量管理思想和方法,成效显著。为此,1951 年日本政府还设立了戴明奖,以鼓励在质量管理工作中有突出贡献的个人。

戴明的质量管理思想特别强调管理高层在质量管理中的地位和作用。他认为一个公司的质量不高、效率低下,究其原因在于它的管理系统而不是员工,管理系统必须让员工清楚应该做什么、怎样做,要对员工进行培训。戴明的有关质量管理的 14 条原则主要包括:

1. 确定一个改进产品质量、提高服务水平的长期目标,制定一个能提升公司竞争力的长期战略规划,并向全体员工公布,同时还要明确公司管理高层的责任。

2. 接受新思想。在新的条件下,诸如产品的不合格率、差错率、交货延期以及工艺水平欠缺都是能够改善和提高的;否则,我们就不能继续生存。从公司的最高层领导到每一位员工都必须清楚这一点。

3. 抛弃对进行大量检验的依赖,把质量管理建立在统计依据上,即要防止生产出不合格产品,而不是靠事后的检验挑出不合格产品。

4. 改变基于价格的奖励制度,转而依靠质量统计并结合价格水平的奖励制度。淘汰不能提供统计资料和质量不稳定的供应商。

5. 不断发现问题,包括设计、采购、设备维护与更新、培训、监督等各方面的问题,这也是管理的任务。

6. 采取现代化的方法对员工进行培训。

7. 管理人员的责任必须从单纯追求数量转变到追求产品质量上来，这样也能达到提高生产率的目的。管理人员提出的有关产品缺陷、机器故障、工具不适以及员工操作步骤不清楚的情况，管理人员必须立即采取措施作出反应。

8. 管理人员不能对员工进行威胁恐吓，要建立一个相互信任、勇于创新、大胆建议的工作氛围。

9. 消除部门之间的壁垒，调研部门、设计部门、营销部门和运作部门的员工要通力协作，形成一个团队。

10. 清除那些鼓励人们单纯通过数量，而不是新工艺来提高生产率的标语、口号和宣传画。

11. 去掉那些只有数量规定而没有质量规定的工作标准。

12. 排除临时工的自卑感，强调他们参与工作的自豪感。

13. 建立充满生机的培训和再培训体系。

14. 在高层管理中采取相应措施，使其每天的工作都符合上述 13 条原则。

另外，戴明还指出要减少质量波动，辨别出引起质量波动的特殊原因（系统原因，是可以避免的）和共同原因（偶然性原因，是不可以避免的）。

（二）朱兰的三部曲

朱兰同戴明一样，对日本的质量管理取得成功作出了重大贡献。不过与戴明不同，他认为质量来源于顾客的需求，不能过多地强调统计方法的重要性。朱兰通过大量的研究证明，大多数质量问题是由于管理不善造成的，改造传统的管理模式是提高质量的关键所在。从产品质量形成的过程来看，质量管理要贯穿于产品的整个生命周期，即设计、制造、销售、服务等全部过程。所以，从管理的角度看，要搞好质量管理，必须抓住计划、控制和改进 3 个环节。这就是朱兰于 1982 年首先提出的质量管理模式，称为朱兰三部曲，即质量计划、质量控制和质量改进：

1. 质量计划。这是一个为实现企业预期质量目标作准备的过程，其最终结果是按照质量计划开展质量活动。质量计划的内容包括：①明确谁是顾客，顾客有企业的内部顾客和外部顾客；②确定顾客的需求；③开发出能满足顾客需求的产品；④制定能达到顾客要求的产品质量目标，并力争以最低的成本来实现；⑤开发出能够生产出顾客所需产品的工艺流程；⑥验证这个工艺流程的能力，确认它能够在给定的作业条件下达到预期的质量目标。

2. 质量控制。这是在经营中如何达到质量目标的过程，其最终结果是如何按照质量计划开展经营活动。质量控制的内容主要包括：①选择控制的对象——控制什么；②选择度量单位；③确定质量度量的方法；④建立度量质量的标准；⑤测定实际质量；⑥比较实际结果与标准，找出偏差及其原因；⑦采取相应措施消除偏差。

3. 质量改进。这是一个如何提高原有质量计划，达到新的质量水平的过程，其最终结果是以明显优于计划性能的质量水平进行新的经营活动。质量改进的内容主要包括：①证明质量改进的必要性；②确定改进对象或问题；③对改进项目进行组织实施；④进行组织诊断，找出问题的原因；⑤制定解决措施形成改进方案；⑥证明改进方案的有效性；⑦采取相应措施，巩固质量改进的成果。

（三）费根鲍姆的全面质量管理观点

费根鲍姆是美国著名的质量管理专家，他24岁时就成为通用电气公司质量管理方面的最高权威，最先提出了全面质量管理的概念。其观点主要包括：

1. 全面质量控制是一个在公司内部使质量标准制定、维持和改进集成于一体的系统。公司应该能够使工程部门、生产部门和服务部门共同发挥作用，在达到用户满意的同时实现最佳经济目标。

2. 质量控制的"控制"方面应该包括制定质量标准、评价与这些标准有关的行为、当没有达到预定标准时采取的纠正措施以及制定改进质量的标准计划。

3. 影响质量的因素可分为两大类：技术性的和人为的，人为的因素更为重要。

4. 质量成本可被分为4类：预防成本、鉴定成本、外部损失成本和内部损失成本。

5. 重要的是要控制源头质量。

（四）石川的"全公司范围质量管理"

石川是日本的著名质量管理专家，深受戴明和朱兰的影响。他首次提出了"质量管理循环"的概念，把质量管理活动看作一个周而复始、循环推进的连续过程，并在此基础上提出了"全公司范围质量管理（Company - Wide Quality Control，CWQC）"的观点。在他看来，现代的全面质量管理已经是一种全公司范围的、全员参加的，包括产品和服务全过程的质量管理，公司领导必须把公司的每一个人都统一到质量这一共同目标上来。同时，石川还是第一个注重外部顾客的人，并把外部顾客视为质量循环中的一个客体。石川对统计质量管理方法方面也有突出贡献，例如，用于质量问题因果关系分析的"鱼刺图（Fishbone Diagram）"，又称为因果图（Cause - and - effect Diagram），就是石川总结提出的。

当然，还有许多质量管理大师，如提出"零缺陷"概念的克罗斯比、建立"田口函数"的田口等，他们的观点、思想都对实施全面质量管理有着重要的贡献。

四、PDCA循环——全面质量管理的基本方法

PDCA循环是全面质量管理的最基本方法，也是全面质量管理活动所应遵循的科学工作程序。它是由戴明于20世纪60年代最先总结提出的，故称戴明环，就是Plan - Do - Check - Act Cycle的缩写①。

（一）PDCA循环

PDCA循环实际就是质量管理工作的4个阶段，即计划（Plan）阶段、执行（Do）阶段、检查（Check）阶段和处理（Act）阶段。在质量管理过程中，这四个阶段周而复始，不断循环。在实际工作中，PDCA循环的4个阶段又可以分为8个步骤，如图15-1所示。

① 也有教科书认为是PDSA循环，即计划（P）-实施（D）-分析（S）-处理（A）循环（Plan - Do - Study - Act Cycle）。

计划阶段就是要确定质量目标,制定质量计划,拟定相应的实施措施。具体可以分为 4 个步骤:

1. 分析现状,找出存在的质量问题。

2. 分析造成现有质量问题的各种原因或影响因素。

3. 在各种原因或影响因素中找出主要原因或影响因素。

4. 针对影响质量问题的主要原因或影响因素研究解决问题的对策,并制定实施计划。制定实施计划时应该明确 5W1H 问题,即为什么制定该计划(Why)? 计划达到什么目的(What)? 在何处执行(Where)? 由谁负责执行(Who)? 什么时间完成(When)? 如何完成(How)?

执行阶段包括 1 个步骤,即

5. 按照预定的质量计划执行和实施。

检查阶段包括 1 个步骤,即

6. 根据计划和标准检查执行效果,找出存在的问题。

处理阶段就是针对执行结果进行总结和分析,可以分为 2 个步骤:

7. 总结成功经验和失败教训。对成功经验标准化、制度化,以利于今后遵循;对失败的教训有针对性地提出防范措施。

8. 未解决的问题或新出现的问题交给下一个循环去解决。

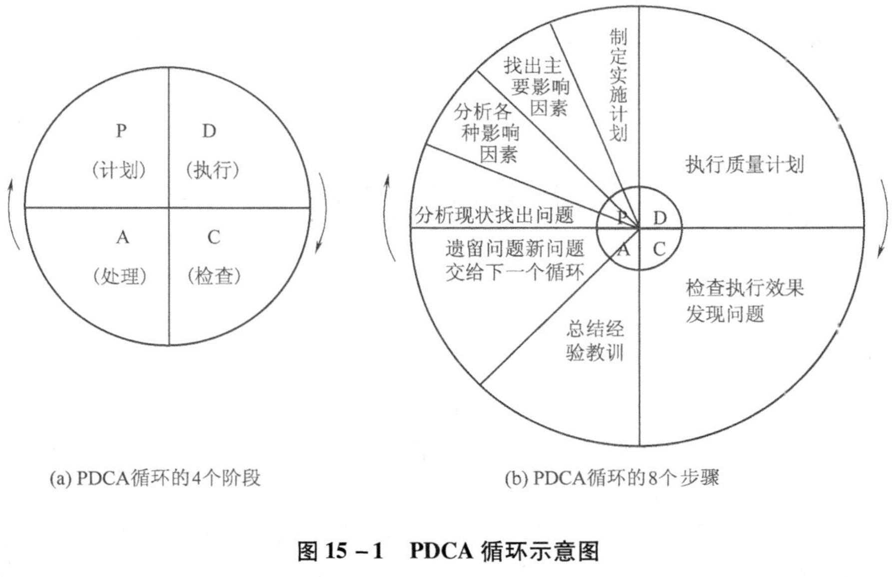

图 15－1 PDCA 循环示意图

(二)PDCA 循环的特点

PDCA 循环有如下特点:

1. 大环套小环,互相衔接,互相促进。如果把企业的整个质量管理工作作为一个大的 PDCA 循环,那么各个部门、各个小组还有各自的 PDCA 循环。企业就像一个星系,大环带动小环,小环促进大环;上一级带动下一级,下一级促进上一级。这样,质量管理工作就有机地构成一个互相衔接、互相促进的质量管理体系，如图 15－2 所示。

2. 螺旋式上升。经过一次 PDCA 循环，一些质量问题得到解决，质量水平得到提高，遗留下的问题或新出现的问题又迫使开展新一轮的 PDCA 循环；而新一轮的 PDCA 循环是在一个较高的质量水平上进行的，问题一旦解决就会又上升到一个更高的水平……如此循环，就使得产品质量不断地改进，不断提高。所以 PDCA 循环是一个螺旋式上升的动态循环，如图 15－3 所示。

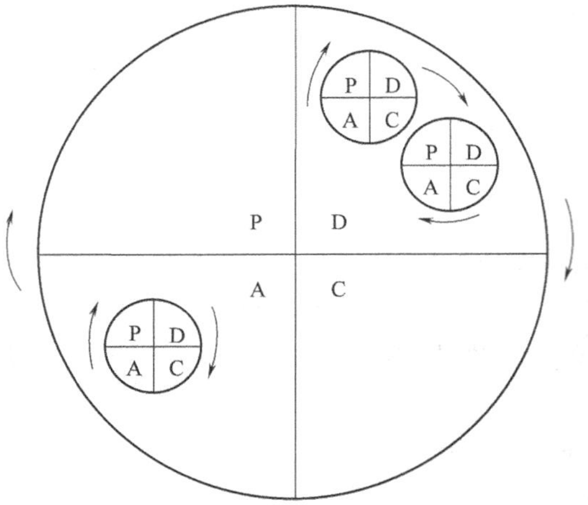

图 15－2 PDCA 循环的特点之一：大环带小环

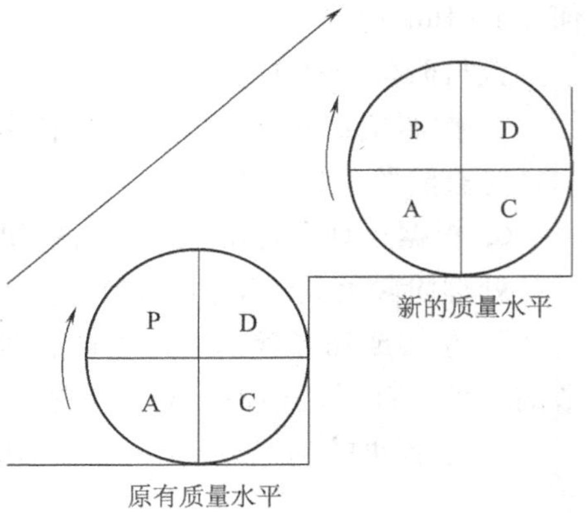

图 15－3 PDCA 循环的特点之二：螺旋式上升

第三节 质量管理的经典方法与工具

一、质量管理中的统计方法

统计质量控制方法从 1924 年休哈特提出工序控制图法开始，经过多年的发展，已经扩展出多种方法。日本质量管理专家石川将质量管理的方法分为 3 类：基本统计方法、中级统计方法和高级统计方法。

基本统计方法，亦称常用统计方法，主要有帕累托图（又称为排列图）法、因果图（又称为鱼刺图）法、分层法、检查表法、直方图法、散布图法、工序控制图法等。这些基本统计方法是每一个人都能够掌握运用的简便有效的质量管理方法。石川指出，企业 95% 的质量问题和质量改进项目都可以用这七种工具来解决，因此，称之为经典方法与工具。

中级统计方法，主要包括抽样调查技术、统计抽样检验、各种统计估计和假设检验方法、各种实用的灵敏度检验方法。这些方法要求质量管理部门必须能够掌握使用。

高级统计方法，主要包括高级试验设计方法、多元统计分析法、运筹学方法等。

二、质量管理的经典方法与工具

质量管理的经典方法与工具包括调查表、分层法、直方图、散布图、排列图、因果图和控制图，也就是常说的“QC 七种工具”。

（一）调查表

调查表，又称统计分析表或检查表，是对有关产品质量的数据进行快速收集整理和初步分析的常用工具。通过调查表中数据的简单汇总、求平均值或大致描述数据图形等方式，能迅速发现作业中的质量问题，进而分析原因，以便及时采取措施进行解决。

调查表一般是预先设计好的具有特定格式的表格或图形，或者二者兼而有之。调查表的具体形式多种多样，主要有缺陷调查表、缺陷位置调查表和过程分布调查表等。

（二）分层法

分层法，又称分类法，即把收集到的有关产品质量的数据按照一定的标准进行合理的分类。分类标准可以是生产日期、操作人员、使用的设备、操作方法、原材料、检测标准等。这样就能把性质相同、在同一生产条件下收集的数据归在一起，以便使数据反映出的质量问题明显地暴露出来，有利于把错综复杂的影响因素分析清楚。分层法一般与调查表结合使用，然后再分别利用其他方法进行深入研究。

例如，某运动鞋的质量检查发现部分运动鞋有开胶现象，为解决这一质量问题，现场随机抽取 100 双鞋，结果发现 38 双开胶。经过初步分析，找到两个原因：其一，A、B、C 三个操作组涂胶的方法不同；其二，甲、乙两厂供应的胶有差异。为此，运用分层法分别按作业组和供应商进行分析，见表 15－1 和表 15－2。

表 15－1　按作业组分层表

操作组	开　胶	不开胶	开胶率（%）
A	12	26	32
B	6	18	25
C	20	18	53
合计	38	62	38

表 15－2　按供应商分层表

供应商	开　胶	不开胶	开胶率（%）
甲	18	28	39
乙	20	34	37
合计	38	62	38

两个表格似乎告诉我们，采用 B 作业组的涂胶方法，使用乙供应商的胶就能降低

开胶率。然而，试验的结果表明开胶率并未明显降低。这是由于单纯考虑操作方法和胶的情况，而没有注意到不同的胶按不同的作业方法使用也会造成开胶，即必须将相互关联的因素进行综合分析。因此，又得出了表15－3的综合分析结果。

表15－3　综合分层表

	A			B			C		
	开胶	不开胶	开胶率	开胶	不开胶	开胶率	开胶	不开胶	开胶率
甲	12	4	75%	0	8	0	6	14	30%
乙	0	22	0	6	10	38%	14	4	78%
合计	12	26	32%	6	18	25%	20	18	53%

从表15－3的综合分层情况可以看出，降低开胶率的方法应该是：①使用甲厂商的胶时，用B组的作业方法；②使用乙厂商的胶时，用A组的作业方法。

（三）直方图

直方图是由若干矩形组成的图形，故称直方图。将收集到的数据根据其波动性和统计规律性等分为若干组，矩形的宽等于组距，而高是各组的频数，如图15－4所示。直方图是一种能够反映数据总体变化规律的统计工具，在质量管理中有着以下重要作用：①观察与判断产品质量特性值的分布状况；②分析与判断工序运转的平稳性；③计算工序能力，并了解工序能力对产品质量的保证情况。

1. 直方图的绘制步骤。我们结合一个具体的例题来说明如何绘制直方图。

【例15－1】　直方图的绘制与应用

质检部门测量某种螺栓的长度，检测标准为6.6±0.3mm。随机抽取100个样本进行测量，测量结果如表15－4所示。试绘制螺栓长度的直方图。

表15－4　螺栓长度的实测数值表

组号	实测数据					组号	实测数据				
1	6.63	6.55	6.80	6.71	6.55	11	6.73	6.59	6.90	6.52	6.69
2	6.77	6.61	6.63	6.68	6.60	12	6.55	6.61	6.64	6.47	6.51
3	6.27	6.17	6.42	6.62	6.86	13	6.45	6.28	6.60	6.62	6.81
4	6.79	6.36	6.38	6.49	6.97	14	6.74	6.81	6.72	6.31	6.56
5	6.36	6.57	6.75	6.34	6.79	15	6.38	7.06	6.62	6.28	6.63
6	6.53	6.36	6.38	6.49	6.52	16	6.74	6.61	6.19	6.58	6.66
7	6.95	6.57	6.42	6.69	6.86	17	6.45	6.46	6.50	6.38	6.73
8	6.69	6.44	6.65	6.68	6.60	18	6.55	6.48	6.67	6.60	6.83
9	6.41	6.55	6.80	6.58	6.55	19	6.73	6.56	6.53	6.88	6.58
10	6.64	7.09	6.48	6.57	6.66	20	6.63	6.55	6.74	6.68	6.62

解：

(1)收集数据。收集数据时，一般都要抽取50个以上的样本，最好要得到100个，样本个数一般用n表示。

(2)找出数据中的最大值与最小值，并求出极差R，即最大值与最小值之差。本例中：

$$最大值\ x_{max}=7.09$$

$$最小值\ x_{min}=6.17$$

$$极差\ R=x_{max}-x_{min}=7.09-6.17=0.92$$

(3)确定组数k和组距h。组数常用k表示，组数k与样本的多少有关：样本多，分组多；样本少，分组少。其经验值如表15－5所示。所以，本题的组数$k=10$。

表15－5　组数k的一般取值表

样本个数n	组数k	一般取值
50～100	6～10	10
100～250	7～12	
250以上	10～20	

组距h就是组与组之间的间隔，它等于极差R除以组数k，即

$$h=\frac{R}{k}=\frac{x_{max}-x_{min}}{k} \tag{15－1}$$

本例中：

$$组距\ h=\frac{R}{k}=\frac{0.92}{10}=0.092\approx0.1 \tag{15－2}$$

(4)确定组界。组界也就是各组的上限值与下限值。组界要比实测值多一位小数，以使边界值不同时落在两个组内。因此，第一组的下限值一般确定为最小值减去测定单位的0.5倍；上限值等于下限值加上组距h。然后，再计算其余各组的上下限值。以第一组的上限值作为第二组的下限值，第二组的下限值加上组距h作为第二组的上限值；其余依此类推。

本例中，第一组的下限值 $=6.17-\frac{0.01}{2}=6.165$，第一组的上限值 $=6.165+h=6.265$；第二组的下限值$=6.265$，第二组的上限值$=6.265+h=6.265+0.1=6.365$。其余详见表15－6。

(5)计算各组的中心值x_i。中心值又称中间值，就是处于各组中心位置的数值。按如下公式计算：

$$x_i=\frac{第\ i\ 组的上限值+第\ i\ 组的下限值}{2} \tag{15－3}$$

本例中：

$$x_1=\frac{6.165+6.265}{2}=6.215$$

$$x_2 = \frac{6.265 + 6.365}{2} = 6.315$$

其余详见表 15－6。

表 15－6　频数计算表

组　号	组　　界	中心值	频　　数
1	6. 165 ~ 6. 265	6. 215	2
2	6. 265 ~ 6. 365	6. 315	8
3	6. 365 ~ 6. 465	6. 415	11
4	6. 465 ~ 6. 565	6. 515	20
5	6. 565 ~ 6. 665	6. 615	27
6	6. 665 ~ 6. 765	6. 715	16
7	6. 765 ~ 6. 865	6. 815	10
8	6. 865 ~ 6. 965	6. 915	3
9	6. 965 ~ 7. 065	7. 015	2
10	7. 065 ~ 7. 165	7. 115	1
合　　计			100

(6)计算各组的频数。各组的频数也就是原始数值落在某一组中的次数。本例的各组频数如表 15－6 所示。

(7)画直方图。横坐标表示测量值,纵坐标表示频数;将每一组画成一个矩形,以组距为底,频数为高度。同时,还应标注样本平均值 $\overline{X}$ 和公差上限 T_U、公差下限 T_L,如图 15－4 所示。

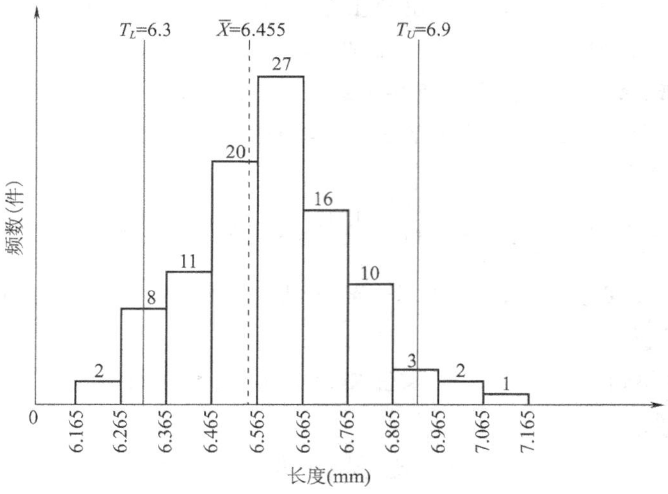

图 15－4　螺栓长度的直方图

2. 直方图的观察与分析。绘制直方图的目的是根据图形的形状来判断生产过程是否平稳，产品质量是否正常，以及工序的生产能力是否保证产品质量。

（1）运用直方图判断生产过程是否平稳。常见的直方图如图 15－5 所示。

①对称型，又称常规型［图 15－5(a)］。这种直方图的特点是中央有一个顶峰，左右两侧基本对称，呈正态分布。说明生产过程较为平稳、正常。

②偏向型［图 15－5(b)、(c)］。这种直方图的特征是顶峰在图形的某一侧，左右不对称。形成原因大致有两种：其一是操作习惯，其二是产品公差是单侧标准。如果产品公差只有上限要求，图形往往呈右偏向型；如果公差只有下限要求，图形往往呈左偏向型。

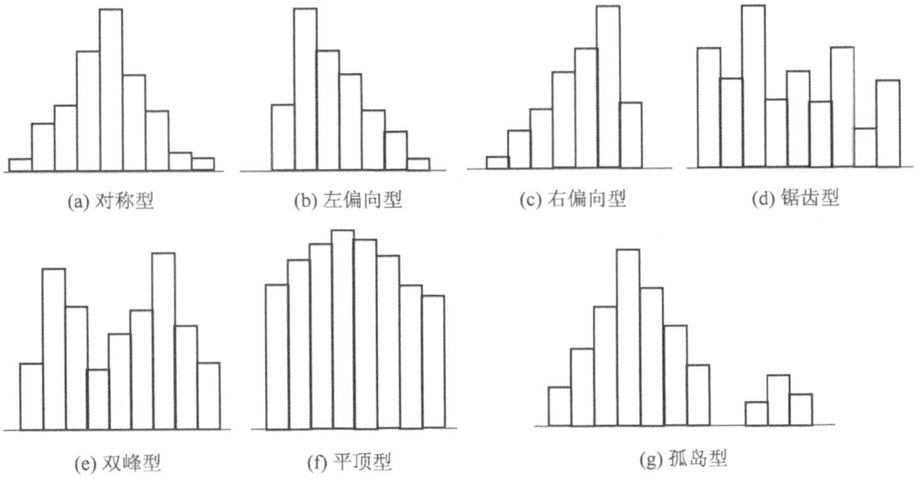

图 15－5　直方图的类型与形状

③锯齿型［图 15－5(d)］。图形呈参差不齐的锯齿形状。这主要是由于数据少而分组又过多或者是检测误差造成的。

④双峰型［图 15－5(e)］。这种直方图的特征是有两个顶峰，中间是谷，两侧数据频数较低。这往往是由于分层不当，即把不同加工者、不同原材料、不同加工方法、不同设备生产的产品混在一起造成的。

⑤平顶型［图 15－5(f)］。其特征是图形顶部较平，无突出的顶峰。这通常是由于生产过程中某种缓慢变化的因素所造成的，如刀具磨损等。

⑥孤岛型［图 15－5(g)］。其特征是在处于分布中心的主要直方图的一侧出现了小的直方图。这主要是由于加工条件的差异造成的，如原材料变化、生产设备的严重磨损或新工人对操作不熟练等。

（2）运用直方图判断产品质量是否正常。将直方图与公差进行比较，如果直方图在公差允许的范围内，则产品质量正常；否则，就不正常。比较结果大致有以下几种情况，如图 15－6 所示。

①B 在 T 的中间，平均值与公差中心重合，两边有一定的距离。这是理想的情况，

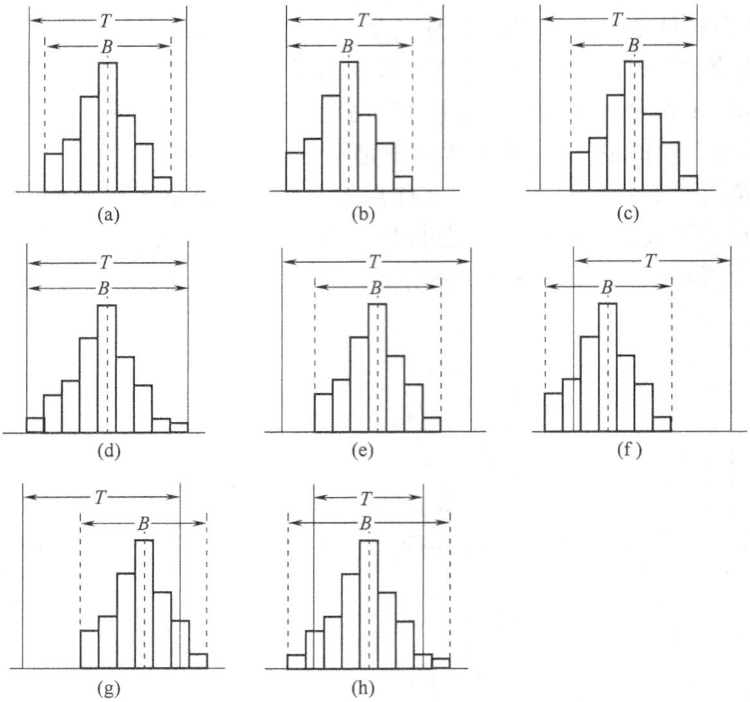

图 15－6　直方图与公差的比较

注：图中 B 为产品质量特性值实测数据的范围，T 为公差范围，中间的虚线表示样本的平均值。

如图 15－6(a)所示。

②B 在 T 内，一边有余量，另一边重合，直方图的分布中心偏离标准差中心。应采取措施，使分布中心与标准差中心接近或重合，否则重合的一侧容易出现不合格产品，如图 15－6(b)、(c)所示。

③B 与 T 完全重合，两边均无余量。这时极易出现不合格产品。应采取措施，提高产品质量，把 B 控制在 T 的范围内，如图 15－6(d)所示。

④B 在 T 内，两边都有很大的余量。这表明实测数值的上下限与公差的上下限有很大差距，出现了质量过剩。这时可以考虑改变工艺，降低精度，或者缩小公差，如图 15－6(e)所示。

以上情况是统计分布符合标准的直方图，以下几种是统计分布不符合标准的直方图。

⑤B 偏离公差中心，在一侧形成超差，如图 15－6(f)、(g)所示。这时在超差一侧会产生不合格产品，应设法调整。

⑥B 的范围大于 T，两侧都超出公差界限，如图 15－6(h)所示。这时会出现大量不合格产品，应立即停产，查明原因。

(3)工序能力的判断。工序能力，又称工程能力，是指工序在稳定的正常生产运行条件下生产合格产品的能力，或者说是工序满足质量要求的能力。它实际上反映着加工精度，可以按正常状态下所测量的产品质量特性值的分布来反映。也就是说，根据正态分布，工序能力可按 $\pm 3\sigma$，即 6σ 标准差来计算。即

$$P = 6\sigma \tag{15-4}$$

工序能力指数是反映工序能力满足质量要求的一个度量，它可以用公差的范围数值与工序能力比值来表示，即

$$C_P = \frac{T}{P} = \frac{T_U - T_L}{6\sigma} \tag{15-5}$$

式中：C_P——工序能力指数；

T_U——公差上限；

T_L——公差下限。

工序能力指数的取值可以分为以下 3 种情况：

①当 $C_P > 1$ 时，$P > 6\sigma$。表示工序能力高，加工精度满足公差要求。但是，不能认为加工精度越高越好。一般当 $C_P = 1.33$ 时，工序能力较为理想，不合格品率为 0.1%；当 $C_P > 1.33$ 时就造成浪费。

②当 $C_P = 1$ 时，$P = 6\sigma$。表示工序能力勉强符合公差，可能出现 0.3% 的不合格产品，须加强管理。

③当 $C_P < 1$ 时，$P < 6\sigma$。表示工序能力低下，必须改进操作方法或采取其他措施。特别当 $C_P < 0.67$ 时，可能会有大量不合格产品，应该停止生产。

我们来继续讨论一下例 15－1。由图 15－4 可见螺栓长度的直方图符合正态分布，生产过程还算平稳。但是，由于实测数据的范围 B 已经超出了公差 T，会产生大量不合格产品。我们再来对生产能力进行一下估算。利用直方图估算生产能力的公式如下：

$$\bar{X} = a + h \sum \frac{f_i\mu_i}{\sum f_i} \tag{15-6}$$

$$s = h\sqrt{\sum \frac{f_i\mu_i^2}{\sum f_i} - \left(\sum \frac{f_i\mu_i}{\sum f_i}\right)^2} \tag{15-7}$$

式中：$\bar{X}$——由直方图估算出的样本特性值的平均值，作为 μ 的近似值；

s——由直方图估算出的样本特性值的标准差，作为 σ 的近似值；

h——组距；

a——频数最大一组的中心值；

f_i——第 i 组的频数；

$\mu_i = (x_i - a)/h$，为第 i 组的简化中心值，其中 x_i 是第 i 组的中心值。

在本例中，由式（15－5）、式（15－6）得

$$\bar{X} = 6.455, s = 0.17$$

由式（17－4）得

$$C_P = \frac{0.6}{6 \times 0.17} = 0.59 < 1$$

由此可以看出，工序的生产能力低下，产生了大量不合格产品，工序已经不能满足生产需要，因此必须停止生产，查明不合格产品产生的原因，提高工序能力。

（四）散布图

散布图又称相关图，是一种通过平面直角坐标系内的图形来分析判断产品质量与某种可能影响产品质量的因素之间关系的一种有效方法。在生产过程中，有些因素之间存在着相关关系，但又难以用精确的解析式表达出来。如：棉纱的伸长度与其含水量之间的关系，喷漆时油漆的粘度与温度的关系，零件加工质量与加工时切削用量的关系，热处理时钢的硬度与淬火温度的关系等。这时可以用 y 表示产品质量的某一数值特性，x 表示某一种影响因素的数值大小；然后，设法收集到 y 与 x 的相应数据，一般要求在 30 对以上；最后，把这些对数据在坐标图上描绘出来，就可以通过数据点的分布特征来判断产品质量 y 与因素 x 之间是否存在相关关系，以及何种关系。例如，在图 15－7 中，数据点近似于一条直线，就可以说钢的硬度与温度存在相关关系。

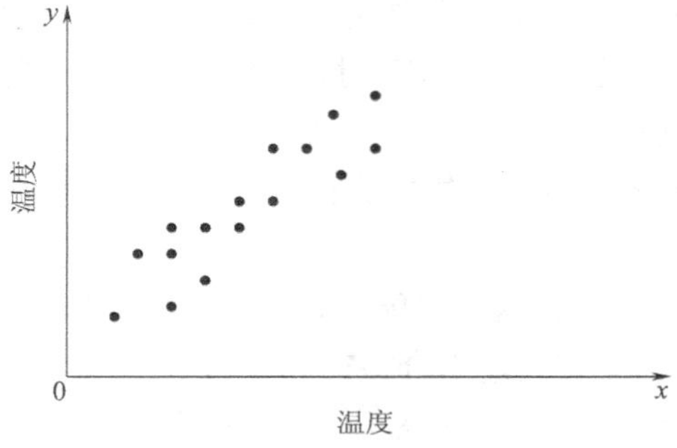

图 15－7　钢的硬度与淬火温度的散布图

图 15－8 是几种常见的散布图。

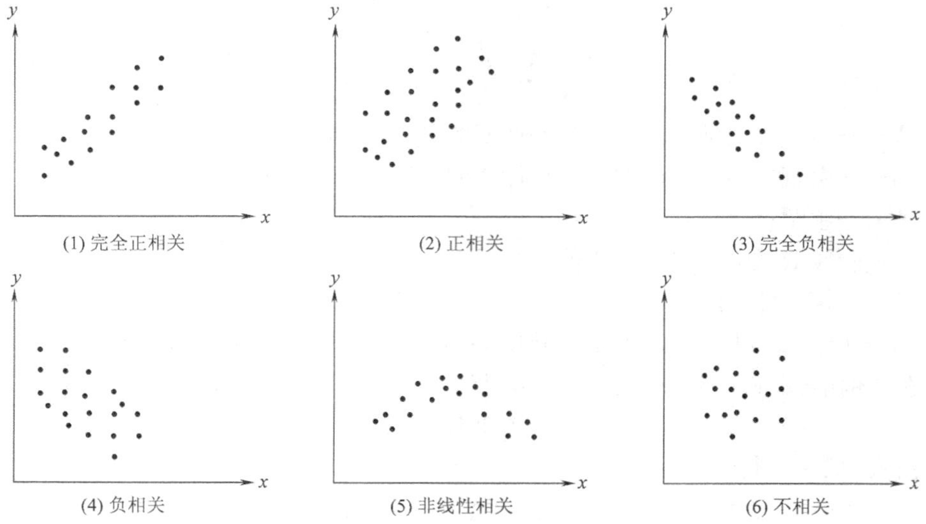

图 15－8　散布图的基本形式

从图 15 - 8 可以看出散布图大致可以分为以下 6 种形式：

1. 完全正相关：因素 x 增大时，质量特性值 y 也随之增大，表明因素 x 是影响质量的唯一因素，一般认为是唯一的。

2. 正相关：因素 x 增大时，质量特性值 y 也基本随之增大，表明除因素 x 外，可能还有其他影响质量的因素。

3. 完全负相关：因素 x 增大时，质量特性值 y 随之减小，表明因素 x 是影响质量的因素，一般认为是唯一的，但其作用是相反的。

4. 负相关：因素 x 增大时，质量特性值 y 基本随之减小，表明除因素 x 外，可能还有其他作用相反的质量影响因素。

5. 非线性相关：因素 x 和质量特性值 y 之间呈非线性关系，在不同的状态下有不同的作用方向。

6. 不相关：表明因素 x 的变化对产品质量特性值 y 不产生任何影响。

（五）排列图

排列图，又称帕累托图，与库存管理一章中的 ABC 分类法同出一门。其前身是意大利著名经济学家帕累托（Pareto）根据“关键的少数和次要的多数”规律总结出的用于分析社会财富分布状况的排列图，后来被美国质量管理专家朱兰用于质量管理，成为分析确定影响产品质量主要因素的一种直观的有效工具，如图 15 - 9 所示。

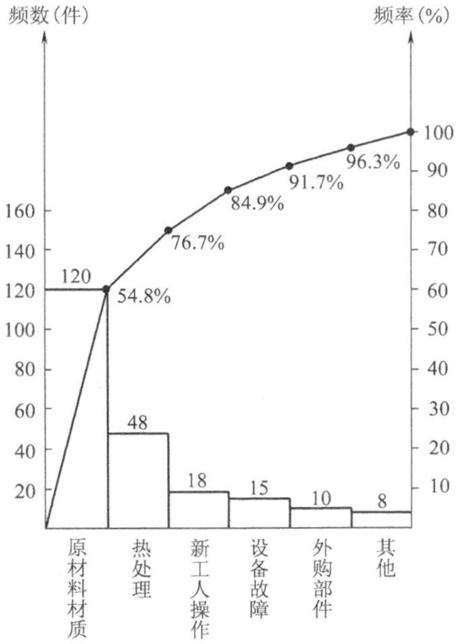

图 15 - 9 不合格产品影响因素排列图

排列图有两个纵坐标，左边的表示频数，常为绝对数值，如不合格产品的件数、金额；而右边的纵坐标表示频率，常以百分比表示。横坐标表示影响产品质量的各种因素，按其频数的大小（即影响程度的高低）从左到右依次排列。各矩形的底边相等，其高度表示对应影响因素的频数。对应于右边的纵坐标轴，在各矩形的右边或右边的延长线上描点，各点的纵坐标表示对应因素的累计频率。以原点为起点，依次用折线连接上述各点，所得到的曲线就是帕累托曲线。

按累计频率可以把影响因素分为 3 类：

1. A 类因素，即累计频率在 0% 至 80% 之间的因素，通常为 1 ~ 2 个，不超过 3 个。这些是影响产品质量的主要因素，应作为质量管理的重点研究对象。

2. B 类因素，即累计频率在 80% 至 90% 之间的因素。这些因素是影响产品质量的次要因素。

3. C 类因素，即累计频率在 90% 至 100% 之间的因素。这些因素是一般的质量影响因素。

【例 15 – 2】 排列图法的应用

某种产品的不合格数量及影响因素如表 15 – 7 所示。试以排列图法对该问题进行分析。

表 15 – 7 某产品不合格产品统计数据表

序　　号	影响因素	频数（件数）	频率（%）	累计频率
1	原材料材质	120	54.8	54.8
2	热处理	48	21.9	76.7
3	新工人操作	18	8.2	84.9
4	设备故障	15	6.8	91.7
5	外购部件	10	4.6	96.3
6	其他	8	3.7	100
合　　计		219	100	

解：

根据表 15 – 7 的数据和资料，我们可以得到不合格产品排列图，见图 15 – 9。从中我们可以看出原材料品质、热处理是影响产品质量的主要因素；新工人操作、设备故障是次要因素；外购件和其他为一般影响因素。

（六）因果图

因果图，又称鱼刺图，是日本质量管理专家石川提出的，是一种分析各种质量问题产生原因的有效方法。原材料、设备、操作人员、工艺方法以及环境一般是影响质量的主要因素，而它们往往又是共同作用的，出现质量问题时往往很难搞清主次原因等，这时就要求对影响质量的因素进行系统分析。运用各种手段将影响质量的各种因素全部收集起来，然后发动员工，集思广益，比较原因的大小和主次，即根据最终的质量问题，找出影响它的大原因、中原因、小原因以及更小原因等，最后根据它们之间的隶属关系用箭线把各种关系标绘在一张图上。箭干标原因，箭头指向结果。主干箭线表示最终的质量问题，主干上的大箭线表示大原因，中箭线表示中原因……，依次展开，如图 15 – 10 所示。

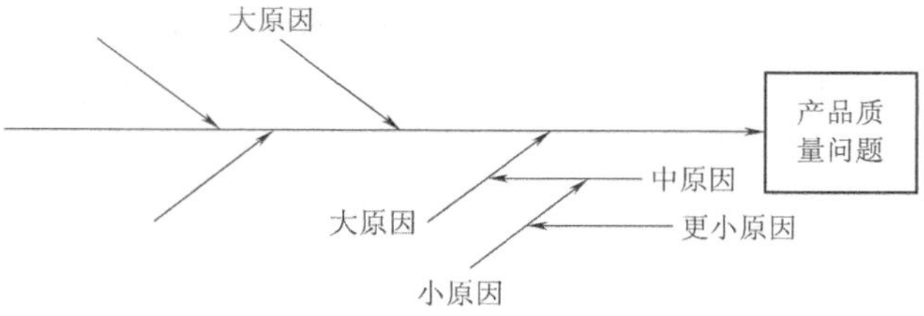

图 15 – 10　因果图的示意图

这样就能够从造成质量问题的错综复杂的大量原因中梳理出主要的、关键因素，以便采取相应的措施予以解决。图 15 – 11 是一个有关汽车与主轴颈出现刀痕的因果图①。

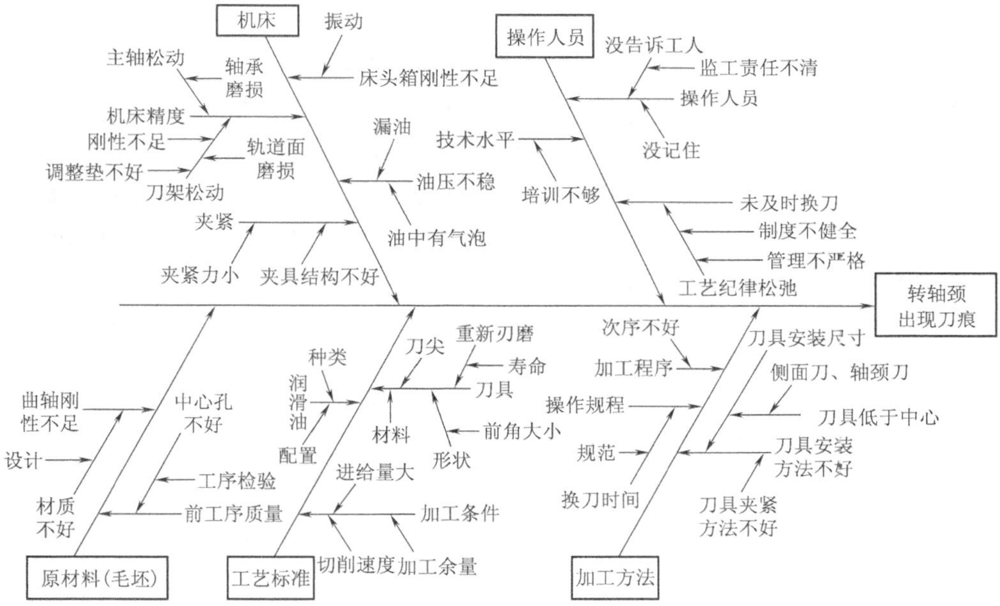

图 15 – 11　因果图的示意图

（七）控制图

控制图，又称管理图，是由美国质量管理专家休哈特最早提出的，是一种根据数理统计的基本方法分析产品质量特性值，判断生产工序是否处于受控状态的有效方法。控制图的优点是具有动态性、事前性，能够预防不合格产品的出现。

1. 控制图的基本格式。控制图的基本格式如图 15 – 12 所示。中心线（Center

① 根据黄卫伟编著：《生产与作业管理》，中国人民大学出版社，1997 年版，第 429 页图 10 – 6 整理而得。

Line，CL）以实线表示，通常为样本的平均值μ；上控制界限（Upper Control Line，UCL）、下控制界限（Lower Control Line，LCL）以虚线表示，通常取3倍的标准差，即$\mu \pm 3\sigma$；中间的折线是根据样本的实测特性值描绘的。若所有的样本点都落在上、下控制限内，且没有异常排列状况，就可以认为生产过程处于统计控制状态。否则，就说明生产过程有异常变化，应迅速采取措施加以控制。图15－12中，第五组样本点就超出了控制界限。

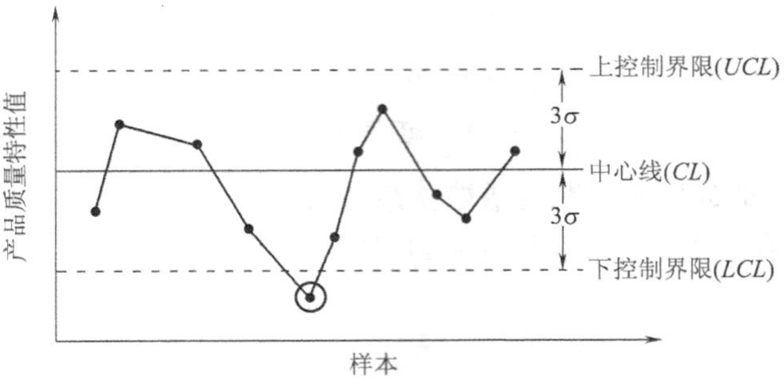

图15－12　控制图的基本格式

2. 控制图的分类。根据控制图变量是连续型变量还是离散型变量，控制图可以分为计量值控制图和计数值控制图。计量值控制图包括：单值控制图（X控制图）、极差控制图（R控制图）、均值控制图（$\bar{X}$控制图）、中位数控制图（$\tilde{X}$－控制图）和移动极差控制图（R_S控制图），这类控制图一般适用于以产品的长度、强度、纯度等质量特性值为控制对象的情况。计数值控制图包括：不合格品数控制图（Pn控制图）、不合格品率控制图（P控制图）、缺陷数控制图（C控制图）、单位缺陷控制图（μ控制图），这类控制图一般适用于计算值为控制对象的情况。

控制图的种类和选择如图15－13所示。控制图一般都组合在一起使用，如均值－极差控制图、中位数－极差控制图、单值－极差控制图等。

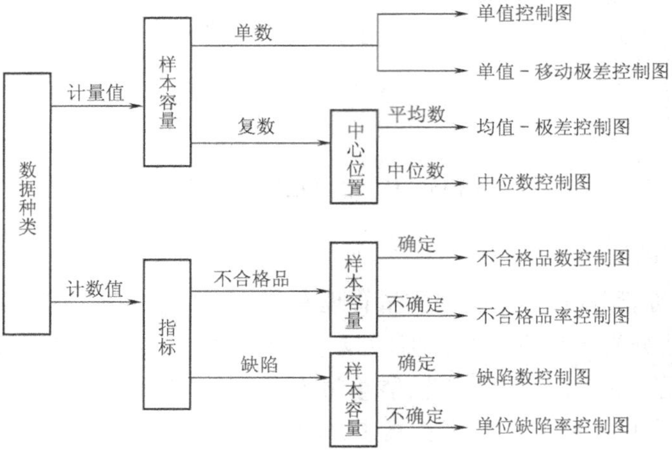

图15－13　控制图的种类及其选择图

3. 控制图的画法。常用控制图控制界限的计算公式及其系数如表 15－8 和表 15－9 所示。我们这里重点介绍均值与极差控制图（$\bar{X}-R$ 控制图）的画法。

表 15－8　常用控制图控制界限公式表

种类	名　称	控制限计算公式		备　注
计量值控制图	均值控制图（$\bar{X}$ 控制图）	$CL=\bar{\bar{X}}$	$UCL=\bar{\bar{X}}+A_2\bar{R}$ $LCL=\bar{\bar{X}}-A_2\bar{R}$	$\bar{X}$——单值 X 的均值 $\bar{\bar{X}}$——均值 $\bar{X}$ 的均值 $\bar{\tilde{X}}$——中位数 $\tilde{X}$ 的均值 R_i——各组的极差，$R_i=X_{\max}-X_{\min}$ $\bar{R}$——极差 R_i 的均值 R_S——移动极差，$R_S=\mid X_{i+1}-X_i\mid$ $\bar{R}_S$——移动极差 R_S 的均值 式中系数 A_2,D_4,D_3,m_3,E_2 与每组的样本含量 n_i 有关
	极差控制图（R 控制图）	$CL=\bar{R}$	$UCL=D_4\bar{R}$ $LCL=D_3\bar{R}$	
	中位数控制图（$\tilde{X}$ 控制图）	$CL=\bar{\tilde{X}}$	$UCL=\bar{\tilde{X}}+m_3A_2\bar{R}$ $LCL=\bar{\tilde{X}}-m_3A_2\bar{R}$	
	单值控制图（X 控制图）	$CL=\bar{X}$	$UCL=\bar{X}+E_2\bar{R}_S$ $LCL=\bar{X}-E_2\bar{R}_S$	
	移动极差控制图（R_S 控制图）	$CL=\bar{R}_S$	$UCL=D_4\bar{R}_S$ $LCL=D_3\bar{R}_S$	
计数值控制图	不合格品率控制图（P 控制图）	$CL=\bar{n}\bar{P}$	$UCL=\bar{n}\bar{P}+3\sqrt{\bar{n}\bar{P}(1-\bar{P})}$ $LCL=\bar{n}\bar{P}-3\sqrt{\bar{n}\bar{P}(1-\bar{P})}$	$\bar{P}$——总体平均不合格品率，即每组不合格品率 P_i 的均值 n_i——第 i 组样本的含量 $\bar{n}$——n_i 的均值 $\bar{C}$——各组缺陷数 C_i 的均值 $\bar{\mu}$——各组缺陷数 μ_i 的均值
	不合格品数控制图（P_n 控制图）	$CL=\bar{P}$	$UCL=\bar{P}+3\sqrt{\bar{P}(1-\bar{P})/\bar{n}}$ $LCL=\bar{P}-3\sqrt{\bar{P}(1-\bar{P})/\bar{n}}$	
	缺陷数控制图（C 控制图）	$CL=\bar{C}$	$UCL=\bar{C}+3\sqrt{\bar{C}}$ $UCL=\bar{C}-3\sqrt{\bar{C}}$	
	单位缺陷控制图（μ 控制图）	$CL=\bar{\mu}$	$UCL=\bar{\mu}+3\sqrt{\bar{\mu}/\bar{n}}$ $LCL=\bar{\mu}-3\sqrt{\bar{\mu}/\bar{n}}$	

表 15－9　计量值控制图系数表

	2	3	4	5	6	7	8	9	10
A_2	1.830	1.023	0.729	0.577	0.483	0.419	0.373	0.337	0.308
D_3	—	—	—	—	—	0.076	0.136	0.184	0.223
D_4	3.267	2.575	2.232	2.115	2.004	1.924	1.864	1.816	1.777
m_3A_2	1.880	1.187	0.796	0.691	0.549	0.509	0.432	4.412	0.363
E_2	2.660	1.772	1.457	1.290	1.184	1.109	1.054	1.010	0.945

【例 15－3】　控制图的绘制

工厂加工某种型号的圆轴，直径为 15 ±0.2mm。现每隔一定时间抽取 5 个圆轴为 1 组，共计 20 组进行检验，见表 15－10。试根据这些数据资料作 $\bar{X}-R$ 控制图。

表 15－10　圆轴直径的实测数据

组号	X_1	X_2	X_3	X_4	X_5	$\overline{X}$	R
1	15.014	14.967	15.015	15.015	14.906	14.983	0.109
2	14.921	15.132	15.024	14.943	15.020	15.008	0.211
3	15.047	14.972	15.032	15.077	14.925	15.011	0.151
4	15.015	14.873	15.014	14.973	15.030	14.981	0.157
5	14.973	15.039	14.922	14.868	15.018	14.964	0.171
6	15.053	14.993	15.057	15.015	14.948	15.013	0.109
7	14.880	15.105	14.826	15.000	15.023	14.967	0.279
8	15.009	14.972	15.014	14.909	15.039	14.989	0.131
9	15.000	14.994	15.086	15.029	14.910	15.004	0.176
10	14.955	15.143	14.963	14.913	15.089	15.013	0.230
11	15.210	15.011	14.997	14.901	15.077	15.039	0.309
12	14.925	15.071	15.014	15.102	15.015	15.025	0.177
13	15.045	14.985	14.952	14.958	14.867	14.961	0.178
14	14.895	14.940	15.164	15.008	14.960	14.993	0.269
15	15.105	15.038	14.982	14.925	15.044	15.019	0.180
16	14.940	15.078	14.888	15.012	15.014	14.986	0.190
17	15.015	14.937	15.225	14.954	15.135	15.053	0.288
18	14.985	15.042	14.967	15.122	14.879	14.999	0.243
19	15.180	14.910	15.015	14.913	15.134	15.030	0.270
20	14.922	15.140	14.957	14.979	15.018	15.003	0.218

解：

控制图绘制的步骤为：

(1)收集数据。生产处于平稳状态时，每隔一定时间抽取一个样本，每个样本一般包括5～10个样本点，以20个为宜，见表15－10。

(2)计算每个样本的均值$\overline{X}$和极差R，见表15－10。

(3)计算$\overline{\overline{X}}$和$\overline{R}$。本例中：

$$\overline{\overline{X}} = 15.002, \overline{R} = 0.202$$

(4)确定中心线和上、下控制界限。根据表15－8和表15－9中的计算公式和相应系数有：

①$\overline{X}$控制图：

$$CL = \overline{\overline{X}} = 15.002$$

$$UCL = \overline{\overline{X}} + A_2\overline{R} = 15.002 + 0.577 \times 0.202 = 15.119$$

$$LCL = \overline{\overline{X}} - A_2\overline{R} = 15.002 - 0.577 \times 0.202 = 14.885$$

②R控制图：

$$CL = \overline{R} = 0.202$$

$$UCL = D_4\overline{R} = 2.115 \times 0.202 = 0.427$$

LCL 无法计算,令其为 0。

(5)根据数据实测值、中心线和上下控制界限绘图,如图 15－14 所示。

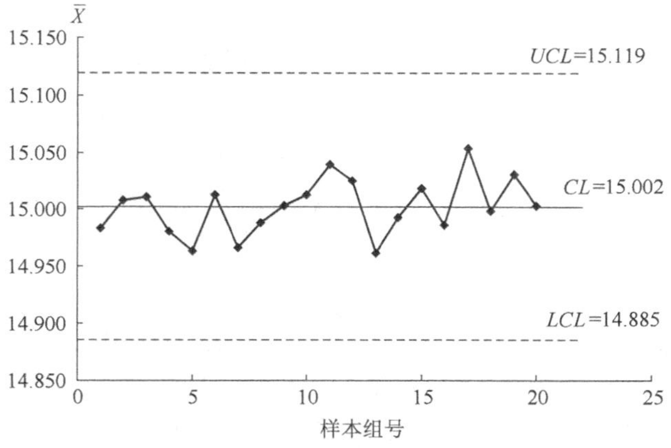

(a)

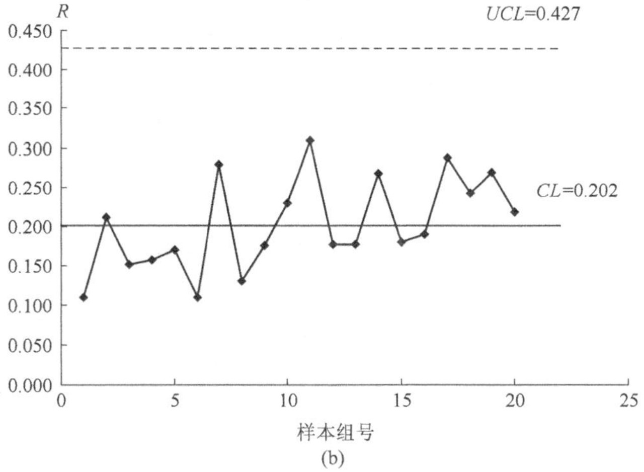

(b)

图 15－14　圆轴直径的 $\bar{X}-R$ 控制图

4. 控制图的应用。控制图的应用就是根据控制图中样本数据点的位置以及变化趋势,分析判断生产工序是否处于受控状态,以便及时发现问题并采取相应措施使工序重新处于受控状态。

(1)受控状态的分析与判断。工序处于受控状态的判断依据有两个:

条件 1:控制界限内的点子排列无缺陷。

条件 2:点子全部在控制界限以内。

实践经验表明,如果点子的排列属于下列情况之一,并且满足条件 1,那么工序也处于受控状态:①连续 25 个点子都在控制界限内;②连续 25 个点子,只有 1 个处于控制界限以外;③连续 100 个点子,最多只有 2 个处于控制界限以外。

(2)失控状态的分析与判断。经验表明,只要控制图上的点子所处位置或变化趋势出现下列情况之一，就可以认为生产工序处于失控状态：①点子超出控制界限或者在控制界限上；②点子的排列出现非正常的变化趋势。

点子排列的非正常的变化趋势大体有以下几种情况：

• 点子处在警戒区间内，即 $[\mu-3\sigma,\mu-2\sigma]$ 和 $[\mu+2\sigma,\mu+3\sigma]$。例如，连续 3 个点子有 2 个在警戒区间，连续 7 个点子有 3 个在警戒区间，连续 10 个点子有 4 个在警戒区间。

• 点子在中心线的某一侧连续出现。例如，连续 7 个点子在中心线的某一侧，连续 11 个点子中有 10 个在中心线的某一侧，连续 14 个点子中有 12 个在中心线的某一侧，连续 17 个点子中有 14 个在中心线的某一侧，连续 20 个点子中有 17 个在中心线的某一侧。

• 有 7 个点子连续上升或下降。

• 点子的位置变化出现周期性。

5. 控制图应用中的两种错误。用控制图对生产过程作出的判断也有可能会发生错误，第一种错误是把正常判断为异常，第二种错误是把异常判断为正常。

控制图上、下控制界限是根据数理统计的正态分布原理确定的。不论样本的均值 μ 和标准差 σ 的取值如何，产品质量的特性值在控制界限内的概率为 $P\{\mu-3\sigma<x<\mu+3\sigma\}=99.73\%$。也就是说即使在正常的生产过程中，样本点依然会有 0.27% 的可能落在控制界限以外。如果由此而作出生产过程失控的判断，就会发生第一种错误，其概率记为 α。而当生产过程已经出现了异常，即均值 μ 和标准差 σ 的取值发生了变化，根据正态分布的性质，有一部分样本点依然处于控制界限内。如果根据这些样本点作出生产过程正常的判断，就会发生第二种错误，其概率记为 β。

要减少 α，就必须放宽控制界限，这又会增加 β；反之，要减少 β，就必须缩小控制界限，这又会增加 α。所以，理论上讲，可以根据"这两种错误判断的总损失最小"原则来确定最优的控制界限。实践中，大多数国家都采用 3σ 方法确定控制界限，如美国、日本、中国等，而英国、北欧等少数国家采用概率界限方法，即人为地确定超出一侧控制界限的概率，如 0.01%、0.25% 等。

第四节　质量管理的"新七种工具"

由于"新七种工具"的出现，上一节我们介绍的方法与工具现又称为质量管理的"老七种工具"。"新七种工具"，是指关联图法、KJ 法、系统图法、矩阵图法、矩阵数据分析法、PDPC 法和矢线图法。"新七种工具"是日本质量管理专家和实践者，于 20 世纪 70 年代，运用运筹学、系统工程和行为科学等多学科的原理和方法，并结合多年的研究和实践提出的。如果说"老七种工具"的特点是强调用数据说话，重视对制造过程的质量控制，那么"新七种工具"的特点则是整理、分析语言文字资料（非数据），着重用来解决全面质量管理中 PDCA 循环的 P（计划）阶段的有关问题。概括地讲，可以用关联图法和 KJ 法整理问题，可以用系统图法、矩阵图法和矩阵数据分析法确定目标，可以用

PDPC 法和矢线图法安排时间进度。

一、关联图法

关联图(Relationship Diagram)是用箭线表示事物之间因果关系的一种连线图,也称关系图。关联图法就是一种运用关联图,以群体方式解决质量问题的方法。产品质量的影响因素很多,存在着大量的因果关系,而且往往是交织在一起的。关联图可以将众多的影响因素以一种较简单的图形来表示,以便管理者抓住主要矛盾、找到核心问题。

关系图的作图步骤如下:

1. 项目小组就所要解决的质量问题展开讨论,分析问题的原因及其子原因,以及各因素之间的因果关系(也可以是目的与手段关系),找到全部因素。

2. 用精练的文字列出这些因素,用圆圈或方框将它们圈起来。

3. 以箭线连接有因果关系的因素,绘制成图。

4. 从图中掌握全貌,检查有无遗漏和不确切之处。

5. 进一步归纳出重点因素。

6. 针对重点因素采取相应措施。

例如,某厂产品合格率偏低,出现了不少废品。质检部门最初以为操作人员水平低下是主要原因,运用老七种工具进行研究改进,效果不显著。于是用关联图寻找产生废品的原因,如图 15－15 所示。由此可以确认培训不够、生产时间安排太紧是废品产生的主要原因;针对性措施采用后,废品率大幅度下降。

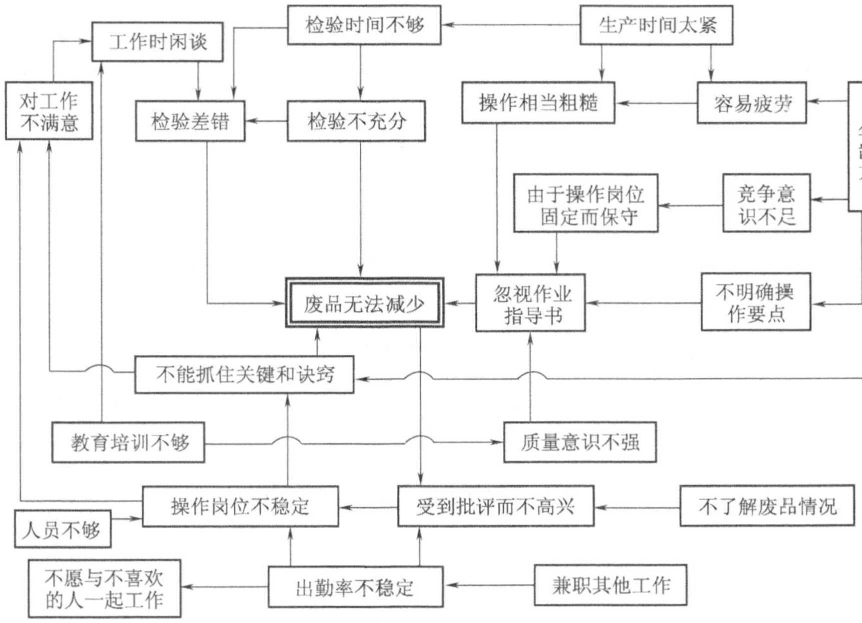

图 15－15　寻找废品原因的关联图

资料来源:秦静,方志耕,关叶青. 质量管理学[M]. 北京:科学出版社,2005.

二、KJ 法

KJ 法(KJ Method),也称亲和图法,A 型图解法,是由日本人川喜二郎(Kawakita Jirou)开发出来的,适用于涉及面比较广、无论如何都要解决,但是又不能短时间内轻易解决的问题。KJ 法的实质就是收集与问题有关的想法、意见等语言文字资料,对这些资料进行有机的组合和归纳,发现问题的全貌,找出解决问题的新途径。亲和图就是为组合、归纳资料内在的相互关系(亲和性)而绘制的图形;亲和图的绘制是 KJ 法的核心。

KJ 法的主要步骤如下:

1. 确定研究课题,即做图的问题。课题的目的可以是澄清事实、形成构思、变革现状、创立体系、筹划组织、贯彻意图等。

2. 收集语言文字资料。可以采用直接观察、面谈、阅读、个人思考、头脑风暴等方法收集语言文字资料。

3. 语言文字资料卡片化。将收集到的语言文字资料归类,用精练、准确的文字写在卡片上。

4. 归纳整理卡片。阅读每张卡片,根据语言文字的亲和性,把内容有关联(亲近感)的卡片归为一类。这里的归类是凭借"感觉"进行的,并非依据逻辑分析、已有标准进行。无法归类的卡片可自成一组。

5. 做标题卡片。把同一类卡片编号后放在一起,作为一张卡片使用。所以,要把这类卡片的本质内容用简单文字归纳概括出来,并记录在一张新卡片上。这张新卡片就是标题卡片。

6. 做图。把最终归纳好的卡片按照比较容易寻找的位置排列成图,再以适当的符号勾画出卡片组之间的关系。反映卡片组之间关系的符号有以下几种(见表 15 - 11):

表 15 - 11 关系符号

关 系	符 号	关 系	符 号
互为因果关系	←——→	因果关系	——→
没有关系	—×—	相等关系	═══
对立关系	>——<	不相等关系	≠

7. 以口头或书面形式发表。最后把亲和图所反映的内容以口头或者书面的形式表达出来。

某企业用 KJ 法分析及时交货的亲和图,如图 15 - 16 所示。

三、系统图法

系统图(Systematic Diagram)法,又称树图(Tree Diagram)法,是一种把要达到的目的所需要的手段系统地展开,以寻求实现目的的最佳手段的一种方法。在质量管理中,为了达到某一特定目的,需要采取一定手段;而这一手段又会成为下一层次需要预先实

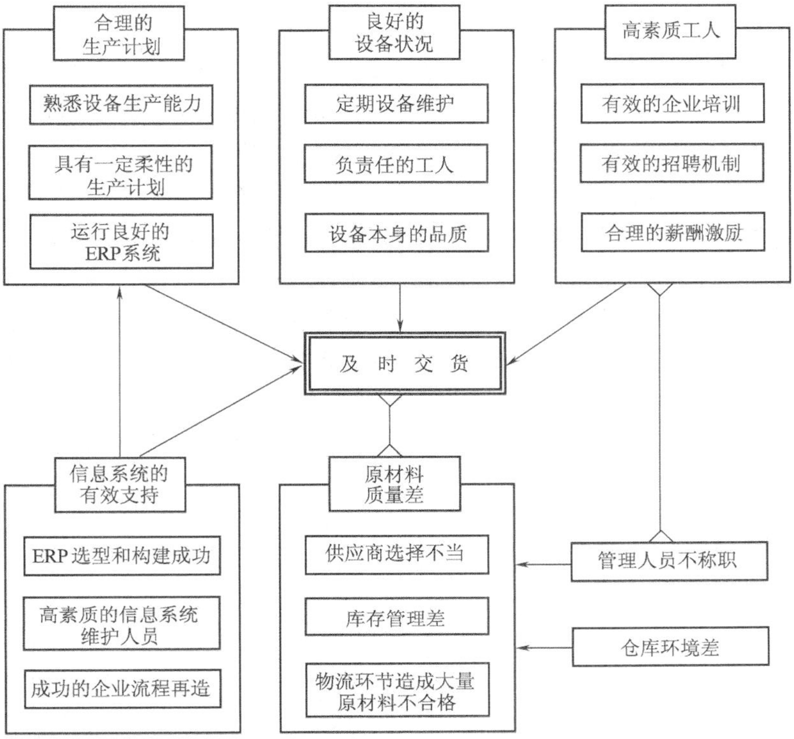

图 15-16 及时交货的亲和图

资料来源:尤建新,等. 质量管理理论与方法[M]. 大连:东北财经大学出版社,2009.

现的目的……这样层层分解,最终就可以得到实现这一特定目的所需要的一系列“目的-手段”,即系统图,如图 15-17 所示。这样,通过对系统图的分析就能把握问题的全貌,明确问题的重点,最终得到实现特定目的的手段。

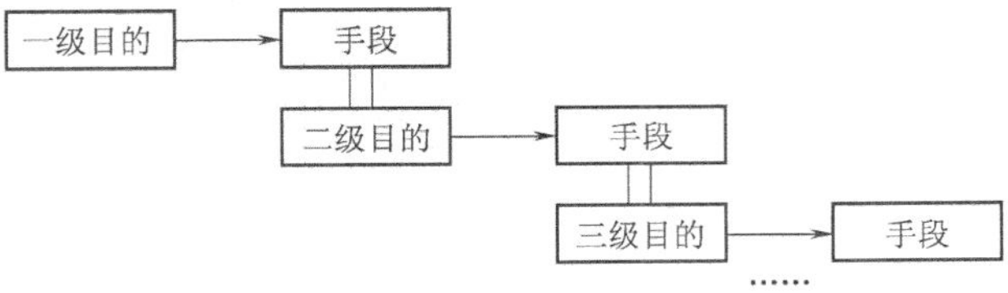

图 15-17 系统图

系统图是由方框和箭线所构成的、形似树状的图形。系统图一般可以分为两类:构成要素展开型系统图,即将问题的构成要素展开为“目的-手段”关系;措施展开型系统图,即将把解决问题的手段和对策系统地展开。

系统图法的绘制包括以下步骤:

1. 明确要达到的目的。目的要明确化、具体化,一并记录在卡片上。

2. 提出实现目的的手段。集思广益，提出实现目的的各种手段。手段的提出既可以从高到低展开，也可以相反，或者不考虑级次直接记录。

3. 评价手段，决定取舍。可以实施的手段标记"○"；不能实施的标记"×"；未经调查不知是否可行的标记"△"，对于这类手段应立即调查研究，尽快明确可行与否。

4. 制作卡片。把各种手段用精准的文字记录在卡片上。

5. 卡片系统化。将上述卡片按照"目的—手段"的关系系统排列，作成树形图。最终目的在最左侧，把实现的手段排在其后，若不只一张手段卡片可以平行排列；再将手段作为目的，进一步排列能够实现这些目的的手段……。沿着系统图，由右向左逐级反推，确保手段能够实现相应的目的；否则，需要重新调整，甚至补充新的手段。

6. 制定实施计划。针对系统图最后一级的手段，逐项制定出实施计划，确定出具体内容、日程进度、责任者等。

图 15－18 是某书籍装订厂解决布料断裂损失问题的系统图（部分）。

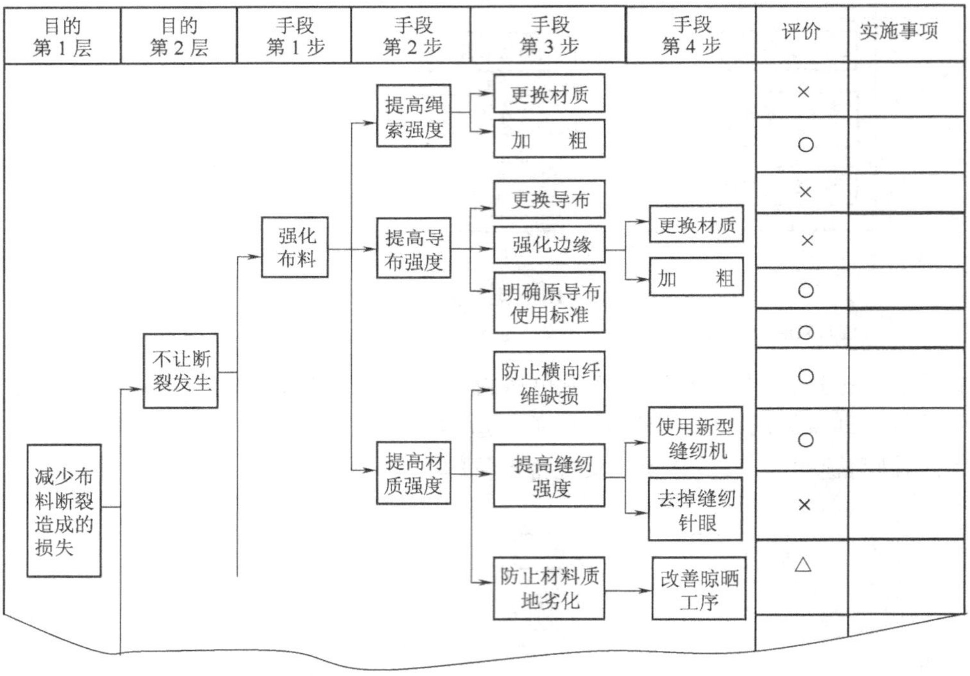

图 15－18　降低布料断裂损失的系统图（部分）

资料来源：陈运涛．质量管理[M]．北京：清华大学出版社，北京交通大学出版社，2008.

四、矩阵图法

矩阵图（Matrix Diagram）就是一种反映事项所属的要素之间关系的表格，如图 15－19 所示。矩阵图一般由事项、事项所属要素和表示事项相关程度的符号组成。所谓矩阵图法，就是运用矩阵图分析事项所属要素之间的相关程度，通过发现有效解决问题的关键点来寻找解决问题思路的一种方法。

		A事项(问题)					
		A_1	A_2	…	A_i	…	A_m
B事项(问题)	B_1	◎					○
	B_2						
	⋮						△
	B_j				◎		
	⋮						
	B_n	△	○				○

图 15－19 矩阵图(L 型)

注:◎表示强相关关系,○表示有关系(或者弱相关关系),△表示可能有关系。

面对复杂的质量问题,可以先找出成对的质量要素,分别填入矩阵图的行与列,判断要素之间的关系,并把表示要素关系的符号填入行与列的交叉点;然后,根据关系程度确定必须重点控制的重点要素,即解决问题的关键点;最后针对重点要素,通过多维思考明确问题的所在,制定相应的对策。

矩阵图有以下 5 种类型:

1. L 型矩阵图,这是最基本的矩阵图,最为常见。表示两个事项所属要素之间的关系,所以适合解决若干目的－手段或若干结果－原因之间的关系,如图 15－19 所示。

2. T 型矩阵图,表示 A 事项所属要素与 B 事项、C 事项所属要素之间的关系,其实质上是由 AB 和 AC 两个 L 型矩阵图组合而成的矩阵图。这种矩阵图较为常见,可以用于分析质量问题中“不良现象－原因－工序”之间的关系,如图 15－20 所示。

工序A	要素A_1	△		◎		◎
	要素A_2				○	△
	要素A_3	◎	◎		△	
工序B	要素B_1	△				
	要素B_2		○	◎	◎	
	要素B_3			△		
	要素B_4	○	○	◎	◎	△
	要素B_5	△	◎			○
工序 / 不良现象	原因	原因1	原因2	原因3	原因4	原因5
××××不合格		△		◎		△
****不合格			○		◎	○
####不合格		○		◎		◎

图 15－20 T 型矩阵图

3. Y 型矩阵图,表示事项 A、B、C 所属要素两两之间关系,其实质上是由 AB、AC 和 BC 三个 L 型矩阵图组合而成的矩阵图。

4. X 型矩阵图,表示事项 A、B、C、D 所属要素之间关系。

5. C 型矩阵图,表示事项 A、B、C 三方之间要素关系。这时的 C 型矩阵图,实际上是以 A、B、C 三事项为边所做出的六面体,其特征是以 A、B、C 所确定的三维空间上的点为“着眼点”去分析解决问题。

五、矩阵数据分析法

矩阵数据分析(Matrix - date Analysis)法与矩阵图法有相似之处,也要做矩阵图;区别在于要素之间的关联程度能够定量表示,即矩阵图上填写的是表示要素之间关系的数据。矩阵数据分析法,就是对这些数据进行分析以寻找解决问题途径的一种定量方法。对矩阵数据进行分析的主要方法是主成分分析法(Principal Component Analysis)。

六、PDPC 法

PDPC(Process Decision Program Chart,PDPC)法,又称过程决策程序图法,是一种兼顾计划、预测和预防的方法。PDPC 法就是为实现某一预定的质量目标,事先进行必要的设计或计划,预测可能遇到的障碍(如出现不理想的事态或结果),并制定出针对不利情况的对策和处理程序;在实施过程中,还要不断地随着事态的发展再进行修正和预测以实现最终目标。

PDPC 法的关键是绘制 PDPC 图,如图 15 - 21 所示。S_0 是当前的状态(如产品合格率),G 是计划通过一定手段希望达到的目标。最初的计划手段可能是从 S_0 到 $A_1 \rightarrow A_2 \rightarrow \cdots \rightarrow A_m \rightarrow G$ 的方式,预计在 A_2 处可能遇到困难,可以选择由 A_2 转到 $B_1 \rightarrow B_2 \rightarrow \cdots \rightarrow B_n \rightarrow G$ 来达到目标 G。如果这两个计划都不能保证目标的实现,那么还可以考虑 $S_0 \rightarrow C_1 \rightarrow C_2 \rightarrow C_3 \rightarrow \cdots \rightarrow C_s \rightarrow G$ 或由 C_3 转到 $D_1 \rightarrow D_2 \rightarrow \cdots \rightarrow D_t \rightarrow G$ 来实现目标 G。当然,在这一过程中还可以根据事态的发展变化获取新的信息,完善原有计划,确保目标 G 的实现。

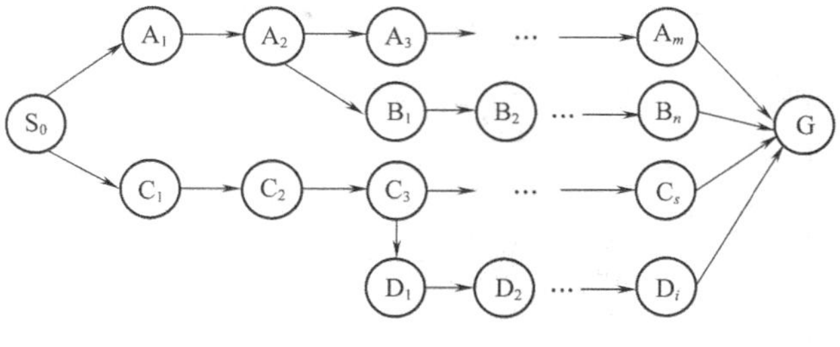

图 15 - 21　PDPC 示意图

PDPC 法可以分为两种:顺向思维和逆序思维。所谓顺向思维法,就是沿着由 S_0 到

G 的方向,按顺序考虑实现目标的手段和方法。所谓逆向思维法,就是由理想状态 G 出发,追溯到初始状态 S_0 来考虑实现目标的手段和方法。

七、矢线图法

矢线图法(Arrow Diagram Method,ADM),又称箭线图法,是把运筹学中的关键路径法(Critical Path Method,CPM)以及计划图解评审图法(Graphical Evaluation and Review Technique,GERT)应用于质量管理活动,以制定质量管理计划、明确质量管理关键工作和进度等。本书的项目管理一章有相关介绍。

第五节 ISO9000 族标准与质量认证

一、ISO9000 的由来与发展

ISO9000 是由西方的品质保证活动发展起来的。第二次世界大战期间,因战争扩大所需,武器需求量急剧膨胀,美国国防部为此面临千方百计扩大武器生产量,同时又要保证质量的现实问题。于是,国防部组织大型企业的技术人员编写技术标准文件,开设培训班,对工厂员工(如五金、工具、铸造工厂)进行大量训练,使其能在很短的时间内学会识别工艺图及工艺规则,掌握武器制造所需关键技术,从而将“专用技术”迅速复制,从而奇迹般地有效解决了战争难题。战后,国防部将该宝贵的“工艺文件化”经验进行总结、丰富,编制出更周详的标准在全国工厂推广应用,并同样取得了满意效果。美国军工企业的这个经验很快被其他工业发达国家军工部门所采用,并逐步推广到民用工业,在西方各国蓬勃发展起来。随着上述品质保证活动的迅速发展,各国的认证机构在进行产品品质认证的时候,逐渐增加了对企业的品质保证体系进行审核的内容,进一步推动了品质保证活动的发展。到了 20 世纪 70 年代后期,英国一家认证机构 BSI(英国标准协会)首先开展了单独的品质保证体系的认证业务,使品质保证活动由第二方审核发展到第三方认证,受到了各方面的欢迎,更加推动了品质保证活动的迅速发展。

通过 3 年的实践,BSI 认为,这种品质保证体系的认证适应面广,灵活性大,值得推广,于是在 1979 年向国际标准化组织(ISO)提交了一项建议。ISO 根据 BSI 的建议,当年即决定在 ISO 的认证委员会的“品质保证工作组”的基础上成立“品质保证委员会”。1980 年,ISO 正式批准成立了“品质保证技术委员会”(TC176)着手这一工作,“ISO9000 族”标准从此诞生,这健全了单独的品质体系认证的制度,一方面扩大了原有品质认证机构的业务范围,另一方面又催生了一大批新的专门的品质体系认证机构。

国际标准化组织[①]（International Organization for Standardization, ISO），为了适应国际贸易和质量管理的发展需要，在总结世界各国，特别是英美等西方发达国家质量管理体系经验基础上，分别于 1986 年发布了 ISO8402：1986《质量管理和质量保证——术语》，1987 年发布了：

ISO9000《质量管理和质量保证标准——选择和使用指南》

ISO9001《质量体系——设计开发、生产、安装和服务的质量保证模式》

ISO9002《质量体系——生产和安装的质量保证模式》

ISO9003《质量体系——最终检验和试验的质量保证模式》

《质量管理和质量体系要素指南》

等共计 6 项国际标准，通称为 1987 版 ISO9000 系列国际标准。

但是由于 1987 版系列标准也存在着一些问题，如系列标准主要针对企业（特别是大企业），难以在金融、教育、商业服务领域应用；虽然适用企业，但是全面质量管理的成功经验、现代管理中的先进理念和方法强调不够，标准之间的协调也不尽完美。于是，从 1990 年开始，在保持 ISO9000 系统标准总体结构和思想的基础上，对其进行了重新修订。

1994 年发布了：

ISO8402：1994《质量管理和质量保证——术语》

ISO9000－1：1994《质量管理和质量保证标准——第一部分：选择和使用指南》

ISO9001：1994《质量体系——设计、开发、生产、安装和服务的质量保证模式》

ISO9002：1994《质量体系——生产和安装的质量保证模式》

ISO9003：1994《质量体系——最终检验和试验的质量保证模式》

ISO9004－1：1994《质量管理和质量体系因素——第一部分：指南》

共 6 项国际标准，通称为 1994 版 ISO9000 族标准。

随后，ISO9000 族标准的数量又进一步增加到含有 27 个标准、技术文件的庞大“家族”。

由于此次修改是有限的，同时，社会的进步、需求的变化以及执行标准的组织和个人在认识上的提高，使得 1987 年版标准未能解决的问题更加突出，例如：

• 1994 年版标准也强调质量体系，但标准的内容并没有体现体系（系统）的理念，众多的标准、文件之间的联系、作用未能充分阐述。

• 标准更多地关注“文件化”和符合性，而未能充分强调质量管理体系的持续改进和组织总体业绩的提高。

• 标准过于庞大，给标准之间的协调以及标准使用者全面理解和应用 ISO9000 族标准带来许多新的困难和不便。

于是，出现了一次战略性的换版——2000 年版 ISO9000 族标准。2000 年 12 月 15 日，ISO 正式发布的 2000 年版 ISO9000 族标准，是在充分总结了前两个版本的长处和不足的基

---

① ISO 是世界上最大的国际标准化组织。它成立于 1947 年 2 月 23 日，前身是 1928 年成立的“国际标准化协会国际联合会”（简称 ISA），主要负责除电工、电子领域之外的所有其他领域的标准化活动。

TC176 即 ISO 中的第 176 个技术委员会。它成立于 1980 年，全称是“质量保证技术委员会”，1987 年又更名为“质量管理和质量保证技术委员会”。TC176 专门负责制定质量管理和质量保证的标准。

础上，对标准结构、技术内容两个方面的“彻底性”修改，是一次战略性的换版。2008 年 11 月 15 日发布 ISO9001:2008《质量管理体系——要求》，目前这一版本是全球使用的最新版本。虽然 2009 年 11 月 1 日发布了 ISO9004:2009 版本作为 2008 版本的补充，并将 2000 版的《质量管理体系——业绩改进指南》调整为《追求组织的持续成功——质量管理方法》，但它可以单独使用。ISO9000:2009 开始关注组织环境与持续成功，侧重为组织在整体绩效的持续改进上提供指导。从长远看，它侧重于以平衡的方式来满足客户及其他相关各方的期望和需求。由于 2008 版本和 2009 版本是在 ISO9000:2000 版本基础上进行的改进，总体框架和逻辑没有改变，只是在表述和要求上更规范、更严谨，同时也对原有条款中很多有争议的或模糊的地方做了文字上的修改，同时增加了一些注释说明，有助于理解。所以，本书仍向大家介绍 2000 年版的 ISO9000 族标准。

二、2000 年版 ISO9000 族标准简介

（一）2000 年版 ISO9000 族标准的构成

2000 年版 ISO9000 族标准在总体上进行了较大调整，包括 4 个核心标准和 1 个其他标准，并将 ISO9000 族的其他标准和文件或撤消，或转入其他技术委员会，或以技术报告、技术规范或手册的形式出现，详见表 15－12。

表 15－12　2000 年版 ISO9000 族标准的构成

核心标准	ISO9000	质量管理体系——基础和术语
	ISO9001	质量管理体系——要求
	ISO9004	质量管理体系——业绩改进指南
	ISO19011	质量和环境管理体系审核指南
支持性标准和文件	ISO10012	测量控制体系
	ISO/TR10006	质量管理——项目管理质量指南
	ISO/TR10007	质量管理——技术状态管理指南
	ISO/TR10013	质量管理体系文件指南
	ISO/TR10014	质量经济性管理指南
	ISO/TR10015	质量管理——培训指南
	ISO/TR10017	统计技术指南
		质量管理原则
		选择和使用指南
		小型企业的应用

以下是 2000 年版 ISO9000 族标准的 4 个核心标准和 1 个其他标准的简介。

1. ISO9000:2000 质量管理体系——基础和术语。这个标准取代 ISO8402:1994《质量管理和质量保证术语》并与 ISO9000－1 合并而成。该标准分 3 个主要内容：质量管理原则、质量管理体系基础、术语和定义。特别应该注意的是，2000 版的术语和定义部

分规定了80个词条，半数以上是新增的。这种变动为全世界所有需要使用ISO9000族标准的组织和人员，对质量管理的基本原理和基本概念提供了共同理解，以利于不同文化背景、不同语言的国际和区域的相互交流。

2. ISO9000:2000 质量管理体系——要求。该标准取代1994年版ISO9001、ISO9002和ISO900标准，在保留了ISO9001:1994标准的精华的基础上，作了11个方面的系统性完善和修改。

3. ISO9004:2000 质量管理体系——业绩改进指南。该标准在合并ISO9004:1994实施指南、服务指南、流程性材料指南和质量改进指南4个标准的基础上，从结构到内容均作了重大的修改，修改后的标准为组织提供了业绩改进的指南。标准还给出了质量改进中国的自我评价方法，并以质量管理体系的有效性为评价目标。

4. ISO19011:2000 质量和环境审核指南。该标准合并了1994年版ISO10011－1、－2、－3，即审核、审核员和审核管理3个分标准，并取代了1996年版的ISO14010、ISO14011、ISO14012，遵循"不同管理体系，可以有共同管理和审核要求"的原则，为质量管理和环境管理审核的基本原则，审核方案的管理，环境和质量管理体系审核的实施以及对环境和质量管理体系审核的资格要求提供了指南。它适用于所有已建立质量和(或)环境管理体系的组织，指导其内审和外审的管理工作。该标准在术语和内容方面，兼容了质量管理体系和环境管理体系的共同点。

5. ISO10012:2000 测量控制系统。为确保组织进行的测量……准确度这一过程中使用的质量保证要求，该标准合并了ISO10012－1:1997《测量设备的质量保证要求:第1部分:测量设备的计量确认体系》和ISO10012－2:1997《测量设备的质量保证要求:第2部分:测量过程控制》。

(二)2000年版ISO9000族标准的主要理念

基于质量管理的实践经验和理论研究，许多学者提出了有一定影响和实用性的质量管理原则和思想，如戴明提出的质量管理14条，朱兰关于质量计划、质量改进和质量控制的质量三部曲等观点，但这些原则和思想有一定的差异。为了奠定ISO9000族标准的理论基础，帮助组织系统地建立质量管理理念，真正理解ISO9000族标准的内涵，更有效地指导组织进行质量管理，ISO/TC176在1995年成立了一个工作组，用了大约两年的时间，整理并编撰了可以系统地应用于质量管理的8项原则。2000年版ISO9000族标准突出体现了这8项质量管理原则，并将其作为主线贯穿始终。

8项质量管理原则适用于所有类型的产品和组织，是组织的领导者和从事质量方面的管理、审核、咨询等所有人员必须遵循的原则，能真正帮助组织建立一个改进其全面业绩的质量管理体系。8项质量管理原则也可以适用于组织的其他管理活动，如环境管理、职业健康与安全等。下面简要介绍一下这8项原则。

原则1:以顾客为中心。组织依存于顾客。因此，组织应理解顾客当前的和未来的要求，满足顾客的要求，并争取超越顾客期望。所以，组织必须把识别、理解顾客的要求并予以满足作为首要工作。而顾客的要求是不断变化的，组织要生存与发展，就必须始终关注顾客以了解顾客的需要，并争取超越顾客的期望，引导市场。

原则 2:领导作用。领导,即最高管理者,必须将本组织的宗旨、方向和内部环境统一起来,并创造使员工能够充分融入为实现组织目标而努力的环境中。组织的质量管理活动主要包括质量方针和目标、规定职责、建立体系、实现策划控制和改进等。质量方针、质量目标是组织宗旨的重要部分,而与产品实现活动构成了组织的运作方向。当运作方向与组织的宗旨相一致时,组织才能实现其宗旨。领导者的作用主要体现在使组织的运作方向与宗旨一致,并创造一个全体员工均能充分融入为实现组织目标而努力的内部环境中。

原则 3:全员参与。各级人员是组织之本,只有他们充分参与,才能利用他们的才干为组织带来收益。人是管理活动的主体,也是管理活动的客体。组织的质量管理是通过组织内各职能、各层次人员参与产品实现过程及支持过程来进行的。过程的有效性取决于各级人员的意识、能力和主动精神。人人充分参与是组织良好运作的条件,而全员参与主要是调动全体员工的积极性。当每个员工的才干得到充分发挥并能实现创新和持续改进时,组织才会获得最大的收益。

原则 4:过程方法。将活动和相关的资源作为过程进行管理,可以更高效地得到期望的结果。过程是"一组将输入转化为输出的相互关联或相互作用的活动"。组织的活动包含许许多多的过程,一个过程的输出通常将直接形成下一个或几个过程的输入。系统地识别和管理组织所应用的过程,特别是这些过程之间的相互作用,称为"过程方法"。

2000 年版 ISO9000 族标准鼓励组织采用过程方法。过程方法要求把管理职责、资源管理、产品实现、测量分析和改进作为四大主要过程,描述其相互关系,并以顾客要求为输入,提供给顾客的产品为输出,通过信息反馈来测定顾客满意度,评价质量管理体系的业绩。

原则 5:管理的系统方法。将相互关联的过程作为系统加以识别、理解和管理,有助于组织提高实现目标的有效性和效率。这种建立和实施质量管理体系的方法,既可用于新建体系,也可用于现有体系的改进。此方法的实施可在 3 方面受益:一是提供对过程能力及产品可靠性的信任;二是为持续改进打好基础;三是使顾客满意,最终使组织获得成功。

原则 6:持续改进。持续改进总体业绩应当是组织的一个永恒的目标。持续改进是"增强满足要求的能力的循环活动",由一系列的改进过程(PDCA 循环)构成,是组织的发展战略。其对象可以是质量管理体系、过程、产品等。其目的是提高组织质量管理体系的有效性(完成策划的活动和达到结果的程度)和效率(达到的结果与所使用的资源之间的比例关系),实现质量方针和质量目标,增进顾客和其他相关方的满意度。

原则 7:基于事实的决策方法。有效决策是建立在对数据和信息的逻辑分析或直觉判断基础上的。以事实为依据作决策,可防止决策失误。在对信息和资料作科学分析时,统计技术是最重要的工具之一。统计技术可用来测量、分析和说明产品和过程的变异性,统计技术可以为持续改进的决策提供依据。

原则 8:与供方互利的关系。组织与供方是相互依存的,互利的关系可增强双方创造价值的能力。随着生产社会化的不断发展,生产活动分工越来越细,专业化程度越来越高。一种产品往往通过多个组织分工协作，即通过供应链来完成。因此，任何一个组织都有其供方。供方所提供的材料、零部件或服务对组织的最终产品有着重要的影响，只有供方提供高质量的产品，组织才能为顾客提供高质量的产品，最终确保顾客满意。组织的市场扩大，则为供方增加了提供更多产品的机会，所以供方与组织相互依赖。组织与供方进行良好合作，联合起来对顾客的要求作出灵活快速的反应，将最终促使组织与供方增强创造价值的能力，使双方都获得更大的效益。

三、质量认证

质量认证（Conformity Certification），又称合格认证。ISO/IEC 指南 2:1991 中，对“认证”的定义是“由可以充分信任的第三方证实某一经鉴定的产品或服务符合特定标准或规范性文件的活动”。也就是，当第二方（需方或买方）对第一方（供方或卖方）提供的产品或服务，无法判断其质量是否合格时，由第三方来判断。第三方既要对第一方负责，又要对第二方负责，做到公开、公正、公平，出具的证明要获得双方的信任。因此，第三方一般都由政府部门直接担任，或者由其认可的部门/组织担任，这些部门或组织就是所谓的“认证机构”。

质量认证分为产品质量认证和质量体系认证。

（一）产品质量认证

在认证制度产生之前，卖方（第一方）为了推销其产品，通常采用“产品合格声明”的方式来博取顾客（第二方）的信任。这种方式，在当时产品简单，不需要专门的检测手段就可以直观判别优劣的情况下是可行的。但是，随着科学技术的发展，产品品种日益增多，产品的结构和性能日趋复杂，仅凭买方的知识和经验很难判断产品是否符合要求，加之卖方的“产品合格声明”并不总是可信的，这种方式的信誉和作用就逐渐下降。这种情况下，产品质量认证制度也就应运而生。

目前，世界各国的产品质量认证一般都依据国际标准进行，这些标准中有 60% 是由 ISO 制定的，20% 是由 IEC（国际电工委员会）制定的，其余 20% 是由其他国际标准化组织制定的。

产品质量认证包括合格认证和安全认证两种。依据标准中的性能要求进行认证叫做合格认证；依据标准中的安全要求进行认证叫做安全认证。前者是自愿的，后者是强制性的，如输美产品的 UL 认证，输欧产品的 CE 认证等均属安全认证。

（二）质量管理体系认证

质量管理体系认证，是依据国际通用的质量管理和质量标准，经过国家授权的独立认证机构对组织的质量体系进行审核，通过注册及颁发证书来证明组织的质量体系和质量保证能力符合要求。质量体系认证通常以 ISO9000 族标准为依据，也就是经常提到的 ISO9000 质量体系认证。

其实，质量管理体系认证是由美国军工企业的质量保证活动发展起来的。1959 年，美国国防部向国防部供应局下属的军工企业提出了质量保证要求，要求承包商“应在实现合同要求的所有领域和过程（例如，设计、研制、制造、加工、装配、检验、试验、维护、装箱、储存和安装）中充分保证质量”，并对质量保证体系规定了两种统一模式：军标 MIL－Q－9858A《质量大纲要求》和军标 MIL－I－45208《检验系统要求》。承包商要根据这两个模式编制“质量保证手册”，并有效实施。政府要对照文件逐步检查，评定实施情况。这实际上就是现代的第二方质量体系审核的雏形。后来，美国军工企业的这一经验很快被其他工业发达国家军工部门所采用，并逐步推广到民用工业。

通过数年的实践，1980 年 ISO 决定成立“质量保证技术委员会”（TC176）着手制定关于质量保证和质量管理的国际通用标准，从而促使 ISO9000 族标准最终诞生，健全了质量保证体系认证的制度。

由于 ISO9000 族系列标准具有较强的实践和指导性，所以其自 1987 年问世以来，在全球范围内得到广泛的应用，对推动世界范围内的质量管理工作和促进国际贸易的发展发挥了巨大作用。ISO9000 已被 150 多个国家和地区等同采用为国家标准，100 多个国家建立了质量认证制度。随着国际互认可论坛（IAF）的成立及第一个国际多边承认协议（MLA）于 1998 年 1 月在广州的签署，ISO9000 认证越来越成为企业进入国际市场的标准通行证。所以，众多企业纷纷采用 ISO9000 族标准在企业内部建立质量管理体系，申请质量管理体系认证成为一种国际潮流。

我国的 ISO9000 质量体系认证机构主要是 CNACR（中国质量体系认证机构国家认可委员会）以及 CNAB（中国国家进出口企业认证机构认可委员会）。2002 年 7 月 3 日，在原 CNAB、CNACR 的基础上建立了 CNAB（China National Accreditation Board Certifiers，中国认证机构国家认可委员会），统一进行全国认证机构的认可工作。

四、ISO9000 认证条件和程序

（一）获得 ISO9000 认证的条件

1. 建立了符合 ISO9001 族标准要求的文件化的质量管理体系①。

2. 质量管理体系至少已运行 3 个月以上并被判定为有效。

3. 外部审核前至少完成了一次或一次以上全面有效的内部审核，并可提供有效的证据。

4. 外部审核前至少完成了一次或一次以上有效的管理评审，并可提供有效的证据。

5. 体系保持持续有效，并同意接受认证机构每年的年审和每 3 年的复核作为对体系是否得到有效保持的监督。

6. 承诺对认证证书及认可标志的使用符合认证机构的有关规定。

---

① 根据 ISO/TC176/SC2（国际标准化组织/质量管理和质量保证技术委员会/质量体系分委员会）的工作规划，ISO9001：2008 年版标准于 2008 年 10 月 31 日正式发布实施。新标准只是对 2000 年版中含义不够明确、兼容性不够的条款进行了修订，变化不大。

(二)ISO9000 认证的典型程序

认证机构执行认证工作的典型程序。

1. 预评审。如组织需要,认证机构在对组织进行正式的初次审核之前,可以应组织的要求对组织实施预评审,以便确保组织的质量管理体系的适宜性、充分性和有效性,使组织顺利通过认证。

2. 初次审核。初次审核即对组织的认证初次审核。通常按一下步骤进行:

(1)文件审核,即对组织的质量管理体系文件的适宜性和充分性进行审核,重点是评价组织的体系文件与 ISO9001 族标准的符合情况。

(2)现场审核,即通过观察、面谈等各种形式对组织实施和保持质量管理体系的有效性进行审核,审核过程将严格覆盖标准的所有要求,审核天数按规定执行。

3. 年审和复审。年审,即认证机构每年将对获得认证的组织进行年审,年审通常只对标准的部分要求进行抽样审核。

复审,即认证机构每 3 年将对组织进行复审,复审将覆盖标准的全部要求,复审合格后换发新证。

第六节　6σ 管理

6σ(西格玛)管理诞生于 20 世纪 80 年代,最初是位于美国伊利诺伊州的 Schaumburf 的摩托罗拉(Motorola)公司用于改进传呼机、移动电话和其他产品质量的一种管理方法。后来被通用电气(GE)、IBM 积极推行,并取得显著成效。如今 6σ 管理的理论已经逐渐完善,在世界范围内被广泛推广,被誉为 20 世纪后的经营手段。

一、6σ 产品质量标准

6σ 从本质上讲,是一个产品质量标准,其中 σ 是产品质量特性值之变动在统计上的度量,即标准差。传统的质量模型认为:如果产品质量特性值的平均值 μ 加减 3σ 后,仍在容差范围内,那么全部产品的质量是合格的。在正态分布的假设下,这种 3σ 质量水平意味着产品的合格率为 99.73%。人们有理由相信,产品达到这个水平已非常好了。可是,J. R. Evans 和 W. M. Lindsay 提出,如果产品达到 99.73% 合格率的话,以下事件便会继续在美国发生:每年有 20 000 次配错药事件;每年有超过 15 000 婴儿出生时会被抛落地上;每年平均有 9 小时没有水、电、暖气供应;每星期有 500 宗做错手术事件;每小时有 2 000 封信邮寄错误;每天在一个飞机场有 5 架飞机不能正常着陆;每天有 54 000 封信件丢失。看到这些数字,人们对 3σ 质量标准肯定不会感到满意了。

6σ 质量标准实际上是严格了对特性值均值和波动的要求,即要求特性值的平均值 μ 加减 6σ 后,仍在容差范围内,产品质量才合格,如图 15 - 22 所示。6σ 质量标准意味着每百万件产品只能有 3.4 件不合格产品,合格率要达到 99.996 6%。

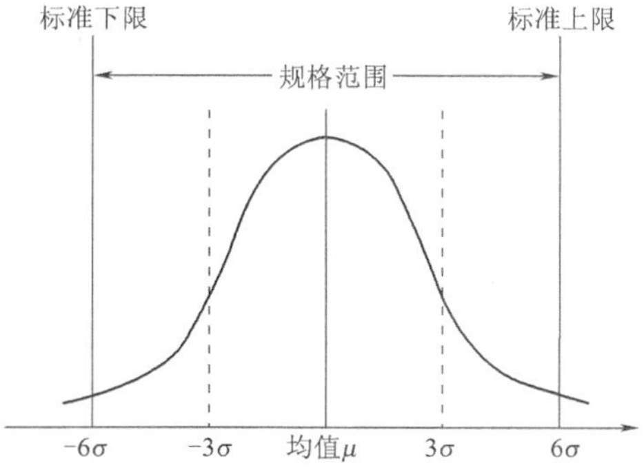

图 15－22　3σ 质量标准与 6σ 质量标准

二、6σ 管理的内涵

关于 6σ 管理，迄今为止还没有一个统一的定义。管理专家 Ronald Snee 将 6σ 管理定义为“寻求同时增加顾客满意和企业经济增长的经营战略途径”。6σ 管理专家 Tom Pyzdek 认为：“六西格玛管理是一种全新的管理企业方式。六西格玛主要不是技术项目，而是管理项目。”国内知名学者陈荣秋、马士华等认为：“六西格玛不是单纯的技术方法，而是导致企业持续改进的总的方法论，是全新的管理模式，是企业增加顾客满意和求得持续发展的战略途径。六西格玛管理不仅要达到顾客满意，而且要让顾客感到高兴。它运用持续改进的思想，以事实为依据，用数字化管理，按六西格玛的标准不断改善流程的能力。”总而言之，6σ 管理不仅仅是一种管理理念，也是一种通过业务流程优化达到提高顾客满意度、降低企业成本的有效管理方法，更是一种企业追求持续进步的管理哲学。

经过实业界的多年实践和理论界的多年研究，6σ 管理已经有了一套简单而又系统的发现、分析、解决问题的方法和步骤，核心就是 DMAIC：D（Define，定义）→M（Measure，测量）→A（Analysis，分析）→I（Improve，改进）→C（Control，控制）。

定义阶段，主要是一一列出流程中可能存在的所有问题，从中挑出带来最多麻烦、企业花费最大、令顾客最为恼火的问题，然后对其进行精确的定义，即确定需要改进的目标及其进度。问题确定得越准确，目标就越清晰，随后的工作进展也就越顺利。

测量阶段，主要是以灵活有效的衡量标准测量和权衡现有流程。其主要内容是：收集数据，了解现有质量水平，了解现有流程的缺陷机会的多少，即测量“缺陷率”。在测量阶段，工作重点放在对质量有重大影响的事情上，并提供正确的数据。

分析阶段，利用统计学工具对整个流程进行分析，找到差错、损失及缺陷发生的少数几个关键因素以及它们之间的关联性，同时还要给各因素排出顺序。通过将现有流程的分析结果与可能的结果进行比较，与竞争对手比较，找出问题的原因，并分析如何解决。

改进阶段，运用项目管理和其他策划管理工具，针对关键因素确立最佳改进方案。在这一阶段，工作的具体内容是改进的组织化、决定改进的方向、制定日程计划、实施改进。

控制阶段，也称管理阶段，监控新的系统流程，采取措施以维持改进的结果，以期整个流程充分发挥功效。通过设计并记录必要的控制，来保证 6σ 改进努力所带来的成果能够保持。

三、6σ 管理的实施

（一）人员组织构成与角色

从国外的实践经验来看，6σ 管理离不开人员组织结构的有效保证。主要包括高级管理者、执行委员会、倡导者、黑带大师、黑带和绿带等。

1. 高级管理者（Senior Executive）。高级管理者，一般指 CEO 或总裁，能够为 6σ 的实施提供动力、指导和必要资源。虽然组织中的中低层也可以发起 6σ 活动，但是如果没有高级管理者的参与并担任领导，活动是很难取得成功的。

2. 执行委员会（Executive Committee，或管理委员会）。执行委员会是 6σ 活动的最高领导机构，其成员必须由组织的高级管理者来担任，并把推进 6σ 活动作为它们的主要任务。执行委员会的职责主要包括：学习 6σ 管理；在组织中推动 6σ 活动；确定 6σ 项目实施的优先顺序；为 6σ 项目指派倡导者、黑带和绿带；在职权范围内，与高级管理者负责 6σ 项目的审查和评价；改进 6σ 进程；排除 6σ 活动遇到的障碍；提供 6σ 活动所需要的资源；等等。

3. 倡导者（Champions，或执行负责人）。倡导者一般由副总裁以上的高级管理者担任，最好是执行委员会的成员。倡导者要有较强的综合协调能力，能够与执行委员会密切合作，任命 6σ 项目的领导（称为黑带）和黑带大师（黑带主管）来监督项目的实施。倡导者的职责主要包括：确定实施的 6σ 项目，包括项目的目标、方向、范围、进度等；挑选黑带作为项目的领导者；为项目小组清除组织上的障碍和资源上的限制；为管理团队和小组成员提供交流平台；统筹安排项目所需资源，进行预算控制；确保 6σ 方法和工具的应用；参与重要环节的审查和评价；等等。

4. 黑带（Black Belt）和黑带大师（Master Black Belt）①。黑带是 6σ 项目的全职工作者，由组织内部选拔。黑带的候选人往往是那些对公司的产品、服务和流程非常熟悉的中层管理人员、技术人员或高级管理者。黑带由黑带大师一对一地进行训练和指导，能够熟练地操作计算机，至少掌握一项先进的统计软件。黑带的职责主要包括：帮助确定项目目标；与倡导者以及相关人员交流项目进度；领导 6σ 项目小组；组织会议和协调后勤；帮助项目小组成员进行相关设计和数据分析；为项目小组成员提供 6σ 工具和

---

① 黑带、绿带的称谓来自体育项目跆拳道、柔道，选手腰带的颜色代表着选手的技术水平。以跆拳道为例，选手技术水平从低到高依次为白带（十级）、白黄带（九级）、黄带（八级）、黄绿带（七级）、绿带（六级）、绿蓝带（五级）、蓝带（四级）、蓝红带（三级）、红带（二级）、红黑带（一级、一品至三品）、黑带（一段至九段）。

方法的培训；帮助项目小组成员为倡导者和管理人员的审查、评价作准备；推荐其他 6σ 项目；指导绿带限定所实施项目的范围。

黑带大师是 6σ 管理的最高级别，要有连续多年的工作经验，精通各类统计方法与技术。作为一项 6σ 活动的黑带大师，最好是从组织中的黑带里挑选，主要负责技术指导。黑带大师的职责主要包括：识别、区分和协调 6σ 项目；扮演改革者的角色，持续组织和改进 6σ 过程；将 6σ 理论应用于其他价值产生的过程；指导黑带和绿带，并教授 6σ 管理的理论、工具和方法。

5. 绿带（Green Belt）。绿带是 6σ 项目的中坚力量，但只利用部分时间参与 6σ 项目。绿带需要接受培训，经过培训的绿带可以是简单项目的负责人，也可以是复杂项目的成员。对绿带的培训要结合具体项目进行，一般有 6σ 理论、工具和方法等。作为简单项目的绿带的职责主要包括：确定项目目标，并与倡导者一起审查；选择项目组成员；与倡导者、黑带大师、黑带以及过程负责人进行全方位的沟通；协调项目小组各阶段的工作；组织会议和协调后勤；分析项目各阶段的数据；在项目的全过程为项目小组成员提供 6σ 工具和方法的培训。

（二）实施步骤

6σ 管理实施的步骤大致如下：

1. 辨别组织的核心流程和关键顾客。随着竞争的加剧，市场划分越来越细，产品和服务的标准化程度越来越高，员工对实际流程也越来越模糊。通过对组织核心流程和关键顾客的辨别，有助于对现有流程的认识。具体而言，首先要辨别核心流程。所谓核心流程就是对创造顾客价值最为重要的作业部门或作业环节。然后，在此基础上界定业务流程的关键输出和关键顾客。关键输出不能太多，否则就容易忽略重点。关键顾客不一定是组织外的顾客。就某一流程而言，关键顾客也可能是下一道流程。最后，要根据核心流程的主要活动绘制出流程图。

2. 定义关键顾客需求。首先要建立顾客反馈系统，收集顾客需求信息。除通过市场调查、访谈、顾客投诉系统等常规方法接受顾客反馈外，还应积极采用顾客评分卡、数据库分析等新方法。对收集到的顾客信息进行深入分析，确认哪些是顾客的基本需求、可变需求和潜在需求。然后，制定相应的绩效评估标准，以便能够准确地评估现有流程的效率和能力。

3. 根据顾客现有需求评估现有流程的绩效。通过第二步组织清楚了顾客需求，而这一步将使组织清醒地认识到现有流程满足顾客需求的程度如何。评估包括以下环节：

（1）选择评估指标。评估指标的选择要兼顾顾客的需求和数据的可获得性。

（2）对评估指标进行可操作性的界定，避免发生误解。

（3）确定评估指标数据资料的来源。

（4）正确收集数据资料。如果数据要通过抽样获取，还需要制定相应的抽样方案。

（5）实施绩效评估和效果检测，并确认是否有价值。

（6）对评估结果所反映出来的误差（如次品率、次品成本）进行数量分析、致因分析，识别出可能的改进机会。

一般说来，如果组织实力雄厚，可以评估所有核心流程的绩效；如果实力有限，可先从一个或几个核心流程入手。

4. 辨别优先次序，分析和实施改进。在这一步，要对需要改进的流程进行区分，找出高潜力的改进机会，有限实施。业务流程改进的具体实施遵循五步循环改进法，即 DMAIC 流程。

5. 扩展、整合 6σ 管理系统。当某一 6σ 改进项目成功实施，达到了减少缺陷提高质量的目的之后，还要进一步巩固并扩大胜利成果。如实施持续的 6σ 活动，以确保对产品、服务流程和工作程序的持续评估、再检查、再更新。再比如，建设 6σ 管理文化，使 6σ 管理成为日常业务的一部分，建立致力于持续更新的组织，促进业务流程绩效的全面提高。

四、企业实施 6σ 管理的 DMAIC 过程①

一家中等规模的服务企业，年收入为 5 亿美元，拥有 2 000 名员工和 50 家分支机构。问题是顾客满意度低下。年度顾客调查显示顾客满意度下降，原因是大多数分支机构的服务差；投诉主要集中在等待时间过长。

（一）定义阶段（D）

目标：向顾客承诺并保证最长等待时间为 5 分钟。

计划：由最新聘用的一位主管（绿带）领导该项目的 DMAIC 过程。测量等待时间和服务时间，顾客样本量为 60 人。运用时间动作技术来识别问题可能的源头以及改进机会。

团队：1 名绿带做领导，2 名接待员及 1 名主管。

（二）测量阶段（M）

1. 现场测量。由 2 名记录员记录接待员的时间和动作，记录每位顾客的排队时间。

2. 当前数据。现场收集到的部分数据如图 15－23 所示。

顾客等待时间（分钟）	
1	4.5
2	6.0
3	6.3
4	1.5
5	7.0
等等	

接待员浪费的时间（秒）	
寻找表格	30，45，15
钢笔遗失	10，30
钢笔不能正常使用	20
回答电话	100，140
找零不对	200，50
等等	

图 15－23　现场数据图

① 岑詠霆．质量管理教程［M］．上海：复旦大学出版社，2006.

3. 描绘数据。现场数据的描绘图如图 15－24 所示。

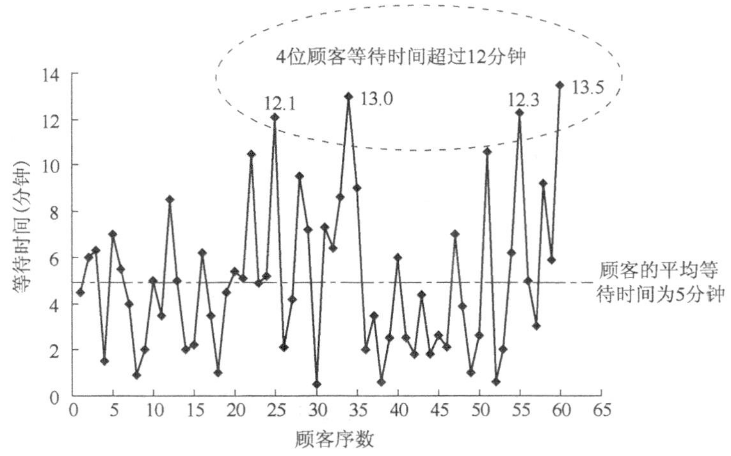

图 15－24　现场数据描绘图

由此可以发现,问题是等待时间的波动,而不是等待时间的均值。

(三)分析阶段(A)

当前过程:

1. 通常过程测量能提供大量分析的依据。

2. 运行图表明在服务时间均值 5 分钟上下的大幅度波动是主要问题。

3. 时间和动作观测识别出造成波动的具体源头。

(四)改进阶段(I)

1. 过程。团队运用六西格玛工具来识别原因并消除造成时间浪费的源头。

2. 人员。训练主管人员不要打扰接待人员工作,除非是紧急情况下。没有提出减少接待人员差错的措施。

3. 方法。把电子表格和纸质表格编入索引并组织起来。将材料的放置位置标准化,建立严格的材料补给程序。

4. 设备。建立日常的保养计划。

5. 改进过程。针对改进后的过程(相同的测量方法)进行试运行。用 3 个小时记录 60 个顾客的数据,而不是 5 小时。

根据新的记录结果重新绘图,改进过程试运行显示平均等待时间和波动得到大幅的减少。但有 6 次等待时间超过了 5 分钟的目标,团队决定将顾客承诺改为 6 分钟,如图 15－25 所示。

大量时间浪费源头被消灭,具体数据见表 15－13。

具体而言,平均服务时间从 5 分钟缩短到 3 分钟,从而可以将接待员总数从 250 人减少到 150 人。公司减少了在招聘上的精力,减少了合同制员工数量。辞职、退休等因素将接待员总数减少到 175 人,而没有补充新员工。10 名高薪主管的退休时间提前,

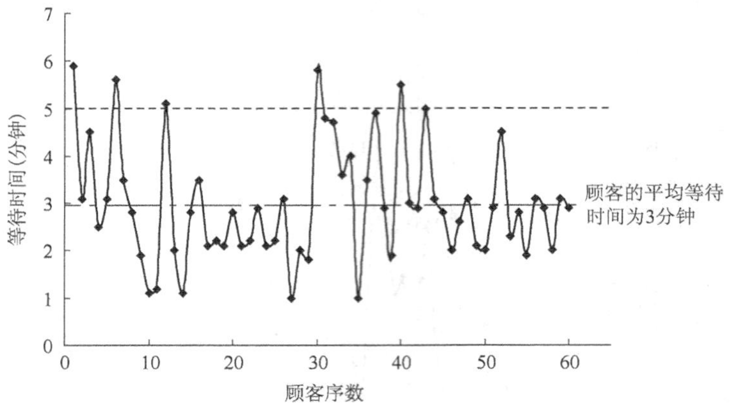

图 15－25　改进后数据描绘图

从而节约了 240 万美元。

表 15－13　时间改进数据表

服务延迟	平均时间（秒）	频　数		总时间（秒）	
		改进前	改进后	改进前	改进后
不能找到正确的表格	30	15	2	450	60
钢笔位置放置不得当	20	10	0	200	0
钢笔不能正常书写	20	5	0	100	0
接听电话	120	5	0	600	0
找不出零钱	100	5	1	500	100
主管人员打扰	60	6	0	360	0
收银机不能打开	180	2	0	360	0
钱数错	50	7	7	350	350
打印机缺纸	300	2	0	600	0
输入错误	15	12	12	180	180
改进后的总时间					690 秒

顾客满意度的提升促进了业务量上升，在随后几年中实际收入比预计高出 500 万美元。

（五）控制阶段（C）

1. 保持成果！获得更多经济收益！定期采样记录等待时间。如果等待时间上升，重复时间和动作观测以识别潜在的问题源头。在新问题刚出现的时候就要设法解决。

2. 观测。该项目虽然只是一个绿带领导的简单项目，但节约了 240 万美元并使收入增长 500 万美元。黑带一般每年能进行 2～4 个项目。“交易”项目可以产生

50 万～200 万美元的节约。10 名黑带每年可以产生 1 000 万～4 000 万美元的节约。10 名黑带的项目在实施后几年中，项目所产生的收入增长量会是成本节约的 2～4 倍（或 0.2 亿～1.6 亿美元）。

3. 总结。DMAIC 可以提高企业收入并降低成本；六西格玛方式的部署和过程管理能保证持久的改进变革。

第七节 服务质量管理

随着经济的发展，社会的进步，人民生活水平的不断提高，服务业在产业结构中的地位越来越重要。20 世纪七八十年代后，服务质量管理研究成为关注的热点。本节将就服务、服务质量和服务质量差距分析模型及其应用等问题作一简单介绍。

一、服务

在 ISO9000:2000《质量管理体系——基础和术语》中是这样定义服务的：服务通常是无形的，并且是在供方和顾客接触面上至少需要完成一项活动的结果。服务的提供可以涉及：①在顾客提供的有形产品上完成的活动，如维修汽车、家电等。②在顾客提供的无形产品上完成的活动，如律师为准备进行税款申报的顾客提供各种相关的报表、报告等。③无产品的交付，如心理医生提供的心理咨询服务。④为顾客创造氛围，如饭店、宾馆的环境。

由此可见，服务是一种无形的活动或过程；服务一般在其行为主体和行为对象的互动过程中完成，而不是事先生产好的；服务的结果是，服务对象能够获得某种利益发生的“状态变化”，而服务主体也能获得自身利益（利润）或建立起与其他服务行为主体不同的竞争优势；服务既是一种产品，也是一种竞争工具和手段。

二、服务质量

服务质量（Service Quality）及其相关研究起源于欧美，国内基本还处于引进消化吸收阶段。所以，我们这里只是把国外一些学者的经典研究成果介绍给大家。

服务质量的开创性研究始于 20 世纪 80 年代的北欧，Gronroos 于 1982 年根据认知心理学的基本理论，提出了具有标志性的研究成果——顾客感知服务质量，之后的多数成果多由此演变而来。Gronroos（1982）认为，服务质量是一个主观范畴，取决于顾客对服务质量的期望同实际感知的服务水平的对比。服务质量可以分为技术质量和功能质量：技术质量是指服务过程的产出，即顾客通过服务所得到的东西（服务结果）；功能质量是指顾客如何得到这种服务，即服务过程。Lehitinen（1983）把服务质量划分为实体质量、相互作用质量和公司质量。实体质量包括产品本身和整个服务过程的实体支持，相互作用是指消费者与公司职员的接触过程，而公司质量是指公司形象质量。Lewis 和

Booms(1983)把服务质量定义为一种衡量企业服务水平满足顾客期望程度的工具。

这之后,最具代表性的就是美国 PBZ(Parasuraman, Berry 和 Zeithaml)三人组在美国营销科学院资助下完成的系列研究成果。PBZ(1985)提出了服务质量差距模型,发展完善了 Gronroos 的顾客感知服务质量,认为服务质量就是顾客期望和顾客体验的差距,而该服务质量感知差距是管理层认知差距、质量标准差距、服务传递差距和市场信息传播差距综合作用的结果。详见下一小节。

除此之外,还有如下一些代表性观点:

Johnston 和 Lyth(1989)提出服务质量包括技术质量、整合质量、功能质量和产出质量。Gummesson(1991)提出服务质量包括设计质量、生产质量、过程质量和产出质量。Olsen(1992)提出的服务质量模型包括设计质量、生产质量和过程质量。Michael K. Brady 和 Joseph Cronin Jr. (2001)提出如图 15 – 26 所示的概念化服务质量模型。

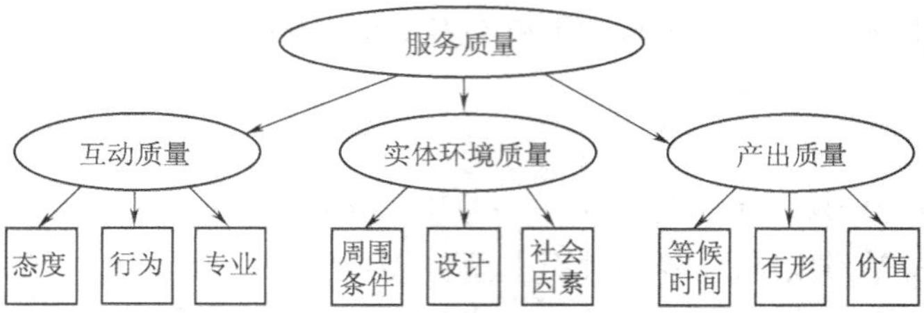

图 15 – 26　概念化服务质量:一种分层方法

虽然关于服务质量的概念莫衷一是,但是 PBZ 提出顾客感知服务质量还是被广泛认可的,分歧主要在服务质量的维度。总而言之,服务质量是一个主观范畴,取决于顾客对服务质量的期望同其感知的服务水平。

三、服务质量差距分析模型及其应用

(一)服务质量差距模型简介

PBZ 于 1985 年提出的服务质量差距模型,可以用来分析服务质量问题是如何产生的,能够帮助管理者研究如何采取相应措施改进服务,提高服务质量。

服务质量差距模型如图 15 – 27 所示。模型包括 5 种服务质量差距,这其实也就是造成服务质量问题的原因,而顾客期望的服务质量和感知的服务质量之间的差距是其他 4 种差距综合作用的结果。

1. 管理层认知差距(差距 1)。管理层认知差距是指管理者没有准确理解顾客对服务质量的预期。造成这种差距的原因主要有:管理层从市场调研和需求分析中获得的信息不准确;管理层从市场调研和需求分析中获得的信息准确,但是理解偏颇;企业对顾客需求缺乏调查研究;与顾客接触的一线员工没有及时准确地向管理层反馈顾客的信息;企业内部组织机构重叠,一线员工不能直接向管理层传递顾客信息。

2. 质量标准差距(差距 2)。质量标准差距是指企业制定的服务质量标准与管理

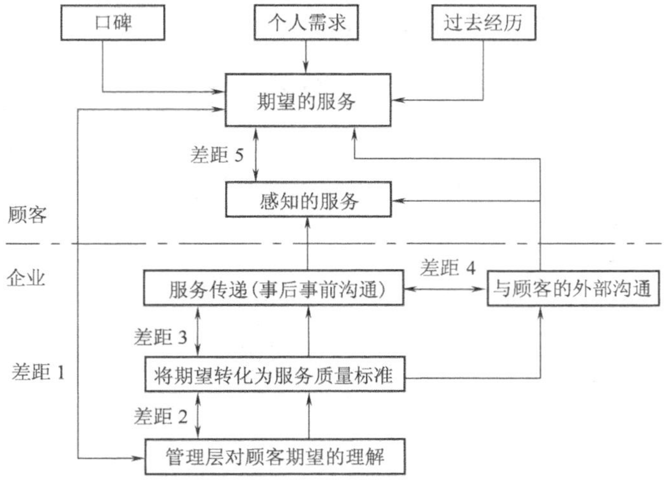

图 15－27 服务质量差距模型

层对顾客预期的理解之间存在的差距。造成这种差距的原因主要有:企业和管理层对服务质量规划缺乏完善的管理;企业没有一个明确的标准;服务质量的规划得不到高层管理者的支持;企业对员工承担的任务不够标准化;对顾客期望的可行性认知不足。

3. 服务传递差距(差距 3)。服务传递差距是指在服务生产和供给过程中表现出来的水平没有达到企业制定的服务标准。造成这种差距的原因包括:质量标准制定得过于复杂、过于僵硬;一线员工对这些具体的质量标准不认同、不习惯;新的质量标准与现行的企业文化不一致;对服务的生产和供给过程管理不完善;新的服务标准在企业内部宣传、引导不足,使员工对新标准的认识不一致;企业的设备、体制不利于员工按照新的质量标准操作;员工能力欠缺,不能按照新的质量标准提供服务;员工与顾客、管理层之间缺乏协作。

4. 市场信息传播差距(差距 4)。市场信息传播差距是指企业在市场上传播的服务质量信息与实际提供的服务质量不一致。造成这种差距的原因包括:市场营销规划与运营系统之间未能有效协调;企业向市场和顾客传播的信息与实际提供的服务之间缺乏协调;企业向市场和顾客传播了自己的质量标准,但实际中未能按标准提供服务;企业在宣传中夸大了服务质量或承诺太多,使顾客的实际感知与宣传的质量不一致。

5. 服务质量感知差距(差距 5)。服务质量感知差距是指顾客期望的服务和顾客感知的服务的差距,也就是顾客体验和感觉到的服务质量未能符合顾客对服务质量的预期。这种服务质量感知差距是上述 4 种差距综合作用的结果。

(二)服务质量差距模型的应用

1985 年,PBZ 在提出服务质量差距模型的同时,还指出对于任何形态的服务,基本上都可以根据模型用可靠性、响应性、能力、可接近性、礼貌、沟通、可信度、安全性、理解、有形性 10 个维度的因素去评价服务质量。1988 年,PBZ 通过实证研究又提出了 5

个维度、涉及22个项目的服务质量评价模型,5个维度包括有形性、可靠性、响应性、保证性和移情性。这就是如今被广泛使用的SERVQUAL量表,如表15－14所示。

表15－14　SERVQUAL量表

要　素	组　成　项　目
有形性	1. 有现代化的服务设施
	2. 服务设施具有吸引力
	3. 员工有整洁的服装和外表
	4. 公司的设施与其所提供的服务相匹配
可靠性	5. 公司向顾客承诺的事情都能及时地完成
	6. 顾客遇到困难时,能表现出关心并提供帮助
	7. 公司是可靠的
	8. 能准时地提供所承诺的服务
	9. 正确记录相关的服务
响应性	10. 不能指望他们告诉顾客提供服务的准确时间※
	11. 期望他们提供及时的服务是不现实的※
	12. 员工并不总是愿意帮助顾客※
	13. 员工因为太忙以至于无法立即提供服务,满足顾客的需求※
保证性	14. 员工是值得信赖的
	15. 在从事交易时顾客会感到放心
	16. 员工是有礼貌的
	17. 员工可以从公司得到适当的支持,以提供更好的服务
移情性	18. 公司不会针对不同的顾客提供个别的服务※
	19. 员工不会给予顾客个别的关怀※
	20. 不能期望员工了解顾客的需求※
	21. 公司没有优先考虑顾客的利益※
	22. 公司提供的服务时间不能符合所有顾客的需求※

注:(1)问卷采用7分制,7表示完全同意,1表示完全不同意。中间分数表示不同的程度。

(2)※表示这些问题的评分是反向的,在数据分析前应变换为正向得分。

SERVQUAL量表涉及的5个维度如下:

1. 有形性(Tangibles),包括实体设施、设备、员工仪态及讲话的语言和口气。
2. 可靠性(Reliability),员工可靠地、准确地履行服务承诺的能力。
3. 响应性(Responsiveness),员工提供服务的敏捷度和愿望。
4. 保证性(Assurance),员工具备执行服务所需的知识,并能获得顾客的信赖。
5. 移情性(Empathy),员工设身处地地为顾客着想,对顾客给予特殊关怀。

SERVQUAL量表被认为有很好的信度和效度,可以应于改善服务,阶段性地考察服务质量趋势,评估特定企业每个维度的服务质量和总的服务质量,能明确影响服务质量感知维度的相对重要程度。所以SERVQUAL量表被广泛地在各类服务企业中推广应用。

SERVQUAL量表的使用过程大致如下:

第一步,设计问卷,进行问卷调查。问卷的内容一般要包括表 15 - 12 所示的与 5 个维度相关的 22 个项目(问题)。

第二步,服务质量分数的计算。某一顾客的感知服务质量评价值计算公式为:

$$SQ = \frac{1}{m}\sum_{j=1}^{m}(P_j - E_j) \quad (15-8)$$

式中:SQ——感知服务质量;

P_j——第 j 个项目在顾客感受方面的分数,$j = 1,2,\cdots,m$;

E_j——第 j 个项目在顾客期望方面的分数,$j = 1,2,\cdots,m$;

m——量表包括的项目数,一般 $m = 22$。

在应用过程中,也可以根据实际需要对不同的维度确定不同的权重,这样就可以得到更为合理的 SERVQUAL 分数。这时某一顾客的感知服务质量评价值计算公式为:

$$SQ = \sum_{i=1}^{5} w_i \sum_{j=1}^{m}(P_{ij} - E_{ij}) \quad (15-9)$$

式中:SQ——感知服务质量;

w_i——第 i 个维度的权重,$i = 1,2,\cdots,5$;

P_{ij}——第 i 个维度第 j 个项目在顾客感受方面的分数,$i = 1,2,\cdots,5 \quad j = 1,2,\cdots,m$;

E_{ij}——第 i 个维度第 j 个项目在顾客期望方面的分数,$i = 1,2,\cdots,5 \quad j = 1,2,\cdots,m$;

m——量表包括的项目数,一般 $m = 22$。

第三步,根据评价的结果,寻找问题的根源,制定相应的对策措施。

本章小结

质量是企业的生存之本,只有搞好质量管理才能不断提高企业产品(服务)的质量水平,提高竞争力。

质量管理是指导和控制某组织与质量有关的彼此协调的活动,也就是确定与建立质量方针、目标和职责,并在质量体系中通过质量策划、质量控制、质量保证和质量改进等使其实现的所有管理职能的全部活动。质量管理已经由最初的质量检验阶段,经过统计质量管理阶段和全面质量管理阶段,发展到如今的 6 σ 管理阶段。6 σ 管理不仅仅是一种管理理念,也是一种通过业务流程优化达到提高顾客满意度、降低企业成本的有效管理方法,更是一种企业追求持续进步的管理哲学。6 σ 管理的核心就是所谓的 DMAIC 流程。

质量管理离不开新/老七种工具,“老七种工具”是指调查表、分层法、直方图、散布图、排列图、因果图和控制图,“新七种工具”则为关联图法、KJ 法、系统图法、矩阵图法、矩阵数据分析法、PDPC 法和矢线图法。

ISO9000 是国际标准化组织 ISO/TC176 技术委员会制定的一个有关产品质量的全世界统一的、共同遵守的国际标准。企业的质量管理水平可以通过质量体系认证由第三方予以确定。质量认证分为产品质量认证和质量体系认证,经常提到的 ISO9001 质量体系认证是一种以 ISO9000 族标准为依据的质量体系认证。

服务质量是一个主观范畴,取决于顾客对服务质量的期望同其感知的服务水平;由服务质量差距分析模型演化而来的 SERVQUAL 量表是分析评价服务质量的经典工具。

习题

1. 什么是质量?质量中的适用性有哪些含义?

2. 什么是全面质量管理?它有什么特点?

3. 简述什么是 PDCA 循环及其特点,PDCA 循环的应用有哪些步骤?

4. 质量管理的新/老七种工具各指哪些方法与工具?两类工具的最大差别是什么?

5. 请分析评价校图书馆(医务室)的服务质量。如果你是一名黑带,那么应该如何改善其服务质量?

6. ISO 是哪个组织的简称?(　　)

A. 国际质量协会　　B. 国际标准化理事会

C. 国际质量保证技术委员会　　D. 国际标准化组织

7. 实行全面质量管理,放在第一位的应该是(　　)。

A. 质量统计数据　　B. 全企业参与　　C. 预防在前　　D. 用户需求

8. 下列哪一项不是质量管理使用的分析工具?(　　)

A. 因果分析图　　B. 甘特图　　C. 散点图　　D. 控制图

9. 下列哪一项不是质量管理的统计控制方法?(　　)

A. 领导　　B. 控制图　　C. 不断改进　　D. 看板

10. 下列哪一种工具使用生产过程的图形描述来揭示流程中可能出现的质量原因?(　　)

A. 流程图　　B. 联列表　　C. 直方图　　D. 因果分析图

11. 交货前因产品未能满足规定的质量要求所造成的损失称作(　　)。

A. 外部质量保证成本　　B. 外部缺陷成本

C. 内部缺陷成本　　D. 预防成本

12. 当产品或服务的质量及其可靠性提高时,外部缺陷成本会(　　)。

A. 增高　　B. 降低　　C. 不变　　D. 呈现忽高忽低的状况

13. * 实现全员参与质量管理的方法主要有(　　)。

A. QC 小组　　B. 全员把关　　C. 团队工作方式　　D. 工作分解结构

E. 质量教育

14. 钢铁公司生产的某种型号钢板的厚度规格为 $1.00^{+0.01}_{-0.03}$ mm,现随机抽取 100 个样本测量其厚度得到表 15-15。试画出钢板厚度的直方图。

表 15－15

序号	实测数据									
1	0.993	1.001	0.995	0.992	1.003	0.984	0.990	0.980	0.995	0.996
2	1.003	0.987	0.975	0.999	0.988	1.002	0.979	0.995	0.994	0.999
3	0.983	0.997	0.988	0.995	1.008	0.998	0.987	1.001	0.984	0.993
4	0.988	0.990	1.001	0.991	0.993	0.997	0.973	0.996	0.998	0.995
5	0.999	0.989	0.994	0.981	0.994	1.003	0.987	0.999	0.989	0.997
6	1.008	0.996	0.999	0.986	0.994	0.994	0.983	0.999	0.998	0.983
7	0.990	0.998	0.991	0.979	0.977	1.002	0.994	0.991	0.994	0.998
8	0.995	0.993	1.002	0.993	1.001	0.992	1.007	0.981	1.006	0.990
9	0.992	0.979	1.004	0.991	0.999	0.988	0.998	0.992	1.005	0.985
10	0.974	0.985	0.986	0.991	1.009	0.998	0.992	0.999	0.989	0.994

15. 某机器零件的质量特性值如表 15－16 所示，试做其 $\bar{X}-R$ 控制图。

表 15－16

序号	实测数据				
1	5.94	5.86	6.18	6.09	5.93
2	5.87	6.03	5.66	6.02	5.91
3	5.97	5.88	6.11	6.02	5.90
4	5.90	5.77	5.98	6.01	6.04
5	6.04	5.96	6.14	5.92	6.18
6	5.70	5.84	6.05	5.95	6.16
7	6.18	5.76	5.89	6.11	5.94
8	6.11	5.88	5.79	6.17	6.02
9	6.01	5.90	5.81	5.89	6.10
10	5.85	5.95	5.76	6.04	5.97
11	5.78	6.03	6.13	6.09	5.97
12	5.87	5.93	5.89	5.89	6.02
13	5.88	6.17	5.96	6.09	5.98
14	6.05	6.10	6.03	5.94	5.88
15	5.84	6.11	5.95	5.88	5.78
16	5.98	5.84	5.96	5.77	5.99
17	6.07	5.93	6.10	5.85	6.13
18	5.86	5.85	5.95	5.77	6.05
19	6.09	5.97	6.03	5.99	5.81
20	6.07	5.93	6.01	5.81	6.16

附　　录

附录 1　标准正态分布表

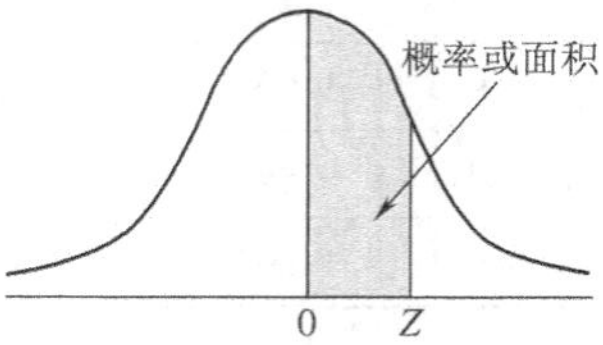

本表可求出正态分布曲线下平均数至标准值 Z 之间的面积。例如,若已知 $Z=1.41$,则在正态分布曲线下平均数至标准值之间的面积为 0.420 7。若 Z 是负数,可求其相反数得到。

z	0.00	0.01	0.02	0.03	0.04	0.05	0.06	0.07	0.08	0.09
0.0	0.000 0	0.004 0	0.008 0	0.012 0	0.016 0	0.019 9	0.023 9	0.027 9	0.031 9	0.035 9
0.1	0.039 8	0.043 8	0.047 8	0.051 7	0.055 7	0.059 6	0.063 6	0.067 5	0.071 4	0.075 3
0.2	0.079 3	0.083 2	0.087 1	0.091 0	0.094 8	0.098 7	0.102 6	0.106 4	0.110 3	0.114 1
0.3	0.117 9	0.121 7	0.125 5	0.129 3	0.133 1	0.136 8	0.140 6	0.144 3	0.148 0	0.151 7
0.4	0.155 4	0.159 1	0.162 8	0.166 4	0.170 0	0.173 6	0.177 2	0.180 8	0.184 4	0.187 9
0.5	0.191 5	0.195 0	0.198 5	0.201 9	0.205 4	0.208 8	0.212 3	0.215 7	0.219 0	0.222 4
0.6	0.225 7	0.229 1	0.232 4	0.235 7	0.238 9	0.242 2	0.245 4	0.248 6	0.251 7	0.254 9
0.7	0.258 0	0.261 1	0.264 2	0.267 3	0.270 3	0.273 4	0.276 4	0.279 4	0.282 3	0.285 2
0.8	0.288 1	0.291 0	0.293 9	0.296 7	0.299 5	0.302 3	0.305 1	0.307 8	0.310 6	0.313 3
0.9	0.315 9	0.318 6	0.321 2	0.323 8	0.326 4	0.328 9	0.331 5	0.334 0	0.336 5	0.338 9
1.0	0.341 3	0.343 8	0.346 1	0.348 5	0.350 8	0.353 1	0.355 4	0.357 7	0.359 9	0.362 1
1.1	0.364 3	0.366 5	0.368 6	0.370 8	0.372 9	0.374 9	0.377 0	0.379 0	0.381 0	0.383 0
1.2	0.384 9	0.386 9	0.388 8	0.390 7	0.392 5	0.394 4	0.396 2	0.398 0	0.399 7	0.401 5
1.3	0.403 2	0.404 9	0.406 6	0.408 2	0.409 9	0.411 5	0.413 1	0.414 7	0.416 2	0.417 7
1.4	0.419 2	0.420 7	0.422 2	0.423 6	0.425 1	0.426 5	0.427 9	0.429 2	0.430 6	0.431 9
1.5	0.433 2	0.434 5	0.435 7	0.437 0	0.438 2	0.439 4	0.440 6	0.441 8	0.442 9	0.444 1
1.6	0.445 2	0.446 3	0.447 4	0.448 4	0.449 5	0.450 5	0.451 5	0.452 5	0.453 5	0.454 5
1.7	0.455 4	0.456 4	0.457 3	0.458 2	0.459 1	0.459 9	0.460 8	0.461 6	0.462 5	0.463 3

续表

z	0.00	0.01	0.02	0.03	0.04	0.05	0.06	0.07	0.08	0.09
1.8	0.464 1	0.464 9	0.465 6	0.466 4	0.467 1	0.467 8	0.468 6	0.469 3	0.469 9	0.470 6
1.9	0.471 3	0.471 9	0.472 6	0.473 2	0.473 8	0.474 4	0.475 0	0.475 6	0.476 1	0.476 7
2.0	0.477 2	0.477 8	0.478 3	0.478 8	0.479 3	0.479 8	0.480 3	0.480 8	0.481 2	0.481 7
2.1	0.482 1	0.482 6	0.483 0	0.483 4	0.483 8	0.484 2	0.484 6	0.485 0	0.485 4	0.485 7
2.2	0.486 1	0.486 4	0.486 8	0.487 1	0.487 5	0.487 8	0.488 1	0.488 4	0.488 7	0.489 0
2.3	0.489 3	0.489 6	0.489 8	0.490 1	0.490 4	0.490 6	0.490 9	0.491 1	0.491 3	0.491 6
2.4	0.491 8	0.492 0	0.492 2	0.492 5	0.492 7	0.492 9	0.493 1	0.493 2	0.493 4	0.493 6
2.2	0.493 8	0.494 0	0.494 1	0.494 3	0.494 5	0.494 6	0.494 8	0.494 9	0.495 1	0.495 2
2.6	0.495 3	0.495 5	0.495 6	0.495 7	0.495 9	0.496 0	0.496 1	0.496 2	0.496 3	0.496 4
2.7	0.496 5	0.496 6	0.496 7	0.496 8	0.496 9	0.497 0	0.497 1	0.497 2	0.497 3	0.497 4
2.8	0.497 4	0.497 5	0.497 6	0.497 7	0.497 7	0.497 8	0.497 9	0.497 9	0.498 0	0.498 1
2.9	0.498 1	0.498 2	0.498 2	0.498 3	0.498 4	0.498 4	0.498 5	0.498 5	0.498 6	0.498 6
3.0	0.498 7	0.498 7	0.498 7	0.498 8	0.498 8	0.498 9	0.498 9	0.498 9	0.499 0	0.499 0

附录 2　泊松分布中的 $e^{-\lambda}$

泊松分布值：$P(X \leqslant c;\lambda) = \sum_{0}^{c} \frac{\lambda^x e^{-\lambda}}{x!}$

λ	$e^{-\lambda}$	λ	$e^{-\lambda}$	λ	$e^{-\lambda}$	λ	$e^{-\lambda}$
0.0	1.000 0	1.6	0.201 9	3.1	0.045 0	4.6	0.010 1
0.1	0.904 8	1.7	0.182 7	3.2	0.040 8	4.7	0.009 1
0.2	0.818 7	1.8	0.165 3	3.3	0.036 9	4.8	0.008 2
0.3	0.740 8	1.9	0.149 6	3.4	0.033 4	4.9	0.007 4
0.4	0.670 3	2.0	0.135 3	3.5	0.030 2	5.0	0.006 7
0.5	0.606 5	2.1	0.122 5	3.6	0.027 3	5.1	0.006 1
0.6	0.548 8	2.2	0.110 8	3.7	0.024 7	5.2	0.005 5
0.7	0.496 6	2.3	0.100 3	3.8	0.022 4	5.3	0.005 0
0.8	0.449 3	2.4	0.090 7	3.9	0.020 2	5.4	0.004 5
0.9	0.406 6	2.5	0.082 1	4.0	0.018 3	5.5	0.004 1
1.0	0.367 9	2.6	0.074 3	4.1	0.016 6	5.6	0.003 7
1.1	0.332 9	2.7	0.067 2	4.2	0.015 0	5.7	0.003 3
1.2	0.301 2	2.8	0.060 8	4.3	0.013 6	5.8	0.003 0
1.3	0.272 5	2.9	0.055 0	4.4	0.012 3	5.9	0.002 7
1.4	0.246 6	3.0	0.049 8	4.5	0.011 1	6.0	0.002 5
1.5	0.223 1						

附录3　学习曲线常数表(x^b, $b = \ln c/\ln 2$)

学习率	70%		75%		80%		85%		90%	
生产数量	单位时间	累积时间	单位时间	累积时间	单位时间	累积时间	单位时间	累积时间	单位时间	累积时间
1	1.000	1.000	1.000	1.000	1.000	1.000	1.000	1.000	1.000	1.000
2	0.700	1.700	0.750	1.750	0.800	1.800	0.850	1.850	0.900	1.900
3	0.568	2.268	0.634	2.384	0.702	2.502	0.773	2.623	0.846	2.746
4	0.490	2.758	0.563	2.946	0.640	3.142	0.723	3.345	0.810	3.556
5	0.437	3.195	0.513	3.459	0.596	3.738	0.686	4.031	0.783	4.339
6	0.398	3.593	0.475	3.934	0.562	4.299	0.657	4.688	0.762	5.101
7	0.367	3.960	0.446	4.380	0.534	4.834	0.634	5.322	0.744	5.845
8	0.343	4.303	0.422	4.802	0.512	5.346	0.614	5.936	0.729	6.574
9	0.323	4.626	0.402	5.204	0.493	5.839	0.597	6.533	0.716	7.290
10	0.306	4.932	0.385	5.589	0.477	6.315	0.583	7.116	0.705	7.994
11	0.291	5.223	0.370	5.958	0.462	6.777	0.570	7.686	0.695	8.689
12	0.278	5.501	0.357	6.315	0.449	7.227	0.558	8.244	0.685	9.374
13	0.267	5.769	0.345	6.660	0.438	7.665	0.548	8.792	0.677	10.052
14	0.257	6.026	0.334	6.994	0.428	8.092	0.539	9.331	0.670	10.721
15	0.248	6.274	0.325	7.319	0.418	8.511	0.530	9.861	0.663	11.384
16	0.240	6.514	0.316	7.635	0.410	8.920	0.522	10.383	0.656	12.040
17	0.233	6.747	0.309	7.944	0.402	9.322	0.515	10.898	0.650	12.690
18	0.226	6.973	0.301	8.245	0.394	9.716	0.508	11.405	0.644	13.334
19	0.220	7.192	0.295	8.540	0.388	10.104	0.501	11.907	0.639	13.974
20	0.214	7.407	0.288	8.828	0.381	10.485	0.495	12.402	0.634	14.608
21	0.209	7.615	0.283	9.111	0.375	10.860	0.490	12.892	0.630	15.237
22	0.204	7.819	0.277	9.388	0.370	11.230	0.484	13.376	0.625	15.862
23	0.199	8.018	0.272	9.660	0.364	11.594	0.479	13.856	0.621	16.483
24	0.195	8.213	0.267	9.928	0.359	11.954	0.475	14.331	0.617	17.100
25	0.191	8.404	0.263	10.191	0.355	12.309	0.470	14.801	0.613	17.713
26	0.187	8.591	0.259	10.449	0.350	12.659	0.466	15.267	0.609	18.323
27	0.183	8.774	0.255	10.704	0.346	13.005	0.462	15.728	0.606	18.929
28	0.180	8.954	0.251	10.955	0.342	13.347	0.458	16.186	0.603	19.531
29	0.177	9.131	0.247	11.202	0.338	13.685	0.454	16.640	0.599	20.131
30	0.174	9.305	0.244	11.446	0.335	14.020	0.450	17.091	0.596	20.727

续表

学习率	70%		75%		80%		85%		90%	
生产数量	单位时间	累积时间	单位时间	累积时间	单位时间	累积时间	单位时间	累积时间	单位时间	累积时间
31	0.171	9.476	0.240	11.686	0.331	14.351	0.447	17.538	0.593	21.320
32	0.168	9.644	0.237	11.924	0.328	14.679	0.444	17.981	0.590	21.911
33	0.165	9.809	0.234	12.158	0.324	15.003	0.441	18.422	0.588	22.498
34	0.163	9.972	0.231	12.389	0.321	15.324	0.437	18.859	0.585	23.084
35	0.160	10.133	0.229	12.618	0.318	15.643	0.434	19.294	0.583	23.666
36	0.158	10.291	0.226	12.844	0.315	15.958	0.432	19.725	0.580	24.246
37	0.156	10.447	0.223	13.067	0.313	16.271	0.429	20.154	0.578	24.824
38	0.154	10.601	0.221	13.288	0.310	16.581	0.426	20.580	0.575	25.399
39	0.152	10.753	0.219	13.507	0.307	16.888	0.424	21.004	0.573	25.972
40	0.150	10.902	0.216	13.723	0.305	17.193	0.421	21.425	0.571	26.543
41	0.148	11.050	0.214	13.937	0.303	17.496	0.419	21.844	0.569	27.111
42	0.146	11.196	0.212	14.149	0.300	17.796	0.416	22.260	0.567	27.678
43	0.144	11.341	0.210	14.359	0.298	18.094	0.414	22.674	0.565	28.243
44	0.143	11.484	0.208	14.567	0.296	18.390	0.412	23.086	0.563	28.805
45	0.141	11.625	0.206	14.773	0.294	18.684	0.410	23.496	0.561	29.366
46	0.139	11.764	0.204	14.977	0.292	18.975	0.408	23.903	0.559	29.925
47	0.138	11.902	0.202	15.180	0.290	19.265	0.405	24.309	0.557	30.482
48	0.136	12.038	0.201	15.380	0.288	19.552	0.403	24.712	0.555	31.037
49	0.135	12.173	0.199	15.579	0.286	19.838	0.402	25.113	0.553	31.590
50	0.134	12.307	0.197	15.776	0.284	20.122	0.400	25.513	0.552	32.142
51	0.132	12.439	0.196	15.972	0.282	20.404	0.398	25.911	0.550	32.692
52	0.131	12.570	0.194	16.166	0.280	20.684	0.396	26.307	0.548	33.241
53	0.130	12.700	0.192	16.358	0.279	20.963	0.394	26.701	0.547	33.787
54	0.128	12.828	0.191	16.549	0.277	21.239	0.392	27.094	0.545	34.333
55	0.127	12.955	0.190	16.739	0.275	21.515	0.391	27.484	0.544	34.877
56	0.126	13.081	0.188	16.927	0.274	21.788	0.389	27.873	0.542	35.419
57	0.125	13.206	0.187	17.114	0.272	22.060	0.388	28.261	0.541	35.960
58	0.124	13.330	0.185	17.299	0.271	22.331	0.386	28.647	0.539	36.499
59	0.123	13.453	0.184	17.483	0.269	22.600	0.384	29.031	0.538	37.037
60	0.156	13.574	0.183	17.666	0.268	22.868	0.383	29.414	0.537	37.574

部分练习题参考答案

第一章 3. ABCDE

第二章 6. BDE;8. ABDE;9. √;10. ×;11. ×;12. √;13. ×;
14. A 最有成效,排序:A、D、C、B

第三章 3. 经济订货量:106,年成本:105 925.89 元;
4. $P0 = 0.002$, $Ls = 6.152$, $Lq = 0.152$, $Ws = 0.051$, $Wq = 0.001$

第四章 10. ABCDE;11. √;12. ×;
13. (1)3 000,(2)利润为 5 000 元,(3)13 000;14. C;15. 85%

第五章 5. ABCE;6. ABCDE;8. ABCD;9. ×;10. √;
11. A;12. 配送中心地址:(71.55, 96.90);
13. 甲地成本:2 300,乙地成本:2 600,应选甲地;14. A

第六章 8. ABCDE;12. ABD;13. ×;14. ×;15. ×;16. ×;
17. 部门 1→地点 A,部门 3→地点 B,部门 2→地点 C;
18. (2)12(分钟/台),(3)6,(5)负荷率:91.7%,闲置率:8.3%
19. 6→A,2→B,5→C,3→D,1→E,4→F,总成本:51 080 元

第七章 9. AD;12. ×;13. √;
14. 样本均值:4.0(分钟),标准差:0.34(分钟);15. (a)42,(b)68;
16. 5.37(分钟);17. 观察样本:543,修正值:196

第八章 7. ABCDE;8. ACDE;9. AC;10. ×;11. ×;12. √;13. ×;
14. 总工期:20(星期);15. (4)总工期:16,总工期偏差:1.03,(5)17 个月内完工的概率:83.40%,(6)15 个月内完工的概率:16.60%;16. 总工期:47(天),总成本:211500(元)

第九章 12. ABCD;13. AB;15. ×;16. ×;17. √;18. √;
20. 总成本 =124 150 元;21. (1)1 – 5 周实际工时:2 400、4 800、4 800、6 000、6 720,实际总工时 24 720,(2)足够,但须做出调整

第十章 8. ABCDE;9. ABCD;10. ABD;11. ×;12. √;13. ×;14. ×;
15. A→Ⅲ,B→Ⅱ,C→Ⅳ,D→Ⅰ;16. FCFS: A→B→C→D→E→F,SPT: A→C→E→B→D→F,EDD: C→A→E→B→D→F;17. D→E→C→F→A→B

第十一章 9. ABCDE;10. BCE;11. AE;15. ×;16. √;17. √;
18. 3 742 个;19. 5 963 个;20. 10 000 个;21. 30 盆;22. 53 盆,473 盆

第十二章 13. ACE;14. ABCDE;15. √;16. √;17. ×;18. ×;19. 20 张,10 张

第十三章 7. ABCDE;8. ABD;9. √;10. √;11. ×;12. 设备 A;13. 7.5 年

第十四章 3. $L_s = 5.25$,$L_q = 4.41$,$W_s = 2.5$,$W_q = 2.1$;4. 6 个

第十五章 13. ABE;

参考文献

[1]Richard B. Chase, Nicholas J. Aquilano, F. Robert Jacobs. 运营管理[M].9 版. 中译本. 北京:机械工业出版社,2003.

[2]尤建新,杜学美,张建同. 质量管理学[M].2 版. 北京:科学出版社,2008.

[3]陈运涛. 质量管理[M]. 北京:清华大学出版社,北京交通大学出版社,2008.

[4]赵启兰. 生产运作管理[M]. 北京:清华大学出版社,北京交通大学出版社,2008.

[5]陈荣秋. 现代生产运作管理[M]. 北京:北京师范大学出版社,2008.

[6]荣毅超,张璐. 六西格玛管理理论及实践案例集[M]. 北京:科学出版社,2009.

[7]戴维·M. 莱文. 六西格玛绿带统计分析[M]. 中译版. 北京:机械工业出版社,2007.

[8]霍华德·S. 吉特洛,戴维·M. 莱文. 六西格玛绿带倡导者手册[M]. 中译版. 北京:机械工业出版社,2007.

[9]秦静,方志耕,关叶青. 质量管理学[M]. 北京:科学出版社,2005.

[10]王关义. 现代生产管理[M]. 北京:经济管理出版社,2005.

[11]尤建新,邵鲁宁,武小军,谭璇. 质量管理理论与方法[M]. 大连:东北财经大学出版社,2009.

[12]龚益鸣. 现代质量管理学[M].2 版. 北京:清华大学出版社,2007.

[13]岑詠霆. 质量管理教程[M]. 上海:复旦大学出版社,2006.

[14]王淑翠,王伟. 服务质量文献综述[J]. 山东经济,2005(5):22-25.

[15]汪邦军. 服务质量管理与评价技术[J]. 航空标准化与质量,2007(4):13-19.

[16]钟子实. 专业 EAM 企业资产管理系统应需而生[J]. 石油工业计算机应用,2006,14(1):41.

[17]李惠玲,盛万兴,曹添海,刘永梅. 企业资产管理系统在电力企业的应用[J]. 电网技术,2008,32(3):22-26.

[18]刘德峰. 设备管理信息化在中国的发展和应用[J]. 中国设备工程,2009(6):5-8.

[19]约瑟夫·派恩,詹姆斯·吉尔摩. 体验经济[M]. 中译版. 北京:机械工业出版社,2002.

[20]迈尔·舍恩伯格,库克耶。大数据时代[M]. 中译版. 杭州:浙江人民出版社,2013.

[21]吴思华. 策略九说[M]. 上海:复旦大学出版社,2002.

[22]沈希瑾,李京生,张文杰. 改变世界的生产方式[M]. 北京:中国经济出版社,1996.

[23]胡泳. 对等生产:通过全球用户分享资源提高生产力[J]. 商务周刊,2008(2).

[24]泰普斯科特,威廉姆斯. 维基经济学[M]. 林季红,何帆,译. 北京:中国青年出版社,2007.

[25]陈荣秋,马士华. 生产运作管理[M].4 版. 北京:机械工业出版社,2013.

[26]马风才. 运营管理[M].4 版. 北京:机械工业出版社,2017.

后　记

本书是天津财经大学张林格、许德惠、冯振环、王浩波、张建宇等老师集体努力的结果。在写作过程中还得到许多兄弟院校教师的支持与帮助，是他们的批评与肯定才使得本书日臻完善。当然，更要感谢首都经济贸易大学出版社的编辑老师们，是他们的辛苦努力和大力支持，《企业运营管理》第四版才得以修订出版。

本书在写作过程中参阅了较多的国内外同类教材和研究文献，并借鉴了一些学者的研究成果，在此一并表示感谢。同时，本书撰写过程中所引用的主要文献已罗列在书末，如有遗漏，敬请谅解。

本次修订的分工如下：

张林格：第一、二、四、七、九、十章；

许德惠：第三、五、六、八、十一、十二章；

冯振环：第十三、十四、十五章。